**하용조 강해서 전집 20**

사도행전 3
# 세상을 바꾼 사람들

(16-28장)

**하용조 강해서 전집 20**

사도행전 3
# 세상을 바꾼 사람들(16-28장)

지은이 | 하용조
초판 발행 | 1999. 3. 3
개정판 발행 | 2021. 7. 21
등록번호 | 제1988-000080호
등록된 곳 | 서울특별시 용산구 서빙고로 65길 38
발행처 | 사단법인 두란노서원
영업부 | 2078-3352    FAX | 080-749-3705
출판부 | 2078-3331

책값은 뒤표지에 있습니다.
ISBN 978-89-531-3498-0 04230

독자의 의견을 기다립니다.
tpress@duranno.com   www.duranno.com

두란노서원은 바울 사도가 3차 전도여행 때 에베소에서 성령 받은 제자들을 따로 세워 하나님의 말씀으로 양육하던 장소입니다. 사도행전 19장 8-20절의 정신에 따라 첫째 목회자를 돕는 사역과 평신도를 훈련시키는 사역, 둘째 세계선교(TIM)와 문서선교(단행본·잡지) 사역, 셋째 예수문화 및 경배와 찬양 사역, 그리고 가정·상담 사역 등을 감당하고 있습니다. 1980년 12월 22일에 창립된 두란노서원은 주님 오실 때까지 이 사역들을 계속할 것입니다.

하용조 강해서 전집 20

# 사도행전 3
# 세상을 바꾼 사람들
## (16-28장)

두란노

# 하나님은 당신을 통해
# 사도행전을 완성하고 계십니다

온누리교회에서 설교하는 동안, 사도행전을 강해할 기회가 있었습니다. 첫 번째는, 교회가 처음 시작하던 때였습니다. 온누리교회의 이상과 목회 철학이 사도행전적 교회에서 시작했기 때문입니다.

온누리교회의 비전은 예수님이 인도하시고 사도행전에서 보여준 바로 그 교회를 세우는 일입니다. 예수님이 인도하신 교회란 구원받은 성도들의 예배 공동체요, 예수님이 주인이신 예수 공동체요, 음부의 권세가 이기지 못하는 능력 공동체요, 천국 열쇠를 가진 전도 공동체입니다.

그러면 사도행전적 교회는 무엇입니까? 그것은 성령으로 잉태된 성령의 공동체요, 십자가와 부활을 전하는 증인 공동체요, 예수님의 제자를 삼는 양육 공동체요, 자신의 삶을 드리는 헌신 공동체요, 땅 끝까지 복음을 전하는 선교 공동체입니다.

사도행전에 대한 저의 관심은 진정한 교회의 모습과 틀을 어떻게 만드느냐에 있습니다. 오순절 이후 2천 년이 지난 지금에도 이

러한 사도행전적 교회가 가능하다는 확신과 믿음을 가지고 이 교
회를 시작했습니다.

온누리교회가 창립한 지 10년이 지났을 때, 우리의 비전을 다
시 확인하고 새로운 결심과 각오를 다져야 했기에 사도행전을 다
시 한 번 강해했습니다. 이 책은 그 두 번째 강해를 텍스트로 사용
한 것입니다.

사도행전을 통해서 우리의 가슴이 뜨거워지고, 비전은 분명해
지며, 능력이 나타날 것입니다.

사도행전은 하나님 나라를 향한 모든 성도들의 나침반입니다.

**차례**

3부

# 로마와 땅 끝을 향하여

사도행전 21:17-28:31

# 1부

## 유럽, 복음으로 물들다

사도행전 16:1-18:11

우리가 할 수 있는 일은 제한되어 있습니다.
우리가 만날 수 있는 사람도 제한되어 있습니다.
그러나 그것은 중요하지 않습니다.
그것이 복음이냐 아니냐, 성령의 역사냐 아니냐가 중요합니다.
우리가 한 사람에게라도 복음과 성령의 역사를 전달해 줄 수 있다면,
기적은 일어나게 될 것입니다.

# 1

## 바울,
## 드로아에서 환상을 보다

사도행전 16:1-10

하나님이 하시는 일에는 닫힌 문이 있고 열린 문이 있습니다. 아무리 오랫동안 두드려도 열리지 않는 문이 있는 반면, 노력하지 않았음에도 그냥 쓱 열리는 문이 있습니다.

> 빌라델비아교회의 사자에게 편지하라 거룩하고 진실하사 다윗의 열쇠를 가지신 이 곧 열면 닫을 사람이 없고 닫으면 열 사람이 없는 그가 이르시되 볼지어다 내가 네 앞에 열린 문을 두었으되 능히 닫을 사람이 없으리라(계 3:7-8).

하나님이 문을 닫으시면, 사람이 아무리 애를 써도 열리지 않습니다. 그러나 하나님이 문을 여시면, 어떤 이도 그것을 막을 수 없습니다. 하나님은 지금 세계 곳곳에서 예전에 닫혔던 문을 열고 복음 전할 기회를 주고 계십니다. 이 세상은 악하지만, 동시에 하나님은 복음의 구원의 문을 열고 계신 것입니다. 상상할 수 없는 일들이 곳곳에서 일어나고 있는 것입니다.

사도 바울의 2차 전도 여행에서는 특별히 성령의 역사가 있는 것을 보게 됩니다. 1차 전도 여행에서는 그런 일이 없었습니다. 1차 전도 여행 때는 성령께서 그들이 가고자 하는 곳으로 가도록 하셨습니다. 그들은 일사천리였습니다. 핍박을 받으면 떠나고, 옮겨간 곳에서 핍박받으면 또 떠났습니다. 그러나 2차 전도 여행은 달랐습니다. 2차 여행은 하나님의 성령이 간섭하시는 선교 여행이었습니다.

바울이 더베와 루스드라에도 이르매 거기 디모데라 하는 제자가 있으니 그 어머니는 믿는 유대 여자요 아버지는 헬라인이라(행 16:1).

사도 바울은 바나바와 헤어진 후에 실라를 데리고 안디옥을 떠나 수리아와 길리기아 쪽으로 움직였습니다. 그리고 1절에 기록된 것처럼, 더베와 루스드라까지 왔습니다. 그는 거기서 디모데라는 청년을 만나게 되는데, 이것을 자세히 관찰해 보면 하나님의 특별한 손이 개입된 것을 알 수 있습니다. 즉, 성령께서 간섭하고 계신다는 것입니다.

'성령께서 간섭하신다는 것'은 무슨 뜻입니까? 쉽게 말하면, '사도 바울 마음대로 안 된다'는 것입니다. 이것이 성령의 간섭입니다. 자꾸 프로그램이 수정되고, 바울은 이렇게 하려고 하는데 하나님이 저렇게 바꾸시는 것입니다. 바로 여기에 하나님의 놀라운 비밀과 성령의 인도하심이 있습니다. 바로 여기에 하나님이 막으시려는 문과 여시려는 문이 있다는 것입니다.

하나님은 문을 막으실 때, 다른 문은 열어 놓으십니다. 사면초가를 만들지 않으십니다. 한쪽 문을 막으면 반드시 다른 쪽 문을 열어 놓으십니다. 하나님은 그쪽 문으로 가기를 원하시는 것입니다. 먼저 그쪽으로 가는 것에 순종하기를 원하시는 것입니다. 이것이 2차 전도 여행의 방법이었습니다.

## 디모데를 만나다

하나님이 바울의 전도 계획을 어떻게 수정해 가십니까? 먼저는, 바나바와 바울을 헤어지게 하십니다. 바울은 원래 바나바와 헤어질 마음이 전혀 없었습니다. 그는 바나바와 함께 2차 전도 여행을 가고자 했습니다. 사도행전 15장 36절을 보면, 바울이 바나바에게 함께 전도 여행을 떠나자고 요청하는 장면이 나옵니다. 그러나 그 제안을 한 직후, 마가라 하는 요한을 전도 여행에 데려갈 것이냐 말 것이냐 하는 문제를 두고 대립하다가 다툼이 일어나고, 급기야 헤어지게 되는 것을 볼 수 있습니다.

생각해 보십시오. 바울과 바나바가 헤어진 이유가 썩 납득이 가질 않습니다. 좀 이상하지 않습니까? 그러나 그들은 결국 헤어졌습니다. 사도 바울의 입장에서 볼 때, 이런 결과는 바울 자신의 의도나 생각과는 전혀 다른 것이었습니다. 그는 '이렇게' 하려고 했는데 '저렇게' 되어 버린 것입니다.

더구나 전도 여행의 방향에 있어서도 똑같은 일이 생겼습니다.

바울은 구브로 섬을 통해서 예전에 방문했던 지역들을 다시 돌아보려 했습니다. 그런데 바나바와 마가가 먼저 그 코스로 출발했습니다. 그들이 먼저 구브로 섬으로 가 버리고 나니, 바울이 그쪽으로 가기가 난처하게 되었습니다. 그래서 거꾸로, 즉 수리아와 길리기아 쪽으로 방향을 돌린 것입니다. 바울은 이렇게 생각했는지도 모릅니다. '거꾸로 가나 바로 가나 가는 건 다 마찬가지겠지.'

그런데 이렇게 거꾸로 돌아간 것 때문에 바울은 예상치도 못했던 새로운 일들을 자꾸 만나게 됩니다. 이것이 성령의 역사입니다. 성령은 바울이 전혀 예측하지 못했던 일들을 일으키셨습니다. 그 중 하나가 돌에 맞아 죽을 뻔했던 루스드라에서 젊은 디모데를 만난 것입니다. 이것은 전혀 예상하지 못했던 일이었습니다.

바울은 실라를 택한 후에 형제들에게 주의 은혜에 부탁함을 받고 떠나 수리아와 길리기아로 다니며 교회들을 견고하게 하니라 바울이 더베와 루스드라에도 이르매 거기 디모데라 하는 제자가 있으니 그 어머니는 믿는 유대 여자요 아버지는 헬라인이라(행 15:40-16:1).

젊은 디모데와의 만남은 사도행전에서, 또한 바울의 사역에서 아주 특별한 의미를 가지며, 새로운 일을 만드는 계기가 되었습니다. 디모데는 헬라인 아버지와 유대인 어머니 사이에서 태어난 혼혈아입니다. 그리고 어머니 쪽에서 볼 때는 3대째 그리스도인입니다. 믿는 집안에서 태어난 것입니다.

그런 디모데가 바울의 1차 전도 여행 때 복음을 받아들였습니다. 그는 바울을 통해 큰 충격과 도전을 받았던 것 같습니다. 어떤 사람은 이런 말을 했습니다. "스데반이 돌에 맞아 죽을 때 바울이 거기 있었다. 그리고 바울이 루스드라에서 돌에 맞아 죽게 되었을 때, 거기에는 아마 디모데가 있었을 것이다." 즉, 스데반의 죽음이 바울에게 결정적인 영향을 미쳤던 것처럼, 바울이 돌에 맞아 성밖으로 끌려 나가는 모습이 디모데에게 강렬한 인상을 주었을 것이라는 뜻입니다. 이는 가능한 추측이라고 생각합니다.

디모데와 바울의 관계는 아주 특별했습니다. 바울이 사역하는 동안 언제나 따라다닌 사람이 디모데였습니다. 또한 바울은 신약 성경을 이루는 약 열세 통의 편지를 썼는데, 그중 두 개가 디모데에게 직접 쓴 것입니다. 그리고 고린도후서, 빌립보서, 데살로니가전·후서, 빌레몬서의 서두마다 '바울과 형제 디모데'라는 말이 나오는데, 이처럼 바울이 자신과 디모데를 묶어 문안 인사를 할 정도로 두 사람의 관계는 아주 특별했습니다. 이를 통해 볼 때, 디모데가 바울의 사역에 있어 얼마나 중요한 역할을 한 사람인지를 알 수 있습니다.

바울은 디모데를 부를 때 '형제 디모데'라는 표현을 썼습니다. 디모데후서에서는 '아들 디모데'라고 했습니다. 이것은 두 사람이 나이 차이는 있지만 영적으로 하나 된 것을 나타내 줍니다. 그리스도 안에서 정말 하나가 되어 완전한 사역을 이루어 가는 동역의 관계, 영적인 우정과 사랑과 신뢰의 관계가 있었음을 보여 줍니다. 바울의 전도 여행 때마다 디모데는 그를 그림자처럼 따라다녔고, 바울이 고통을 겪을 때나 감옥에 갇힐 때도 언제나 디모데가 주변에서 그를 도우며 사역을 같이했습니다. 이런 디모데를 어디서 만납니까? 바로 2차 전도 여행에서, 기억하지도, 생각하지도 못한 가운데 만나게 되었습니다.

## 동역자를 붙여 주시는 하나님

저는 본문을 보면서 이런 생각을 하게 되었습니다. '하나님은 당신의 일을 할 때마다 사람을 세워서 붙여 주시는구나.' 이것이 저에게만 해당되는 사실은 아닐 것입니다. 목회나 선교 사역에서 이런 일들을 종종 보게 됩니다. 참 어렵고 힘들 때마다 사람이 나타납니다. 조건 없이 희생하면서 돕는 사람을 하나님이 보내 주십니다. 저는 이것이 하나님의 방법이라는 사실을 알게 되었습니다.

그렇기 때문에 하나님이 사람을 붙여 주시는가, 안 붙여 주시는가를 통해서도 그것이 하나님의 일인지 아닌지를 알 수 있습니다. 아무리 좋은 계획과 돈이 준비되어 있다 해도 사람이 붙지 않으면, 그것은 하나님의 일이 아닐 수 있습니다. 그런데 그것이 하나님의 일이라면, 참 이상하게도 생각지 못한 데서 사람이 나타나 일이 진행됩니다. 하나님이 사람을 보내어 일이 진행되게 하시는 것입니다. 이것이 하나님의 방법입니다.

우리는 바울에게 디모데를 붙여 주시는 하나님을 봅니다. 하나님은 디모데를 예비하고 붙여 주셔서 바울의 선교 사역을 완성하는 데 결정적인 도움을 주셨습니다. 사람은 누구든 혼자 일할 수 없습니다. 위대한 사도인 바울도 마찬가지입니다. 아무리 고생하더라도, 하나님의 일은 사람들과 함께할 때 이루어집니다.

하나님이 붙여 주시는 사람들은 조건 없이 일합니다. 보수나 명예와는 상관없이 일합니다. 그냥 와서 일하는 것입니다. 조건을 다는 사람을 항상 조심하십시오. 하나님의 사람들은 아무 조건 없이 자기를 희생합니다. 그래서 하나님의 일을 이루는 것입니다.


## 디모데, 할례를 받다

바울은 생각지도 않았던 동역자를 얻었습니다. 젊은 디모데였습니다. 그런데 디모데와 함께 사역할 때, 또 하나의 생각지 못한 문제에 부딪히게 되었습니다.

> 바울이 그를 데리고 떠나고자 할새 그 지역에 있는 유대인으로 말미암아 그를 데려다가 할례를 행하니 이는 그 사람들이 그의 아버지는 헬라인인 줄 다 앎이러라(행 16:3).

디모데는 왜 할례를 받지 않았을까요? 성경에 나와 있지 않으니 정확히는 알 수 없으나, 그의 아버지는 헬라인이고 어머니는 유대인이라는 말씀으로 미루어 볼 때 아버지의 영향 때문이라는 생각이 듭니다. 이런 부모 사이에서 태어난 디모데는 두 계통의 사람들과 교류할 수 있었을 것입니다. 유대인 친척들도 만났을 것이고, 이방인인 헬라인 친척들도 만났을 것입니다. 바울은 이런 디모데를 데리고 전도할 생각을 하니 할례 문제가 마음에 걸렸습니다. 당시까지도 유대인들에게는 할례가 중요한 문제였기 때문입니다. 이방인들에게는 그리 중요하지 않은 문제였지만, 유대인들에게는 중요했기 때문에 바울은 디모데에게도 할례를 시켰습니다. 그런 다음에야 디모데를 그의 사역에 참가시켰습니다.

우리는 여기서 사도 바울의 이중적인 모습을 보게 됩니다. 그가 지금까지 무엇 때문에 흥분하고 논쟁하고 예루살렘까지 갔었습니까? 할례라는 짐을 지우지 말아야 한다는 것 때문이 아니었습니까? "너도 감당 못 하고 너희 조상도 감당 못 했던 멍에를 왜 이방인들에게 씌우려 하느냐? 예수 믿는 데 유대인들처럼 꼭 할례를 받아야 할 필요는 없다." 이렇게 주장했던 바울이 아닙니까? 또 갈라디아서 2장에서, 이방인들과 식사를 하다가 야고보가 보낸 유대인들이 오자 도망을 간 베드로를 공개적으로 비판했던 바울이 아닙니까? 그런데 그는 지금 디모데에게 할례를 시키고 있습니다. 도대체 왜 그런 것일까요?

본문을 자세히 보면 그 이유를 발견할 수 있습니다. 바울에게는 할례를 받느냐, 안 받느냐는 그리 중요한 문제가 아니었습니다. 그에게는 오직 복음이 중요했습니다. 그는 복음을 받아들인다면 할례를 받든 안 받든 상관없다고 생각했습니다. 유대인들이 굳이 할례를 필요로 하면 할례를 받으라는 것입니다. 이방인들이 할례 받는 것을 힘들어하면 받지 않아도 된다는 것입니다. 예수만 믿는다면 다 괜찮다는 것입니다. 바울의 관심은 오직 복음을 전하고 예수를 믿게 하는 데 있었습니다. 그랬기 때문에 그는 후에 머리를 깎기도 했던 것입니다. 바울에게는 그런 것이 중요하지 않았습니다. 그는 머리를 깎아서 전도할 수 있다면 머리를 깎고, 머리를 길러서 전도할 수 있다면 머리를 길렀습니다. 복음을 증거하는 데 걸림돌이 되는 것이라면 무엇이든 제거하려고 했습니다.

　이는 복음을 사랑하는 바울의 뜨거운 열정을 보여 주는 예입니다. 먹고 마시는 것도 마찬가지요, 살고 죽는 것도 마찬가지였습니다. "살고 죽는 것은 내게 중요하지 않다. 그리스도를 위한 것이라면 죽는 것도 유익하다. 무엇을 먹고 무엇을 마시느냐도 중요하지 않다. 그리스도를 위해서라면 무엇이든 할 수 있다. 내게 중요한 것은 오직 예수 그리스도이다." 이것이 바울의 고백이었습니다. 우리는 디모데에게 할례를 받도록 한 바울에게서 이런 모습을 보게 됩니다.

　바울이 감옥에 들어갔을 때, 그를 질투하던 사람들이 무척 좋아했습니다. 바울이 감옥에 들어갔으니 이제는 자신들이 인기를 얻을 것이라고 생각했습니다. 그런데 그런 모습을 본 바울이 무슨 말을 했습니까? "어떤 방법으로든, 시기하는 마음에서라도 전도할 수만 있다면, 전파되는 것은 그리스도니 나는 상관없다." 우리는 이런 모습에서 바울이 어떤 경지를 넘어섰음을 알 수 있습니다. 그는 형식과 율법과 행함의 종교성을 뛰어넘은 것입니다.

"네가 유대인을 만날 때는 할례를 받았다고 해라. 그러나 헬라인을 만났을 때는 그것을 강요하지 마라. 할례란 받아도 되고 안 받아도 되는 것이며, 그런 것은 그리 중요하지 않다고 해라. 제사 음식도 마찬가지다. 그것을 먹을 수도 있고, 안 먹을 수도 있다. 정말 중요한 것은 예수 그리스도시다." 이것이 디모데의 할례 의식을 통해 바울이 던진 메시지였습니다. 그러나 우리는 어떻습니까? 방법론이나 환경이나 전통에 관한 문제 때문에 그리스도를 덜 중요하게 여기지는 않았습니까? 그런 것을 중요하게 생각할 때가 더 많았던 것은 아닙니까?


## 날마다 성장하는 사도행전 교회

여러 성으로 다녀갈 때에 예루살렘에 있는 사도와 장로들이 작정한 규례를 그들에게 주어 지키게 하니 이에 여러 교회가 믿음이 더 굳건해지고 수가 날마다 늘어 가니라(행 16:4-5).

바울은 계속해서 여러 성을 다니면서 복음을 증거했습니다. 그 결과, 교회는 믿음이 더욱 굳건해지며 그 수 또한 날마다 늘어 갔습니다. 여기서 우리는 사도행전 교회의 한 특징을 보게 됩니다. "여러 교회가 믿음이 더 굳건해지고 수가 날마다 늘어 가니라." 사도행전의 교회는 멈출 줄 몰랐습니다. 커지면 흩어져서라도 계속 전진했습니다.

이것이 곧 교회사입니다. 하나님의 교회는 정체할 줄 모르고 계속해서 움직여 왔습니다. 그들은 무덤을 파지 않았습니다. 계속해서 움직이고 포용하며 하나님의 생명을 생산했습니다. 이것이 진정한 교회의 모습입니다. 진정한 하나님의 사람들은 멈추지 않습니다.

두발자전거가 쓰러지지 않기 위해서는 계속 움직여야 합니다. 정지하면 넘어집니다. 자전거가 계속 전진해야 하는 것처럼, 그리스도인들과 하나님의 교회도 전진해야 쓰러지지 않습니다. 그냥 서 있을 수 없는 존재들입니다. 복음을 가진 사람들, 성령의 능력을 가진 사람들은 뒤돌아보지 않고 계속해서 푯대를 향해 나아가야 하는 것입니다. 당신에게도 그런 믿음의 전진이 있기를 바랍니다.

10년 전이나 지금이나 똑같다는 것은 수치스러운 말입니다. 10년 전이나 후나 교인 수가 똑같다면, 늘 그 사람이 그 사람이고 저 사람이 저 사람이라면, 오는 사람도 없고 가는 사람도 없다면, 그 교회는 무덤을 파고 있는 것입니다. 교회는 계속 흘러가야 합니다. 믿는 사람들은 전진하고 창조하면서 하나님의 영광을 위해 계속해서 생산하고 움직여야 합니다. 이것이 살아 숨 쉬는 교회요, 성령이 역사하는 교회입니다. 환난과 박해 속에서도 날로 성장하며 수가 불어나는 것이 바람직한 교회입니다.

이 원리는 한 개인에게도 마찬가지로 적용됩니다. 우리 각자는 주님 만날 때까지 계속 성장해야 합니다. 그래야 영광스러운 모습으로 변화될 것입니다.


## 성령님이 막으시다

그런데 이렇게 열심히 복음을 전하는 이들 팀 안에 문제가 생겼습니다.

성령이 아시아에서 말씀을 전하지 못하게 하시거늘 그들이 브루기아와 갈라디아 땅으로 다녀가 무시아 앞에 이르러 비두니아로 가고자 애쓰되 예수의 영이 허락하지 아니하시는지라(행 16:6-7).

사람이 막았다면 괜찮았을 것입니다. 오히려 더 신났을지도 모릅니다. 사람들이 전도하지 못하도록 돌을 던졌다면 죽음을 무릅쓰고서라도 밀고 나갔을 텐데, 문제는 성령이 막으셨다는 것입니다. 그러니 여간 심각하지 않을 수가 없었습니다. "성령이 아시아에서 말씀을 전하지 못하게 하시거늘."

우리는 여기서 닫힌 문을 봅니다. 그러나 2천 년이 지난 지금, 그렇게 닫혔던 소아시아와 중앙아시아의 문이 열리고 있습니다. 이제는 닫혀 있던 문들이 서서히 열리는 것을 봅니다. 열린 문이 있고 닫힌 문이 있습니다. 우리는 그 뜻을 다 알지 못합니다. 그것은 선교를 주관하시는 하나님의 주권에 속해 있기 때문입니다.

바울은 전도 여행을 하면서 많은 열매를 맺고 너무 좋아했습니다. 그래서 계속 전도하려고 하는데, 성령이 그것을 막으신 것입니다. 빌립이 사마리아 땅에서 전도할 때도 그런 일이 있었습니다. 기적이 일어나고 능력이 나타나며 한창 전도가 잘되고 있는데, 하나님이 광야로 가라고 명령하셨습니다. 광야는 사람이 없는 곳입니다. 사람이 많은 곳에서 전도해도 부족한데 사람이 없는 곳으로 가라 하시니 이상하지 않습니까? 하나님의 이러한 명령에 빌립은 기가 막혔을 것입니다. 하지만 빌립은 기적이 일어나고 있는 사마리아 땅을 뒤로하고 성령에게 순종해서 광야로 갔습니다. 그리고 거기서 에디오피아 내시를 만나 복음을 전했습니다. 이는 하나님이 예비하신 것이었습니다.

그렇습니다. 하나님의 생각은 사람의 생각과 다릅니다. 하나님이 보시기에 좋은 것과 사람이 보기에 좋은 것은 다릅니다. 어떤 때 우리는 손해를 보면서도 돈을 투자하고, 엉뚱한 일에 정열과 시간을 쏟기도 합니다. 이런 모습을 세상 사람들은 이해하지 못합니다. 소위 합리적이라는 사람들은 이런 일을 절대 이해하지 못합니다. 그들은 의아해합니다. '왜 저렇게 살까? 무엇 때문에 선교사로 갈까?' 심지어 교인들 중에도 비슷한 생각을 하는 사람들이 많습니다. "다른 일도 많은데, 그냥 장로로 있으면서 돈 벌어서 그 돈으로 도와주면 되지, 직접 선교사로 갈 필요가 뭐 있나?" "국내에도 전도할 곳이 많은데, 왜 꼭 해외로 가야 하지?" 그들은 이렇게 말하면서 그런 일을 하는 사람들을 이해하지 못합니다.

많은 사람들이 인간적인 생각으로 하나님의 일을 이해하지 못하고 있습니다. 성령은 친히 당신의 일을 사람의 생각과는 다른 방법으로 이루어 가십니다. 이것이 사도행전의 내용입니다. 이것은 개인 혹은 민족의 역사에서나 교회의 역사에서 모두 찾아볼 수 있습니다.

지금 성령이 아시아 전도의 길을 막고 계십니다. 바울 일행은 브루기아와 갈라디아 땅을 건너 무시아 앞에 이르렀습니다. 그들은 무시아에서 드로아로 갈 것이냐, 비두니아로 갈 것이냐를 놓고 갈등하고 있었습니다. 그때 하나님은 바울이 비두니아 쪽으로 가는 것을 계속 막으셨습니다.

당신이 무언가를 열심히 하고 있는데 자꾸 막힌다면, 거기에 하나님이 개입하고 계시다는 사실을 기억하십시오. 물론 마귀가 방해하는 경우도 있습니다. 그러므로 우리는 이 둘을 신중하게 잘 분별해야 합니다. 만약 마귀가 막고 있는 것이라면 뚫고 나가야 합니다. 교회를 못 나가게 하는데 '아, 이게 하나님의 뜻인가 보다' 하면서 나가지 않으면 안 됩니다. 그럴 경우는 예수님의 이름으로 더러운 귀신을 물리치고 그 어려움을 넘어가야 합니다.

만약 하나님이 막으시는 것이라면, 주의 깊게 살펴서 다른 길을 찾으십시오. 하나님이 어떤 일을 막으실 때는 반드시 다른 길을 열어 놓으시기 때문입니다. 그 길을 찾으십시오. 당신에게 영안이 있어 이를 분별할 수 있게 되기를 바랍니다. 당신이 결정한 것을 따라서 가지 마십시오. 당신이 생각한 것을 주장하면서 하나님도 그 길로 가셔야 된다는 논리를 펴지 마십시오. 하나님이 막으시면 순종하며 다른 길로 가십시오. 이것이 본문 6-7절을 통해 배워야 할 교훈입니다.

같은 구절을 통해 또 한 가지 생각할 문제가 있습니다. 그것은 '성령이란 무엇인가?' 하는 문제입니다. 성령은 '예수의 영'이라는 사실을 알 수 있습니다. 또한 "성령이 아시아에서 말씀을 전하지 못하게 하시거늘", "예수의 영이 허락하지 아니하시는지라"라는 말씀을 통해 성령은 막연한 감정이나 어떤 능력, 힘이 아니라는 점을 알 수 있습니다. '성령 받으라' 했다고 해서 성령이 공 주고받듯 할 수 있는 존재는 아닙니다. 성령은 곧 예수요, 성령은 예수를 영화롭게 하는 분입니다. 성령은 그리스도의 영입니다.


## 바울의 지경을 넓히시다

그렇다면 우리는 아시아와 비두니아로 가지 못하게 하신 성령님
이 어떤 의도를 갖고 계셨는지를 알아야 합니다.

> 무시아를 지나 드로아로 내려갔는데 밤에 환상이 바울에게 보이니
> 마게도냐 사람 하나가 서서 그에게 청하여 이르되 마게도냐로 건너
> 와서 우리를 도우라 하거늘(행 16:8-9).

무시아 앞에 이른 바울은 비두니아로 가고자 했습니다. 그런데
그 일이 마음대로 되지 않았습니다. 누군가 그곳으로 가지 못하게
막았습니다. 바울이 얼마나 당황했겠습니까? 그러던 중에 바울은
드로아에서 밤에 환상을 봅니다.

그 환상의 의미는 이제 소아시아에 머물지 말라는 것이었습니
다. 바울의 뜻은 소아시아로 가는 것이었지만, 하나님은 다른 계
획을 가지고 계셨습니다. 이는 소아시아를 전도하지 말라는 것이
아니라, 소아시아에 머물지 말라는 것입니다. '그물을 넓게 치라',
'동서남북을 바라보라. 이것이 다 네 것이다'라는 것입니다. 그래
서 성령님은 바울을 유럽과 아시아의 경계가 되는 항구 드로아를

거쳐서 유럽으로 보내시는 것입니다. '네 지경을 넓히라'는 것입니다. '네 생각을 넓히라'는 것입니다.

죄인인 우리는 모든 것을 자기중심으로 생각합니다. 자기 자신, 자기 가정밖에 모릅니다. 기껏 넓혀 생각해 봐야 자기 교회입니다. 그래서 자기 자신, 자기 가정, 자기 교회만 잘되면 된다고 생각합니다. 아닙니다. 자기 교회만 잘되면 되는 것이 아니라, 한국 교회가 다 잘되어야 하고, 세계 교회가 다 잘되어야 합니다. 우리의 지경은 서울이 아닙니다. 한국이 아닙니다. 왜 그렇습니까? 하나님은 전 세계의, 온 우주의 하나님이시기 때문입니다. 우리 개인의 하나님이시지만 온 인류, 온 열방의 하나님도 되시기 때문입니다.

성령님은 지금 바울의 지경을 넓혀 주고 계십니다. 1차 전도 여행 때는 소아시아만 생각하게 하셨는데, 2차 전도 여행 때는 유럽을 가게 하십니다. 그리고 후에 3차 전도 여행 때는 그 지경을 더 넓혀 로마를 거쳐 스페인을 보게 하십니다.

저는 이런 비전이 우리 교회에도 이루어지길 바랍니다. 하나님은 우리에게 말씀하십니다. "너의 생각을 넓혀라. 너의 지경을 넓혀라. 너의 믿음을 넓혀라." 우리는 계속해서 바울의 지경을 넓히고 계시는 하나님의 섭리를 봅니다.

드로아는 유럽과 통하는 소아시아의 항구 도시인데, 유럽과 아시아 사이에 일어났던 트로이 전쟁의 중심지이기도 합니다. 바울이 드로아에서 하룻밤을 자는데 환상이 나타났습니다. 이것은 꿈과는 다른 것입니다. 하나님이 직접 베드로에게 보여 주셨던 것처럼, 이 밤에 바울에게도 환상을 보여 주셨습니다.

여기서 우리는 두 가지 사실을 점검해야 합니다. 첫째는, 환상이 있다는 사실입니다. 어떻게 확신할 수 있습니까? 성경에 나오기 때문에 확신합니다. 바울도 보았고, 베드로도 보았습니다. 그러므로 하나님은 환상이라는 방법을 통해서도 역사하실 수 있다는 것을 인정해야 합니다.

둘째는, 환상을 보여 주신 하나님의 의도가 있다는 것입니다. 하나님이 환상을 통해 바울을 유럽으로 보내려 하신 것은 소아시아가 덜 중요하고 유럽이 더 중요해서가 아닙니다. 복음이 확장되기를 바라셨기 때문입니다.

사도행전 8장을 보면 예루살렘교회가 박해를 받아서 많은 사람들이 흩어지게 되는 장면이 나옵니다. 하나님이 이렇게 하신 것은 예루살렘이 덜 중요해서가 아닙니다. 사람들이 복음을 들고 나가야 하는데 그렇게 하지 않으니, 하나님이 박해를 주어서 유대와 사마리아로 흩어지게 하신 것입니다. 하나님은 그때 흩어진 사람들을 통해 복음이 유대와 사마리아뿐 아니라, 안디옥과 아시아, 소아시아로도 전해지게 하셨습니다. 이제 하나님은 그 복음이 유럽으로도 가기를 원하시는 것입니다.

이렇게 유럽으로 간 복음은 미국으로, 그리고 전 세계로 퍼져 마침내는 한국에도 전해집니다. 그리고 하나님은 중국, 북한, 중앙아시아 및 이슬람권 국가에도 이 복음이 전해지도록 지금도 역사하고 계십니다. 이것이 하나님의 성령의 역사입니다.

이것을 봐야 합니다. 이것을 보는 눈이 있어야 합니다. 우리에게는 하나님의 마음과 하나님의 생각이 있어야 합니다. 이 복음은 다시 예루살렘으로 돌아가게 될 것입니다. 이 복음은 주님 오실 때까지 계속 전진할 것입니다. 하나님은 믿음을 키워 주기 위해 아브라함에게 무엇이라고 말씀하셨습니까? "너의 고향과 친척과 아버지의 집을 떠나"(창 12:1)라고 말씀하셨습니다. 머물러 안주하면 믿음이 생기지 않습니다. 떠나야 믿음이 생깁니다. 움직여야 믿음이 생깁니다. 복음도 움직여야 전파되는 것입니다.

우리는 세계를 바라볼 때 하나님의 마음을, 하나님의 안목을 가져야 합니다. 그렇지 않으면 자기 자신이나 자기 주변, 또는 자기 환경만 보게 됩니다. 그렇게 되면 우리는 아버지의 마음도 모르고 돌아온 탕자 동생을 미워했던 첫째 아들처럼 되고 마는 것입니다. 그는 동생이 돌아와서 회개하는 것이 싫었습니다. 아버지가 타락한 동생을 받아들이는 것을 이해하지 못했습니다. 우리는 이 첫째 아들처럼 되기가 쉽습니다. 안타깝게도 오늘날의 많은 교회가 첫째 아들의 영성을 가지고 있습니다. 자기는 이미 구원받았기 때문에 다른 사람을 구원하는 데는 별로 관심이 없는 것입니다.

## 순종하며 떠나는 바울

> 바울이 그 환상을 보았을 때 우리가 곧 마게도냐로 떠나기를 힘쓰
> 니 이는 하나님이 저 사람들에게 복음을 전하라고 우리를 부르신
> 줄로 인정함이러라(행 16:10).

바울은 환상을 본 후에 어떻게 했습니까? "우리가 곧 마게도냐로 떠나기를 힘쓰니." 즉, 바울은 곧바로 순종했습니다. 환상을 본 후에 한참 있다가, 은퇴하고 나서 순종한 것이 아니라 곧 떠났습니다.

하나님이 "일 좀 같이하자"고 하시면 "예, 은퇴한 다음에요" 하는 사람들이 많습니다. 그러나 순종은 시간과 상관있습니다. 시간이 지나면, 그때 순종하지 않으면 불순종이 되는 경우가 있는 것입니다. 그러므로 하나님이 말씀하시면 곧 순종해야 합니다. 아브라함은 하나님의 떠나라는 말씀을 듣고 바로 갈대아 우르를 떠났습니다. 이것이 믿음입니다.

'고향과 친척과 아버지의 집'이란 무엇을 의미합니까? 익숙한 환경입니다. 기득권입니다. 자기를 보호해 줄 수 있는 것들을 말합니다. 그것은 구체적으로 친척일 수도 있고, 아버지의 집일 수도 있고, 자기 생업일 수도 있습니다. 이것을 떠나는 것이 믿음입니다. 믿음의 역사는 여기서부터 시작됩니다. 그러나 사람들은 끊임없이 안정된 직업을 원합니다. 끊임없이 자기 안전을 추구합니다.

그리고 거기 안주해서 '할렐루야' 하면서 살고 싶어 합니다. 그런데 바울은 그러지 않았습니다. 그는 곧 떠났습니다. 자기감정, 자기 신념과도 의논하지 않았습니다. 전혀 생각하지 못했던 일임에도 불구하고 즉시 순종했습니다.

마게도냐 사람이 "마게도냐로 건너와서 우리를 도우라"(행 16:9)고 말하는 환상을 바울은 어떻게 해석했습니까? 그는 그것을 마게도냐 사람들에게 복음을 전하라는 하나님의 부르심으로 해석했습니다. "와서 우리를 도우라." 지금도 예수 믿지 않는 사람들은 이처럼 심각하게 우리를 부르고 있습니다. 이러한 영적인 음성을 듣는 귀가 우리에게 있어야 합니다.

일전에 하바롭스크에서 사역하는 선교사님 한 분을 만나 〈생명의 삶〉 러시아판을 어떻게 나눠 주면 좋을지, 그것으로 사람들을 어떻게 훈련시키면 좋을지에 대해 의논한 적이 있습니다. 그때 그분이 이런 말씀을 하셨습니다.

"목사님, 제가 살고 있는 아파트는 10층인데 그 아파트에는 한 층에 네 식구, 그러니까 아파트 전체에 40명 정도가 살고 있습니다. 거기서 8개월째 살다 보니 이제는 아파트 주민들을 어느 정도는 다 알게 되었습니다. 그런데 그중에서 우리 가정을 제외하면 이혼하지 않은 가정이 하나도 없습니다. 그 사실을 알고 얼마나 깜짝 놀랐는지 모릅니다. 아이들이 둘씩, 셋씩 있는데, 아이 엄마가 다 다른 집도 있습니다. 이혼율이 얼마나 높고 폭력은 또 얼마나 많은

지, 큐티보다도 가정 사역이 더 시급합니다. 그런 프로그램을 먼저 보내 주십시오. 부부를 화합시킬 수 있는 그런 프로그램이 절대적으로 필요합니다."

이 이야기를 듣는데, 그들이 이렇게 말하는 것 같았습니다. "우리가 좀 더 일찍 예수님을 알았더라면, 복음을 더 일찍 들었더라면 이렇게 되지는 않았을 텐데…." 저는 선교사님의 요청을 통해 이런 음성을 들었던 것입니다.

예전에 위클리프라는 선교 단체에서 만든 영화를 본 적이 있습니다. 한 여 선교사가 어느 지역에 가서 성경을 번역해 주며 그곳을 전도하는 내용이었습니다. 성경을 번역하고 복음을 전해 주었을 때, 원주민들은 이렇게 말했습니다. "왜 이제야 오셨습니까?" 이것은, "좀 더 일찍 오시지요. 조금만 더 일찍 오셨더라면 우리가 이렇게 살지 않았을 텐데, 왜 이제 오셨습니까?"라는 뜻입니다.

지금도 세계 도처에 있는 그리스도를 알지 못하는 수많은 영혼들이 이렇게 외칩니다. "와서 우리를 도우십시오. 우리는 당신이 필요합니다. 당신의 돈이나 문화나 지식이 아니라, 당신이 가지고 있는 예수가 필요합니다. 와서 우리를 도와주십시오."

바울이 성령님을 통해 이 음성을 들었을 때 유럽에 복음의 문이 열리게 됩니다. 당신도 하나님의 인도하심에 민감하길 바랍니다. 그리고 그분의 음성에 순종하길 바랍니다. '와서 우리를 도와 달라'는 영혼들의 애절한 음성을 듣게 되기를 바랍니다.

# 2

# 유럽을 향해 열린 복음의 문

사도행전 16:11-18

## 닫힌 문 뒤의 열린 문

바울은 자신이 전도했던 지역들을 하나씩 점검했습니다. 그 과정에서 하나님은 놀랍고도 새로운 방법으로 그들을 인도하셨습니다. 그것은 바울이 전혀 예측하지 못한 인도였습니다. 그는 소아시아로 가서 전도하길 원했습니다. 내륙 쪽에 위치한 무시아에서 비두니아로 가서 전도한 후 계속 전진하는 것이 바울의 계획이었습니다. 하지만 하나님의 성령이 그것을 막으셨습니다.

그는 할 수 없이 항구 도시인 드로아를 택하게 되었습니다. 사실 그는 드로아 쪽으로 가고 싶지 않았습니다. 드로아 다음은 바다이기 때문입니다. 계속 전진하면서 전도해야 하는데, 드로아에서는 그 가능성이 보이지 않았기에 바울에게는 그곳으로 갈 마음이 없었습니다. 그런데 하나님은 자꾸만 드로아로 몰고 가셨습니다.

여기서 우리는 닫힌 문과 열린 문을 보았습니다. 어떤 문은 아무리 두드려도 자꾸 닫힙니다. 기도가 없어서도, 금식이 없어서도 아닙니다. 우리가 무슨 실수를 하고 죄를 지어서도 아닙니다. 그냥 일이 안 되는 것입니다. 아무리 뜨거운 열정을 가졌거나 간절히 소원해도 안 되는 일이 있습니다. 우리는 이런 일들을 가끔 경험합니다. 특히 예수님을 믿고 헌신했을 때 이런 일을 경험합니다. 간절히 가고자 하지만 하나님이 못 가게 하십니다. 이런 경우는 하나님이 그쪽으로 가는 문을 닫으신 것입니다.

'왜 문이 닫혔을까? 내가 무슨 실수를 해서 그럴까? 내게 믿음이 없어서 그럴까?' 아닙니다. 하나님의 일을 하는 데 있어 문이 닫혔다는 것은 다른 쪽이 열려 있다는 뜻입니다. 하나님은 모든 문을 닫지는 않으십니다. 한쪽 문이 닫혔다면, 하나님은 우리가 알지 못하는 다른 쪽 문을 열어 놓고 계십니다.

하나님이 이스라엘 백성을 애굽에서 이끌어 내어 홍해로 데려오셨을 때, 인간의 눈으로 보면 절대 불가능한 상황 속에 그들을 집어넣으신 것 같습니다. 하지만 하나님에게는 홍해를 가르시려는 계획이 있었습니다. 그렇기 때문에 하나님 안에서의 절망은 결코 절망이 아닙니다. 믿음의 눈으로 보면 그것은 기적을 일으키는 계기가 됩니다. 우리의 생애에서도 마찬가지입니다. 우리의 결혼, 직장, 헌신에 있어서도 마찬가지입니다.


## 소아시아 전도를 막으신 하나님의 뜻

어떤 때는 우리가 원하는 방향으로 가지 못할 수도 있습니다. 우리는 사도행전 16장 6-7절을 통해 그것을 배웠습니다.

성령이 아시아에서 말씀을 전하지 못하게 하시거늘 그들이 브루기

아와 갈라디아 땅으로 다녀가 무시아 앞에 이르러 비두니아로 가고
자 애쓰되 예수의 영이 허락하지 아니하시는지라(행 16:6-7).

때로는 우리의 믿음을 테스트하기 위해 문이 막히는 고난이 오
기도 합니다. 그럴 때는 그것을 뚫고 나가야 합니다. 인내하며 포
기하지 않고 끝까지 가야 합니다. 두드리는 자에게 문이 열리는 것
입니다. 그러나 하나님이 방향을 바꾸실 때가 있습니다. 그것은 이
러한 시험과는 다른 문제입니다.

하나님은 왜 소아시아 전도를 막으셨을까요? 소아시아는 전도
할 필요가 없기 때문입니까? 아닙니다. 잘못 해석하면, "거기에는
하나님의 뜻이 없었기 때문이다" 혹은 "그곳은 하나님에게 별로
중요하지 않았기 때문이다"라고 말할 수도 있습니다. 그러나 그렇
지 않습니다. 불필요해서, 중요하지 않아서 그렇게 하신 것이 아닙
니다. 하나님에게는 그곳도 굉장히 중요합니다. 그곳도 전도해야
합니다. 하지만 하나님이 바울의 발걸음을 막으신 가장 큰 이유는,
하나님의 계획이 아시아에만 국한되어 있지 않았기 때문입니다.
하나님의 계획은 아시아를 넘어서 유럽으로 복음이 들어가는 것
이었습니다. 그래서 사도 바울에게 유럽의 문을 열어 주시며, 그의
마음을 넓히고 생각을 깊게 만드신 것입니다.

대부분의 인간은 누구를 막론하고 자기중심적입니다. 자기 일,
자기 헌신만 중요하게 생각합니다. 자기가 사는 곳, 자기가 헌신한

선교 단체만 중요하게 여깁니다. 그 세계를 벗어나지 못합니다. 그 안에서만 살아야 할 것 같습니다. 하지만 하나님은 이런 생각을 깨뜨리기 원하십니다. 하나님은 우리가 이 틀을 벗어나기를 원하십니다. 소속된 교회가 중요하지 않다는 얘기가 아닙니다. 그곳을 벗어나라는 것입니다. 대한민국을 벗어나라는 것입니다. 이것이 하나님의 계획입니다. 하나님은 바울에게 이것을 가르치기 위해 소아시아로 가는 문을 막으셨습니다.

우리는 이미 사도행전 1장 8절을 살펴보았습니다. 그리고 이 말씀을 아주 중요하게 생각했습니다.

> 오직 성령이 너희에게 임하시면 너희가 권능을 받고 예루살렘과
> 온 유대와 사마리아와 땅 끝까지 이르러 내 증인이 되리라 하시니
> 라(행 1:8).

이것이 하나님의 역사(役事)의 섭리요, 경륜이요, 철학입니다. 그것 때문에 하나님은 예루살렘의 한 다락방에 모인 사람들에게 오순절 날 성령을 주신 것입니다. 그때 사람들은 성령의 불을 체험했습니다. 온 집 안이 급하고 강한 바람으로 가득 찼습니다. 성령의 불이 사람들 머리 위에 임했습니다. 불이 역사하기 시작했습니다. 마치 로켓에 불을 붙인 것 같았습니다. 발사 준비된 이 로켓은 거대한 소리를 내면서 움직이기 시작했습니다. 이것이 바로 오순절

사건입니다.

성령이 임하자 회개의 역사가 일어났고, 방언을 하는 사람도 있었습니다. 기적이 일어나기도 했으며, 3천 명이 와서 세례를 받는 일도 있었습니다. 성령님은 능력과 기적과 축복을 순식간에 예루살렘교회에 불어넣으셨습니다. 그러나 이는 예루살렘교회만을 위한 것이 아니었습니다. 전 세계를 위한 것이었습니다. 이것은 온 유대와 사마리아와 땅 끝까지 역사를 전진시키시기 위한 하나님의 시작이었습니다.

하지만 사람들은 그런 생각을 못 했습니다. 예루살렘에만 주신 복인 줄 알았습니다. 물론 하나님은 예루살렘을 사랑하십니다. 그러나 예루살렘만 사랑하시는 것은 아닙니다. 모든 열방을 비롯한 온 땅과 온 인류를 사랑하십니다. 그런데도 예루살렘교회의 사람들은 자기 백성, 자기 민족, 자기 공동체만 사랑하시는 줄 알았습니다. 그래서 그들은 예루살렘을 떠날 생각을 하지 않았습니다. 예루살렘에 수많은 이적과 능력이 나타나고 수많은 사람들이 모이기 때문에, 그곳에 왕국을 세우려고 했습니다.

하나님이 우리 교회에 놀라운 성장을 허락하시고, 아름다운 비전과 사역을 주시고, 신실하고 헌신된 사람들을 불러 주신 것은 이곳에 우리만의 왕국을 세우라는 뜻입니까? 아닙니다. 그것은 세계를 향하라는 뜻입니다. 열방을 향해 가라는 뜻입니다. 복음을 듣지 못한 사람들을 위해 우리 교회를 이처럼 키워 주시는 것입니다. 복음을 전하라고 믿음을 주시고, 사랑을 주시고, 돈을 주시는 것입니다. 그런데 우리가 그 뜻을 깨닫지 못하고 우리만의 왕국을 세우려 한다면, 하나님은 굉장히 섭섭해 하실 것입니다.

예루살렘교회 교인들 안에 이런 모습이 있었습니다. 그래서 하나님은 복음을 위해 그들에게 박해를 허락한 후 사방으로 흩어지게 하셨습니다. 그들은 박해 때문에 할 수 없이 온 유대와 사마리아로 흩어지게 되었습니다.

지금 하나님은 이와 똑같은 원리를 바울에게도 적용하십니다. 소아시아에는 아직도 할 일이 많이 있었습니다. 그러나 하나님은 바울을 그곳에 머물러 있게 하지 않고 유럽으로 이동시키십니다. 이는 세계를 품으라는 것입니다. 지경을 넓히고, 기도 제목을 바꾸고, 생각의 틀을 깨라는 것입니다.

하나님은 우리에게도 우리의 인생 궤도를 수정하라고 도전하십니다. 이는 우리의 계획이 나쁘거나 불필요해서가 아닙니다. 하나님은 우리보다 더 놀랍고 엄청난 계획을 갖고 계시기 때문입니다. 주님이 다시 오시기 전에, 이 시대가 끝나기 전에 이 세계를 향한 놀라운 계획을 가지고 계시기 때문입니다. 이것이 바울의 소아시아 방문을 막으신 일을 통해 우리에게 주시는 메시지입니다.

# 새 일을 계획하시다

거기서 빌립보에 이르니 이는 마게도냐 지방의 첫 성이요 또 로마
의 식민지라 이 성에서 수일을 유하다가(행 16:12).

바울은 결국 드로아로 갔습니다. 가고 싶지 않았지만 가게 되었
습니다. 그리고 그날 밤, 그는 한 환상을 보았습니다. 마게도냐 사
람 하나가 나타나서 바울에게, "건너와서 우리를 도우라"(행 16:9)
하고 말하는 환상이었습니다. 바울은 이것이 무슨 뜻인지 생각했
습니다. 그리고 하나님이 새 일을 계획하고 계시다는 것을 깨달았
습니다. 하나님은 지금도 우리 안에서 새 일을 계획하고 계십니다.
과거에 한 일을 반복해서 하라고 하시는 것이 아니라, 하나님은 언
제나 새 일을 행하고 계십니다.

바울은 전도하고 싶었는데 하나님은 그를 바다에 세워 놓으셨
습니다. 어디로 가라는 말씀입니까? 바울은 막막했을 것입니다.
그런 그에게 하나님은 바다 저편 사람이 그를 부르고 있는 환상을
보여 주셨습니다. 하나님이 그곳으로 바울을 부르신 것입니다. 그
곳은 한 번도 가 보지 않은 곳입니다. 모르는 곳입니다. 그러나 이
제 환상으로 말미암아, 더 이상 갈 수 없을 것만 같았던 육지의 끝
바다는 절망이 아닌 소망으로 변하기 시작합니다. 그곳은 끝이 아
니라 시작이었습니다. '나의 실패와 좌절은 이제 새로운 출발을

의미한다. 그렇다. 지금 이렇게 열등감에 빠져서 자학하고 괴로워하며 갈 길을 몰라 방황하고 있어서는 안 된다. 하나님은 지금, 나를 부르고 계신다.' 아마도 이것이 에게 해를 바라보고 있는 바울의 심정이었을 것입니다. 하나님은 이렇게 바울의 마음을 키우고 계셨습니다.

환상을 본 순간, 바울은 자신 앞에 놓인 바다를 건너기로 결정했습니다. 11절에는 드로아에서 배를 타고 떠나 사모드라게로 직행했다고 기록되어 있습니다. '직행'이라는 것은 순풍에 돛 단 듯, 걸림이나 방해 없이 간 것을 의미합니다. 직진 코스로 쭉 간 것입니다. 바울 일행은 사모드라게라는 섬을 거쳐서 이튿날 네압볼리 항구에 도착했다고 기록되어 있습니다. 그 거리는 175-180마일(약 280-290킬로미터) 정도였습니다. 그리고 네압볼리에서 다시 빌립보라는 성으로 갔는데, 빌립보는 8마일(약 13킬로미터) 정도의 아주 가까운 거리에 있었습니다.

그런데 사도행전을 읽다 보면 재미있는 사실을 발견하게 됩니다.

우리는 무교절 후에 빌립보에서 배로 떠나 닷새 만에 드로아에 있는 그들에게 가서 이레를 머무니라(행 20:6).

빌립보에서 드로아로 다시 돌아올 때는 며칠이 걸렸습니까? 5일이 걸렸습니다. 그런데 16장에서는 며칠이 걸렸습니까? 이틀이 걸렸습니다. 5일 정도 걸려야 갈 수 있는 길을 이틀 만에 간 것입니다. 하나님이 자연의 힘까지 동원해서 열린 문으로 바울을 급수송하신 것입니다. 아마도 하나님은 바울이 배를 타고 빌립보로 가는 동안 줄곧 드로아에서 빌립보 방향으로 바람이 불게 하셨는지도 모릅니다. 그래서 그렇게 빨리 갈 수 있었던 것이 아닐까 생각합니다.

하나님은 때로 이렇게 일을 진행하십니다. 하나님이 친히 "이쪽으로 가라"고 명령하시는 것입니다. "거기에 내 뜻이 있고, 내 비전이 있다" 하면서 그 일을 하게 하시는 것입니다. 그렇게 하실 때, 그것이 가능한지 불가능한지를 묻지 마십시오. 그것은 토론할 것이 못 됩니다. 하나님이 하시고자 하면 못 하실 것이 없습니다. 하나님의 마음, 하나님의 꿈을 가지고 있다면 그리고 하나님에 대한 믿음을 가질 수만 있다면, 모든 일은 쉽게 될 것입니다.


## 오직 하나님의 인도하심을 따라

바울은 네압볼리를 거쳐 빌립보로 갔습니다. 부르는 사람도 없고 마중 나올 사람도 없는 빌립보로 오직 성령의 부르심을 받고 간 것입니다. 12절을 보면 바울 일행이 빌립보에서 수일을 유했다고 기록되어 있는데, 이것은 그곳에 그들을 도울 안내자가 없었다는 의미를 내포하고 있습니다. 이처럼 환영하는 사람이 없어도 하나님이 가라 하시니 그냥 가는 것, 이것이 선교입니다. 일 때문에 가는 것이 아닙니다. 누가 우리를 부르고 초청해서 가는 것이 아닙니다. 하나님이 가라 하셨기 때문에 가는 것입니다.

백 년 전에 선교사들이 한국으로 들어왔습니다. 그들이 한국에서 많은 사람을 만난 것이 아닙니다. 몇 사람을 만나서 복음을 전했습니다. 그렇게 했더니 백 년이 지난 지금, 믿는 자들의 수가 천만 명을 넘어서게 되었습니다. 그 당시에는 그들이 와서 한 일이 별로 없는 것처럼 생각되기도 했을 것입니다. 하지만 그때 뿌려 놓은 복음의 씨가 백 년이 지난 지금 한국에 아름다운 꽃을 피우게 된 것입니다. 만약 그들이 그때 씨를 뿌리지 않았다면 누가 그 일을 했겠습니까? 어떻게 세계가 변할 수 있었겠습니까?

이것이 성령님의 역사입니다. 우리가 할 수 있는 일은 제한되어 있습니다. 우리가 만날 수 있는 사람도 제한되어 있습니다. 그러나 그것은 중요하지 않습니다. 그것이 복음이냐 아니냐, 성령의 역사냐 아니냐가 중요합니다. 우리가 한 사람에게라도 복음과 성령의 역사를 전달해 줄 수 있다면, 기적은 일어나게 될 것입니다. 평생 동안 몇 사람만 전도해도 괜찮습니다. 백 년 후에는 그 사람이 천만 명으로 변할 것이 분명하기 때문입니다.

바울은 아는 사람 하나 없는 빌립보로 갔습니다. 아브라함도 자신의 고향을 뒤로하고 아무 연고도 없는 곳을 향해 떠났습니다. 하나님의 음성을 듣고 지시하실 땅이 어딘지도 모르는 채 그냥 간 것입니다. 모세도 마찬가지였습니다. 그는 불기둥과 구름 기둥의 인도를 받으며 갔습니다. 그러나 약속된 장소가 어딘지 알고 간 것은 아니었습니다. 그저 불기둥과 구름 기둥이 움직이면 이스라엘 백성을 데리고 움직였을 뿐입니다.

이것이 그리스도인으로서 하나님의 인도를 받는 원리입니다. 우리가 가고 싶어도 구름 기둥이 움직이지 않으면 갈 수 없습니다. 우리가 가기 싫어도 불기둥이 움직이면 가야 합니다. 하나님의 사람들은 자기가 원하는 곳으로 가는 것이 아닙니다. 하나님이 '머물라' 하시면 10년이라도 앉아 있어야 하고, '떠나라' 하시면 아무리 좋은 곳이라도 당장 떠나야 합니다. 그런 사람만이 하나님의 기적과 사역을 일으킬 수 있습니다.

당신은 어떻습니까? 당신의 마음대로 움직이지는 않습니까? 당신의 생각을 받아들이시도록 하나님을 설득하고 있지는 않습니까? "하나님, 안 들어주시면 저 금식할 거예요. 저는 이거 꼭 해야 해요." 이렇게 하고 있지는 않습니까? 이렇게 말하는 대신 하나님이 가라 하시는 곳으로 가겠다고 말한 적이 있습니까? 하나님이 원하시는 것을 하겠다고 생각해 본 적이 있습니까? 우리는 하나님을 믿는다면서도 하나님을 얼마나 조종하려고 하는지 모릅니다. 하나님에게 자기 일을 축복해 달라고 떼를 씁니다. 자기가 계획해 놓은 일을 승인해 달라고 요구합니다. 이것은 하나님의 인도를 받는 것이 아닙니다.

바울은 빌립보까지 가는 여정을 통해서 이것을 배웠습니다. 바울은 아시아에서 전도하고 싶었습니다. 아시아에는 해야 할 일도 많은 데다, 기적이 일어나고 사람들도 많이 모이고 있었습니다. 하지만 하나님은 막으셨습니다. 그래서 그는 즉시 배를 탔습니다. 정확히 어디로 갈지도 모르고 배를 탔습니다. 이것이 선교입니다. 이것이 2차 전도 여행의 특징이었습니다.

## 유럽 전도가 시작되다

본문은 빌립보를 이렇게 설명합니다. "마게도냐 지방의 첫 성이요"(행 16:12). 왜 이렇게 묘사했을까요? 빌립보의 크기는 어느 정도고 인구는 얼마 정도 되는지를 기록할 수도 있었을 텐데, 왜 '마게도냐 지방의 첫 성'이라고 기록해 놓았을까요? 이것은 그곳이 유럽이 시작되는 곳, 곧 유럽의 관문이라는 것을 알려 주기 위함입니다. 이는 빌립보 전도가 유럽 전도의 시작이라는 뜻도 포함합니다. 바울의 전도로 빌립보에 교회가 탄생하는데, 그 교회는 유럽의 첫 번째 교회가 됩니다. 마게도냐 지방의 첫 성인 빌립보 땅을 밟았다는 것은 유럽의 땅을 밟기 시작했다는 것을 뜻합니다. 이 얼마나 멋지고 놀라운 일입니까?

그다음에는 빌립보를 설명하면서 '로마의 식민지'라고 했습니다. 왜 그랬을까요? 이것은 빌립보와 로마의 연관성을 통해 바울의 사역에 로마가 포함된다는 것을 의미합니다. 이제 빌립보에 발을 들여놓음으로써 바울의 마음은 로마까지 가게 됩니다. 당시 유럽의 중심이었던 로마, 바울은 그 로마를 꿈꾸기 시작한 것입니다. 그의 마음은 벌써 빌립보를 지나 로마를 전도하기 시작합니다. 그의 심장은 로마를 향한 전도의 열정으로 불타게 되는 것입니다.

작은 성읍 다소에서 살던 바울이 안디옥을 보더니 소아시아를 보고, 소아시아를 보더니 유럽을 보았습니다. 그리고 마침내는 로마까지 보았습니다. 우리도 마찬가지 아닙니까? 대한민국 작은 도시에서 태어난 우리도 복음을 알고 난 후 세계를 보는 눈이 달라졌습니다. 생각이 달라지고, 인생관, 역사관, 가치관이 달라졌습니다. 우리는 사도행전에서 이런 일들을 보게 되는 것입니다.


## 빌립보교회의 탄생

바울 일행이 빌립보에 갔지만 수일 동안은 아무 일도 없었습니다. 큰일 났습니다. 사람을 만나야 하는데 누구를 만나야 하는지 몰랐습니다. 무슨 일을 해야 할지도 몰랐습니다. 그러다가 안식일이 되었습니다. 안식일이 되어 기도하기 위해 회당을 찾았습니다. 그러나 회당은 없었습니다. 유대인들은 열 명만 모이면 회당을 만들었는데, 그곳에는 그 정도의 유대인도 없었던 것 같습니다.

"안식일에 우리가 기도할 곳이 있을까 하여"(행 16:13). 이는 참으로 귀한 말입니다. 선교란 기도하다가 이루어지는 사건입니다. 누가 어떤 일을 만들어서 이루어지는 것이 아니라, 기도하다가 이루어지는 열매들이 선교입니다.

바울 일행은 기도처가 있는가 하여 찾아다니다가 성문 밖에 있는 강가까지 가게 되었습니다. 그들은 거기서 일단의 여자들을 만나 그들에게 말을 붙였습니다. 그러다가 그들에게 복음을 전한 것 같습니다. 그 많은 여자들 중에 두아디라 시의 자색 옷감 장수, 즉 옷 장사를 하는 루디아라는 여자가 있었습니다. 그녀는 평소에 하나님을 공경하는 사람이었던 것 같습니다. 고넬료와 같은 사람이었는지도 모릅니다. 하나님은 이 여자의 마음 문을 열어 주셔서 바울의 말을 열심히 듣게 하셨습니다. 하나님이 그녀에게 들을 귀를 주신 것입니다.

바울은 빌립보에 왜 오게 된 것일까요? 바로 이 여자를 만나러 온 것입니다. 하나님이 예비하고 준비하신 이 여자를 만나기 위해 빌립보로 온 것입니다. 빌립보에서 일어난 사건은 무엇입니까? 이 여자를 만난 것입니다. 이것이 선교의 전부입니다. 한 사람이 이렇게 중요합니다. 저는 당신이 하나님이 준비하신 한 사람이길 바랍니다. 그리고 당신의 생애에 이런 사람들을 만날 수 있게 되기를 바랍니다.

복음을 들은 루디아는 기쁨이 충만했습니다. 말씀을 듣고 가슴에 불이 나기 시작했습니다. 그녀는 하나님에 대해서, 말씀에 대해서 잘 몰랐던 사람인데, 바울을 만나 비로소 복음을 깨닫게 된 것입니다. 루디아는 바울을 꽉 잡아야겠다고 생각했습니다. 그를 자기 가족들에게 데려가야겠다고 생각했습니다. 그리고 그렇게 했습니다. 그러자 루디아의 가족들에게 무슨 일이 일어났습니까?

그와 그 집이 다 세례를 받고 우리에게 청하여 이르되 만일 나를 주민는 자로 알거든 내 집에 들어와 유하라 하고 강권하여 머물게 하니라(행 16:15).

"그와 그 집이 다 세례를 받고." 고넬료와 그 집이 다 세례를 받은 것과 똑같은 현상이 일어났습니다. 그 가족들이 예수 그리스도를 발견하고 그분의 이름으로 세례를 받았습니다. 그 가정에 성령이 임하시고 구원의 역사가 일어났습니다.

구원의 기쁨이 충만했던 루디아는 바울에게 간곡히 말했습니다. "저를 예수 그리스도를 믿는 자라고 생각한다면, 저희 집에 머무십시오. 그리고 말씀을 가르쳐 주십시오." 이렇게 해서 생긴 것이 빌립보교회입니다. 이것이 빌립보교회의 시작입니다. 얼마나 놀랍습니까?

교회를 개척하는 방법이 여기에 나와 있습니다. 기도하다가 자연스럽게 생기는 것이 교회입니다. 돈으로 땅을 사고 건물을 지으면 교회가 세워질 것 같습니까? 아닙니다. 교회는 그렇게 해서 세워지지 않습니다. 돈만 있으면 될 것 같지만 그렇지 않습니다. 그것은 진정한 교회가 아닙니다. 교회는 기도하며 모이는 일들을 통해서 자연스럽게 이루어지는 것입니다.

빌립보교회는 어떤 의미를 가지고 있습니까? 첫째, 유럽 최초의 교회라는 것입니다. 유럽 최초의 교회를 누가 세웠습니까? 자색 옷감 장수였던 한 여자입니다. 이런 일들이 당신의 생애에도 일어나기를 바랍니다. 루디아는 신학을 전공하지 않았습니다. 그저 자기 집을 제공한 것이 전부였습니다. 그리고 다른 사람을 초청한 것도 아니었습니다. 단지 자기 집안 식구들을 모아 놓고 말씀을 듣게 한 것이 전부였습니다. 그런데 그것이 유럽 최초의 교회가 되었습니다.

자세히 보면 이 일의 시작은 기도였습니다. 바울 일행은 기도처를 찾다가 루디아를 만났습니다. 하나님의 일이란 이처럼 기도하다가 이루어지는 것입니다. 그러므로 하나님의 일을 할 때는 일 자체가 목적이 되어서는 안 됩니다. 하나님이 어떤 일을 원하시는지가 목적이 되어야 합니다. 일만 쫓아다니지 마십시오. 돌멩이같이 많은 것이 일입니다. 일 자체에 흥분하지 말고, 하나님이 하셨다는 것 때문에 흥분하십시오. 하나님이 하셨다는 것이 가장 중요합니다. 일 자체가 목표가 되지 않도록 주의하십시오.

빌립보교회가 가지고 있는 또 하나의 의미는, '하나님은 당신이 준비하신 사람을 통해서 당신의 일을 하신다'는 것입니다. 즉, 하나님은 당신이 쓰려고 작정하신 사람을 친히 준비시키고 바꾸어 기도하게 하신 후, 그를 통해서 역사하신다는 것입니다. 아브라함이 믿음이 좋아서 택함 받은 것이 아닙니다. 하나님이 아브라함을 택하셔서 믿음이 있도록 그를 훈련시키신 것입니다.

마찬가지로 하나님이 당신을 쓰기 원하신다면, 그분이 당신을 믿음의 사람으로 바꿔 주실 것입니다. 그러니 믿음 없는 것, 능력 없는 것, 돈 없는 것을 걱정하지 마십시오. 하나님이 합당한 사람으로 만들어 주실 것입니다.

교회는 이런 사람들, 다시 말하면 하나님의 인도를 받아 기도로 준비하고 말씀을 공부하는 하나님의 사람에 의해 시작됩니다. 빌립보교회는 바로 그러한 한 여자를 통해 세워진 교회였습니다. 그리고 이렇게 세워진 교회는 유럽에 복음의 폭탄이 터지도록 하는 신호탄이 되었습니다. 빌립보교회는 이런 점에서 의미가 있습니다.


## 귀신 들린 여종을 만나다

이렇게 교회가 세워진 후, 또 하나의 사건이 일어났습니다. 바울이 귀신 들린 한 여종을 만난 것입니다.

> 우리가 기도하는 곳에 가다가 점치는 귀신 들린 여종 하나를 만나니 점으로 그 주인들에게 큰 이익을 주는 자라(행 16:16).

신학교를 졸업하고 교회 개척을 시작하면 제일 먼저 나타나는 손님이 귀신 들린 사람입니다. 선교지에 가면 첫 번째로 방문하는 손님이 귀신 들린 자입니다. 이것은 영적인 현실입니다. 빛이 오면 어둠이 무너집니다. 마찬가지로 복음이 오면 귀신들이 난리를 칩니다. 돌 밑 어두운 곳에 있다가 돌이 들춰져서 햇빛을 받으면 난리를 치며 꿈틀거리는 지렁이들과 같습니다. 빌립보에서도 그런 일이 일어난 것입니다.

귀신 들려서 그 귀신에게 억압된 한 여자가 있었습니다. 그녀는 귀신의 힘을 빌려서 점을 쳤습니다. 대부분의 점쟁이들이 그렇습니다. 귀신이 역사해서 점치는 것입니다. 혹 귀신에게 억압당하지 않고 점치는 사람이 있다면, 그는 사기를 치는 자입니다. 진짜 점치는 사람들은 귀신의 통제를 받습니다.

본문에 나오는 귀신 들린 여종도 그렇게 점을 쳐서 그 주인을 이롭게 하고 있었습니다. 그런데 그 여종이 바울을 만나게 되었습니다. 그녀는 바울을 보는 순간 깜짝 놀랐습니다. 영은 영을 알아보기 때문입니다. 진짜가 왔으니 놀란 것입니다. 진짜가 없을 때는 가짜가 판칩니다. 가짜가 꼭 진짜처럼 행동합니다. 그러나 진짜가 오면, 가짜는 당황할 수밖에 없습니다. 이 여종의 경우도 마찬가지입니다. 여종 안에 있는 귀신이 바울을 보자 당황하고 놀란 것입니다.

그런데 이 점치는 귀신은 미친 귀신들과는 좀 다른 점이 있었습니다.

> 그가 바울과 우리를 따라와 소리 질러 이르되 이 사람들은 지극히 높은 하나님의 종으로서 구원의 길을 너희에게 전하는 자라 하며 이같이 여러 날을 하는지라 바울이 심히 괴로워하여 돌이켜 그 귀신에게 이르되 예수 그리스도의 이름으로 내가 네게 명하노니 그에게서 나오라 하니 귀신이 즉시 나오니라(행 16:17-18).

이 귀신 들린 여종이 바울을 쫓아다니면서, "이 사람들은 지극히 높은 하나님의 종으로서 구원의 길을 너희에게 전하는 자라" 하고 말하는 것이었습니다. 쉽게 말해, 귀신이 전도를 하는 것입니다. 귀신이 틀린 말을 하면 야단이라도 칠 텐데, 옳은 말을 하고 돌아다니니 바울은 괴로웠습니다. 여러 날을 참던 바울이 드디어 반격했습니다. "예수 그리스도의 이름으로 내가 네게 명하노니 그에게서 나오라." 그랬더니 귀신이 즉시 그 여자에게서 나왔습니다.

우리는 여기서 귀신을 쫓는 데 필요한 두 가지를 배우게 됩니다. 하나는, 영적 능력입니다. 예수님이 이 땅에 살아 계실 때, 한 부모가 귀신 들린 아이를 데리고 와서 이렇게 간청했습니다. "내 아이를 좀 고쳐 주십시오." 그러자 예수님은, "내 제자들이 안 고쳐 주더냐?" 하고 물으셨습니다. 그는, "그들은 고치지 못했습니다" 하고 대답했습니다. 그러자 예수님이 그 아이에게서 귀신을 쫓아내 주셨습니다. 이 모습을 본 제자들이 예수님에게 물었습니다. "예수님, 우리는 왜 안 되었습니까?" 이때 예수님이 대답하셨습니다. "기도 외에는 이런 유가 나갈 수 없다."

예수님의 제자임에도 불구하고 귀신을 쫓아내지 못했습니다. 우리도 그런 경우가 많습니다. "예수 그리스도의 이름으로 명하노니, 더러운 귀신아, 물러가라" 해도 안 되고, 아무리 소리 질러도 안 됩니다. 왜 그렇습니까? 영적인 능력이 없기 때문입니다. 기도의 능력이 없기 때문입니다. 귀신은 영적인 존재이기 때문에 우리의 영적인 상황을 잘 압니다. 기도하지 않고 더럽게 산 것도 다 알고, 어젯밤에 뭘 했는지도 다 압니다. 그런데 오늘 '할렐루야' 한다고 귀신이 나가겠습니까? 오히려 우리를 깔볼 것입니다.

하지만 귀신은 기도하는 사람, 거룩하게 사는 사람 앞에서는 벌벌 떱니다. 빛의 삶을 사는 사람 앞에서는 벌벌 떠는 것입니다. 본문의 점치는 귀신이 그랬습니다. 그는 바울을 보자마자 겁에 질렸습니다. 바울에게 영적인 능력이 있었기 때문입니다. 우리에게도 이러한 영적 능력과 거룩함이 있어야 할 것입니다.

그리스도인의 삶에는 이런 실제적인 능력이 있어야 합니다. 우리가 그리스도인의 삶을 제대로 살지 못하면, 귀신 들린 자를 볼 때 우리가 먼저 넘어갑니다. 그러나 기도를 많이 하고 거룩하게 살면, 별의별 귀신이 와도 아무 문제가 없습니다. 귀신 들린 사람을 만나도 그가 아이 같아 보이고 아무 염려가 안 되며, 상대하기가 쉽게 느껴집니다. 아무리 센 귀신도 예수님 앞에서는 꼼짝을 못하기 때문입니다. 그러니 걱정하지 마십시오.

귀신을 쫓는 데 필요한 또 한 가지는, '예수의 이름으로' 더러운 귀신이 나가도록 명령하는 것입니다. 바울에게는 능력이 있었습니다. 영적인 권위도 있었습니다. 하지만 바울이 아무것도 하지 않았을 때는 며칠이 지나도 귀신이 나가지 않았습니다. 그러다가 바울이 나가라고 명령하자 비로소 귀신이 나갔습니다. 이처럼 능력이 있어도 그것을 사용하지 않으면 귀신은 그냥 눌러앉아 있습니다. 기억할 것은, 귀신을 쫓을 때 "더러운 귀신이여, 나가소서" 해서는 안 된다는 것입니다. "예수 그리스도의 이름으로 명하노니, 더러운 귀신아, 떠날지어다." 이렇게 영적인 권위를 가지고 명령해야 즉시 떠나게 됩니다.

우리는 본문을 통해 세 가지를 살펴보았습니다. 첫째, 하나님이 바울의 생각을 넓히시는 것을 보았습니다. 바울의 지경을 소아시아에 머물게 하지 않고 유럽까지 넓히시며, 아울러 그 마음에 세계를 품게 하시는 하나님을 보았습니다. 둘째, 한 헌신된 여인을 통해 교회가 세워지는 모습을 보았습니다. 셋째, 더러운 귀신이 예수님의 이름으로 떠나가는 것을 보았습니다. 이 같은 하나님의 놀라운 능력과 복이 당신에게도 함께하기를 바랍니다.

# 3

# 옥중에서도
# 복음을 전하다

사도행전 16:19-32

## 매를 맞고 옥에 갇힌 바울과 실라

세상 사람들의 관심은 언제나 돈에 있습니다. 많은 얘기를 하는 것 같지만, 가만 들어 보면 대부분이 돈 얘기입니다. 사람들은 이익이 생기면 무슨 일이든지 하고, 이익이 없으면 아무리 좋은 일이라도 곧 시시하게 여깁니다. 왜 점쟁이가 될까요? 그 깊은 속을 들여다 보면, 그가 한 사람의 인생에 관심이 있어서라기보다는 돈을 벌기 위해서입니다. 왜 사람들이 점을 칠까요? 그것도 진리대로 살고 싶어서가 아니라, 무언가를 많이 얻기 위해서입니다. 더 많은 돈을 벌고 싶고, 더 안전한 미래를 보장 받고 싶은 생각들 때문에 우상을 숭배하는 것입니다.

본문을 보면, 점치던 여종은 귀신이 나가서 이제 더 이상 점을 칠 수 없게 되었습니다. 이 점쟁이를 데리고 있던 주인들은 당황했습니다. 그들의 수익의 소망이 끊어졌기 때문입니다. 그들이 점치는 여자를 데리고 있었던 것은 인류의 복지나 문화나 사회에 공헌하기 위해서가 아니었습니다. 오직 돈을 벌기 위해서였습니다. 그런데 그 돈벌이를 잃은 것입니다. 그래서 그들은 바울과 실라를 박해하고 감옥에 넣기로 결심했습니다.

여종의 주인들은 자기 수익의 소망이 끊어진 것을 보고 바울과 실라를 붙잡아 장터로 관리들에게 끌어갔다가(행 16:19).

여기서 우리는 오늘날 교회의 존재 이유를 생각해 봐야 합니다. 교회는 성공하기 위해 존재하는가? 교회는 헌금을 많이 걷기 위해 존재하는가? 그래서 교인이 많이 필요한 것인가? 그렇지 않습니다. 교회는 처음부터 끝까지 순수하게 하나님의 영광을 위해 존재해야 합니다. 많은 종교와 단체들의 궁극적인 목적은 세상적인 성공과 미래의 보장과 경제적 이익입니다. 그것 때문에 많은 사람들이 클럽을 만들고 종교를 만드는 것입니다. 점치는 여종의 주인들도 예외는 아니었습니다.

바울과 실라는 결국 체포당했습니다. 당시에는 빌립보뿐만 아니라 그 주변 지역 일대가 거의 로마 식민지였습니다. 그리고 로마는 늘 반란을 두려워하고 있었습니다. 유대인들도 반란을 일으킬 소지가 있었기 때문에 로마인들은 유대주의를 경계했습니다. 아울러 대부분의 관료들과 정권을 가진 사람들은 반유대적인 감정을 가지고 있었습니다. 바울과 실라를 관원들에게 끌고 간 사람들은 이런 정치적인 분위기를 이용했습니다.

상관들 앞에 데리고 가서 말하되 이 사람들이 유대인인데 우리 성을 심히 요란하게 하여(행 16:20).

그들은 바울과 실라를 상관들 앞에 데리고 가서 먼저 "이 사람들은 유대인이다"라고 말했습니다. 반유대주의적인 정치적 분위기를 이용하고 있는 것을 볼 수 있습니다. 그리고 "이 사람들이 우리의 성을 요란하게 한다"라고 말했습니다. 자기들의 이익이 끊어져서 데리고 왔다는 말은 하지 않고, 정치적인 이유를 들어 바울과 실라에게 교묘히 죄를 덮어씌우고 있는 것입니다. 그러고는 "이 사람들이 미풍양속을 해친다"고 고발했습니다.

> 로마 사람인 우리가 받지도 못하고 행하지도 못할 풍속을 전한다 하거늘(행 16:21).

그들은 바울이 귀신을 쫓아낸 행위, 즉 미신과 우상을 제거한 행위를 이런 식으로 표현한 것입니다. 세상 사람들은 언제나 이런 식으로 말합니다. 그들은 "내 이익이 끊어졌기 때문에 이렇게 하는 것이다"라고 말하지 않습니다. 언제나 좋은 이유, 아주 그럴듯한 이유를 가져다 댑니다. 그러나 그 마음의 실제적인 이면에는 자기가 손해 본 것 때문에 그렇게 하는 것입니다. 아주 멋있는 얘기를 정치, 교육, 사회적으로 제시하지만, 그 내면에는 탐욕이 있다는 말입니다. 이 탐욕과 돈에 대한 집착이 있는 한, 부정부패는 계속될 수밖에 없습니다.

로마의 관리들은 재판도 하지 않고 바울과 실라를 체포한 후 구타했습니다.

> 무리가 일제히 일어나 고발하니 상관들이 옷을 찢어 벗기고 매로
> 치라 하여 많이 친 후에 옥에 가두고 간수에게 명하여 든든히 지키
> 라 하니(행 16:22-23).

이런 것은 예나 지금이나 복음을 전하는 현장에서 흔히 볼 수 있
는 사건입니다. 우리나라에서도 그런 일이 있었습니다. 미국의 한
선교사님이 한국에 와서 창녀촌에 들어가 전도를 했습니다. 열심
히 전도하는 그를 창녀촌의 깡패들과 포주들이 아주 미워했습니
다. 그들은 떠나라고 몇 번이나 경고했습니다. 하지만 그는 떠나지
않고 계속 전도하다가 결국 그들에게 칼을 맞았습니다.

제가 아는 한 선교사님은 인도네시아에서 교수로 지내면서 선
교를 했는데, 그곳 사람들이 그를 무척 미워하고 싫어해서 밤마
다 집에 돌을 던져 유리창을 깨고, 데모를 하고, 아이들을 위협해
서 말할 수 없는 많은 어려움을 겪었다고 합니다. 또 선교사님 중
에는, 정부를 전복시키는 쿠데타를 일으키기 위해 해외에서 사주
한 스파이라는 누명을 쓰고 체포되는 분들도 있습니다. 공산권에
서는 예수를 믿는다는 이유 하나 때문에 얼마나 많은 육체적인 고
통과 정신적인 고통을 겪는지 모릅니다. 범브란트 목사가 바로 그
런 상황을 실제적으로 보여 주는 증인입니다.

바울과 실라는 체포당한 후 옷을 찢기고 구타를 당했습니다. 그들은 차꼬에 채워져 감옥에 갇혔는데, 아주 깊고 튼튼한 감옥이었습니다. 얼마나 기가 막히고 억울했겠습니까? 얼마나 힘들고 고통스러웠겠습니까? 바울은 소아시아에서 전도할 때에도 돌에 맞아 죽을 뻔한 적이 있었습니다. 사람들이 죽은 줄 알고 성밖으로 내던질 만큼 심하게 맞았었습니다.

예수 믿고 전도하려는 사람에게는 이런 일이 있을 수 있습니다. 이것은 지금도 일어나고 있는 일입니다.


## 복음의 놀라운 능력

그런데 한밤중에 이상한 일이 일어났습니다. 바울과 실라가 갇혀 있는 그 깊은 감옥에서 기도와 찬송 소리가 새어 나오기 시작한 것입니다.

> 한밤중에 바울과 실라가 기도하고 하나님을 찬송하매 죄수들이 듣더라(행 16:25).

한밤중에, 바울과 실라는 기도하며 하나님을 찬송했습니다. 그 소리가 밖으로 흘러 나가 다른 죄수들도 들을 수 있었다고 기록되어 있습니다. 당신은 찬송 소리가 밖으로 흘러 나갈 정도로 찬송해 본 적이 있습니까? 당신은 기도 소리가 자신도 모르게 밖으로 흘러 나갈 정도로 기도해 본 적이 있습니까? 바울과 실라는 모두가 잠든 깊은 밤중에 감옥에서조차 그런 기도와 찬양을 드렸습니다. 그리고 그 소리는 감옥 안의 죄수들에게 울려 퍼지고 있었습니다.

## 최악의 상황을 천국으로 만들다

여기서 우리는 복음의 능력, 예수님의 능력, 성령님의 능력이 어떠한 것인가를 보게 됩니다. 첫째, 그것은 최악의 상황을 최상의 환경으로 바꿔 줍니다. 최악의 상황에서도 예수님이 계시고 성령님이 계시고 복음이 있으면, 설령 감옥에 갇혔다 할지라도 그곳이 천국으로 변하게 되는 것입니다.

생각해 보십시오. 수없이 매 맞고 억울하게 감옥에 갇혔는데, 어찌 기쁨이 넘치며, 어찌 기도와 찬양이 나올 수 있겠습니까? 아마 그들이 감옥에 들어갈 때는 정신이 하나도 없었을 것입니다. 게다가 밥이나 제대로 먹었겠습니까? 냉기로 가득 찬 감옥에서 한참을 기절해 있었을 것입니다. 그러다가 시간이 지나서 제정신이 든 때가 아마도 한밤중이 아니었을까 싶습니다. 제정신이 들었을 때, 그들은 누구를 원망하거나 불평하거나 슬퍼하지 않고 기도했습니다.

당신도 이렇게 기도할 수 있는 사람이 되기를 바랍니다. 이해할 수 없는 일을 겪었을 때, 손해를 보았을 때, 억울한 일을 당했을 때, 배신을 당했을 때, 너무나 충격이 커서 제정신이 아니다가도 정신을 차리고 나서는 기도하고 찬양하는 사람이 되기를 바랍니다.

바울과 실라는 기도하는 중에 하나님이 자신들과 함께 계심을 느꼈습니다. 그리고 하나님의 위로와 그분의 능력이 임하는 것을 느꼈습니다. 그들은 그 고난 가운데서도 '하나님은 나의 하나님'이라는 사실을 더욱 강하게 느끼며 가슴이 따뜻해져 옴을 느꼈습니다. 그래서 하나님을 찬양하기 시작했습니다. "오, 할렐루야! 주님은 위대하십니다. 주님은 신실하십니다. 주님, 찬양을 받아 주시옵소서."

그들은 지옥 같은 상황을 천국으로 만들었습니다. "초막이나 궁궐이나 내 주 예수 모신 곳이 그 어디나 하늘나라"(〈내 영혼이 은총 입어〉, 새찬송가 438장)라는 찬송가 가사처럼 말입니다. 지금 혹시 어려움을 겪고 있습니까? 요즘 상황이 좋지 않습니까? 그렇다면 바울과 실라처럼 기도와 찬송으로 그 최악의 상황을 천국으로 만드십시오. 기도하고 찬양하면 그 모든 최악의 상황이 복된 상황으로 변할 것입니다.

마태복음 5장에 보면 이런 말씀이 있습니다. "의를 위하여 박해를 받은 자는 복이 있나니 천국이 그들의 것임이라 나로 말미암아 너희를 욕하고 박해하고 거짓으로 너희를 거슬러 모든 악한 말을 할 때에는 너희에게 복이 있나니 기뻐하고 즐거워하라 하늘에서 너희의 상이 큼이라 너희 전에 있던 선지자들도 이같이 박해하였느니라"(마 5:10-12). 우리는 오히려 박해가 없는 것을 부끄럽게 생각해야 합니다.

고난도 없고 박해도 없는 것이 복입니까? 만사형통하고 아무 문제도 없으면 복입니까? 아닙니다. 그리스도 때문에 받는 고난이 있고, 복음과 함께 받는 고난이 있습니다. 때로는 예수님 때문에 손해 보지만 그러면서도 기뻐하고 감사하는 것, 이것이 참된 그리스도인입니다. 제가 좋아하는 찬송가 중에 이런 가사가 있습니다. "주 안에 있는 나에게 딴 근심 있으랴. 십자가 밑에 나아가 내 짐을 풀었네. 그 두려움이 변하여 내 기도 되었고, 전날의 한숨 변하여 내 노래 되었네"(〈주 안에 있는 나에게〉, 새찬송가 370장). 우리도 이런 간증을 할 수 있게 되기를 바랍니다. 지금은 억울함을 당하고 고난을 겪고 있다 할지라도, 주님이 우리의 노래요, 우리의 기도이십니다. 그렇기 때문에 우리는 지금 여기에서 하나님의 은혜를 누리며 찬양하고 감사할 수 있습니다.

## 하늘의 기적을 가져오다

둘째, 복음은 하늘의 기적과 능력을 가져옵니다. 바울과 실라가 환경을 두려워하지 않고 기도하고 찬양할 때 무슨 일이 생겼습니까? 아주 놀라운 일이 생겼습니다.

이에 갑자기 큰 지진이 나서 옥 터가 움직이고 문이 곧 다 열리며 모든 사람의 매인 것이 다 벗어진지라(행 16:26).

기적이 일어난 것입니다. 우리가 이 말씀을 해석할 때 명심해야할 것이 있는데, 그것은 기적이 항상 일어나지는 않는다는 것입니다. 그러나 기적이 항상 일어나지는 않는다 할지라도, 하나님이 필요하다고 생각하시면 반드시 일어납니다. 그러므로 오늘날 우리에게도 기적은 일어날 수 있다고 믿습니다.

노아 시대의 홍수 사건, 바벨탑 사건, 홍해가 갈라진 사건, 광야에서 일어났던 수많은 사건, 여리고 성이 무너진 사건 등, 하나님이 행하신 이루 헤아릴 수 없을 만큼 많은 기적을 우리는 성경을 통해 볼 수 있습니다. 또한 예수님도 친히 기적을 행하셨고, 성령님도 마찬가지로 놀라운 초자연적인 일들을 행하셨습니다. 심지어 죽은 사람까지도 살리셨습니다. 그러나 우리가 기적을 생각할 때 조심해야 할 것은, 하나님은 우리에게 기적만 주시지 않았다는 사실입니다. 기적이 계속되면 무엇이 되겠습니까? 그것은 자연스러운 일이 됩니다.

하나님은 우리가 사는 이 세상에 자연의 질서를 주셨습니다. 그러나 그 자연의 질서를 가만히 생각해 보면 기적 아닌 것이 하나도 없습니다. 매일 해가 뜨는 것, 호흡할 수 있는 공기가 주어진 것 등 이 모든 자연의 질서와 우리가 살아가는 원리들이 따지고 보면 어느 하나도 기적 아닌 것이 없습니다. 얼마나 놀랍습니까? 삼라만상을 움직이는 모든 질서 체계에서 기적이 아닌 것이 어디 있습니까? 그렇기에 우리가 자연을 묵상할 때 하나님의 창조의 신비와 기적과 능력을 느끼게 되는 것입니다.

한편, 자연 속에 기적을 주신 하나님은 그것을 초월하는 초자연적인 기적도 베푸시는 분입니다. 바울과 실라가 기도와 찬송을 하고 있을 때, 하나님은 초자연적인 역사를 일으킬 필요를 느끼셨습니다. 그래서 한밤중에 홀연히 큰 지진을 일으키셨습니다. 바울이 지진이 일어나게 해 달라고 부탁하지 않았습니다. 그런데 일어났습니다. 그리고 옥 터가 흔들리면서 사람들이 묶여 있던 차꼬가 풀리고 옥문이 저절로 열렸습니다.

이것은 사도행전 12장에서 베드로가 겪은 사건과 비슷합니다. 베드로가 옥에 갇혀 있을 때 성도들은 합심하여 중보 기도를 하고 있었습니다. 그때 하나님의 천사가 옥중에 광채를 빛내며 나타나서는 베드로의 손과 발에 채워져 있던 쇠사슬을 풀고 파수꾼들을 통과하게 해 그를 무사히 옥 밖으로 이끌어 냈습니다. 그와 같은 일이 지금 바울에게도 일어나고 있는 것입니다.

이런 일들은 오늘날 우리에게도 일어날 수 있습니다. 하나님이 필요하다고 느끼시면, 우리가 기도할 때 이런 기적이 일어날 수 있습니다. 걷지 못하던 자가 일어나고, 보지 못하던 사람이 보게 되며, 듣지 못하던 사람의 귀가 열리고, 죽은 자가 살아나는 사도행전적인 기적들이 오늘 우리에게도 일어날 수 있습니다. 몇 해 전 불가리아에서 그런 일들이 있었다는 이야기를 우리 교회 선교사님들의 간증을 통해 들은 적이 있습니다. 이로 보건대, 하나님은 어제나 오늘이나 영원토록 변하지 않으시는 분이라는 것을 확신합니다.

기적은 분명 있지만, 기적이 항상 일어나는 것은 아닙니다. 기적이 매일 일어난다면 현기증이 날 것입니다. 우리에게는 자연적으로 사는 것이 가장 좋습니다. 그것이 하나님의 축복입니다. 그렇지만 특별한 은혜가 필요할 때도 있습니다. 하나님은 그때 특별한 은혜를 특별한 목적을 가지고 우리에게 베푸십니다.

## 영혼을 구원하다

셋째, 복음의 능력, 하나님의 능력은 영혼을 구원합니다. 사도 바울과 실라가 옥중에서 성령 충만하여 기도하며 찬양을 드릴 때 무슨 일이 있어났습니까? 한 영혼이 구원을 받았습니다. 뿐만 아니라 그 가족들도 구원을 받았습니다.

간수가 자다가 깨어 옥문들이 열린 것을 보고 죄수들이 도망한 줄 생각하고 칼을 빼어 자결하려 하거늘(행 16:27).

감옥을 지키는 한 간수가 있었습니다. 자고 있었던 것을 보면 이 간수는 한밤중에 일어나 기도하고 찬송을 부르는 두 죄수에게 별로 신경을 쓰지 않았던 것 같습니다. 아마 찬송 소리를 들었어도 '참 이상한 사람들도 다 있다' 그러면서 그냥 잠들었던 것 같습니다. 그런데 갑자기 지진이 나고 옥 터가 흔들려서 일어나 보니 죄수들의 옥문이 다 열려 있습니다. 얼마나 놀랐을까요? 죄수가 탈옥하면 그 책임이 간수인 자신에게 있다는 사실을 너무도 잘 알고 있던 그는 자포자기하는 심정으로 칼을 빼어 자결하려고 했습니다. 그때 바울이 크게 소리를 질러 그가 자결하려는 것을 막습니다.

> 바울이 크게 소리 질러 이르되 네 몸을 상하지 말라 우리가 다 여기 있노라 하니(행 16:28).

만약 바울이 자기의 이익을 챙기려고 했거나 어떤 탐욕이나 목적이 있어서 복음을 전하고 옥에 갇혀 있는 것이라면, 아마 옥문이 열린 그때야말로 도망갈 수 있는 절호의 기회였을 것입니다. 그러나 바울의 목적은 그것이 아니었습니다. 그의 관심은 오직 예수님이었습니다. 그래서 그는 자결하려 하는 간수를 향해 큰 소리로 말했습니다. "당신의 몸을 해하지 마시오. 우리가 도망가지 않고 여기 있으니 안심하시오."

바울과 같은 상황에서 이렇게 말할 수 있는 사람이 그리스도인입니다. 도망갈 수 있음에도 불구하고 안 갈 수 있는 사람이 그리스도인입니다. 이익을 챙길 수 있음에도 이익을 챙기지 않을 수 있는 사람이 그리스도인입니다.

## 해결의 열쇠, 예수 그리스도

간수가 등불을 달라고 하며 뛰어 들어가 무서워 떨며 바울과 실라 앞에 엎드리고 그들을 데리고 나가 이르되 선생들이여 내가 어떻게 하여야 구원을 받으리이까 하거늘(행 16:29-30).

인간적인 두려움과 간수로서의 책임감 때문에 자살하려고 했던 간수는 사도 바울이 부르는 소리에 충격을 받았습니다. 그리고 그 충격은 급기야 그가 가지고 있던 인간적인 두려움, 즉 지진이 일어나 옥 터가 흔들리고 감옥 문이 열려서 죄수가 도망갔다는 현실적인 사건을 뛰어넘어, 그로 하여금 새로운 세계로 진입하게 했습니다.

간수는 이제 지진이 일어난 것, 옥문이 열린 것, 죄수가 도망가는 것에 대한 관심을 넘어서서 전혀 다른 차원의 문제에 관심을 갖게 되었습니다. 다시 말하면, 이런 사건들을 통해 하나님에 대해서 눈을 뜨게 된 것입니다. 그는 바울의 목소리를 듣고 등불을 들고 뛰어 들어가 '죄수가 도망가지 않았구나' 하고 안심한 것이 아니라, 바울과 실라 앞에 무릎을 꿇었습니다. 그리고 엉뚱한 말을 합니다. "선생들이여, 내가 어떻게 해야 구원을 얻을 수 있겠습니까?" 이것은 간수 자신도 전혀 예상치 못했던 물음이었습니다. 드디어 그가 하나님에 대해서 눈을 뜨게 되는 순간입니다.

이처럼 우리가 세상에서 살면서 겪는 많은 사건들은 하나님 나라를 볼 수 있는 계기가 되기도 합니다. 교통사고를 당했을 때, 그 교통사고를 통해 하나님을 만나게 되는 경우가 있습니다. 병이 들었거나 사업이 어려움을 겪을 때, 그 사건이 하나님을 더 깊이 생각하고 신앙의 수준을 한 단계 뛰어넘게 하는 계기가 되기도 합니다. 만약 우리가 사고를 당했거나 육신의 병이 들어서 하나님에 대해 눈을 뜨게 되었다면, 그것은 오히려 복입니다. 사업의 어려움을 겪으면서 그 일을 통해 하나님을 더 많이 보게 되었다면, 그것도 복입니다. 지진이 난 사건은 간수에게 복이 되었습니다. 하나님에 대해서, 구원에 대해서 눈을 뜨는 계기가 되었기 때문입니다.

우리에게는 많은 문제가 있습니다. 가정, 직장, 사회에서 겪는 많은 문제들이 우리를 힘들게 합니다. 그러나 하나님은 우리가 그 문제들 안에 있기보다는 그 문제를 통해 하나님을 만나길 원하십니다. 그래서 그것들을 허락하신 것입니다.

간수는 놀라운 사건이 벌어진 상황에 직면해서 바울과 실라에게 질문했습니다. "선생들이여, 내가 어떻게 해야 구원을 얻을 수 있겠습니까?" 사실, 이 질문의 답은 인간이 가진 모든 문제를 해결하는 열쇠가 됩니다. 그에 대한 답이 본문 31절에 나와 있습니다.

이르되 주 예수를 믿으라 그리하면 너와 네 집이 구원을 받으리라 하고(행 16:31).

이제 옥중에서의 지진 사건은 전혀 다른 차원의 사건으로 전환되어 구원의 문제를 다루게 되었습니다. "주 예수를 믿으라 그리하면 너와 네 집이 구원을 받으리라." 이것이 간수의 심각한 질문에 대한 바울의 답이었습니다. 그리고 그것은 우리의 모든 문제를 해결하는 답이기도 합니다.

우리의 교육 문제를 어떻게 해결할 수 있습니까? '주 예수를 믿으면' 됩니다. 우리의 정치 문제를 어떻게 해결할 수 있습니까? 그에 대한 답도 '주 예수를 믿으라'입니다. 그렇다면 통일 문제는 어떻게 해결할 수 있습니까? 그것도 마찬가지로 '주 예수를 믿으라'가 정답입니다. '주 예수를 생각하라, 주 예수를 바라보라, 주 예수를 의지하라, 주 예수를 영접하고 그를 신뢰하라.' 이것이 우리가 가진 모든 문제의 해결책입니다. 주 예수가 우리의 유일한 해답인 것입니다.

더 나아가, 바울은 주 예수를 믿으면 그 자신뿐 아니라 그의 가족까지도 구원을 얻게 된다고 했습니다. 우리는 여기서 구원의 두 가지 차원을 봅니다. 즉, 나의 구원은 나 하나만의 구원이 아니라 나의 가족까지도 구원받게 한다는 것입니다. 이것을 더 확대하면, 나의 구원이 우리 사회, 우리 민족의 구원까지 이어진다는 것입니다. 그리고 내가 구원받으면 전 세계가 복을 받을 수 있게 된다는 것입니다. 하나님이 아브라함에게 하신 말씀이 그 뜻입니다. "너로 말미암아 너와 네 자손에게 복을 주겠고, 너를 통하여 민족을 축복하겠다."

우리에게는 이러한 영적 자부심이 있어야 합니다. '나 때문에 한국이 복을 받는다, 나 때문에 세계가 변할 것이다.' 이런 자부심이 당신에게 있기를 바랍니다. 이것은 우리 자신이 우상이 된다는 뜻이 아닙니다. 하나님이 우리를 사용하신다는 뜻입니다. "자자손손 수천 대에 이르기까지 내가 이 복을 너에게 주겠노라." 하나님은 이렇게 우리를 축복하십니다. 이 얼마나 놀라운 메시지입니까?

## 말씀으로 든든히 서는 복음

이제는 구원과 말씀의 관계를 살펴보려 합니다.

주의 말씀을 그 사람과 그 집에 있는 모든 사람에게 전하더라(행 16:32).

바울은 구원받은 사람에게 즉시 말씀을 가르쳤습니다. 말씀은 구원의 기초가 되기 때문입니다. 말씀이 없는 구원은 미신이 되기 쉽습니다. 며칠 지나면 없어질 수도 있습니다. 그래서 바울은 간수와 그 가족들에게 말씀을 가르쳤습니다.

당신은 구원받았습니까? 그렇다면 말씀을 읽으십시오. 성경을 묵상하고 공부하십시오. 하나님의 말씀을 통해 우리의 구원이 얼마나 든든한 것인가를 알게 될 때, 우리의 믿음은 흔들리지 않게 됩니다. 사도 바울과 실라는 그 즉시 말씀을 가르쳐 주었습니다.

> 그 밤 그 시각에 간수가 그들을 데려다가 그 맞은 자리를 씻어 주고 자기와 그 온 가족이 다 세례를 받은 후 그들을 데리고 자기 집에 올라가서 음식을 차려 주고 그와 온 집안이 하나님을 믿으므로 크게 기뻐하니라(행 16:33-34).

다시 말하지만, 구원받은 이후 첫 번째로 해야 하는 일은 성경을 공부하는 것입니다. 구원받은 것으로 끝나면 큰일 납니다. 말씀을 통해 계속 성장해야 합니다. 그래야 어떤 공격이 와도 우리의 구원이 흔들리지 않습니다.

말씀을 듣고 난 간수는 그다음에 무엇을 했습니까? 첫째, 바울을 데려다가 그의 맞은 자리를 씻어 주었습니다. 이것은 회개라고 볼 수 있습니다. 내가 상처 준 사람을 치유해 주고 회복시키는 것입니다. 우리는 여기서 너무 아름다운 모습을 봅니다. 이제는 바울과 간수가 죄수와 간수의 관계가 아닌 한 형제, 한 가족 그리고 친구 관계가 되었습니다. 둘째, 그는 온 가족과 함께 세례를 받습니다. 온 가정이 구원을 받게 된 것입니다. 그리고 셋째, 그는 바울 일행을 데려다가 음식을 대접했습니다. 음식을 나눈다는 것은 잔치를 벌였다는 것이고, 잔치는 곧 축제이며, 교제와 축복을 나누는 것입니다.

그러고 나서 어떻게 했습니까? "크게 기뻐하니라." 그렇습니다. 그들은 기뻐했습니다. 이 기쁨은 세상의 기쁨이 아니었습니다. 이 것은 교제의 기쁨이요, 회개의 기쁨이요, 축복을 나누는 기쁨이었 습니다. 구원에 대한 감격이었습니다. 이런 모습이 바로 하나님 나 라요, 교회의 참모습입니다.

초대 교회에 있었던, 서로 사랑하고 교제하고 떡을 떼며 축복을 나누는 모습이 여기 간수의 집안이 구원받는 모습 속에서도 보입 니다. 당신에게도 이와 같은 축복이 넘치기를 바랍니다.

# 4

## 고난 뒤에 예비된
## 구원의 섭리

사도행전 16:33-40

사도 바울은 빌립보에 도착해서 두 가지 사건을 경험했습니다. 하나는, 기도처를 찾다가 루디아를 만나 성경을 가르치고 복음을 전해 그녀와 그의 가족이 예수를 믿고 세례를 받은 사건입니다. 이것은 단순한 것 같지만 매우 의미 있는 사건이었습니다. 왜냐하면 바로 이 여인, 루디아가 유럽의 첫 그리스도인이 되었기 때문입니다. 그리고 그녀로 말미암아 유럽의 교회가 시작되었기 때문입니다.

루디아가 바울을 통해 예수를 믿음으로써 최초의 유럽 기독교 공동체가 세워진 후, 바울과 실라는 귀신 들려 점치는 여종을 만났습니다. 이 여종은 점을 쳐서 주인들을 이롭게 했는데, 바울이 여종에게서 귀신을 쫓아낸 사건으로 인해 빌립보 성에 소동이 일어났고, 바울과 실라는 그 점치는 여종을 데리고 있던 주인들의 고발로 말미암아 매를 맞고 감옥에 갇히게 되었습니다.

이는 빌립보에서 일어난 사건 가운데 핵심이 되는 또 한 가지 사건의 발단이 됩니다. 즉, 감옥에 갇힌 바울과 실라가 한밤중에 원망과 불평을 하는 대신 기도와 찬양을 드렸는데, 그때 지진이 일어나 옥 터가 흔들리고 옥문이 열리면서 모든 사람의 매인 것이 벗겨지는 놀라운 사건이 일어난 것입니다. 이는 매우 충격적이고 기이한 사건이었습니다. 그때 바울 일행을 지키던 간수가 이들이 도망한 줄 알고 자결하려 할 때 바울이 그의 자살을 막았고, 그는 죽음 대신 구원을 받았습니다. 그리고 그의 온 가족도 세례를 받게 되었습니다. 이것이 바울이 빌립보에서 겪은 두 번째 사건입니다.

우리는 앞 장에서 두 번에 걸쳐 이 부분의 이야기를 충분히 다루었습니다. 그러나 이 말씀이 매우 귀하기 때문에 다른 측면에서 한 번 더 묵상해 보고자 합니다. 그것은 사탄이 바울과 실라를 어떻게 공격해 갔느냐 하는 것입니다. 사탄의 공격에는 두 가지 큰 방향이 있었습니다. 이는 사탄이 오늘날 우리와 우리의 교회를 공격하는 방법이기도 합니다.


## 사탄의 공격을 받다

### 빛의 천사로 가장하다

우리가 기도하는 곳에 가다가 점치는 귀신 들린 여종 하나를 만나니 점으로 그 주인들에게 큰 이익을 주는 자라 그가 바울과 우리를 따라와 소리 질러 이르되 이 사람들은 지극히 높은 하나님의 종으로서 구원의 길을 너희에게 전하는 자라 하며 (행 16:16-17).

사탄은 전도하는 바울을 어떻게 공격했습니까? 첫째, 사탄은 처음부터 공격적이고 무섭게 바울을 공격하지 않았습니다. 마귀는 거의 언제나 같은 패턴을 가지고 아주 간교하게 우리를 공격합니다. 그중 하나가 빛의 천사로 가장해서 우리를 속이는 것입니다.

사도행전 5장에 나오는 아나니아와 삽비라 부부의 헌금 사건이 그 예입니다. 아나니아와 삽비라 부부는 자신의 재산을 팔아서 그것을 헌금하려 했습니다. 그런데 그때, 그들은 그중 얼마를 빼돌려야겠다는 마음을 갖게 되었습니다. 이는 사실상 하나님의 것을 빼돌리는 것이었습니다. 즉, 사탄은 그들로 하여금 헌금을 하되 온전하게 하지 못하도록 한 것입니다. 아주 교묘하게 그들이 죄를 짓도록 만든 것입니다. 그 결과, 아나니아와 삽비라는 그 자리에서 죽게 되었습니다. 사건에 비해서 결과가 아주 컸습니다. 이는 그들의 범죄가 시사하는 영적 의미가 매우 크기 때문입니다. 이처럼 사탄은 우리가 잘 알아채지 못하고 쉽게 속도록 달콤한 방법으로 영적인 공격을 해 옵니다.

바울을 공격하는 사탄의 전술도 이와 비슷합니다. 즉, 귀신 들린 여종이 노골적으로 바울을 공격하는 것이 아니라, 오히려 진리를 말하는 것입니다. 이것은 사람들을 혼란하게 하려는 사탄의 소행이라고 볼 수 있습니다. 귀신이 진리를 말하면 사람들이 혼돈을 겪기 때문입니다. 귀신 들린 여종이 바울을 쫓아다니면서 외칩니다. "이 사람들은 지극히 높은 하나님의 종으로서 구원의 길을 너희에게 전하는 자라." 바울이 하고 싶은 말을 귀신이 하는 것입니다. 이

때 교회나 그리스도인들은 다음과 같은 유혹을 받게 됩니다. "그래, 비록 마귀라 할지라도 우리는 마귀를 이용해서 전도하면 돼." 즉, 아무리 사탄의 말이라도 복음이 증거되고 그리스도가 나타나면 괜찮지 않느냐는 것입니다.

그러나 이는 마치, "불의한 재물이라도 그것으로 하나님을 섬기면 될 것 아니냐. 어떻게 돈을 벌었든 그것으로 헌금하면 될 것 아니냐?"라고 말하는 것과 같습니다. "성경을 읽기 위해 초 한 자루 훔치는 것은 하나님도 봐주시지 않겠느냐?"라는 말과 같은 것입니다. 우리에게는 이런 실제적인 유혹들이 많습니다. 교회도 마찬가지입니다. 2천 년 기독교 역사에서 우리는 이런 시험과 유혹 때문에 교회가 부패하고 망하고 제 위치를 잃어버리게 된 경우를 너무도 많이 보아 왔습니다.

여기서 우리는 한 가지를 명심해야 합니다. 그것은, 진리가 없는 자에게서는 결코 진리가 증거되지 않는다는 것입니다. 복음이 없는 어두운 세력에게서 어찌 구원의 빛이 나타날 수 있겠습니까? 비록 그가 구원의 소리를 지르고 의로움과 진리가 가득한 말을 한다 할지라도, 사실은 그렇지 않다는 것입니다. 사도 바울은 이러한 귀신이 소리 지를 때 너무나 괴로워했다고 기록되어 있습니다.

예수님도 이와 비슷한 일을 경험하신 적이 있습니다. 마가복음 5장에 나오는 거라사인 지방의 어떤 사람에게 들어간 귀신을 쫓아내신 사건입니다. 이 귀신 들린 사람이 예수님을 보고 멀리서부터 뛰어와 절하며 큰 소리로 부르짖었습니다. "지극히 높으신 하나님의 아들 예수여"(막 5:7). 그는 진리를 말했습니다. 그렇지만 예수님은 주저하지 않고 명령하셨습니다. "더러운 귀신아 그 사람에게서 나오라"(막 5:8). 그렇게 함으로써 귀신의 증거를 받지 않으신 것입니다.

이 사건들을 통해서 우리는, 어떤 사람이 무슨 말을 했느냐보다 더 중요한 것은 말하는 사람이 누구냐는 사실을 알 수 있습니다. 우리는 거짓된 사람들에게서 달콤하고 그럴듯한 얘기를 많이 들어 왔습니다. 정치적인 면에서도 그랬고 세상적인 면에서도 그랬습니다. 사탄은 얼마든지 빛의 천사로 가장할 수 있습니다. 자기는 믿지 않으면서도 입으로는 자기 마음과 다른 얘기들을 얼마든지 할 수 있습니다.

신학교에도 이런 사람들이 있습니다. 자기는 부활도 기적도 안 믿습니다. 그러면서도 강의할 때는 그것에 대해서 아주 그럴듯하게 이야기합니다. 그러면 그 말이 열매를 맺겠습니까? 아닙니다. 아무리 몇 년 동안 증거해도 거짓을 숨기고 하는 말은 참증거가 될 수 없습니다. 그러므로 정말 중요한 문제는, '그가 무슨 말을 했는가'보다 '그가 누구인가' 하는 것입니다.

거짓된 사람에게서 진리의 말이 나올 수 없으며, 어둠의 사람에게서 빛이 나올 수 없다는 사실을 기억하십시오. 비록 그가 진리로 가장하고 또 진리의 말을 한다 할지라도 속지 않기를 바랍니다. 점쟁이나 무당이 아무리 용한 가르침을 주고 잘 맞힌다 할지라도, 그는 귀신과 관련된 사람입니다. 그러므로 그들의 말에 미혹되어서는 안 됩니다. 또한 귀신과 관련된 사람들이 아무리 교회를 위하고 그리스도를 증거하는 말을 해도 듣지 마십시오. 그것에 귀 기울이려는 유혹을 물리치십시오. 하나님은 그런 사람들을 통해서 영혼을 구원하지 않으십니다.

귀신 들린 여종이 바울에 대해서 '지극히 높은 하나님의 종으로서 구원의 길을 전하는 자'라고 증거해도 바울은 그것을 거부했습니다. 오히려 그에게서 나오라고 호통을 쳤습니다. 우리도 그래야 합니다. 달콤하게 속삭이는 사탄의 소리가 우리를 일시적으로 성공하게 하고, 부요하게 하고, 행복하게 하고 앞길을 터 주는 것처럼 느껴진다 할지라도, 그것을 따라가면 큰일 납니다. 그것은 결국 우리를 죽이는 늪이기 때문입니다. 마귀가 우리에게 무엇인가를 줄 때는 반드시 지옥도 함께 안겨 줍니다. 당신에게 그것을 보는 눈이 있어 사탄의 유혹을 물리칠 수 있게 되기를 바랍니다.


## 물리적으로 공격하다

둘째, 사탄은 첫 번째 방법이 실패하면 본색을 드러내며 우리를 물리적으로 공격하고 압박합니다. 즉, 우리를 손해 보게 하고 병들게 하는 등 우리가 가진 것을 파괴하는 것입니다.

사탄이 이처럼 자신을 드러내고 공격해 올 때 사용하는 몇 가지 방법이 있습니다. 가장 먼저는, 사람을 동원해서 여론을 만듭니다. 민중을 선동해서 소란하게 하는 것입니다. 그러므로 이런 방법을 쓰는 사람들을 거부하십시오. 여론 정치를 한다면서 사람들을 선동하고, 아주 이상한 말을 해서 순간적으로 사람들을 혼란하게 하고 혼을 쏙 빼는 사람들은 모두 위험합니다. 이는 마귀가 쓰는 아주 기본적인 방법입니다.

두 번째 방법은, 이렇게 여론을 확보해서 민심을 잡고 나면 법을 뛰어넘어 폭력을 행사하는 것입니다. 즉, 법을 안 지킵니다. 그 힘을 법으로 쓰고 그것으로 밀어붙입니다. 폭력을 사용하고 질서를 파괴합니다. 자신들이 주장하는 명분 때문에 그렇게 하는 것입니다.

세 번째 방법은, 권력이나 금력이나 여론의 힘을 빌려서 사람을 죽이거나 감옥에 넣어 버리는 것입니다. 사탄은 이 모든 방법을 사용해서 바울을 공격했습니다. 즉, 귀신 들린 여종의 주인들로 하여금 사람들을 선동하게 해서 바울을 잡았고, 재판도 받기 전에 그를 때려서 감옥에 가두었습니다.

사탄은 그런 일을 바울에게만 한 것이 아니었습니다. 베드로에게도 그렇게 했습니다. 예수님에게도 똑같이 했습니다. 예수님이 광야에서 금식하실 때 마귀는 예수님을 세 번 유혹했습니다. "이 돌을 떡으로 만들라. 높은 데서 뛰어내려 봐라. 나한테 절만 하면 세상을 다 너에게 주겠다." 이렇게 사람의 마음을 녹이는 아주 교활한 유혹을 던졌습니다. 이것이 먹혀들지 않자 후에 사탄은 제자들을 이용했습니다. 그 한 예가 베드로입니다. 베드로는 예수님이 죽임당할 것을 예언하셨을 때 예수님을 붙들고 간청했습니다. "안 됩니다, 주님." 그러자 예수님은 그를 향해 단호하게 말씀하셨습니다. "사탄아, 내 뒤로 물러가라."

이렇게 교묘하게 예수님의 길을 방해하던 사탄은 그것으로도 안 되자 사람들을 선동했습니다. 제사장들과 바리새인들과 서기관들과 예수님 때문에 피해를 본 무리들을 전부 선동해서 예수님을 죽이라고 여론을 만든 것입니다. 빌라도의 재판도 먹히지 않았습니다. 정의도, 법도 먹히지 않았습니다. 결국 불법 재판을 해서 예수님에게 십자가형을 내리게 하고 그분을 죽이도록 했습니다. 이런 패턴은 지금이나 그때나 똑같습니다. 여론을 만들고 사람을 선동하고 충격적인 요법을 쓰는 것은 하나님의 방법이 아닙니다. 그 배후에는 언제나 어둠의 세력이 영향력을 미치고 있습니다.

그런데 재미있는 것은, 사탄은 그것이 자기가 승리하는 길이라고 생각하지만, 사실은 스스로 자신의 무덤을 파는 일이라는 것입니다. 사탄이 아무리 핍박하고 감옥에 집어넣어도 경건한 그리스도인은 죽지 않습니다. 이상하게도 그럴수록 그리스도인들은 살아납니다. 더 힘이 나고, 더 팔팔해집니다. 진리는 고난과 역경 속에서 더 힘을 발휘하기 때문입니다. 어려워지면 힘이 생깁니다. 감옥에 가두어도 하나님의 성령의 역사는 일어납니다.

《잔느 귀용》(두란노 역간)이란 책이 있습니다. 이 책은 귀용 부인의 자서전인데, 이 부인이 바로 그런 삶을 살았습니다. 그분은, 육신은 감옥에 갇혔어도 감옥에 가둘 수 없는 영적인 승리와 힘과 개선가가 있다는 사실을 보여 주었습니다. 본회퍼도 마찬가지입니다. 그는 죽기 전에 이런 말을 남겼습니다. "나는 새로 시작한다." 그렇습니다. 어떤 배고픔도, 어떤 가난도, 어떤 역경도 성령이 있는 사람을 묶어 두지는 못합니다.

마귀는 우리를 처음부터 공격하지 않습니다. 처음에는 미끼를 던집니다. 우리의 육체적 정욕과 먹고 마시고 입는 문제에 관련된 미끼를 던집니다. 명예욕을 자극하고, 자기 말만 들으면, 자기만 섬기면 부와 성공을 누리게 해 주겠다는 등의 미끼를 계속 던집니다. 이런 미끼에 속지 않기를 바랍니다.

말 자체를 놓고 '이것이 성경적인가, 하나님이 주신 것인가'를 고민하기 전에 먼저 그것을 누가 말했는지, 그 근원이 어디인지를 살펴보십시오. 마귀는 우리로 하여금 그것을 생각하지 못하게 합니다. 돈을 주면 됐지, 그것이 어디서 어떻게 왔는지 더 이상 묻지 말라는 식입니다. 이것이 마귀의 방법입니다. 마귀는 자기 근거를 드러내려 하지 않습니다.

## 기도와 감사와 찬양으로 무장하라

바울과 실라가 사탄에게 물리적인 공격을 받았을 때, 즉 감옥에 들어갔을 때 그것에 대처한 방법은 무엇이었습니까? 기도와 찬양이었습니다. 그들은 원망하거나 불평하지 않고 오히려 하나님 앞에 기도와 찬양을 드렸습니다. 그렇습니다. 이 세상에서 가장 강력한 무기는 돈이나 군사력이나 정치적 권력이 아니라, 기도와 감사와 찬양입니다. 우리가 어떠한 고난 속에서라도 기도하고 감사하고 하나님을 찬양한다면, 지진이 일어나고 옥 터가 흔들리고 옥문이 열리고 차꼬가 풀리는 것과 같은 놀라운 기적이 일어날 것입니다.

바울과 실라는 옥중에서도 계속 기도했다고 했습니다. 이 부분을 영어 성경과 비교해서 살펴보면 재미있습니다. '그들이 기도하고 찬양했다'라고 번역한 것도 있고, 진행형을 붙여 '계속 기도하고 계속 찬양했다'라고 번역한 것도 있습니다. 즉, 한 번의 기도와 한 번의 찬양으로 끝낸 것이 아니라, 밤새도록 기도하고 찬양하며 하나님 앞에 영광을 돌렸다는 것입니다.

물리적인 고난이나 육체적인 질병 등과 같은 역경에 부딪혔을 때 이것을 이기는 방법은 계속 기도하고, 계속 찬양하는 것입니다. 억울한 일을 당했을 때, 한 인간으로서 감당할 수 없는 상처를 받았을 때, 혹은 육체적인 질병에 사로잡혔을 때 슬퍼하거나 원망하거나 좌절하지 마십시오. 걱정해서 해결될 일이라면 걱정해도 됩니다. 그러나 염려한다 해서 머리털 하나 희게 할 수 없고, 키 한 자도 자라게 할 수 없습니다. 문제는 그대로 있습니다. 염려하고 원망하면 오히려 우리 자신을 죽이는 것입니다. 우리 자신을 비참하게 만들고 괴롭히고 자학하는 것 외에는 아무것도 아닙니다. 그럴 때는 그냥 현실을 인정하십시오. 배고프면 배고픈 현실, 가난하면 가난한 현실, 병들었으면 병든 현실을 인정하고 곧바로 그 자리에서 감사하며 찬양하십시오. 기도하기 시작하면 이런 것들이 물러갑니다.

고난을 겪을 때, 당신에게 고난을 준 사람을 상대하지 마십시오. 당신에게 피해를 주고 억울하게 만든 그 사람을 상대하지 마십시오. 오히려 그런 환경을 허락하신 하나님과 대면하십시오. 사람을 상대하면 미움이 생깁니다. 그리고 누군가를 미워하면 자기 얼굴이 먼저 추해집니다. 미움이 안에 있으면 그것이 나오기 전에 먼저 자신부터 파괴하기 때문입니다. 결국은 자기가 먼저 죽습니다.

반대로, 누군가를 사랑하면 그 사랑이 상대방에게 가기 전에 나를 먼저 복되게 합니다. 축복 기도, 중보 기도를 하면 그 기도의 축복이, 그 중보가 다른 사람에게 가기 전에 나를 먼저 축복하고 중보합니다. 용서하면 그 용서가 먼저 내 영혼을 치유합니다. 그래서 그것이 내적 치유가 됩니다. 내적 치유란 별것 아닙니다. 사랑하고 용서하면 내가 먼저 치유되는 것, 이것이 내적 치유입니다.

새벽에 기도하십시오. 낮에도 기도하십시오. 저는 가끔 너무 힘들면 새벽 2시에도 일어나 혼자 엉엉 웁니다. 사람 앞에서 울 수 없으니 혼자 하나님 앞에서 투정부리며 우는 것입니다. 그러다가 아침이 되면 언제 그랬냐는 듯이 눈을 뜹니다. 얼마나 좋은지 모릅니다. 하나님께 구하십시오. 하나님께 매달리십시오. 그분에게 기도하고 찬송하고 영광을 돌리면, 기적이 일어납니다. 이것보다 더 좋은 무기는 없습니다.

## 고난 뒤에 있는 하나님의 구원 섭리

이제 바울과 실라에게 놀라운 일이 한 가지 더 생깁니다. 그것은 한 영혼이 구원받은 것입니다. 이렇듯 그리스도인이 만나는 모든 사건의 배후에는, 그것이 억울한 사건이든 아니든, 감당할 수 있는 사건이든 아니든 간에 하나님의 구원의 섭리가 있습니다. 한 사람을 구원하기 위해 하나님이 그 일을 만드신 것입니다. 만일 우리가 만나는 사건, 특히 우리를 어렵게 하는 사건 속에 하나님의 구원의 섭리가 없다면 그것처럼 무의미한 게 어디 있겠습니까? 그러나 안심하십시오. 우리가 겪고 있는 고난은 누군가를 구원시키기 위한 하나님의 계획입니다. 당신이 죽게 되었어도, 당신이 희생을 당해도, 그 죽음과 희생을 통해 다른 사람이 구원을 얻게 되는 것입니다.

한 사람의 구원을 위해 예수님이 십자가에 피 흘려 돌아가시는 대가를 치르셨습니다. 때로는 '한 사람의 구원을 위해서라면 이것은 너무 큰 대가다'라는 생각을 할 수도 있습니다. 그러나 영혼을 구하는 일에 있어 너무 큰 대가라는 것은 결코 없습니다. 천하보다 귀한 것이 한 영혼이라 한다면, 세상적으로 볼 때는 보잘것없고, 돈도 없고, 집도 없고, 바보 같은 사람이라 할지라도 그 영혼의 구원은 천하만큼 귀한 것입니다. 그것이 하나님의 마음입니다.

그리고 더 멀리 보면, 한 사람의 구원은 단지 그 한 사람만의 구원이 아닙니다. 한 사람이 구원받으면 그 주변 사람들까지 구원을 받게 됩니다. 구원은 정적인 개념 혹은 물리적인 개념이 아니기 때문에 그렇습니다. 즉, 구원은 우리가 가지고 있는 물건 같은 것이 아닙니다. 구원은 하나님의 능력으로서 아주 역동적인 것입니다. 움직이고, 역사하고, 영향력을 주고, 새로운 것을 생성하는 것입니다. 그렇기 때문에 이 구원이 오면 우리는 가만히 있지 못합니다. 이 구원은 우리를 변화시키고 우리에게 모든 복을 가져올 뿐만 아니라, 우리 옆에 있는 사람까지 변화시킵니다. 이것이 구원입니다. 예수님의 구원은 절대로 가만히 있지를 못합니다. 그것은 빛을 발하고, 능력을 행사하고, 역사를 일으키며, 주위 사람을 변화시킵니다.

그렇기 때문에 예수 믿고 전도하지 않는다는 것은 있을 수 없는 일입니다. 그런 사람은 예수님을 지식으로 아는 것에 불과합니다. 예수님에 관한 교리를 아는 것에 불과한 것이지, 살아 계신 예수님을 믿는 것이 아닙니다. 살아 계신 예수님이 그 안에 있는데 어찌 찬송하지 않을 수 있으며, 어찌 구원을 노래하지 않을 수 있으며,

어찌 예수 그리스도를 선포하지 않을 수 있겠습니까? 진짜 구원은 역동적인 것입니다. 움직이고 역사하며 우리로 노래하게 하는 것입니다. 때로 그것은 우리가 손해 보게 만들고 희생이라는 대가를 치르게 하기도 하지만, 그것을 감당할 능력까지도 줍니다.

기억하십시오. 한 사람에게 전해지는 구원은 결코 그 한 사람에서 끝나지 않습니다. 예수님이 승천하기 전에 열두 제자에게 최후의 명령을 하셨습니다. 그랬더니 그 열두 명이 120명이 되었고, 120명이 3천 명이 되었으며, 3천 명은 5천 명, 5천 명은 셀 수 없는 무리가 되었습니다. 그리고 그 놀라운 사건이 동양의 끝에 사는 저에게도 온 것입니다.

2천 년 동안 이 구원의 역사는 한 번도 멈춘 적이 없습니다. 그 구원은 미켈란젤로를 만들고, 베토벤, 바흐, 헨델을 만들고, 렘브란트를 만들고, 위대한 건축을 만들고, 위대한 문화와 위대한 역사를 만들고, 위대한 과학자를 만들었습니다. 야만족을 최고의 지성을 가진 민족으로 만들기도 했습니다. 이 같은 하나님의 구원은 2천 년 동안 한 번도 쉰 적이 없으며, 지금도 쉬지 않고 역사하고 있습니다.


## 구원으로 바뀐 관계

한 사람에게 들어간 구원은 또 다른 결과를 가져왔습니다. 그것은 종과 주인의 관계를 형제의 관계로 바꾼 것입니다. 이것이 구원입니다. 바울은 죄수요, 간수는 그 죄수를 지키는 자입니다. 이런 상하 관계를 형제 관계로 바꾸어 주는 게 구원입니다.

> 그 밤 그 시각에 간수가 그들을 데려다가 그 맞은 자리를 씻어 주고 자기와 그 온 가족이 다 세례를 받은 후 그들을 데리고 자기 집에 올라가서 음식을 차려 주고 그와 온 집안이 하나님을 믿으므로 크게 기뻐하니라(행 16:33-34).

이것을 한 편의 영화라 생각하고 마음으로 상상해 보십시오. 공자, 맹자가 이렇게 할 수 있겠습니까? 세상의 어떤 철학과 사상이 이렇게 할 수 있겠습니까? 이것은 복음만이 할 수 있는 일입니다. 간수는 죄수의 매 맞은 자리를 씻어 주었습니다. 그때 그 간수의 표정이 어땠을까요? 죄수였던 바울은 간수에게 세례를 베풉니다. 아마 두 사람 눈에는 감격의 눈물이 흘렀을 것입니다. 이 두 사람은 만난 지 몇 시간 되지도 않았습니다. 그러나 주님은 그들을 서로 사랑하는 한 형제가 되게 해 주셨습니다.

주님은 이와 같은 관계를 우리에게도 허락하셨습니다. 사실 예수님이 아니면 우리가 무슨 상관이 있겠습니까? 그러나 우리는 주님 안에서 만나 서로 아끼고 존중하고 그리워하는 관계가 되었습니다. 이것은 집안의 형제하고는 또 다른 형제 관계요, 영적인 관계입니다.

바울과 간수는 또 무엇을 했습니까? 함께 밥을 먹었습니다. 어찌 죄수와 간수 사이에 이런 일이 있을 수 있습니까? 복음이 그렇게 한 것입니다. 여기에 남과 북의 만남의 원리가 있습니다. 흑과 백의 만남의 원리가 있습니다. 가난한 자와 부자 그리고 배운 자와 못 배운 자의 만남의 원리가 있습니다. 그래서 교회는 하나가 될 수 있는 것입니다. 교회에는 별의별 사람들이 다 있습니다. 배운 자, 못 배운 자, 가난한 자, 부자가 다 모여 있습니다. 그러나 복음으로 인해 그들이 하나 될 수 있는 것입니다. 이것이 천국이요, 하나님 나라입니다.

우리는 언젠가 천국에 갈 것입니다. 이 땅의 교회도 천국 같지만, 우리 주님이 계신 그곳에서 주님이 베풀어 주실 상과 잔치를 한번 상상해 보십시오. 천군 천사들과 그룹들과 하늘 보좌에 계시는 하나님과 영광스러운 성도들이 함께 모여 잔치할 것을 한번 상상해 보십시오. 참으로 감격스럽지 않습니까?

## 두려워하는 상관들

이제 세상 권력자들에 대한 내용을 잠깐 살펴보려 합니다.

날이 새매 상관들이 부하를 보내어 이 사람들을 놓으라 하니 간수가 그 말대로 바울에게 말하되 상관들이 사람을 보내어 너희를 놓으라 하였으니 이제는 나가서 평안히 가라 하거늘(행 16:35-36).

바울과 실라를 매 맞게 하고 옥에 가두었던 관리들이 간밤에 일어
난 소식을 들었는지, 사람을 급히 보내 바울 일행을 놓아 주라고 합
니다. 옥에 가둔 지 하루 만에 그렇게 쉽게 석방한 걸 보면 분명히
겁먹은 것입니다. 이처럼 세상 권력을 가진 사람들은 일반적으로 겉
으로는 강한 척하지만, 사실은 약한 사람들입니다. 폼만 잡는 것입
니다. 소리만 크지 사실은 별것 없습니다. 권력을 의지해서 힘을 다
진 사람들은 언제나 권력에 제일 약한 법입니다. 그 권력이 사라지
면 자기 존재의 의미가 없어지기 때문에 그렇습니다. 마찬가지로 돈
의 힘을 의지하는 사람들은 돈이 사라지면 제일 약한 자가 됩니다.
그 사람은 돈의 힘에 의지해서 존재하고 있었기 때문입니다.

바울이 이르되 로마 사람인 우리를 죄도 정하지 아니하고 공중 앞
에서 때리고 옥에 가두었다가 이제는 가만히 내보내고자 하느냐 아
니라 그들이 친히 와서 우리를 데리고 나가야 하리라 한대 부하들
이 이 말을 상관들에게 보고하니 그들이 로마 사람이라 하는 말을
듣고 두려워하여(행 16:37-38).

본문을 보면 사도 바울이 평소에 안 하던 일을 하나 합니다. 상
관들이 "이제 당신은 나가도 됩니다" 하니까 오히려 안 나가겠다

는 것입니다. 그러면서 이렇게 말합니다. "나는 로마 시민권을 가진 로마 사람인데, 너희들이 재판도 하지 않은 채 나를 때리고 옥에 가두는 불법을 행하고도 그냥 가라는 것이냐? 이대로는 못 나가겠으니, 관리들을 오라 해서 직접 우리를 데리고 나가라 해라." 그리고 버티는 것입니다.

이상합니다. 평소 바울 사도에게서는 찾아볼 수 없는 모습입니다. 무슨 의도로 그렇게 했겠습니까? 공개적으로 잘못된 것을 인정하고 사과하라는 뜻입니다. 왜 바울이 이렇게 했을까요? 바울이 용기 있는 사람이어서 그랬을까요? 여론이 좋아져서 그랬을까요? 아닙니다. 여기서 우리는 바울의 시민 정신을 보게 됩니다. 즉, 법은 반드시 지켜져야 한다는 태도를 분명하게 보이는 모습입니다. 바울은 자신을 가둔 관리들을 벌하려고 그렇게 한 것이 아닙니다. '법은 지켜져야 한다'는 것이 한 시민으로서 가진 그의 생각이었습니다. 아마 빌립보에 살고 있는 다른 그리스도인들을 위해 일부러 더 그렇게 했는지도 모르겠습니다. 아무튼, 관리들이 바울을 친히 데리고 밖으로 나가 "빌립보를 좀 떠나 주십시오" 하고 간구하게 됩니다.

와서 권하여 데리고 나가 그 성에서 떠나기를 청하니 두 사람이 옥에서 나와 루디아의 집에 들어가서 형제들을 만나 보고 위로하고 가니라(행 16:39-40).

이제 바울은 감옥에서 나와 루디아의 집에 들러 형제들과 교제한 후 그들을 위로하고 빌립보를 떠나게 됩니다. 만일 그들에게 영적인 눈이 있었다면, 바울을 빌립보에 더 오래 머물도록 붙잡았어야 했을 것입니다. 만약 바울이 빌립보에 1년만 더 있었더라도 오늘날의 빌립보가 아니었을지 모릅니다.

이처럼 우리 가운데도 굴러 들어온 복을 자기 발로 걷어차는 사람이 있습니다. 무엇이 복이고 무엇이 선인지도 모른 채 시시한 것들만 붙잡고 있습니다. 아무것도 아닌 것에 목숨을 겁니다. 오히려 자기 인생을 파괴시킬 것들을 붙들고 놓지 않습니다. 그리고 정작 인생에 복이 되는 것들은 별로 중요하게 생각하지 않습니다. 진주를 개 앞에 던지듯 진정한 복을 차 버리는 것입니다. 얼마나 어리석습니까?

그러므로 무엇이 진정한 복이고 선인지를 잘 분별하십시오. 그리고 그것을 붙잡으십시오. 어디에 시간을 쓰는 것이 우리 인생에 도움이 되겠습니까? 무슨 공부를 하는 것이 우리에게 도움이 되겠습니까? 어떤 오락을 선택하는 것이, 누구를 만나는 것이, 어떻게 돈을 쓰는 것이 우리의 인생에 진정 도움이 되겠습니까? 많은 사람들이 하나님 나라에 가면 아무짝에도 쓸모없을 일에 너무나도 많은 시간과 돈과 젊음과 정력을 낭비하고 있습니다. 정말 부끄럽고 쓰레기 같은 인생을 살다가 하나님 앞에 가는 일이 없기를 바랍니다.

바울이 빌립보에서 만나 전도한 사람들은 어떤 사람들이었습니까? 오늘날 우리의 시각으로 볼 때, 이 사람들은 그렇게 대단한 사람들이 아니었습니다. 그저 보통 사람들이었습니다. 교도소 소장이 아니라 간수였고, 신분이 높은 귀부인이 아니라 보통 아낙네, 즉 장사하는 루디아였습니다. 그러나 이들은 유럽 교회의 시금석이 되었고, 유럽을 뒤집어 놓았습니다. 바로 이것이 복음입니다.

하나님은 가난한 자에게 가서 그들을 변화시키고 위대한 사람으로 만드셨습니다. 하나님은 동일하게 우리에게도 그렇게 하실 것입니다. 하나님에게는 우리가 가진 신분이나 부나 지식이 중요하지 않습니다. 우리에게 복음이 있느냐가 중요합니다. 우리에게 들어온 복음이 그저 집안 식구들을 예수 믿게 할 정도밖에 안 된다 하더라도, 그것은 엄청나게 중요한 일입니다. 그것을 시작으로 역동하는 복음이 우리의 이웃과 민족과 세계까지 변화시킬 것이기 때문입니다. 복음 안에는 그런 능력이 있습니다.

서양사 2천 년을 생각해 보십시오. 기독교사가 빠지면 남는 게 무엇입니까? 서구 건축물 가운데 교회당 건물을 빼면 남는 게 무엇입니까? 바흐, 헨델, 모차르트, 베토벤 같은 유명한 서양 음악가들 가운데 그리스도인을 빼면 남는 음악가가 누구입니까? 미켈란젤로를 비롯한 많은 서양 미술가의 작품에서 예수님을 빼면 남는 작품이 무엇입니까? 서양의 많은 고전 중에서 예수님이나 성경에 관한 것을 빼고 나면 과연 문학이 존재할까요? 이는 사회나 과학

분야도 마찬가지입니다. 이처럼 복음은, 예수 그리스도는 인간의 역사를 움직여 오셨습니다. "주 예수를 믿으라 그리하면 너와 네 집이 구원을 받으리라"(행 16:31). 이 진리가 2천 년 유럽의 역사를 만들어 온 것입니다.

이는 빌립보에서 시작되었습니다. 그것도 한 여인과 이름 모를 간수에게서 시작된 것입니다. 오늘날 우리도 그와 같은 일을 할 수 있습니다. 혹시 아직도 예수님을 영접하지 않았습니까? 그렇다면 지금 영접하십시오. 그러면 당신뿐 아니라 당신의 가정까지도 구원받을 것입니다. 예수님을 섬기는 가정은 위대한 가정이 될 것입니다. 예수님을 섬기는 국가는 위대한 국가가 될 것입니다. "주 예수를 믿으라 그리하면 너와 네 집이 구원을 받으리라"라는 말씀 속에는 바로 이런 의미가 있는 것입니다.

# 5

# 데살로니가에서의 전도

사도행전 17:1-15

사도 바울 일행은 유럽 전도의 첫 번째 도시였던 빌립보를 떠나 다음 장소로 이동했습니다. 그곳은 데살로니가와 베뢰아입니다. 2차 전도 여행을 하면서 그들이 들른 도시로는 이 밖에도 아덴, 고린도, 에베소가 추가됩니다. 즉, 바울이 2차 전도 여행을 통해서 들른 곳은 데살로니가, 베뢰아, 아덴, 고린도, 에베소와 같은 중요한 도시들입니다.

## 바울의 전도 여행의 특징

### 박해가 심해지면 떠나다

사도 바울의 복음 전도 여행에는 몇 가지 특징이 나타납니다. 첫째, 한 도시에서 다른 도시로 갈 때는 대체로 박해가 일어나 더 이상 머물 수 없게 되었을 때 떠난다는 것입니다. 1차 전도 여행 때도 그랬지만, 빌립보, 데살로니가 그리고 베뢰아에서의 경우를 보아도, 바울은 언제나 박해가 일어나 더는 있을 수 없게 되었을 때 그 도시들을 떠납니다. 우리는 바울이 빌립보에서 복음을 전하다가 매를 맞고 깊은 감옥에 갇혔다가 풀려나서 그곳을 떠나는 것을 보았습니다. 그다음 사역지인 데살로니가에서도 마찬가지였습니다.

> 그러나 유대인들은 시기하여 저자의 어떤 불량한 사람들을 데리고
> 떼를 지어 성을 소동하게 하여 야손의 집에 침입하여 그들을 백성
> 에게 끌어내려고 찾았으나(행 17:5).

데살로니가에서 복음을 전할 때도 성령의 역사가 일어났는데,
이때도 사람들이 일어나서 바울 일행을 박해했습니다. 그래서 그
들은 데살로니가에 더 있지 못하고 옆 동네인 베뢰아로 가서 복음
을 전하게 됩니다. 그런데 그곳에서 또 무슨 일이 생깁니까?

> 데살로니가에 있는 유대인들은 바울이 하나님의 말씀을 베뢰아에
> 서도 전하는 줄을 알고 거기도 가서 무리를 움직여 소동하게 하거
> 늘(행 17:13).

데살로니가에서 바울을 박해했던 사람들이 베뢰아까지 찾아왔
습니다. 그러고는 베뢰아에서도 전도하지 못하도록 바울을 박해
하고 공격했습니다. 그래서 바울 일행은 또다시 베뢰아를 떠나 아
덴으로 움직였습니다.

그들은 박해를 그 도시를 떠나라는 하나님의 신호로 여기고, 복
음을 전하는 데까지 전하다가 박해를 받으면 떠났습니다. 즉, 자신

들이 계획해서 전도하고 다음 사역지로 떠난 것이 아니라, 한곳에서 열심히 전도하다가 박해가 심해져 더 이상 있을 수 없게 되면 그다음 도시로 옮겨 간 것입니다.

## 유대인의 회당을 중심으로 사역하다

둘째, 그가 어느 도시를 가든지 유대인의 회당을 거점으로 사용했다는 것입니다. 빌립보의 경우에는 회당이 없었기 때문에 기도처를 찾았습니다. 기도처를 찾다가 만난 사람이 루디아였습니다. 본문 1절을 보면, "그들이 암비볼리와 아볼로니아로 다녀가"(행 17:1)라고 되어 있는데, 아마도 암비볼리와 아볼로니아를 그냥 지나친 것은 그들이 복음을 전할 거점인 회당이 없었기 때문인 듯합니다. 그러나 데살로니가에는 유대인의 회당이 있었습니다. 그래서 바울은 그곳에서 말씀을 강론하며 복음을 전했습니다. 이러한 모습은 베뢰아에서도 발견할 수 있습니다.

> 밤에 형제들이 곧 바울과 실라를 베뢰아로 보내니 그들이 이르러 유대인의 회당에 들어가니라(행 17:10).

바울 일행은 베뢰아에 가자마자 유대인의 회당을 찾았습니다. 이런 점에서 볼 때, 바울은 유대인의 회당을 거점으로, 즉 오늘날로 말하면 유대인의 회당을 베이스로 해서 복음을 전했음을 알 수 있습니다. 그는 그곳을 중심으로 움직였습니다. 무작정 아무도 모르는 이방인의 세계로 뛰어 들어가거나 길거리에서 전도한 것이 아니라, 그가 잘 알고 익숙한 거점을 통해서 유대인들을 먼저 전도하고 이방인에게도 복음을 전하는 방법을 사용했던 것입니다. 이것은 사도 바울의 1차, 2차, 3차 전도 여행에서 모두 찾아볼 수 있는 전도 원리입니다.

유대인은 바울과 동족입니다. 물론 예수 그리스도를 이해하는 입장은 서로 다르지만, 같은 민족이라는 공통점이 있습니다. 그리고 회당은 사도 바울에게 있어 어렸을 때부터 익숙한 장소입니다. 이전에 바나바와 바울이 전도 여행을 했을 때 바나바의 고향인 구브로라는 섬에 갔었는데, 그때도 그들은 자신들이 어느 정도 아는 곳, 익숙한 곳에서 먼저 복음을 전했습니다. 이렇듯 바울 사도는 익숙한 곳을 통해서 익숙하지 않은 곳으로 들어가는 방법을 사용해 복음을 전했습니다.

## 하나님이 예비하신 사람들을 만나다

셋째, 바울이 어느 곳을 가든지 하나님이 준비해 두신 사람들을 만났다는 것입니다. 즉, 무작정 모든 사람을 대상으로 전도한 것이 아니라, 하나님이 만나게 하신 몇몇 사람들을 먼저 전도한 것입니다. 바울은 이렇게 해서 하나님이 만나게 해 주신 사람들에게 제일 먼저 말씀을 강론했습니다.

바울이 자기의 관례대로 그들에게로 들어가서 세 안식일에 성경을
가지고 강론하며(행 17:2).

여기서 '자기의 관례대로'라는 말은 참 중요합니다. 이 말을 다르
게 표현하면 '자기의 법칙대로'라고 할 수 있는데, 이는 어디를 가
든지, 누구를 만나든지 바울이 늘 적용하는 우선순위가 있었다는
뜻입니다. 쉽게 말하면, 자기 스타일이 있었다는 것입니다. 그러면
바울의 '자기 스타일'은 무엇이었습니까? 그것은 '말씀을 전하는
것'이었습니다. 바울은 다른 것을 먼저 하지 않았습니다. 집을 짓는
다든가 사람을 사귄다든가 하는 일들보다 먼저 말씀을 전했습니다.
　바울이 빌립보에서 보여 준 또 한 가지 자기 규례가 있었는데,
그것은 기도처를 찾는 것이었습니다. 그렇다면 바울에게는 두 가
지 스타일이 있었다는 말이 됩니다. 즉, 그는 무슨 일을 하든지 이
두 가지를 우선순위에 두었다는 것입니다. 그중 하나는 기도하는
것이고, 또 하나는 말씀을 증거하는 일이었습니다. 그렇습니다. 기
도하고 말씀을 전하는데 어찌 기적이 일어나지 않겠습니까? 어찌
복음의 영광이 나타나지 않겠습니까?
　바울이 어떤 선교 센터를 지었다는 말이 없습니다. 바울 자신이
곧 선교 센터였습니다. 그가 어떤 단체나 제도를 만들었다는 말도
없습니다. 그저 만나는 사람에게 복음을 전했고, 장소가 정해지면
무조건 기도했습니다. 그는 기도했고, 사람을 만나면 복음을 전했

으며, 그들이 복음을 받아들이면 그들을 위해 기꺼이 수고를 감당하며 그들과 동역했습니다. 복음보다는 복음 이외의 것을 더 많이 생각하고 거기에 신경 쓰며 시간을 보낼 때가 많은 우리와는 너무나 대조적인 모습입니다.

## 필요한 만큼만 머물다

넷째, 빌립보나 데살로니가나 베뢰아에서의 경우를 볼 때, 여행 일수가 그리 길지 않았다는 것입니다. 바울이 빌립보에 머문 시간이 얼마나 되겠습니까? 아마 길어야 한 달 조금 더 되었을 것입니다. 그리 오래 머물지 않고 그곳을 떠났습니다. 이는 바울이 어떤 제도나 장소나 건물에는 관심이 없었음을 보여 줍니다. 그가 관심을 가지는 대상은 사람이었습니다. 그러나 우리는 이와 반대로 사람보다 건물이나 제도 따위에 더 관심을 가질 때가 많습니다. 말은 사람을 위한다고 하면서 다른 것에 관심이 더 많은 것입니다. 바울은 그렇지 않았습니다.

데살로니가의 경우를 다시 보십시오. 본문 2절에 보면 '세 안식일'이라는 말이 나옵니다. 이는 3주라는 말입니다. 날수로 따지면 21일입니다. 앞뒤로 몇 날이 더 있었겠지만, 그가 회당에서 강론한 기간은 3주였다는 것입니다. 그것도 매일 그렇게 했으리라고 보기는 좀 어렵습니다. 그런데 놀라운 사실은, 짧은 기간이었지만 그동안 많은 열매가 있었다는 것입니다. 사람들 중에는 오래 같이 살아도, 아니 평생을 같이 살아도 아무런 영향력을 미치지 못하는 사람이 있습니다. 그냥 세월만 보내는 것입니다. 하지만 어떤 사람은 짧게 만나도, 적게 만나도 한 사람의 인생에 결정적인 영향을 미칩니다. 바울이 그러했습니다.

기억하십시오. 오랜 시간을 함께 보낸다고 많은 영향력을 끼치는 것은 아닙니다. 복음을 전할 때도 그렇습니다. 시간이 문제가 될 때도 있지만, 정작 문제는 짧은 시간이지만 무엇을 전하느냐 하는 것입니다.

당신은 얼마나 많은 사람에게 얼마만큼의 영향력을 주며 살고 있습니까? 특히 당신이 만나는 사람들에게 얼마나 제대로 그리스도를 보여 주었으며, 얼마나 큰 영적인 영향력을 끼쳤습니까? 시간이 아니라 내용이 문제임을 기억하십시오.


## 바울이 전한 핵심 메시지

뜻을 풀어 그리스도가 해를 받고 죽은 자 가운데서 다시 살아나야 할 것을 증언하고 이르되 내가 너희에게 전하는 이 예수가 곧 그리스도라 하니 (행 17:3).

3주라는 짧은 시간 동안 바울이 전한 메시지는 두 가지였는데,

첫째는, 예수 그리스도가 죽은 자 가운데서 다시 살아나야 할 것을 증명한 것입니다. 쉽게 말하면, 예수 그리스도의 십자가와 부활, 즉 "너희 모든 인류를 위하여, 너희의 모든 죄로 인하여 예수가 해를 받고 십자가에 못 박혀 돌아가셨다. 그리고 하나님은 그 죽은 예수를 사흘 만에 부활시키셨다"는 것입니다. 이것이 바울이 전한 첫 번째 메시지입니다.

많은 사람들이 전도하는 내용을 가만 들어 보면 "교회 갑시다"라는 말은 아주 잘합니다. 그러나 "회개하고 예수 믿으시오"라는 말은 잘 못 합니다. 왠지 그 말을 하려고 하면 가슴이 두근두근하고 힘듭니다. 그래서 자꾸 말을 돌려서 합니다. 핵심을 말하지 못하는 것입니다. 그러나 바울은 곧바로 "예수 그리스도는 당신을 위해 죽었습니다. 예수 그리스도는 당신을 위해 부활했습니다"라고 말했습니다. 우리도 복음을 전할 때 바울이 말한 첫 번째 메시지를 곧바로, 분명하게 말해야 합니다.

둘째는, '예수가 곧 그리스도'라는 것이었습니다. "내가 너희에게 전하는 이 예수가 곧 그리스도라." 무슨 말입니까? 이것은 굉장한 메시지입니다. '그리스도'는 히브리어로 '메시아'라는 말입니다. 그러므로 바울이 선포한 이 말은 "이분이 메시아다. 우리 민족이 수천 년 동안 기다리고 갈망해 왔던 메시아가 바로 이 예수님이다"라는 뜻입니다. '예수가 곧 그리스도'라는 말은 모든 신약성경이 담고 있는 메시지의 핵심을 이루는 말입니다. '예수는 하나님의 아들이요,

우리의 구원자요, 구약에서 약속한 메시아다. 그분이 지금 여기 있다'라고 증거하는 것이 신약성경입니다. 기독교에서 이보다 더 중요한 메시지는 없으며, 이보다 더 급한 메시지도 없습니다.

사도 바울은 짧은 시간에 제한된 공간에서 예수 그리스도에 대해 핵심이 되는 메시지를 전했습니다. 당신도 이렇게 전할 수 있기를 바랍니다. 누군가를 만날 때, "예수님은 당신을 위해 돌아가셨고, 당신을 위해 다시 사셨고, 지금도 살아 계셔서 우주 만물을 통치하시며, 그분이 하나님이 약속하신 당신의 구원자입니다. 그러니 이 예수 그리스도를 믿으십시오"라는 메시지를 분명하게 전할 수 있기를 바랍니다.

## 복음을 들은 사람들의 두 가지 반응

그런데 이런 메시지가 선포되면 언제나 두 가지 반응이 나타납니다. 하나는, 이 메시지를 긍정적으로 받아들이는 것입니다. 다른 하나는, 이 메시지에 부정적인 태도를 보이며 그것을 거부하는 것입니다. 데살로니가에서도 그랬습니다.

### 복음을 받아들이다

그중의 어떤 사람 곧 경건한 헬라인의 큰 무리와 적지 않은 귀부인도 권함을 받고 바울과 실라를 따르나(행 17:4).

먼저, 긍정적인 반응을 보인 사람들이 있었습니다. 바울의 메시지를 듣고 경건한 '유대인'이 아닌 '헬라인' 중에서 많은 사람들, 또 적지 않은 귀부인들이 권함을 받고 바울과 실라를 따랐다고 했습니다.

여기서 우리는 복음에 대해 또 하나의 깨달음을 얻습니다. 그것은, 복음은 많은 지식이나 합리적인 설명을 통해서 얻어지는 것이 아니라는 사실입니다. 바울의 메시지를 듣고 많은 사람들이 예수 그리스도에 대한 긍정적인 반응을 갖게 된 것은 성령의 역사 때문이지, 바울이 설명을 잘해서 그런 것이 아니었습니다.

우리는 흔히 복음을 전할 때, 우리의 설명이 부족해서 사람들이 받아들이지 않는 것은 아닌가 하고 걱정합니다. 때로는 그럴 수도 있습니다. 그러나 설명을 충분히 했다고 해서 다 믿습니까? 아닙니다. 물론 굉장한 지혜를 가지고 논리적으로 말하고, 깊은 진리를 잘 요약해서 쉽게 전달하는 기술을 개발할 필요는 있습니다. 하지만 그것 때문에 사람들이 예수 믿게 되는 것은 아닙니다. 사람들이 예수님에 대해 관심을 가지게 되는 것은 사람의 지혜로운 말이 아니라 성령의 능력 때문입니다.

바울이 간수에게 전도했을 때를 떠올려 보십시오. 그때도 앞뒤가 없었습니다. 간수가 "선생들이여 내가 어떻게 하여야 구원을 받으리이까"(행 16:30)라고 물었을 때, 바울이 구약부터 설명했다거나 성경을 차근차근 풀어 주었다는 말이 없습니다. "주 예수를 믿으라 그리하면 너와 네 집이 구원을 받으리라"(행 16:31)는 말이 전부였습니다. 그러니 우리는 전도할 때 얼마나 말을 잘하고 많은 말을 해야 하느냐를 걱정하는 대신, 성령의 능력을 믿어야 합니다. 성령의 능력을 믿고 이렇게 단도직입적으로 권하십시오. "예수 믿으십시오."

## 복음을 거부하다

> 그러나 유대인들은 시기하여 저자의 어떤 불량한 사람들을 데리고 떼를 지어 성을 소동하게 하여 야손의 집에 침입하여 그들을 백성에게 끌어내려고 찾았으나 발견하지 못하매 야손과 몇 형제들을 끌고 읍장들 앞에 가서 소리 질러 이르되 천하를 어지럽게 하던 이 사람들이 여기도 이르매(행 17:5-6).

바울이 메시지를 전했을 때 그것에 긍정적으로 반응하는 사람들이 있었던 반면, 이것을 시기하고 예수님에 대해서 반감을 표시하는 사람들도 있었습니다. 이 사람들은 아주 심하게 감정을 표출했습니다.

여기서 기억해야 할 것은, 이런 부정적인 반응을 보이는 사람들의 배후에도 영적인 문제가 깔려 있다는 사실입니다. 즉, 복음을 들고 그것을 받아들이는 사람들이 지식이나 합리성의 차원이 아닌 성령의 역사로 말미암아 그렇게 하는 것처럼, 복음에 부정적인 반응을 보이고 예수님을 거부하는 사람들 역시 지식이나 합리성의 문제가 아닌 영적인 문제 때문에 그렇게 한다는 점입니다. 좀 더 구체적으로 말하면, 복음이 전해지는 것을 그냥 두고 보지 못하는 사탄이 개입해서 사람들을 미혹하기 때문에 그렇다는 것입니다.

우리는 여기서 다시 한 번 사탄의 악한 전략을 보게 됩니다. 사탄은 빌립보에서처럼 사람들을 선동하고 여론을 일으켜서 성을 소동하게 했습니다. 거듭 말하지만, 이것은 하나님의 방법이 아닙니다. 사람을 선동해서 정치적 이슈를 만들고 여론을 조작하는 것은 마귀의 방법입니다. 지금 한국 사회에는 이런 방법을 쓰는 사람들이 너무 많습니다. 이는 정말 큰 문제입니다. 모세는 바로와 싸울 때 절대로 증오하거나 민중의 힘을 이용하거나 여론을 조성하지 않았습니다. 그는 오직 하나님의 권위를 가지고 바로와 일대일로 맞서 영적인 싸움을 했습니다. 권력, 돈, 무력 등을 비롯한 인간적인 방법은 마귀가 이용하는 것입니다. 그러므로 그리스도인 가운데는 이런 방법을 이용하는 사람이 없어야 할 것입니다.


야손이 그들을 맞아들였도다 이 사람들이 다 가이사의 명을 거역하여 말하되 다른 임금 곧 예수라 하는 이가 있다 하더이다 하니 무리와 읍장들이 이 말을 듣고 소동하여 야손과 그 나머지 사람들에게 보석금을 받고 놓아 주니라(행 17:7-9).

복음의 반대자들은 6절에서도 이렇게 소리를 질렀습니다. "이 사람들은 천하를 어지럽게 하는 자들이다." 오히려 자기들이 더 어지럽게 하면서, 바울 일행에게 누명을 씌운 것입니다. 그리고 7절에서는 이들을 가이사와 연관시킵니다. 도대체 복음을 전하는 것과 가이사가 무슨 상관이 있습니까? 그러나 반대자들은 그곳 읍장들에게, "이 사람들이 다 가이사의 명을 거역하여 말하되 다른 임금 곧 예수라 하는 이가 있다 하더이다"라고 말함으로써 복음을 전하는 일이 가이사의 권위에 도전하는 것처럼 인식되게 만들었습니다. 즉, 예수님에 관한 문제를 정치적인 이슈에 끌어들인 것입니다.

사탄의 세력들은 언제나 이 같은 정치적인 방법을 씁니다. 모든 것을 정치화하는 것입니다. 예수님을 죽일 때도 마찬가지였습니다. 사람들로 하여금 "예수를 십자가에 못 박아 죽이시오. 그렇게 하지 않으면 당신은 가이사의 충신이 아닙니다"라는 말로 빌라도를 공격하게 해서 결국 예수님을 십자가에 못 박도록 허락하게 했습니다.

지금 바울을 공격하는 사람들도 이와 똑같이 예수님을 로마 황제와 대항하는 인물로 바꾸어서 거짓 주장을 하며 바울 일행을 고발하고 있습니다. 이러한 이유로 바울 일행은 데살로니가에서 더 이상 전도하지 못하고 이웃 도시인 베뢰아로 옮기게 됩니다.

## 베뢰아까지 쫓아온 박해자들

밤에 형제들이 곧 바울과 실라를 베뢰아로 보내니 그들이 이르러 유대인의 회당에 들어가니라 베뢰아에 있는 사람들은 데살로니가에 있는 사람들보다 더 너그러워서 간절한 마음으로 말씀을 받고 이것이 그러한가 하여 날마다 성경을 상고하므로 그중에 믿는 사람이 많고 또 헬라의 귀부인과 남자가 적지 아니하나(행 17:10-12).

이제 바울 일행은 베뢰아에 왔습니다. 그런데 베뢰아 사람들은 데살로니가 사람들보다 더 너그럽다고 했습니다. 즉, 예의도 있고 지성도 갖추었다는 것입니다. 그러한 그들에게는 두 가지 특징이 있었는데, 하나는, 간절한 마음으로 말씀을 받아들였다는 것입니다. 즉, 말씀에 대한 태도가 신실했다는 것입니다. 또 하나는, 받아들인 말씀이 진짜인가 하여 성경을 열심히 읽었다는 것입니다. 그 결과 어떻게 되었습니까? 많은 헬라의 귀부인들과 남자들이 예수님을 믿게 되었습니다.

그러나 데살로니가에서 소란을 피우고 그것을 정치적인 문제로까지 끌고 갔던 사람들이 베뢰아까지 쫓아왔습니다. 이런 모습을 보면 확실히 마귀가 역사한 것임을 알 수 있습니다. 거기까지 쫓아온 이유가 무엇이겠습니까? 그렇게 지나친 행동을 하는 것을 보면, 반드시 어떤 악한 영의 지배를 받고 있는 것이 틀림없습니다.

데살로니가에 있는 유대인들은 바울이 하나님의 말씀을 베뢰아에서도 전하는 줄을 알고 거기도 가서 무리를 움직여 소동하게 하거늘 형제들이 곧 바울을 내보내어 바다까지 가게 하되 실라와 디모데는 아직 거기 머물더라(행 17:13-14).

복음을 전하려는 사람에게는 예나 지금이나 이런 일들이 일어납니다. 물론 복음을 환영하는 데도 있습니다. 그러나 다 그렇지는 않습니다. 그래도 우리는 그들에게 가서 복음을 전해야 합니다. 저는 북한에 있는 우리 동포들 가운데도 예수님을 믿고 있는 분들이 있다고 믿습니다. 그 오랜 세월 동안 그토록 막강한 철의 정권 속에서 예수님을 버리지 않고 살아온 삶이 얼마나 힘들고 외로웠겠습니까? 한번 상상해 보십시오. 중국에서 전도하는 것도 쉽지 않습니다. 많은 제약과 핍박이 있습니다. 터키도 마찬가지입니다. 예수님을 전한다는 이유로 돌에 맞은 선교사도 있습니다. 복음을 전하는 곳에는 언제나 이렇게 돌로 치려는 사람들이 있는 것입니다. 항상 환영받지는 못하는 것입니다.

## 하나님의 동시다발적인 선교 전략

그러면 우리는 여기서 이런 질문을 하나 해 볼 수 있습니다. "그렇다면 꼭 이국땅까지 가서 이방인들에게 복음을 전해야 할 필요가 있습니까? 여기도 할 일이 많은데." 또 좀 배운 어떤 사람들, 특히 자유주의 신학을 공부한 사람들은 이렇게 말하기도 합니다. "선교는 일종의 종교 침략이요, 문화 침략이 아닌가? 역사를 보면, 그것을 빙자해서 정치적으로 약소국가를 식민지화했던 시대가 있었다." 또 어떤 인류학자들은 이렇게 말합니다. "모든 민족이 그들 고유의 방식대로 살고 그 나라의 전통을 따르는 것은 나쁜 것이 아니다. 그런데 왜 그리스도인들은 자꾸 가서 그들의 전통을 버리라고 하는가?"

그러나 복음을 전하는 것은 그런 차원이 아닙니다. 사도 바울의 경우도 그렇지 않았습니다. 우리가 타민족에게까지 가서 복음을 전하는 이유는 그들 고유의 전통이나 사회 또는 정치 문제를 건드리기 위해서가 아닙니다. 우리가 복음을 전하는 이유는 사도행전 4장 12절의 말씀처럼, 누구든지 예수 그리스도가 아니고서는 구원을 얻을 이름이 없기 때문에, 이것이 진리이기 때문에 가는 것입니다. 만일 예수를 믿지 않아도 선을 행해서 구원을 얻을 수 있다면, 왜 이렇게 생명을 걸고 모든 것을 포기하면서까지 전도하러 가겠습니까?

우리의 전도가 정복을 의미하지는 않습니다. 십자군의 최대 실수가 여기에 있었습니다. 우리는 다른 민족이나 다른 종교를 정복하러 가는 것이 아닙니다. 단지 예수 그리스도의 이름을 전하기 위해서 가는 것입니다. 오히려 그리스도인들은 정복하러 가는 사람들이 아니라, 순교하러 가는 사람들입니다.

이런 질문도 합니다. "자기 나라도 전도하기 바쁜데, 왜 꼭 타민족에게까지 가서 고생해야 합니까? 돈도 많이 들이고 죽음도 무릅쓰면서 꼭 그 먼 곳엘 가야 합니까?" "우리나라에도 얼마 안 되는 월급으로 사는 사람도 많고, 병든 목사님들도 많고, 몇 명 안 되는 성도들 데리고 비참하게 목회하는 분들도 많은데, 차라리 그 사람들이나 도와주지 왜 해외까지 가는 겁니까?" 들어 보면 설득력 있는 얘기들입니다. 그러나 사도 바울의 말을 들어 보면 그렇지가 않습니다. 사도 바울은 자신에 대해서 이렇게 설명했습니다. "나는 이방인을 구원하기 위하여 하나님이 택하신 그릇이다."

사도 바울이 얼마나 자기 민족을 구원하고 싶어 했는지는 로마서 9장을 보면 잘 알 수 있습니다. 그는 "내가 저주를 받아 그리스도에게서 끊어질지라도 내 민족, 내 백성이 구원받기를 원한다"(롬 9:3 참조)고 말할 정도로 자기 민족의 구원을 원했던 사람이었습니다. 그렇지만 그는 하나님이 그의 생애를 통해 다른 계획을 가지고 계시다는 사실을 알았습니다. 즉, 그는 하나님이 그의 민족을 구원하는 것은 다른 사람에게 맡기고 바울 자신은 이방인들을 위해서 택하셨다는 것을 알았던 것입니다. 그렇기 때문에 이방인을 향하여 걸어갔던 것입니다. 돌에 맞고, 죽을 뻔하고, 수없이 매를 맞고, 굶주리고, 때로는 사형 선고를 받는 위기와 고난을 겪으면서도 바울이 이처럼 생명을 걸고 타 문화권, 타 민족에게 가서 복음을 전했던 이유가 있었던 것입니다.

하나님은 국내 전도를 위해서는 베드로와 예루살렘교회를 택하셨습니다. 그렇게 예루살렘을 다 전도하고, 이스라엘 백성을 다 전도하고 난 다음에 이방인에게 보내신 것이 아니라, 그와 동시에 바울을 택하셔서 그를 이방인의 사도로 세우셨습니다. 또한 이를 위해 택함 받은 교회가 안디옥교회였습니다.

국내 선교를 마치고 해외 선교를 나가는 것이 아닙니다. 국내 선교가 시작됨과 동시에 해외 선교도 같이 이루어지는 것입니다. 만약 국내 선교를 다 마치고 가야 했다면, 우리나라는 아직도 복음을 받지 못했을 것입니다. 그러므로 국내 선교와 해외 선교를 동시에 하게 하신 것은 하나님 사랑의 또 다른 표현입니다.

모든 것을 희생하고 외국에서 사는 삶이 뭐 그리 좋겠습니까? 아무리 돈이 많아도 외국 생활은 외국 생활입니다. 더구나 선교사로서 자신의 고향과 가정과 친구들을 떠나 해외 전도를 하며 산다는 것이 결코 좋을 수만은 없는 일입니다. 때로는 더러운 것, 배고픈 것을 견뎌야 하고, 나그네처럼 살아야 하고, 외로움과 고달픔을 견뎌야 하는데, 이것을 누가 좋아서 할 것이며, 누가 하고 싶어서 하겠습니까? 그러나 왜 그렇게 해야 합니까? 바로 그것이 하나님의 명령이기 때문에 그렇습니다.

이런 맥락에서 오늘날의 교회들 중에도 예루살렘교회와 같은 부름을 받은 교회가 있고, 안디옥교회와 같은 부름을 받은 교회가 있다고 생각됩니다. 한국의 많은 교회들이 다 국내 선교를 위해서만 세워졌겠습니까? 그 많은 교회 중에 몇 곳쯤은 해외 선교를 위해 헌신하는 것이 무슨 잘못이 되겠습니까?

> 바울을 인도하는 사람들이 그를 데리고 아덴까지 이르러 그에게서 실라와 디모데를 자기에게로 속히 오게 하라는 명령을 받고 떠나니라(행 17:15).

너무나 상황이 급박해서 다른 동료들은 베뢰아에 남겨 두고 일단 바울만 배를 타고 아덴이란 도시로 피신했습니다. 그런 다음에 다시 자기 동료들을 데리고 오게 했습니다. 상황이 얼마나 급했는지를 알 수 있습니다. 그렇습니다. 이것이 바로 2차 전도 여행이었습니다. 이렇게 해서 복음이 전 세계에 전해지게 되었고, 이렇게 해서 성령의 역사가 나타나게 된 것입니다.

복음을 전한다는 것은 신나고 아름답고 감격스러운 일입니다. 하지만 동시에 대가를 치러야 하는 일입니다. 세상을 위해서 대가를 치르는 것은 억울한 일이겠지만, 하나님을 위해서 대가를 치르는 것은 고통 중에도 영광이 됩니다.

# 6

# 바울, 아덴에서 변론하다

사도행전 17:16-25

사도 바울은 아시아 지역을 미처 다 전도하지 못하고 유럽 지역으로 뛰어듭니다. 그리하여 빌립보, 데살로니가, 베뢰아를 거쳐서 이제 헬레니즘의 산실이요, 그리스의 문화와 예술과 철학의 요람이라 할 수 있는 아덴이라는 도시까지 다다르게 됩니다. 그가 어떻게 아덴까지 오게 되었습니까? 사실 성령이 아시아 전도를 막고 마게도냐 쪽으로 방향을 돌리게 하신 것은 바로 이 아덴 때문이라고 할 수 있습니다. 즉, 복음이 예루살렘에서 시작되어 거기에 머물지 않고 소아시아를 거쳐 유럽까지 오게 된 이유를 아덴에서 찾아볼 수 있습니다.

사도행전의 역사를 단계적으로 살펴보면 세 단계로 나눌 수 있습니다. 첫 번째 단계는, 예루살렘에서 복음의 역사(성령의 역사)가 시작되는 단계입니다. 하나님은 이때 베드로 사도를 세워서 유대와 사마리아 땅을 전도하게 하셨습니다. 이 단계에서 볼 수 있는 것은, 복음은 결코 한곳에 머물지 않는다는 것입니다. 이것은 교회의 속성이기도 합니다. 교회가 전통을 갖고 머물기 시작하면 그 본질을 잃어버리게 됩니다. 교회는 끊임없이 발전하고 변하고 생성하고 흩어져야 합니다. 교회가 내부적인 문제에만 관심을 갖기 시작하면 망하게 됩니다. 이것이 교회의 본질입니다.

두 번째 단계는, 안디옥을 중심으로 해서 성령의 역사가 소아시아 일대로 확산되는 과정입니다. 이때 하나님은 예루살렘교회에 박해를 주셨습니다. 우리는 박해나 고난을 받을 때 언제나 생각해 보아야 합니다. '왜 우리에게 이런 어려움과 고난이 있는가?' 사업이나 개인적인 일로 어려움을 겪을 때도 그것을 복음과 연관시켜 봐야 합니다.

세 번째 단계는, 소아시아에 성령의 역사가 일어나고 있는데도 하나님이 소아시아 전도를 막고 바울을 다른 곳으로 보내시는 단계입니다. 즉, 바울로 하여금 바다를 건너 마게도냐 쪽으로 가라고 말씀하시는 단계입니다. 이는 바울 자신은 물론 다른 누구도 이해할 수 없는 사건이었습니다. 그러나 그 일은 결국, 당시 세계의 중심인 그리스와 로마로 복음의 역사가 이어지게 하시려는 하나님의 계획 가운데 일어난 일이었습니다.

그리하여 이제 본문에 나왔듯이, 하나님은 바울로 하여금 그리스 땅을 밟게 하신 것입니다. 이 발걸음은 후에 로마까지 이어지게 됩니다. 이것이 하나님의 계획이요, 섭리였습니다. 그리스에서도 특히 아덴은 인류 역사상 매우 유명한 철학자들을 배출한 곳입니다. 소크라테스, 플라톤, 에피쿠로스, 제논, 아리스토텔레스의 고향이 바로 이곳입니다. 하나님은 이처럼 철학을 비롯하여 문화, 예술 방면에서도 최정상의 자리를 차지하고 있던 도시로 사도 바울을 보내신 것입니다.

# 최고의 도시, 아텐에 도착하다

> 바울이 아텐에서 그들을 기다리다가 그 성에 우상이 가득한 것을 보고 마음에 격분하여 회당에서는 유대인과 경건한 사람들과 또 장터에서는 날마다 만나는 사람들과 변론하니(행 17:16-17).

이 구절에서 우리는 두 가지 사실을 생각해 볼 수 있습니다. 첫째, 복음은 농촌과 어촌과 원주민들이 사는 미개 지역에만 들어간 것이 아니라는 사실입니다. 우리는 흔히 농어촌이나 가난하고 미개한 지역만 전도와 선교의 대상으로 생각하기 쉽습니다. 물론 그런 곳들도 중요합니다. 그러나 본문을 통해 생각해 볼 때, 복음은 대도시나 문화와 예술과 철학의 요람지에도 동일하게 전해져야 하는 것입니다. 그런 곳들도 선교와 전도가 이루어져야 하는 영역 중에 하나란 뜻입니다. 바울은 그리스에 오기 전까지만 해도 그런 생각을 하지 않았습니다. 그러나 그리스 아텐에 오면서부터 그의 생각은 바뀌었고, 로마까지 미쳤습니다. 거기서 눈을 뜬 것입니다.

요즘에는 농촌에 사람들이 별로 없습니다. 다 도시로 가기 때문입니다. 따라서 우리는 농촌 선교에도 관심을 가져야 하지만, 사람들이 많이 모여 있는 도시에도 심혈을 기울여 선교해야 합니다. 빈민화되고 범죄 소굴화되어 가는 도시들 속에, 혹은 예술과 문화가 집중되어 있는 도시들 속에 복음을 들고 가서 싸워야 합니다. 우리는 여기서 바로 이 사실을 배우게 됩니다.

이런 면에서 보면 복음 전도는 장소나 시간이나 사람의 제약을 받지 않습니다. 전 세계, 온 인류에게 해야 하는 것입니다. 때를 얻든지 못 얻든지, 인간적인 가치와 관념을 뛰어넘어 모든 곳에 전해야 하는 것입니다. 우리는 지금 복음이 없는 곳으로 복음을 가지고 들어가기를 원하고 있습니다. 그러나 이와 동시에, 이미 복음이 들어간 지역에서 전도하는 것도 매우 중요한 일입니다. 왜냐하면 복음이 다른 불순한 것들과 섞여 버린 경우가 많기 때문입니다. 또한 교회가 형식화되었거나 전통화되어 있기가 쉽기 때문입니다.

본문을 통해 생각할 수 있는 또 한 가지 사실은, 문화와 철학과 예술이 발달된 곳에는 우상과 미신이 많다는 점입니다. 이것은 역설입니다. 과학이 발달하면 미신이 없어질까요? 더 많아집니다. 예술이 고도로 발달된 곳에는 미신이나 우상이 없을까요? 그것도 아닙니다. 더 많습니다. 최고의 지성은 최고의 미신과 통하는 데가 있습니다. 일본에 가면 그런 것을 절실히 느끼게 됩니다. 그곳에서는 최고의 첨단 과학과 물질문명이 아주 놀랍게도 우상이나 미신과 절묘하게 만나고 있습니다. 유럽이나 미국을 봐도 비슷합니다. 선진국이라고 말하는 그들의 물질문명 속에는 많은 범죄와 도덕적 타락, 물질 숭배 사상, 뉴에이지 운동 및 사탄 숭배 등이 꽉 들어차 있습니다. 이것은 역설 중의 역설입니다. 아덴이 바로 그런 곳이었습니다.

사도 바울은 핍박 때문에 베뢰아를 떠나 아덴으로 왔습니다. 그는 그곳에서 동료들을 기다리고 있었습니다. 그때 사도 바울은 아덴이라는 도시를 돌아볼 시간을 가졌던 모양입니다. 그런데 돌아보면서 아주 기막힌 광경들을 보게 되었습니다. 그것은 온 성에 우상이 가득한 것이었습니다. 아덴에는 발달된 철학과 문화와 예술도 있었지만, 그것 못지않게 엄청난 우상과 미신이 뿌리내린 세계였습니다.

우리는 여기서 우상이나 미신은 미개한 자들의 전유물이 아니라, 타락한 모든 인류의 전유물임을 기억해야 합니다. 무식한 사람은 무식하게 표현하고, 유식한 사람은 유식하게 표현하는 차이가 있을 따름입니다. 하나님이 없는 인간에게는 두 가지 힘이 작용합니다. 자신의 힘 아니면 수많은 잡신이나 우상이나 미신의 힘입니다. 게다가 물질, 권력, 과학, 문화, 예술, 철학 등이 고도로 농축되고 발전된 곳일수록 하나님을 더 멀리하고, 오히려 미신과 우상을 더 많이 섬기는 것을 볼 수 있습니다.

제가 군대에 있을 때 병원의 병리실에서 근무한 적이 있습니다. 그곳에서 여러 가지 의료 장비를 가지고 실험을 하는데, 가끔 최신 장비가 들어오면 돼지 머리 하나 갖다 놓고 고사를 지냅니다. 그것으로 수술 잘하고 사고 없게 해 달라는 것입니다. 최첨단 장비를 갖다 놓고 이 얼마나 우스운 행동입니까? 더 우스운 것은, 비행기를 앞에 놓고 고사를 지내는 것입니다. 최첨단 컴퓨터, 최첨단 기술, 최첨단 학문을 놓고 고사를 지내는 것이 인간입니다.

해외의 고대 유적지들을 방문해 보면 얼마나 많은 우상과 미신이 존재했는지를 알 수 있습니다. 바울 역시 아덴에서 이런 모습을 보았습니다.


## 가득한 우상을 보고 격분하다

이것을 본 사도 바울의 반응은 두 가지였습니다. 첫 번째는, 분노였습니다. 그는 마음에 분노를 느꼈습니다. 문화적 가치나 예술적 가치나 건축물에 대한 아름다움을 느끼기는커녕 굉장한 분노가 일었습니다. 이는 죄에 대한 분노요, 우상에 대한 분노요, 사탄에 대한 분노였습니다.

당신은 이러한 거룩한 분노를 느껴 본 일이 있습니까? 마귀가 역사하는 것에 대해서, 마귀가 교활하게 조종하는 것에 대해서 분한 마음에 가슴을 쳐 본 일이 있습니까? 우리는 진짜 분노는 못 내면서 쓸데없는 분노는 잘 냅니다. 저는 바티칸의 예술 작품을 보면서 그것들이 우상 같다는 생각을 많이 했습니다. 인간은 하나님의 이름, 기독교의 이름으로도 우상을 만들었다는 생각이 들었습니다.

바울이 살던 당시 아덴이라는 도시에는 2만 5천 개 내지 3만 개에 달하는 우상들이 있었다고 합니다. 이 얼마나 많은 숫자입니까.

파르테논 신전만 해도 3만 개의 우상이 있었다고 합니다. 바울은 그런 우상들을 보면서, 그들의 죄를 보면서 영적 분노를 느낀 것입니다.

왜 이 땅에는 죄가 없어지지 않는가? 그것은 죄를 보면서도, 사탄의 역사를 보면서도 우리가 분노하지 않기 때문입니다. 그런 것들을 보면서도 과학 또는 문화의 한 현상 정도로 해석하고 적당하게 넘어가기 때문입니다. 사탄이 얼마나 교활한지 모릅니다. 사탄은 우리의 그런 태도를 이용해서 자신의 목적을 성취합니다.

바울이 보인 두 번째 반응은, 복음을 선포하는 것이었습니다. 그는 두 곳에서 복음을 선포합니다. 한곳은 유대인의 회당입니다. 그는 그곳에서 유대인들과 경건한 지성인들을 상대로 복음을 변증합니다. 또 한곳은 사람들이 아무렇게나 사는 시장입니다. 그는 그곳에서 만난 상인이나 대중들에게 복음을 변증했습니다.

## 세상 철학과 다른 복음

어떤 에피쿠로스와 스토아 철학자들도 바울과 쟁론할새 어떤 사람은 이르되 이 말쟁이가 무슨 말을 하고자 하느냐 하고 어떤 사람은 이르되 이방 신들을 전하는 사람인가보다 하니 이는 바울이 예수와 부활을 전하기 때문이러라(행 17:18).

그 당시 아덴 사람들은 매우 철학적이었습니다. 특히 두 철학 학파가 그 도시를 지배하고 있었는데, 하나는 에피쿠로스학파이고 또 다른 하나는 스토아학파입니다. 에피쿠로스학파는 무신론적 사상을 가지고 있으며, 인생 최고의 목적을 쾌락과 행복의 추구로 보는 사람들이었습니다. 그들은 신을 인간과 상관없는 존재로 생각했습니다. 반면 스토아학파는 범신론적인 생각을 가지고 있는 사람들이었습니다.

이 두 부류의 철학자들은 바울의 변론에 비상한 관심을 가졌습니다. 바울의 이야기는 그들에게 매우 새로운 것이었기 때문입니다. 바울의 변론에는 그들의 철학에서는 전혀 볼 수 없었던 새로운 신관과 인생관과 역사관이 담겨 있었습니다. 또한 가만 들어 보니 바울이 이상한 이론을 전개하는데, 그것이 그들 생각으로는 이단 같기도 하고 이방의 신을 전하는 것 같기도 하고, 그래서 호기심을 가졌습니다.

바울의 이야기를 들은 어떤 이들은 바울을 향해서 '수다쟁이, 말쟁이'라고 말하기도 했습니다. 그들이 그렇게 말한 것은 두 가지 이유 때문입니다. 그 두 가지란, 바울이 예수님에 대해서 말한 것과 몸의 부활을 전한 것입니다. 그렇다면 바울이 예수님에 대해서 무슨 말을 했기에 그러했겠습니까? 그분이 사람이라고 말했겠습니까? 아닙니다. 하나님이라고 말했을 것입니다. 또 예수님을 하나님의 아들이라고도 소개했을 것입니다. 그들의 신관과 그들의 역사관으로 볼 때, 이러한 얘기는 도대체 앞뒤가 안 맞는 이상한 얘기였습니다. 게다가 또 한 가지, 예수가 하나님이면서 하나님의 아들이라는 사실도 이상한데, 몸의 부활을 말하는 것이었습니다. 즉, 예수가 죽었다가 다시 살아났다는 것입니다. 어떻게 죽은 자가 다시 살아납니까? 그들의 세계관으로는 도저히 이해할 수 없는 일이었습니다. 그래서 바울을 말쟁이라 했고, 또 그와 격렬한 논쟁을 하게 된 것입니다.

우리는 여기서 또 한 가지 사실을 배우게 되는데, 그것은 복음이 세상의 철학 또는 종교와 견해를 전혀 달리한다는 사실입니다. 세상의 많은 종교와 철학은 우리가 자기들과 비슷해지기를 원합니다. 그리고 그들은 이렇게 말합니다. "너희 종교에만 구원이 있다고 하지 말고, 불교에도 구원이 있고 다른 데도 구원이 있다는 것을 인정해라. 그래야 서로 좀 비슷해지지 않겠냐?" 이것이 세상의 철학과 세상 종교가 기독교에 요구하는 것입니다. 서로 비슷해지자는 것입니다. 그래서 착한 일을 하자, 좋은 일을 하자, 휴머니즘을 갖자는 쪽으로 치우치도록 기독교를 유도합니다. 또 기독교가 그렇게 되기를 강요합니다. '기독교는 휴머니즘이다, 기독교는 선을 행하는 종교다, 기독교는 사회 발전을 위하는 유익한 종교다.' 이 정도 선에서 기독교를 얘기하자는 것입니다. 제가 텔레비전 방송국 연출자들과 가끔 충돌하는 것이 이 부분입니다. 그들은 보통 사람들이 듣기에 특이한 얘기는 하지 말고, 보통 사람들이 듣기에 좋은 얘기만 해 달라고 주문합니다. 그런 얘기만 할 거면 제가 거기에 뭐 하러 나갑니까? 왜 우리가 생명을 걸고 예수님을 전하는 것입니까?

우리는 분명 세상적으로 살지 않도록 주의해야 합니다. 세상과 우리는 엄연히 다릅니다. 같을 수가 없습니다. 사람의 철학과 종교와 방법에는 구원이 없습니다. 인간이 만든 종교와 철학 속에 어찌 인간에 대한 구원이 있을 수 있습니까? 그건 불가능합니다. 구원은 하나님으로부터 오는 것이지, 인간으로부터 오는 것이 아닙니다. 구원은 내가 만드는 것이 아닙니다. 구원은 밖으로부터 와야 합니다. 내가 잘하는 것으로는 구원받을 수 없습니다. 그렇지 않다면 하나님이 필요 없고, 구원도 필요 없게 됩니다.


## 아레오바고에서 전도하다

이제 바울의 이야기를 듣던 사람들이 바울을 아레오바고로 데려갑니다.

> 그를 붙들어 아레오바고로 가며 말하기를 네가 말하는 이 새로운 가르침이 무엇인지 우리가 알 수 있겠느냐 네가 어떤 이상한 것을 우리 귀에 들려주니 그 무슨 뜻인지 알고자 하노라 하니 (행 17:19-20).

지금도 파르테논 신전이 있는 지역을 아레오바고라고 합니다. '아레오 언덕'이라는 뜻입니다. 이곳은 그 당시 재판과 입법을 주관했던 의회의 모임 장소의 성격을 가지고 있습니다. 또한 그 당시 종교와 도덕을 논쟁하는 곳이기도 했습니다. 그들은 바울을 이곳으로 데려와 '네가 주장하는 것이 무엇이냐'고 묻습니다.

모든 아덴 사람과 거기서 나그네 된 외국인들이 가장 새로운 것을 말하고 듣는 것 이외에는 달리 시간을 쓰지 않음이더라(행 17:21).

이 말씀에는 아덴이라는 도시, 또한 아덴으로 대표되는 모든 메트로폴리탄의 성격이 하나 드러납니다. 그것은 현대의 뉴욕이나 도쿄나 파리나 서울이나 다 마찬가지입니다. 그런 대도시 사람들이 가지고 있는 공통적인 특징 가운데 하나는, 이상한 것에 관심이 많다는 것입니다. 진리에 대한 관심이 아니라 특이한 것, 이상한 것에 관심이 많습니다. 아덴 사람들은 특히 새로운 것에 관심이 많았습니다. 유행에 민감했다고 볼 수 있습니다. 대도시가 다 그렇습니다. 항상 새로운 유행이 등장합니다. 머리 모양도 그렇고, 화장법이나 화장품도 그렇고, 옷 디자인이나 구두도 그렇습니다. 새것을 제시하지 못하면 도시의 삶을 살지 못하는 것입니다.

이런 모습이 바로 인간의 현실입니다. 그러나 이렇듯 항상 새로운 것을 찾고 첨단 유행을 좋아하는 것은 사람들의 마음이 허하다는 증거입니다. 마음이 꽉 차 있는 사람은 그렇지 않습니다. 허하기 때문에 이래도 만족을 못 하고, 저래도 만족을 못 합니다. 사람들이 자꾸 새것, 색다른 것을 찾는 이유가 여기에 있습니다.

아덴 사람들에게는 바울이 전하는 하나님도 그러한 새것들 중하나였습니다. 유일하신 참신 하나님이 아니라, 새로운 귀신이 온 것 같으니 한번 알아보자는 것입니다. 이게 다 마음이 허해서 그런 것입니다. 그런 사람들은 변덕도 잘 부립니다. 그러나 마음이 꽉 찬 사람들은 이런 변덕이 없습니다. 오히려 옛날 것을 좋아합니다. 책도 그렇고 책상도 그렇고 손때 묻은 것을 좋아합니다. 무조건 새 것을 좋아하는 사람들은 무엇이든 자꾸 바꿉니다. 그런데 마음에 오래가는 것이 없다 보니 좌절감도 심합니다.

바울은 이런 기회를 놓치지 않았습니다. 아덴 사람들의 속성을 안 바울은 적극적으로 복음을 전합니다. 이것이 22-31절의 내용입니다.

바울이 아레오바고 가운데 서서 말하되 아덴 사람들아 너희를 보니 범사에 종교심이 많도다(행 17:22).

바울의 시작이 참 놀랍습니다. 바울은 참으로 난사람입니다. 그는 유대인의 회당에서 유대인들을 전도할 때는 절대 이런 식으로 접근하지 않았습니다. 구약에서부터 시작했습니다. "너희들의 조상이, 너희들의 율법이…." 그렇게 유대인들을 꼼짝 못 하게 하고 전도했습니다. 그러나 아덴 사람들과 같은 무신론자들이나 범신론자들에게는 그런 방법을 쓰지 않았습니다. 우상과 미신을 섬기는 사람들에게 접근하는 방법은 달랐습니다. 이것은 우리가 전도할 때도 유의해야 할 점입니다.

바울은 이미 아덴에 있는 우상과 미신을 보고 마음에 분노가 일었습니다. 그러나 그걸 표현하지는 않았습니다. 그는 분명 얼굴에 웃음을 띠고 말문을 열었을 것입니다. 가장 먼저 이렇게 접근합니다. "아덴 사람들아 너희를 보니 범사에 종교심이 많도다." 이 말을 들은 아덴 사람들은 기분이 좋아졌을 것입니다. '아, 그래도 우리를 물질적 인간이 아니라 종교적 인간으로 보는구나.' 영적이고 정신적인 사람으로 봐 주니 얼마나 기분이 좋았겠습니까? 바울은 그러한 점, 즉 그들에게 종교성이 많은 것을 이용하여 복음을 전하기 시작했습니다.

우리가 전도할 때도 마찬가지입니다. 자신의 관심을 먼저 주장해서는 안 됩니다. 그 사람이 뭘 원하는지, 그 사람의 관심이 무엇인지를 파악하고 이야기해야 합니다. 대부분의 사람들은 자기 전공이나 직업에 관련된 주제에 관심이 많습니다. 그러므로 상대방의 전공에 관련된 주제로 이야기를 시작하면 좋습니다. 자기가 관심 있고 잘 아는 것에 대해 이야기하면 대부분의 사람들은 마음 문을 열기 때문입니다. 지금 바울은 종교성이 많다는 아덴 사람들의 특징을 잡아내고 그것을 시작으로 계속 이야기를 끌어 나갑니다.

> 내가 두루 다니며 너희가 위하는 것들을 보다가 알지 못하는 신에게라고 새긴 단도 보았으니 그런즉 너희가 알지 못하고 위하는 그것을 내가 너희에게 알게 하리라(행 17:23).

사실, 사도 바울은 그 많은 우상들을 보고 분노했습니다. 그런데 그것을 돌려서 이렇게 표현합니다. "내가 보니 이곳에 약 3만 개 정도의 신이 있는 것 같은데, 얼마나 많은 신들이 있는지, 이름을 짓다 지쳐서 아예 이름을 짓지 못하고 '알지 못하는 신'이라고 한 것을 보았습니다. 여러분들이 얼마나 종교성이 많고 신에 대한 생각이 많으면 이렇게 많은 신을 섬기겠습니까? 그러나 이제 여러분들이 알지 못한다고 한 그 신을 오늘 내가 알게 해 주겠습니다. 여러분들이 찾긴 찾는데 뭘 찾는지 모르고 있는 그 내용을 오늘 내가 가르쳐 주겠습니다." 이렇게 말해 놓고 그는 본격적으로 하나님에 대해서 말하기 시작합니다.


## 성경적 신관을 제시하다

우주와 그 가운데 있는 만물을 지으신 하나님께서는 천지의 주재시니 손으로 지은 전에 계시지 아니하시고(행 17:24).

사도 바울은 그들에게 맨 먼저 신관(神觀)부터 제시해 주어야 할 필요를 느꼈습니다. 그들은 워낙 다른 신관을 가지고 있었기 때문입니다. 유대인들이야 이미 바울이 말하고자 하는 신관을 가진 사람들입니다. 그래서 그것에 대해 다시 말할 필요가 없었습니다.

신관은 중요합니다. 신관은 인생관이나 역사관 등과 아주 밀접한 관계가 있기 때문입니다. 신관에 따라서 인생관, 역사관, 세계관이 달라집니다. 그러므로 바른 신관이 없이는 바른 인생관이 생길 수 없습니다. 바른 하나님에 대한 개념이 없이는 참된 행복의 가치를 알 수 없습니다. 그래서 하나님에 대한 생각은 관념적인 것 같지만 아주 실제적인 것에 영향을 미치는 것입니다.

바울은 하나님을 다섯 가지로 소개합니다.

## 우주 만물을 지으신 창조주

첫째, '하나님은 우주 만물을 지으신 창조주, 곧 우주와 그 가운데 있는 만물을 지으신 분'이라는 것입니다. 하나님에 대한 신앙 고백은 여기서부터 시작됩니다. '하나님은 역사와 우주와 지구와 인간을 창조한 창조주시다.' 이것이 신앙 고백의 출발인 것입니다.

지상에 있는 많은 무신론자나 범신론자나 회의론자나 불가지론자들은 하나님을 인정하지 않습니다. 그들은 하나님을 인정하지 않기 때문에 인간의 존재를 규명할 수 없습니다. 하나님을 인정하지 않으면 인간은 물질주의나 공산주의로 가게 되어 있습니다. 그것밖에는 길이 없기 때문입니다. 또한 허무주의로 가서 자살을 하거나 쾌락을 추구하기도 합니다. 그것이 하나님 없는 인간의 현실입니다.

얼마나 많은 사람들이 하나님을 인정하지 않으려고 애쓰는지 모릅니다. 그것은 마치 부모를 인정하지 않으려는 것과 다를 바 없는 모습입니다. 아무리 부모를 인정하지 않으려 해도 부모는 부모입니다. 마찬가지로 인간이 하나님을 부인한다고 해서 하나님이 없어지는 것은 아닙니다. 그것은 마치 손바닥으로 하늘을 가리려는 것과 같습니다. 니체는 하나님이 죽었다고 말했습니다. 그러나 니체가 그렇게 말했다고 해서 하나님이 죽으신 것은 아닙니다. 우리가 하나님을 무시한다고 하나님이 무시를 당하십니까? 우리가 하나님을 부인한다고 부인할 수 있습니까? 절대 그렇지 않습니다. 하나님이 우리에게 주시는 복이 없어질 뿐입니다. 우리는 하나님을 창조주로 믿어야 합니다.

## 천지의 주재

둘째, '하나님은 천지의 주재, 곧 인생과 우주와 역사를 창조하셨을 뿐만 아니라, 그것을 주관하고 섭리하고 통치하시는 분'이라는 것입니다. 사람들 중에는 신의 존재를 인정하긴 하는데, 이런 생각을 하는 사람들이 있습니다. '신이 있는 것 같긴 한데, 그러면 그 신은 누가 만들었을까? 그리고 그 신의 신은 누가 만들었을까?' 이런 문제를 가지고 끝없이 논쟁하는 것입니다. 그러다가 그렇게 생각하면 끝이 없으니까, 움직이지 않는 어떤 신이 하나 있는데 그가 모든 것을 만든 제일 근본된 것이라고 가정하자는 결론을 내립니다. 인간이 만든 철학이 바로 그런 것입니다.

그렇다면 과연 그런 존재를 참신이라고 할 수 있습니까? 그것은 단지 인간이 만든 개념에 불과한 것입니다. 그것은 인간이 철학적으로 유추하고 상상한 개념이지, 하나님이 아닙니다. 만약 인간이 하나님을 다 이해할 수 있다면 인간이 하나님이지, 하나님이 무슨 필요가 있겠습니까? 본질적으로 인간은 하나님을 다 이해할 수 없습니다. 하나님이 보여 주신 것만큼만 알 수 있습니다. 개가 어떻게 주인의 마음을 다 알겠습니까? 개는 밥 주고 쓰다듬어 주고 목욕시켜 주는 정도의 범위 안에서만 주인을 압니다. 개가 가진 지능의 수준에서만 주인을 아는 것입니다. 마찬가지로 인간의 수준으로는 하나님의 존재를 증명할 수 없습니다.

다시 말하건대, 하나님은 창조주이실 뿐 아니라 우주 만물을 주관하시는 분이십니다. 인생을 구경만 하거나 방관하시는 분이 아니라, 인생을 주관하고 역사를 운행하고 통치하는 주재자이십니다.

## 손으로 지은 전에 계시지 않는 분

셋째, '하나님은 손으로 지은 전에 계시지 않는다'는 것입니다. 이는 우상과 아주 대조적인 특징입니다. 우상은 사람이 만들었습니다. 사람들은 그것을 신이라고 만들어 놓고 예술품이라고도 이야기합니다. 인간이 얼마나 어리석습니까? 가만 보면 우리 주위에도 그런 사람이 많습니다. 물을 떠 놓고 거기에 소원을 빕니다. 인간의 손으로 조각해 놓고 그것을 하나님이라고 말하면서 기도하고, 인간의 손으로 그려 놓은 부적을 하나님같이 의지합니다. 그러나 바울은 말합니다. 하나님은 인생이 아니기 때문에 절대로 사람이 지은 어떤 물건에 살지 않으신다고 말입니다.

교회에 올 때 착각하지 마십시오. 하나님은 여기에만 계시고 저기에는 안 계신 분이 아닙니다. 하나님의 교회는 거룩하고 우리 집은 거룩하지 않다고 생각하지 않기를 바랍니다. 당신의 집도 거룩합니다. 우리 교회도 거룩합니다. 하나님은 사람이 만들어 놓은 어떤 건물에서 "에헴" 하고 계신 분이 아니라는 것입니다.

## 사람의 손으로 섬김을 받지 않으시는 분

넷째, '하나님은 무엇이 부족해서 사람의 손으로 섬김을 받으시는 것이 아니다'라고 소개합니다. 즉, 하나님은 사람이 드리는 헌금이나 제물을 받아먹고 사시는 분이 아니라는 말입니다. 그러나 세상 사람들이 믿는 거짓 신들은 다 그렇습니다. 그래서 제사를 드리는 것입니다. 참된 예배는 이런 마음으로 드리는 우상에 대한 제사와 차이가 있습니다.

그런데 오늘날에는 교회도 우상 숭배를 닮아 가 그렇게 예배를 드리는 사람이 많습니다. 얼마나 잘못된 것인지 모릅니다. 하나님에게 동냥하듯 예배드리지 않기를 바랍니다. 어떤 사람은 자신이 나서서 하나님을 도우려고 합니다. 이것은 오만한 생각입니다. 어떻게 인간이 하나님을 도울 수 있겠습니까? 우리가 교회에 다니는 것이, 헌금을 하는 것이 하나님을 도와드리는 것 같습니까? 절대 아닙니다.

## 만민에게 생명과 호흡과 만물을 주시는 분

다섯째, '하나님은 모든 인류에게 생명과 호흡을 주시며, 인간이 필요한 모든 것을 친히 공급해 주시는 분'이라고 소개합니다.

바울은 이렇게 다섯 가지로 하나님을 소개했습니다. 이 내용들은 생각해 볼수록 깊은 말입니다. 에피쿠로스나 스토아 철학에 젖어 있던 사람들에게는 바울이 소개한 하나님이 아주 새롭고 신비한 대상이었습니다.

당신은 어떻습니까? 평소에 하나님을 이렇게 생각하고 믿었습니까? 하나님을 정말 살아 계신 분으로, 우주를 창조하고 다스리고 보존하시는 분으로 믿었습니까? 그분은 우리를 사랑하셔서 독생자 예수 그리스도를 세상에 보내시고, 그로 하여금 우리 죄를 대신해 죽게 하신 사랑의 하나님, 행동하는 하나님, 긍휼이 끝없는 그런 하나님이십니다. 그분은 모든 사람이 구원받기를 원하시고, 우리에게 성령님을 보내 주시고, 이 세상에서 우리가 승리하는 삶을 살도록 하셨습니다. 그리고 지금도 우리를 통치하고 역사하십니다. 당신은 하나님이 이런 분이심을 믿고 있습니까? 그렇게 믿게 되기를 바랍니다.

하나님을 아는 데 그치지 마십시오. 직접 체험하십시오. 하나님은 우리 기도와 믿음의 대상일 뿐만 아니라, 우리의 사랑의 대상이요, 체험의 대상이며, 관계의 대상입니다. 살아 역사하시는 창조주하나님, 우리에게 생명과 호흡과 독생자 예수 그리스도까지 아낌없이 주셨던 그 하나님을 지금 당신의 믿음 속에서 경험할 수 있게되기를 바랍니다.

7

# 참신이신 하나님을
# 소개하는 바울

사도행전 17:26-34

앞선 장에서 우리는 사도 바울이 아덴의 중심지인 아레오바고에서 설교한 내용을 살펴보았습니다. 그때 바울의 설교를 들은 아덴 사람들 대부분은 무신론자거나 범신론자였습니다. 그리고 그들에게는 올바른 신관이 없었습니다. 그래서 바울은 아덴 사람들에게 먼저 성경적인 신관을 설명해 주어야 했습니다.

아덴에는 하나님이 없다고 생각하는 철학이 있었습니다. 그리고 모든 것이 하나님이라는 범신론적 종교도 있었습니다. 그들은 많은 잡신을 섬겼고, 많은 우상을 숭배하고 있었습니다. 우상이 얼마나 많은지, '알지 못하는 신에게'라고 새긴 단도 있었다고 성경은 기록합니다. 사도 바울은 종교심은 많지만 하나님을 모르는 아덴 사람들에게 참하나님, 우주를 창조하고 역사와 인간을 만드신 하나님 그리고 그것들을 통치하고 지배하시는 살아 계신 하나님을 소개하기 시작했습니다.

## 하나님은 어떤 분이신가

앞 장에서 살펴본 대로, 바울은 하나님을 다섯 가지로 소개한 후 그분에 대해 좀 더 자세히 설명해 주었습니다.

인류의 모든 족속을 한 혈통으로 만드사 온 땅에 살게 하시고 그들의 연대를 정하시며 거주의 경계를 한정하셨으니 이는 사람으로 혹 하나님을 더듬어 찾아 발견하게 하려 하심이로되 그는 우리 각 사람에게서 멀리 계시지 아니하도다(행 17:26-27).

## 인류를 한 혈통으로 만드시다

첫째, 하나님은 인류의 모든 족속을 한 혈통으로 만드셨습니다. 지금은 많은 혈통이 있습니다. 많은 족속이 있습니다. 하지만 원래는 한 혈통이었다고 바울은 말합니다. 인간은 처음부터 이렇게 다양한 언어와 문화를 가지고 있지 않았습니다. 하나의 언어와 문화를 가지고 있었습니다. 그러나 인간이 죄를 지음으로 말미암아 많은 언어와 문화, 많은 족속과 혈통이 생겼습니다. 그리고 서로 다른 혈통과 족속이 싸우며 물고 뜯는 비극이 일어나게 되었습니다.

이런 여러 혈통과 족속과 문화들을 보면서 사람들은 하나님을 느끼지 못하게 되었습니다. '하나님이 사람을 만드셨다면 왜 이런 실수를 하셨을까?'라고 생각하면서 오히려 인간의 죄를 하나님의 실수로 돌리며 하나님을 거부하는 현상까지 나타났습니다. 이는 대부분의 인간이 하나님을 마음에 두기 싫어하기 때문에 모든 죄를 하나님에게 뒤집어씌우려고 하는 것입니다. 이것은 죄 중의 죄입니다. 인간은 이렇게 하나님을 믿으려 하지 않았던 것입니다.

## 창조하신 인류를 온 땅에 살게 하시다

둘째, 하나님은 당신이 창조한 인간을 땅에 거하게 하셨습니다. 인간에게 땅을 주셨다는 것입니다. 아담과 하와를 만드신 하나님은 그들을 위해 에덴에 동산을 창설하셨습니다. 만드신 사람들을 거기에 두시고 그곳에서 당신의 복을 누리며 동행하고 교제하며 살도록 하셨습니다. 그곳에 있는 모든 열매를 먹으며 모든 자연을 누리도록 하셨습니다. 그리고 그들에게 말씀하셨습니다. "생육하고 번성하여 땅에 충만하라"(창 1:28). 이것이 바로 인간에게 주신 하나님의 축복입니다.

그러나 죄가 들어온 후에 이 복된 땅은 저주의 땅으로 변했습니다. 열매 대신에 엉경퀴와 가시를 내기 시작했습니다. 남자는 땀을 흘려야 먹고살 수 있게 되었고, 환경은 오염이 되어 인간이 살기 어려운 땅이 되었습니다. 태초에 하나님은 복된 동산을 만드셨지만, 인간이 죄를 지음으로 말미암아 그 땅을 지옥으로 만들어 버린 것입니다. 그래서 땅을 보면서, 세상을 보면서 사람들은 "하나님이 어디 계시냐?"라고 말하게 된 것입니다.

우리는 환경오염에 대해 많은 말들을 합니다. 하지만 성경적으로 볼 때 환경오염 문제를 해결할 수 있는 진정하고도 유일한 방법은, 하나님에게로 돌아가는 것입니다. 환경오염은 하나님을 저버린 인간의 죄와 욕심에서 온 것이기 때문입니다. 이 죄와 욕심의 문제를 해결하지 않으면 환경 문제나 땅 문제는 해결되지 않습니다.

## 시간과 공간을 허락하시다

셋째, 하나님은 인간의 연대를 정하고 거주의 경계를 한정하셨습니다. 그런데 이 말씀이 참 흥미롭습니다. 이는 하나님이 인간에게 역사를 주셨다는 뜻입니다. 그리고 시간이라는 연대와 공간이라는 장소를 주셨다는 뜻입니다. 하나님은 인간이 이 시간과 공간 속에서 씨줄과 날줄처럼 서로 교제하며 복되게 살 수 있도록 만드셨습니다.

하나님은 인간과 우주를 만들고 난 후 그냥 팽개쳐 두지 않으셨습니다. 간혹 자식을 낳고 팽개치는 부모가 있습니다. 그러나 진정한 부모는 낳은 자식을 끝까지 책임집니다. 우리 하나님이 바로 그런 분이십니다. 하나님은 당신이 창조한 모든 것을 보호하고 사랑하고 지켜 주시는 분입니다.

이렇듯 하나님은 역사 속에 거하시는 분입니다. 하나님은 역사와 시간과 공간을 초월하는 분이지만, 인간에게 역사와 시간을 주고 그곳에 함께 계십니다. 하나님과 인간은 본질적으로 다른 존재지만, 인간과 함께 공존하시는 것입니다. 그렇기에 하나님 없는 인간이 없고, 인간 없는 하나님 또한 없습니다.

그러므로 인간의 본질이나 인간이 당면한 모든 문제를 이야기할 때, 하나님을 빼고서는 이야기할 수 없습니다. 인간은 하나님으로부터 지음 받은 존재이기 때문에 자기 근거를, 자기의 뿌리를, 자기의 근원 되신 하나님을 빼고서는 이해할 수 없는 것입니다. 그것은 한 인간이 부모와 관계가 나빠졌다고 해서 부모의 존재를 부정할 수 없는 것과 마찬가지입니다. 또한 부모를 거부하고서는 그 자신을 설명할 수 없는 것과 같은 것입니다. 어떤 인간도 자기 부모를 배척하고서는 행복해질 수 없습니다. 이와 마찬가지로 어떤 인간도, 어떤 철학이나 문학도, 어떤 역사도 하나님을 빼고서는 행복해지거나 올바로 될 수 없습니다.

## 각 사람에게서 멀리 있지 않으시다

넷째, 하나님은 우리 각 사람과 가까이에 계십니다. 하나님은 인간과 아무 상관없는 분이 아니십니다. 그리스, 로마의 철학이나 다른 모든 철학은 하나님을 어떤 초월적 존재로만 생각합니다. 그들의 하나님은 '거기' 계신 하나님입니다. 그러나 우리 하나님은 '여기' 계십니다. 'There'가 아니라 'here'입니다. 또한 하나님은 과거에만 존재하신 분이 아니라 현재에도 존재하시며, 지금 나와 상관하시는 분입니다. 하나님은 철학이 아닙니다. 하나님은 어떤 종교나 관념이 아닙니다. 그분은 실재입니다. 우리가 이렇게 밥을 먹고 이야기를 하고 아기를 낳고 살아가는 것처럼, 하나님도 실재하는 분이십니다. 이렇게 실재하는 하나님은 사람으로 하여금 하나님을 더듬어 찾아 발견하도록 인도하시며, 사람 가까이에 계시면서 사람과 교제하십니다.

이는 사람으로 혹 하나님을 더듬어 찾아 발견하게 하려 하심이로되 그는 우리 각 사람에게서 멀리 계시지 아니하도다(행 17:27).

어떤 사람들은 교회에 다니면서도, 예수님을 믿으면서도 하나님은 '저기' 계시는 분이라고 말합니다. 그리고 하나님을 무서워하고 두려워하며 하나님 앞에서 겁을 먹습니다. 하나님을 절대자, 권능자, 통치자, 아무하고나 상관하시는 분이 아니라고 생각합니다. 그런 사람에게는 찬양이 있을 수 없습니다. 멀리, 무섭게, 저기 계신 분을 어떻게 찬양할 수 있겠습니까?

그러나 하나님은 여기에, 우리 안에 계십니다. 우리와 동행하고 교제하며 사랑과 복을 주십니다. 그리고 우리의 일거수일투족, 머리털 하나까지도 다 세실 정도로 우리를 잘 아십니다. 그래서 우리는 그분을 찬양하고 경배하며, 그분과 대화하며, 그분에게 기도를 드리는 것입니다. 그분은 우리가 기도할 때 그 기도를 다 듣고 응답하십니다. 그런 분이 우리 하나님이십니다.

## 하나님이 창조주이심을 기억하라

이렇게 하나님을 설명하고 난 바울은, 그러면 하나님 앞에서 인간은 어떤 존재이며, 인간은 하나님과 어떻게 관계를 가져야 하는가에 대해서 설명합니다.

우리가 그를 힘입어 살며 기동하며 존재하느니라 너희 시인 중 어떤 사람들의 말과 같이 우리가 그의 소생이라 하니(행 17:28).

그렇습니다. 인간은 하나님으로부터 창조되었기 때문에, 하나님 안에서 그분으로부터 생명을 받아야 합니다. 이는 마치 태 안에 있는 아이의 생명이 어머니와 연결된 탯줄을 통해서 유지되고 자라는 것과 같습니다. 인간은 하나님으로부터 생명을 받고 그분을 통해 자라나는 존재라는 사실을 우리는 인정해야 합니다.

그러므로 우리 인생은 사실 우리의 것이 아닙니다. 하지만 많은 사람들은 자기 인생이 자기 것인 양 착각을 하며 삽니다. 그래서 "내 인생은 내 것이다. 왜 간섭하느냐?"고 합니다. 부모와 자녀의 싸움이 무엇 때문에 일어납니까? 내 인생에 엄마, 아빠가 왜 간섭하느냐는 식으로 나오기 때문에 생기는 것 아닙니까? 이것은 잘못된 것입니다. 자녀는 스스로 존재할 수 없습니다. 자녀는 어머니로부터 영양분을 받아먹고 자랍니다. 인간도 하나님으로부터 생명을 먹고 자라는 것입니다.

인생은 길어야 100년입니다. 만약 생명이 우리 것이라면, 인생이 우리 것이라면 우리는 영원히 살아야 할 것입니다. 그리고 영원히 사는 사람에게는 구원이 필요 없습니다. 영원히 사는데 무슨 구원이 필요하겠습니까? 하지만 우리는 구원을 갈망합니다. 왜 우리는 구원에 목말라합니까? 왜 우리 인생은 그렇게 고독하고 외롭습니까? 왜 우리 인생은 그렇게 병들고 힘든 것입니까? 이유는 간단합니다. 우리 인생은 우리 것이 아니기 때문입니다. 우리 인생은 하나님으로부터 온 것입니다. 모체와 연결된 탯줄을 통해 생명을 키워 가는 태아처럼, 인간은 하나님의 생명을 먹고 자라야 하기 때문입니다.

태양의 존재와 해택을 거부하면 모든 동식물과 사람은 죽습니다. 어떤 어리석은 사람이 땅속이나 굴속으로 들어가서 말합니다. "태양은 존재하지 않는다. 봐라, 어디에 태양이 있는가?" 그러나 그가 태양을 거부하고 그 존재를 믿지 않는다고 해서 태양이 없어지는 것은 아닙니다. 그에게 태양의 해택만 없어질 뿐입니다. 그가 그 혜택을 거부하면, 그는 결국 죽고 맙니다. 그는 겸손하게 밖으로 나와서 태양의 존재를 인정하고 태양으로부터 따뜻한 기운을, 그 혜택을 받아야 합니다.

어리석은 인간들은 하나님이 없다고 말합니다. 하나님을 믿느니 내 주먹을 믿겠다고 말합니다. 하나님 대신에 자기의 이성과 지성과 젊음을 얘기합니다. 참으로 어리석은 말이 아닐 수 없습니다. 성경은 하나님이 없다고 하는 사람을 가리켜 어리석은 자라고 기록합니다. 하나님을 인정해야 합니다. 우리는 하나님으로부터 온 존재이며, 하나님을 위해 사는 존재이며, 하나님에게로 돌아가는 존재입니다. 하나님과 분리해서 생각할 수 없는 것이 바로 인간의 바른 모습입니다.

본문 28절은 인간이 '하나님을 힘입어 살며 기동하는 존재'라고 했습니다. 그러고 나서 바울은 그 당시 어떤 시인의 시를 인용한 것 같습니다. 그 시인은 성경의 하나님을 믿거나 예수님을 믿는 사람은 아니었지만, 어떤 영적 통찰력이 있어서 이런 말을 한 것 같습니다. "인간은 신의 소생이다. 인간이란 신으로부터 나온 존재다." 바울은 이 말을 인용해서, "너희들의 시에서도 그렇게 말하지 않느냐?" 하며 인간이라는 존재에 대해서 설명하고 있는 것입니다. 그렇습니다. 인간의 인간 됨은 하나님 안에 있을 때만 가능합니다. 하나님을 벗어나고 무시하고 거부하는 인간에게는 저주와 지옥이 있을 뿐입니다.

> 이와 같이 하나님의 소생이 되었은즉 하나님을 금이나 은이나 돌에다 사람의 기술과 고안으로 새긴 것들과 같이 여길 것이 아니니라(행 17:29).

그렇습니다. 우리가 하나님으로부터 온 존재라면, 우리는 우연히 태어난 존재도 아니요, 버러지 같은 존재도 아니요, 짐승 같은 존재도 아닙니다. 짐승이 하나님 경외하는 것을 본 적이 있습니까? 인간만이 하나님을 경외할 수 있습니다. 그러나 하나님을 예배하고 경외하지 않는 인간은 짐승과 같은 것입니다.

우리가 자녀의 배우자나 자신의 배우자를 고를 때 염두에 두어야 할 두 가지가 있습니다. 하나는, 그가 부모를 공경하는 사람인가 하는 점입니다. 사람으로 태어나서 자기 부모를 공경하지 않는다면 문제가 심각합니다. 부모를 인정하고 존경하는 사람이어야 합니다. 자기 근거를, 자기를 낳아 주신 분을 인정하지 않는 사람은 그가 얼마나 공부했든, 얼마나 많은 돈을 가지고 있든 좋은 사람이 아닙니다. 또 하나는, 그가 하나님을 경외하는 사람인가 하는 점입니다. 이 두 가지만 있으면 나머지는 좀 모자라도 별문제가 없습니다. 하나님을 경외하고, 자기를 낳아 준 부모를 존경하고 모실 줄 알면 그는 인간으로서의 기본 틀이 잡힌 것입니다.

우리는 하나님으로부터 온 사람들입니다. 그렇다면 우리가 섬기는 하나님을 결코 금이나 은이나 돌에다가 사람의 기술과 고안으로 새긴 것들과 같이 여겨서는 안 됩니다. 이것이 바울이 말하고자 하는 핵심입니다. 우리는 하나님을 내 손안에 가지고 싶어 하는 경향이 있습니다. 부적 같은 것을 가지고 재수를 좋게 만든다고 하는 것, 마스코트니 뭐니 해서 액운을 피한다고 하는 것들이 다 그런 예입니다. 인간이 얼마나 어리석은지 모릅니다. 금이나 은이나 돌에다가 인간의 기술이나 예술적 기능을 가지고 창조적인 디자인을 넣어서 뭔가를 새깁니다. 그러고는 그것을 들고 다니면서 그것이 자기를 보호해 준다고 생각합니다. 그것을 신이라고 말하지는 않지만, 마치 신인 양 여기는 것입니다. 이런 것을 가리켜 우상이라고 말합니다.

어떤 사람들은 그런 것들을 예술 작품이라고 말하지만, 예술이라는 이름으로 귀신이 역사하고 우상 숭배가 들어올 수도 있으며, 물질이 우리를 지배할 수도 있습니다. 그러므로 이를 조심해야 합니다. 하나님을 섬기기보다 정교하고 세련된 장신구나 가지고 다니면서 그것으로 만족해하는 사람은 미신에 속고 있는 것입니다.

많은 아덴 사람들 속에는 이런 허망한 생각들이 있었습니다. 그러나 우리는 절대 금이나 은이나 돌에 사람의 기술과 고안으로 신을 새겨 넣어서는 안 됩니다. 창조주이신 하나님은 인간이 만든 그런 조각 속에 계시는 분이 아닙니다.

"우리 하나님은 그보다 뛰어난 분이시다. 너희가 만든 집에 하나님이 거하실 것 같으냐? 거기에 제한되는 분이실 것 같으냐? 그렇지 않다. 하나님은 교회 안에만 계시는 분이냐? 그렇지 않다. 교회 밖은 물론, 자연과 우주 어디에나 계시는 분이다. 하나님이 우주의 주인이고 통치자이신데, 어떻게 네가 만든 건물 안에, 네가 바친 제물 안에만 계시기를 바라느냐. 우리 하나님은 그런 분이 아니시다. 네 의식 속에만 존재하는 하나님이 아니시다. 예배하는 형식이나 주문을 통해 임하시는 분도 아니시다." 바울은 지금 이렇게 말하는 것입니다.

## 인간이 되신 하나님

그리고 마지막으로, 바울은 하나님에 대해 클라이맥스가 되는 내용, 하나님에 대한 설명 중에서 가장 높은 사실을 이야기합니다. 그것은 창조주요, 역사와 우주 만물의 주관자시며 그 아무것에도 제한받지 않는 하나님이, 인간이 죄를 지어 죽게 되었을 때 하나님 됨을 포기하고 인간이 되셨다는 사실입니다.

이것은 굉장한 일입니다. '쿠르 데우스 호모'(Cur Deus Homo), 즉 '하나님은 왜 인간이 되셨는가?' 하나님은 초월자이며 사랑이 끝이 없고 영원하신 분입니다. 그 하나님이 인간의 구원을 위해 당신의 모든 영광을 버리고 인간이 되기로 결정하셨습니다. 빌립보서에서는 이 사실을 이렇게 표현하고 있습니다.

> 그는 근본 하나님의 본체시나 하나님과 동등됨을 취할 것으로 여기지 아니하시고 오히려 자기를 비워 종의 형체를 가지사 사람들과 같이 되셨고 사람의 모양으로 나타나사 자기를 낮추시고 죽기까지 복종하셨으니 곧 십자가에 죽으심이라(빌 2:6-8).

하나님은 사람의 모양으로 나타나셨는데, 그냥 사람이 아니라 종의 모습으로 나타나셨습니다. 그리고 십자가에 못 박혀 돌아가셨습니다. 그런 분이 바로 우리 하나님이십니다. 하나님은 저기 멀리 계셔서 우리를 그냥 내버려두시는 분이 아니라, 인간이 죽고 병들고 지옥에 가는 것을 그냥 보기만 하시는 분이 아니라, 그것을 보다 못해 친히 인간이 되신 분입니다. 그분이 바로 예수 그리스도십니다. 참하나님은 어디에 나타납니까? 예수 그리스도에게서 나타납니다. 인간이 되기로 결정하고 왕궁이 아닌 마구간에 오신 예수 그리스도, 그분이 바로 하나님이십니다.

우리는 이 문제를 생각할 때 믿을 수 없고, 이해할 수 없고, 해석할 수 없는 세 가지 난제에 부딪히게 됩니다.

첫째는, 하나님이 인간이 되셨다는 사실을 어떻게 믿을 수 있느냐는 것입니다. 바꿔 말하면, 하나님이 인간이 되셨다는 사실을 믿을 수 없다는 것입니다. 하나님은 하나님이고 인간은 인간인데, 어떻게 그럴 수 있느냐는 것입니다. 그렇습니다. 물론 인간은 하나님이 될 수 없습니다. 그래서 인간입니다. 그러나 하나님은 인간이 될 수 있습니다. 그래서 하나님입니다. 하나님은 그러실 수 있는 분입니다. '하나님이 인간이 되셨다. 사람의 모습으로 이 땅에 오셨다'는 이 사실을 믿으라는 것이 기독교입니다. 육신의 몸을 입고 오신 그분이 바로 예수 그리스도십니다.

둘째는, 인간으로 오신 하나님, 즉 예수님이 어떻게 그렇게 십자가에서 무참히 죽임을 당했느냐는 것입니다. 상식적으로 생각할 때, 하나님은 능력 있는 분이니 죽지 않고 승리해야 할 것 같은데, 어떻게 그리 무참하게 죽으셨느냐는 말입니다. 통일교가 기독교를 공격하는 것 중에 하나가 바로 이 부분입니다. 그들은 예수님이 하나님의 아들이라면 십자가에서 그대로 죽을 수 없다고 말합니다. 예수가 그렇게 죽은 것을 보면 그는 인간이고 실패자였다고 공격합니다.

이런 유혹이 우리에게도 있을 수 있습니다. 그러나 이렇게 질문하는 사람들은 자식을 위해 생명을 걸고 죽음까지도 불사하는 부모의 사랑을 모르는 사람들입니다. 하나님은 자기 백성을 구원하기 위해 그보다 더한 사랑으로 대신 십자가에 못 박혀 돌아가신 것입니다.

셋째는, 죽은 자가 어떻게 살아날 수 있느냐는 것입니다. 이 문제는 에피쿠로스 철학과 스토아 철학을 신봉하는 사람들로서는 아주 이해하기 어려웠습니다. 그들은 사람이 십자가에 못 박혀 죽었다가 무덤에 장사된 지 사흘 만에 다시 살아났다는 얘기는 한 번도 들어 본 적이 없었습니다. 이는 어떤 철학이나 종교나 전설에도 없는 이야기였습니다. 죽은 자가 살아난다는 것은 정상적인 교육을 받고 합리적으로 사고하는 사람들에게는 그 당시뿐 아니라 지금도 똑같이 이해되지 않고 믿어지지 않는 얘기입니다.

그런데 놀라운 것은, 도저히 믿을 수 없는 이 세 가지 난제를 우리가 믿고 있다는 사실입니다. 참으로 놀랍지 않습니까? 우리가 무식한 사람들입니까? 합리적인 사고를 못할 만큼 공부도 안 했고, 세상에서의 인생 경험도 없는 사람들입니까? 그렇지 않습니다. 배울 만큼 배웠고, 알 만큼 아는 사람들입니다. 그런데 우리는 이 사실을 믿습니다.

우리가 이러한 하나님을 믿게 된 것은 인간의 이성이나 경험으로 된 것이 아니라, 성령의 역사입니다. 하나님을 믿고 있는 우리 자신이 참으로 놀랍지 않습니까? 저는 인간의 상식으로는 도저히 믿을 수 없는 하나님에 대한 영광스러운 사실이 믿어진다는 것이 놀랍기만 합니다. 하나님이 인간이 되어 예수님으로 오셨고, 그 예수님이 우리를 위해 십자가에서 피 흘려 돌아가신 후 무덤을 깨치고 사흘 만에 부활하셨다는 사실을 믿을 때, 놀랍게도 우리 안에 있는 모든 염려와 근심과 걱정이 떠나가고, 상상할 수 없는 하늘의 기쁨이 물밀듯이 밀려오며, 죄 사함을 받은 기쁨과 구원의 감격이 일어나는 것을 경험하게 됩니다. 도대체 이것을 어떻게 설명할 수 있겠습니까? 그리고 이 사실을 믿는 사람이 이 땅에 천만 명이 넘습니다. 뿐만 아니라, 이렇게 믿는 사람이 기독교 2천 년 역사 동안 셀 수 없을 만큼 많았습니다. 얼마나 신기합니까? 우리 하나님은 그런 분이십니다.

당신은 이런 하나님을 믿습니까? 돌에 새긴 하나님, 그림에 그려진 하나님이 아니라, 구유에 오신 하나님, 나를 위해 고난을 겪으신 하나님, 십자가에 못 박혀 죽으신 하나님 그리고 사흘 만에 부활하고 승천하신 하나님, 지금도 하늘 보좌 우편에서 역사를 통치하고 해처럼 밝은 얼굴로 역사의 완성을 이루어 가고 계시는 그 하나님을 당신은 믿습니까? 사도 바울이 소개해 주는 하나님은 바로 이런 하나님입니다.

> 그들이 죽은 자의 부활을 듣고 어떤 사람은 조롱도 하고 어떤 사람
> 은 이 일에 대하여 네 말을 다시 듣겠다 하니(행 17:32).

그렇습니다. 아덴 사람들은 지금 죽은 자의 부활에 대한 얘기를
들었습니다. 그 말을 들은 사람들은 도대체 이해할 수가 없었습니
다. 그래서 조롱했습니다. 그러나 한 무리는 엄청난 충격을 받았습
니다. 그들은 이 얘기를 듣자 비수같이 마음에 꽂히는 무언가를 느
꼈습니다. 귀가 열리고, 마음이 열리고, 살아 계신 하나님이 느껴
지는 것 같았습니다.

우리 가운데도 이런 일이 일어납니다. 어떤 사람은 하나님을 저
기 멀리 계시는 분처럼 느낍니다. 그러나 또 어떤 사람은 예배 중
에 찬송을 부르다가 갑자기 그 하나님이 자기 마음에 다가오시는
것을 느끼기도 합니다. 혹은 기도하다가 그런 일을 경험하기도 합
니다. 하나님의 성령이 함께하실 때, 그 사람으로서는 생각할 수
없었던 어떤 초자연적인 경험들을 하게 됩니다. 이론이나 관념이
아닌, 실제적인 어떤 분이 앞에 계신 것 같은 경험을 하는 것입니
다. 이것은 하나님이 오고 계시는 것입니다. 하나님이 그 사람을
지배하기 시작하시는 것입니다. 불안하던 그 마음을 하나님이 아
주 잔잔하게 만들어 주시는 것입니다. 그러다 보면 왠지 모를 기쁨

이 솟아납니다. 내 상황은 슬프고 기쁠 이유가 하나도 없는데 기쁩니다. 이런 일을 경험해 본 적이 있습니까? 하나님이 우리와 함께하신다는 것, 성령 하나님이 우리와 함께 계심을 경험해 본 적이 있습니까?

본문에 나오는 몇몇 사람들, "네 말을 다시 듣겠다" 했던 그 사람들을 가리켜 우리는 선택받은 사람이라고 말할 수 있습니다. 복음을 듣는다고 다 예수를 믿습니까? 그렇지 않습니다. 아무리 설교해도 안 듣는 사람이 있습니다. 교회를 그렇게 들락날락해도 구원받지 못하는 사람이 있습니다. 교회 마당만 밟고 왔다 갔다 하지, 내용 없는 신앙생활을 하는 것입니다. 그러나 어떤 사람은 한 번 설교를 들었어도 구원이 나무에 못 박히듯이 그 심령에 콱 박힙니다. 그리고 죄 문제가 해결됩니다. 당신은 어떻습니까? 아직도 마당만 밟고 있습니까? 아니면 정말 구원이 당신에게 있습니까? 이것은 시간을 오래 들였다고 해결되는 문제가 아닙니다. 귀가 열려야 합니다. "귀 있는 자는 들을지어다"(마 11:15).


## 아덴에서의 설교를 마치다

바울은 이제 설교의 결론을 내립니다. 어떤 결론입니까?

알지 못하던 시대에는 하나님이 간과하셨거니와 이제는 어디든지 사람에게 다 명하사 회개하라 하셨으니 이는 정하신 사람으로 하여금 천하를 공의로 심판할 날을 작정하시고 이에 그를 죽은 자 가운데서 다시 살리신 것으로 모든 사람에게 믿을 만한 증거를 주셨음이니라 하니라(행 17:30-31).

## 회개하라

첫째는, 회개하라는 것입니다. 이는 잘못된 신관을 바꾸라는 것입니다. 바울의 설교를 못 들었다면 상관없겠지만, 바울의 설교를 들은 이상 그들은 그 설교에 반응해야 했습니다. 알지 못하던 때에는 하나님이 눈감아 주셨지만, 회개하라는 하나님의 메시지를 들은 이상은 핑계댈 수 없기 때문입니다. 그들이 회개하지 않는다면 복음을 들은 것이 오히려 그들에게 화가 되는 것입니다. 몰랐으면 몰랐다는 핑계라도 댈 수 있겠지만, 이제 바울이 분명한 복음을 제시했기 때문에 그들은 그것을 받아들이고 회개하지 않으면 심판을 면할 수 없게 되었습니다.

사도행전 2장에도 이와 비슷한 이야기가 있습니다. 오순절 날 마가의 다락방에 성령이 임했습니다. 홀연히 급하고 강한 바람 같은 소리가 온 집에 가득했습니다. 그리고 불의 혀처럼 갈라지는 것들이 그곳에 모인 각 사람 머리 위에 머물렀습니다. 사람들은 성령의 충만함을 받고 성령이 말하게 하심을 따라 다른 언어들로 말하기 시작했습니다. 거리에서 그들이 각각 자기의 방언으로 말하는 것을 들은 사람들은 그것을 기이하게 여기며 그들이 술에 취했다고 말했습니다.

그때 베드로가 일어나 말했습니다. "우리는 술에 취한 것이 아닙니다. 지금은 아침 9시인데, 아침부터 취하는 사람이 어디 있겠습니까? 지금 우리에게 일어난 현상은 구약성경 요엘서에 예언된 것입니다. 그것이 지금 이루어지고 있는 것입니다." 그러면서 그는 성령의 역사를 설명했습니다. 그리고 하나님과 예수님에 대해서도 이야기했습니다. "하나님이 메시아를 보내셨는데 그분이 예수님입니다. 그런데 그 예수님을 여러분이 십자가에 못 박아 죽였습니다. 그러나 예수 그리스도는 죽지 않고 다시 살아나셨습니다."

이 말을 듣고 사람들이 어떻게 반응했습니까? 마음에 찔려 베드로와 다른 사도들에게 물었습니다. "우리가 어찌할꼬"(행 2:37). 어떻게 이런 일이 일어납니까? 이것은 이성으로 말미암은 것이 아닙니다. 성령의 역사입니다. 그 짧은 얘기를 듣고 사람들이 놀라며 자신들이 해야 할 바를 물은 것은, 성령님이 그들의 마음에 비수같이 뚫고 들어오셨기 때문입니다. 베드로의 설교를 들은 사람들이 '내가 예수를 죽였구나' 생각하면서 베드로에게 "우리가 어찌하면 좋습니까?"라고 물었을 때, 베드로는 이렇게 대답합니다. "너희가 회개하여 각각 예수 그리스도의 이름으로 세례를 받고 죄 사함을 받으라"(행 2:38). 이 말은 곧, '생각을 바꾸라', '하나님에 대한 관점을 바꾸라'는 뜻입니다.

## 세상은 영원하지 않다

둘째는, 이 세상은 영원하지 않다는 것입니다. 즉, 이 세상은 끝이 있다, 종말이 있다, 심판이 있다는 것입니다. 그리고 바울은 그 심판에 대해 하나님이 공의로 하시는 심판이라고 이야기합니다.

인간의 어리석음 가운데 하나가 무엇입니까? 영원히 죽지 않을 것처럼 산다는 것입니다. 천년만년 살 것처럼 서로 아웅다웅하며 살아간다는 것입니다. 대부분의 인간은 오래 살 것으로 착각하기 때문에 자기 것을 놓치지 않으려고 합니다. 그러나 죽음을 인식하며 사는 사람은 그렇게 살지 않습니다. 우리는 반드시 죽습니다. 젊든지 늙었든지, 결혼을 했든지 안 했든지 상관없이 모두가 죽게 되어 있습니다. 당신은 얼마나 오래 살 것 같습니까? 인간은 그리 오래 살지 못합니다. 많이 살아 봐야 100년, 그전에 거의 죽을 것입니다. 이것이 인간의 운명이자 본질입니다. 이것을 거역할 수 있는 사람은 단 한 명도 없습니다.

또 하나 기억할 것이 있습니다. 우리의 인생이 영원하지 않듯이, 지구도 영원하지 않다는 것입니다. 지구에도 시작이 있는 것처럼 종말이 있습니다. 이는 성경에 기록된 말입니다. 역사는 영원하지 않습니다. 우리 인생이 어느 날 종말을 고하듯이, 이 역사도 어느 날 종말을 고할 것입니다.

그러면 역사의 종말이란 무엇입니까? 먼저 연극이나 오페라 같은 공연을 한번 생각해 보십시오. 공연이 시작되고 극이 발단, 전개, 절정을 거쳐 결말이 나면 대단원의 막이 내립니다. 그리고 엑스트라부터 시작해서 출연자와 연출자들이 차례차례 나와 인사를 하고 나면 박수 소리 가운데 모든 조명이 꺼지고 사람들은 집으로 돌아갑니다. 그런데 많은 사람들이 인생을 이런 식으로 생각하는 경향이 있습니다. 바로 여기에 문제가 있는 것입니다. 혹시 인생이나 역사를 이렇게 생각하고 있지는 않습니까? 인생은 그런 것이 아닙니다.

우리가 죽는다고 모든 것이 끝나는 게 아닙니다. 죽음으로 끝난다면 얼마나 편하겠습니까? 인생이란 이생으로 대단원의 막을 내리는 것이 아닙니다. 그 후에는 심판이 있습니다. 죽으면 끝이 아니라, 우리가 살아온 것에 대한 계산이 남아 있습니다. 호리도 남김없이 갚을 것은 다 갚아야 합니다. 우리가 저지른 죄가 낱낱이 다 드러납니다. 숨길 수 있는 죄는 결코 없습니다. 이생에서 예수 그리스도의 이름으로 죄를 용서받지 않으면 우리의 죗값을 그날에 반드시 계산하게 됩니다. 그래서 자살도 해서는 안 됩니다. 자살하면 끝날 것 같습니까? 절대 아닙니다. 죽은 후 자살에 따르는 엄중한 심판이 있습니다. 네 생명은 네 것이 아닌데 왜 맘대로 죽였느냐고, 하나님이 물으실 것입니다. 다시 강조하지만, 죽음은 대단원의 막이 아니고 심판입니다.

한 번 죽는 것은 사람에게 정해진 것이요 그 후에는 심판이 있으리니(히 9:27).

역사의 종말도 마찬가지입니다. 위성이나 행성이 날아와 부딪쳐 지구가 흔적도 없이 사라지는 것이 역사의 종말이 아니라, 역사의 종말은 심판입니다. 그 심판은 하나님의 공의의 심판입니다. 지금 바울은 이 사실을 두 번째 결론으로 말하고 있는 것입니다.

## 부활이 있음을 믿으라

셋째는, 부활이 있다는 것입니다.

이는 정하신 사람으로 하여금 천하를 공의로 심판할 날을 작정하시고 이에 그를 죽은 자 가운데서 다시 살리신 것으로 모든 사람에게 믿을 만한 증거를 주셨음이니라 하니라(행 17:31).

예수님이 우리를 위해 십자가에 못 박혀 죽으신 것으로만 끝났다면 우리 죄는 용서받지 못합니다. 그러나 예수님은 우리 죄를 대신해서 십자가에 못 박혀 죽으셨다가 사흘 만에 부활하심으로 심판을 이기셨습니다. 그 때문에 우리도 모든 죄를 사함 받고 심판을 이겨 하나님의 자녀요, 천국 백성이 되는 것입니다. 바울은 이 부활에 대해서는 많은 증거가 있다고 말했습니다.

예수님이 죽었다가 다시 살아나신 것이 사실이라면, 우리는 두 가지 결론을 갖게 됩니다. 하나는, 우리의 구원이 확실하다는 것입니다. 왜입니까? 그분이 살아나셨기 때문에 그렇습니다. 또 하나는, 예수님은 하나님임에 틀림없다는 것입니다. 부활은 예수님이 사람의 몸으로 오셨지만 하나님이시라는 증거가 됩니다.

이러한 바울의 설교를 듣고 난 후 사람들에게서 나타난 반응은 두 가지였습니다. 하나는, 그 말씀에 더욱 관심을 가지게 된 것이고, 다른 하나는, 오히려 바울을 조롱하고 그 말씀을 받아들이지 않는 것이었습니다.

> 그들이 죽은 자의 부활을 듣고 어떤 사람은 조롱도 하고 어떤 사람은 이 일에 대하여 네 말을 다시 듣겠다 하니 이에 바울이 그들 가운데서 떠나매 몇 사람이 그를 가까이하여 믿으니 그중에는 아레오바고 관리 디오누시오와 다마리라 하는 여자와 또 다른 사람들도 있었더라(행 17:32-34).

바울의 설교를 듣고 있던 사람들 중에 몇 사람이 예수님을 믿게 되었습니다. 아레오바고 관리인 디오누시오와 다마리라고 하는 한 여자와 또 다른 몇몇 사람들이었습니다. 그리 많은 사람은 아니었지만 그들에게 은혜의 빗물이 떨어진 것입니다. 그들의 마음이 열린 것입니다. 당신에게도 이런 복이 임하기를 바랍니다.

하나님을 인정하십시오. 그분이 예수 그리스도라는 사실을 기억하십시오. 그분이 우리 죄를 위해 십자가에 못 박혀 돌아가심으로 말미암아 우리는 언젠가 겪어야 할 심판으로부터 해방된 것입니다. 예수 그리스도의 피로 말미암아 우리가 계산해야 할 그 죄에서 벗어나게 된 것입니다. 하나님의 복이 우리 모두에게 함께하길 바랍니다.

# 8

# 고린도에 머물며
# 말씀을 전하다

사도행전 18:1-11

본문에서 우리는 사도 바울이 전도 행선지를 아덴에서 고린도로 옮긴 것을 알 수 있습니다. 바울은 고린도에서 1년 6개월을 머물면서 전도했습니다. 이 장에서는 그 내용을 살펴보려 합니다.

그 후에 바울이 아덴을 떠나 고린도에 이르러(행 18:1).

일 년 육 개월을 머물며 그들 가운데서 하나님의 말씀을 가르치니라(행 18:11).

아덴을 우상의 도시라 말한다면, 고린도는 음란의 도시라 말할 수 있습니다. 아덴은 정치와 철학과 예술의 중심지요, 발상지였습니다. 그러나 아덴에서 70킬로미터 정도 떨어진 고린도는 상업과 무역의 도시로서, 방탕과 쾌락과 물질과 음란을 상징하는 도시였습니다. 당시에 고린도 사람이라 하면 음란한 사람들이라 할 정도로 고린도는 타락한 도시였습니다. 아프로디테 신전을 중심으로 종교 활동이 행해졌는데, 이 신전에는 약 천여 명의 종교적 창녀가 있었다는 기록이 있습니다.

이러한 고린도에 드디어 바울이 도착했습니다. 우리는 고린도에 바울이 도착한 사건을 전체적인 시각에서 바라보아야 합니다. 하나님은 바울의 소아시아 전도를 막으시고, 드로아에서 강을 건너 유럽으로 들어가게 하셨습니다. 그렇게 빌립보와 데살로니가와 베뢰아를 거치게 하셨는데, 이것은 유럽 전도에 대한 하나의 신호탄에 불과했습니다. 하나님은 본격적으로 그 당시의 종교, 철학, 미술, 문화를 상징했던 아덴을 점령하게 하시고, 그다음에는 상업과 쾌락의 도시인 고린도를 점령하게 하셨습니다. 그리고 곧 에베소로 들어가게 하십니다. 그다음에는 로마에까지 복음이 들어가게 하심으로, "땅 끝까지 이르러 내 증인이 되리라"(행 1:8)고 하신 거대하고 엄청난 역사를 만들어 가십니다.

하나님은 바울이 고린도 지역에 들어갔을 때 몇몇의 동역자들을 만나게 해 주셨습니다. 이 장에서는 사도 바울이 만난 그 동역자들에 관한 이야기를 하려 합니다.

## 복음의 동역자들

복음은 혼자 전하는 게 아닙니다. 하나님은 언제나 당신의 사람들을 만나게 하시고, 그들과 협력함으로써 복음을 전하게 하십니다. 고린도에 1년 6개월 동안 머물면서 바울은 어떻게 복음을 전했을까요? 바울은 동역자들을 만났습니다.

## 브리스길라와 아굴라

바울은 가장 먼저 브리스길라와 아굴라 부부를 만났습니다.

> 아굴라라 하는 본도에서 난 유대인 한 사람을 만나니 글라우디오가
> 모든 유대인을 명하여 로마에서 떠나라 한 고로 그가 그 아내 브리
> 스길라와 함께 이달리야로부터 새로 온지라 바울이 그들에게 가매
> 생업이 같으므로 함께 살며 일을 하니 그 생업은 천막을 만드는 것
> 이더라(행 18:2-3).

본문에는 아굴라의 이름이 먼저 나오지만, 다른 성경 본문에는
'브리스길라와 아굴라'로 되어 있습니다. 브리스길라는 굉장한 영
향력을 가진 여자였던 것 같습니다. 그녀는 복음에 굉장한 열심을
가지고 있었고, 남편과 함께 복음에 헌신된 사람이었습니다.

그들 부부는 유대인으로서 로마에 살고 있었습니다. 그런데 글
라우디오의 칙령에 따라 로마를 떠나야만 했습니다. A.D. 49-50년
경에 그들은 로마를 떠나 고린도에서 주님을 섬기게 되었습니다.

여기에 몇 가지 재미있는 내용이 있습니다. 먼저는, 그들의 직업
이 사도 바울과 같았다는 것입니다. 그들은 유대인이었고, 로마에
서 살다가 결국 칙령에 따라 이 상업 지역에까지 들어오게 됩니다.
이렇게 보면 브리스길라와 아굴라 부부는 복음을 전하는 전임 사
역자는 아니었던 것 같습니다. 그들은 생업에 종사하면서도 헌신

된 평신도 사역자로서 아주 중요한 모델이라 할 수 있습니다. 교회는 전임 사역자나 전문적인 선교사만을 원하지 않습니다. 전 교인이 바로 브리스길라와 아굴라 부부처럼 자기 직업을 가지면서도 주님을 직업보다 더 사랑하는, 그래서 어느 때는 직업을 버릴 수도 있는 복음 사역자가 되기를 원합니다. 또한 이 부부는 신실하고 충성스럽게 사도 바울을 도와서 세계 복음화에 앞장서는, 사도행전의 매우 중요한 한 모델이었습니다. 이런 사람들이 있을 때 세계가 변합니다. 바울과 같은 사람만 있다고 해서 다 되는 것은 아닙니다.

그들은 직업이 같았는데, 성경은 그들의 직업이 천막을 만드는 업이었다고 소개하고 있습니다. 그 당시의 개념으로 볼 때 단순히 텐트를 만들었다기보다는, 가죽 제품을 다루는 직업에 종사한 사람들이었습니다. 사도 바울의 시대, 특별히 고린도교회 당시에는 오늘날과 같은 제도적인 교회가 없었기 때문에, 성도들의 헌금을 통해 목회자나 선교사의 사례비를 주는 일은 없었을 것입니다. 그래서 복음을 전하는 사람들은 시간이 허락되면 일을 해서 돈을 벌고, 또 시간이 나는 대로 전도를 하는 형태의 생활을 했습니다.

우리는 이러한 사도 바울의 전도 개념을 전문적인 용어로 '텐트 메이커 미셔너리', 또는 '전문인 선교사'라고 합니다. 시대가 흐를수록 전도하는 방법이나 형태도 과거와는 달라질 것입니다. 과거에는 개인적인 일이 중요했지만, 다음 시대에는 팀워크가 중요할 것입니다. 예전에는 장기 선교사가 큰일을 했다면, 지금은 시간이 굉장히 빨리 단축됨으로써 시간 개념이 달라졌기 때문에 단기 사역이 중요합니다. 옛날에는 목사나 전문 선교사들이 가서 교회를 개척했지만, 앞으로는 컴퓨터나 농업 기술, 의료, 건축 기술 등 여러 가지 다양한 기술을 통해서 현지에 들어가 복음을 전하는 선교 형태로 변하게 될 것입니다. 직업을 버리고 하는 선교보다는 직업을 가지고, 또 가족과 함께하는 선교가 이제는 세계 도처에서 요청되는 것입니다. 이런 의미에서 사도 바울이 자신의 직업을 가지고 일하면서 전도했다는 말씀은 우리에게 굉장히 뜻 깊고 좋은 전략들을 보여 줍니다.

그러나 '과연 사도 바울이 끝까지 그 직업에 종사했을까' 하는 궁금증이 생깁니다. 1년 중 시간이 있을 때는 자신의 직업을 통해서 돈을 벌었지만, 나중에 보면 직업에 충실할 만큼 한가하지 않았기 때문입니다. 그는 곳곳을 돌아다니며 말할 수 없는 고생을 했고, 이곳저곳을 다니면서 많은 사역을 했습니다. 고린도후서 11장 9절이나 빌립보서 4장 16절에서 말한 대로, 그는 분명 성도들과 교회의 헌금을 받아서 전문 사역을 감당했음이 틀림없습니다. 그렇기 때문에 '목사나 선교사는 월급을 받지 말아야 한다, 다 직업을 가지고 나가야 한다'고 일방적으로 말하기는 어려운 일입니다.

자신의 전문 직업을 가지고 교회에서 봉사하는 일은, 교회의 성도가 500명 정도만 되어도 불가능할 것입니다. 성도 수가 100명,

200명 정도일 때는 자기 직업을 가지면서도 목회가 가능하겠지만, 교회 사역이 확장되고 전문성을 요할 때는 불가능할 것입니다. 그러나 세계 도처에는 대형 교회만 있는 것이 아닙니다. 작지만 우리가 봉사하고 섬기며 전도할 수 있는 교회들이 많이 있습니다.

> 안식일마다 바울이 회당에서 강론하고 유대인과 헬라인을 권면하니라(행 18:4).

바울은 주 중에는 천막을 만들고, 안식일에는 회당에서 유대인과 헬라인들에게 복음을 증거했습니다. 당신에게도 복음을 전하는 전문성이 있기를 바랍니다. 어디에 데려다 놓아도 사람을 양육하고 돌봐 주고 키울 수 있는, 바울 같은 전문성이 있게 되기를 바랍니다.

여기서 우리는 이런 질문을 해 볼 수 있습니다. '직업을 위해 복음 사역이 있는 것인가, 아니면 복음 사역을 위해 직업이 있는 것인가?' '자녀 교육을 위해 하나님이 있는 것인가, 아니면 하나님을 위해 자녀를 키우는 것인가?' 우리는 대부분 자신의 건강을 위해 하나님을 필요로 합니다. 때로는 직업의 축복을 위해, 사업의 성공을 위해 하나님이 필요한 것처럼 보이기도 합니다. 뭐든지 하나님보다는 나의 일이 우선순위에 있습니다.

물론 직업은 거룩하고 중요합니다. 그러나 그 직업이 우리 인생 목표의 전부입니까? 하나님이 주신 직업의 의미는 무엇입니까? 우리는 성경을 통해 이 의미를 분명히 깨달을 수 있습니다. 우리는 직업을 위해 존재하는 것이 아니라, 하나님의 영광을 위해 존재합니다. 직업은 하나님이 주신 것입니다. 따라서 이 직업을 통해 하나님에게 영광을 돌리는 것이지, 직업이 우상은 아니라는 것입니다. 하나님이 우리에게 자녀를 주셨습니다. 그렇다고 자녀가 하나님보다 높습니까? 그렇지 않습니다. 우리는 자녀가 성공하며 인격적으로 잘 자라기를 바랍니다. 그러나 자녀를 위해 하나님이 필요한 것이 아니라, 하나님을 위해 자녀를 양육해야 하는 것입니다.

이런 목표가 분명해야 합니다. 직업의 목표가 분명해야 하고, 돈을 버는 목표가 분명해야 합니다. 당신은 세상에서 오래 살기 위해 하나님이 필요합니까? 오로지 당신의 행복만을 위해, 단순히 염려와 근심과 걱정을 없애기 위해 하나님이 필요합니까? 물론 이 같은 단순한 논리로 이해할 수는 없겠지만, 세상을 살다 보면 주객이 전도되는 수가 있습니다. 하나님을 믿는 것과 교회에 다니는 것을 부수적인 것으로 생각하게 되는 것입니다.

그러나 분명한 것은, 우리의 직업이나 결혼이나 우리 삶의 모든 것이 하나님의 영광을 위해 존재한다는 사실입니다. 이 우선순위가 바뀌어서는 안 됩니다. 우리는 주님을 위해 직업을 가질 수도 있고, 버릴 수도 있어야 합니다. 주님을 위해서라면 우리가 살 수도 있고, 죽을 수도 있는 것입니다.

## 실라와 디모데

실라와 디모데가 마게도냐로부터 내려오매 바울이 하나님의 말씀
에 붙잡혀 유대인들에게 예수는 그리스도라 밝히 증언하니 (행 18:5).

바울은 그곳에서 실라와 디모데를 만났습니다. 이들은 바울이
양육한 제자들이었습니다. 이들이 베뢰아에서 와서 다시 바울과
합류한 것입니다. 이들의 합류는 바울에게 큰 위로와 격려가 되었
을 것입니다.

베뢰아와 데살로니가에서 사도 바울은 곤욕을 치르고 도망쳤습
니다. 그러나 실라와 디모데는 그곳에 남아 있다가 지금 온 것입니
다. 어쩌면 바울이 다녀간 후에 그 교회가 부흥했다는 소식을 가지
고 왔을지도 모릅니다. 또한 그는 급히 그곳을 도망쳐 왔기 때문에
아마 생활비가 없었을 것입니다. 그것을 잘 아는 데살로니가교회
와 베뢰아교회가 힘을 합해서 실라와 디모데 편에 바울에게 헌금
을 해 주었을지도 모르겠습니다. 우리는 이러한 모습을 통해 실라
와 디모데가 마게도냐로부터 와서 바울과 함께 팀워크를 이루는
것을 볼 수 있습니다.

바울은 이들의 도움으로 말씀을 전하는 일에만 전념할 수 있게
되었습니다. 본문은 사도 바울이 '하나님의 말씀에 붙잡혔다'라고
말씀합니다. 사실 사도 바울은 항상 말씀에 붙잡힌 사람이었습니

다. 당신은 무엇에 붙잡혀 있습니까? 돈에 붙잡혀 있습니까? 성공에 붙잡혀 있습니까? 자신의 삶에 붙잡혀 있습니까?

사도 바울의 관심은 어디를 가든지, 무엇을 하든지 예수 그리스도였습니다. 그에게는 예수가 그리스도라는 사실을 전하는 것보다 더 귀한 것은 없었습니다. 그것을 위해서 직업이 필요했고, 그의 인생이 존재했습니다. 그는 곳곳을 다니면서 담대하게 메시지를 전했습니다. "예수는 그리스도라. 예수는 메시아라. 예수는 우리의 주님이시라. 우리의 구원자시라."

이 복음을 가장 먼저 누구에게 전합니까? 유대인들에게 전합니다. 사실 바울은 이방인을 위한 사도였습니다. 그렇지만 그의 1차, 2차 전도 여행을 보면, 언제나 먼저 찾아가는 것은 유대인들이었습니다. 유대인들에게 그렇게 열심히, 간절한 마음으로 복음을 전했지만, 그것은 바울의 짝사랑이었을 뿐입니다. 안 믿습니다. 이들은 안 믿을 뿐만 아니라, 반항하고 대적하고 훼방했습니다. 바울이 얼마나 속상했겠습니까? 이방인들은 복음의 찌꺼기만 갖다 줘도 흥분하고 열정적으로 감격하고 기적이 일어나는데, 정작 복음을 받아야 할 하나님의 선택받은 백성은 안 믿습니다.

우리 주변에도 이런 사람들이 있습니다. 자기 집안은 전도하지 못하고 밖에서 남들만 전도하며 돌아다니는 사람 말입니다. 이런 사람들은 참 속상할 것입니다. 밖에 나가서 설교나 간증을 하면 사람들이 구름 떼처럼 몰려와 열심히 믿는데, 정작 집안 식구들은 안 믿습니다. 그 사람 속이 얼마나 타겠습니까?

> 그들이 대적하여 비방하거늘 바울이 옷을 털면서 이르되 너희 피가
> 너희 머리로 돌아갈 것이요 나는 깨끗하니라 이후에는 이방인에게
> 로 가리라 하고(행 18:6).

바울은 유대인들이 욕설을 퍼붓자 옷에서 먼지를 털어 버렸습니다. 그리고 "나는 너희들의 핏값에 대해서 깨끗하다. 너희 피는 너희에게 돌아갈 것이다. 나는 이방인에게로 가겠다"라고 말했습니다. 바울이 얼마나 속상했으면 이런 말을 했겠습니까? 사도 바울은 자기 민족에 대해 배신감을 느꼈고, 가슴앓이를 했습니다. 이런 일은 이전부터 계속되었습니다.

## 디도 유스도와 회당장 그리스보

> 거기서 옮겨 하나님을 경외하는 디도 유스도라 하는 사람의 집에
> 들어가니 그 집은 회당 옆이라 또 회당장 그리스보가 온 집안과 더
> 불어 주를 믿으며 수많은 고린도 사람도 듣고 믿어 세례를 받더라
> (행 18:7-8).

아마 디도 유스도는 고린도 지역에 살고 있던 사람 같습니다. 그

리고 그 집은 마침 회당 옆에 있어서 그리스보라는 회당장과 친했던 것 같습니다. 본문은 사도 바울이 유스도라는 헬라인의 집에 유숙하게 되었고, 거기서 자주 왔다 갔다 하는 회당장을 만나게 되었고, 그 회당장에게 복음을 전해 그가 예수님을 영접하게 되었다는 내용입니다.

우리는 8절에 나타난 회당장 그리스보에게서 두 가지 사실을 배우게 되는데, 첫째는, 온 가족이 예수님을 믿게 되었다는 사실입니다. 이 얼마나 큰 축복입니까. 온 가족이 예수 믿게 된 고넬료와 16장에 나오는 간수와 같은 경우입니다. 이러한 축복이 당신의 가정 안에도 있게 되기를 바랍니다. "주 예수를 믿으라 그리하면 너와 네 집이 구원을 받으리라"(행 16:31).

그런데 이 그리스보라는 회당장에 관한 또 한 가지 특이한 일이 기록되어 있습니다. 그 사람 때문에 고린도에 있는 많은 사람들이 예수를 믿게 되었다는 것입니다. 그의 온 집안이 주를 믿으며, 더불어 수많은 고린도 사람들로 하여금 믿고 세례를 받게 했습니다. 물론 전적으로 그리스보 때문이라고 말하기는 어렵겠지만, 그와 그 집이 다 예수를 믿음으로써 그 주변에 있는 많은 고린도 사람들이 예수를 믿게 되었다는 것입니다.

## 계획적인 양육의 중요성

이렇게 열매를 맺게 되는 데는 두 가지 이유가 있었다는 사실을 기억해야 합니다. 첫 번째는, 장기 체류입니다. 지금까지 사도 바울은 장기 체류를 하지 않았습니다. 잠깐잠깐 전도하고 그 지역을 떠났습니다. 물론 박해도 있었지만 기적도 있었습니다. 그러나 고린도 지역에서는 1년 6개월이란 긴 시간 동안 장기적으로 체류한 것을 볼 수 있습니다. 두 번째는, 계획적이고 전략적인 양육을 통해서 이들이 훈련받게 되었다는 것입니다. 이런 장기 체류와 계획적인 양육이 바로 다음에 살펴볼 에베소에서의 두란노 서원 사역입니다.

바울은 1년 6개월 동안 차분하게 양육했습니다. 그는 물론 많은 사람들을 전도했겠지만, 그중 몇몇 사람들만을 양육했을 것입니다. 이런 바울의 경험을 통해서 권면하고 싶은 것은, 교회에 부탁해서 양육을 시작하라는 것입니다. 또 어느 곳에 가든지 양육을 시작하라는 것입니다. 1년 6개월이면 충분히 양육할 수 있습니다. 백여 년 전에 선교사들이 와서 과연 얼마나 많은 사람에게 말씀을 전했겠습니까? 대부분의 선교사들이 몇 사람만 전도하고 생애를 마쳤을 것입니다. 그러나 100년이 지난 후에는 수천만 명의 사람들이 성도가 되었다는 사실을 기억해야 합니다. 몇 사람만 집중적으로 가르치십시오. 그러면 알아서 자라고 열매 맺으며 생산을 할 것입니다. 그렇게 몇 십 년이 지나면, 굉장한 일들이 벌어지는 것입니다.

우리는 여기서 한 가지 더 배울 것이 있습니다. 그것은 사람을 어떻게 전도해서 양육해야 하느냐입니다.

또 회당장 그리스보가 온 집안과 더불어 주를 믿으며 수많은 고린 도 사람도 듣고 믿어 세례를 받더라(행 18:8).

세 가지 단계가 있습니다. 사람을 어떻게 양육합니까? 첫째, 하나님의 말씀을 듣게 해야 합니다. 설교를 듣게 해야 합니다. 전도해서 복음을 듣게 해야 합니다. 이렇게 해서 마음의 문을 열게 하는 것입니다. 이 복음 제시와 말씀에 대한 선포를 들음이 없이 성경 공부로 바로 들어가는 것은 쉬운 일이 아닙니다. 먼저 듣게 해야 합니다. 그런데 10년 동안 계속 듣기만 하는 사람이 있습니다. 주일날 와서 듣기만 하면 다 되는 게 아닙니다. 둘째, 믿어야 합니다. 그러기 위해서는 양육을 받아야 합니다. 성경 공부를 해야 합니다. 예수 그리스도의 십자가에 대해 공부해야 하고, 부활에 대해 공부해야 합니다. 또 우리는 성령의 체험을 해야 합니다. 이런 과정들이 필요합니다. 듣고 읽고, 듣고 믿고, 그다음에 세례를 받는 것입니다. 이것이 세 번째 단계입니다. 세례란 무엇입니까? 그리스도의 몸에 연합하는 것을 의미합니다. 세례 받았다는 것은 그리스도의 몸과 연합해서 그의 몸 된 교회를 함께 이루어 간다는 것을 의미합니다.

# 환상 가운데 말씀하시다

밤에 주께서 환상 가운데 바울에게 말씀하시되 두려워하지 말며 침묵하지 말고 말하라 내가 너와 함께 있으매 어떤 사람도 너를 대적하여 해롭게 할 자가 없을 것이니 이는 이 성중에 내 백성이 많음이라 하시더라(행 18:9-10).

사도 바울이 고린도에서 전도했을 때 편안했습니까? 그렇지 않았습니다. 주님이 밤에 환상으로 나타나서 보여 주실 정도면, 그에게는 굉장한 갈등과 고민이 있었다는 말입니다. 우리는 고린도전서와 후서를 통해서 고린도라는 도시가 어떤 곳이며, 그곳의 영적 상황이 어떠했는지를 알 수 있습니다. 참으로 부패하고 음란하고 패역한 도시, 심령이 악하고 물질 중심적인 사람들 가운데서 산다는 것은 쉬운 일이 아닙니다.

예전에 이재환 선교사님이 저희 부부와 함께 선교사 훈련을 받고 나서 잠비아로 가셨는데, 그 당시 사모님은 임신 중이었습니다. 그런데 잠비아에 가니 먹을 것이라고는 땅콩밖에 없더랍니다. 아내에게 뭘 먹여야 할 텐데, 외국인 쇼핑센터는 너무 비싸서 아무것도 살 수가 없었다고 합니다. 라면이 먹고 싶은데 구하기 힘들어서 그렇게 애썼다는 얘기를 들은 적이 있습니다. 또 한 번은 편지에, 발이 부르트고 염증이 생겨서 그 염증 부위를 짰더니 벌레가 나왔다는 이야기를 전했습니다. 이런 일들을 겪을 때, 우리는 '배고픈데, 환경이 나쁜데, 내가 꼭 여기 있어야 하나' 하는 고민을 하게 됩니다. 또 환경만 나쁜 것이 아니라 주변 사람들이 못살게 굴고 힘들게 할 때도 떠나야 할 것인지, 남아 있어야 할 것인지에 대해 고민을 하게 됩니다.

## 두려워하지 말라

이렇게 고뇌할 때, 주님이 밤에 환상 가운데 나타나 바울에게 몇 가지 메시지를 주셨습니다. 첫 번째 메시지가 무엇입니까? '두려워하지 말라'는 것입니다.

전도와 선교의 최대의 적은 두려움입니다. 사람이 두려움에 한번 사로잡히면 어쩔 줄을 모릅니다. 공포증에 사로잡히는 것입니다. 혹시 두려움에 사로잡혀 본 적이 있습니까? 밤만 되면 두려워하는 사람이 있습니다. 잘 지내다가도 해가 지면 가슴이 두근두근합니다. 무서워합니다. 누군가가 옆에 있어야 합니다. 어떤 두려움에는 두려움을 주는 대상이 구체적으로 있습니다. 그러나 어떤 두려움에는 구체적인 대상이 없습니다. 그냥 막연히 불안해합니다. 왜 두렵습니까? 간단합니다. 육체적으로나 정신적으로 심각한 피해가 예상될 때 두려움이 찾아옵니다. 일종의 피해 의식입니다. 현재는 그렇지 않지만 곧 그런 일이 벌어질 것 같습니다. 보통은 물질적으로나 세상적으로 위기에 부딪혔을 때 이런 두려움을 갖게 됩니다. 사는 것 자체가 두려운 사람도 있습니다. 매사에 자신이 없습니다. 쉽게 말하면, 이 두려움 뒤에는 사탄의 역사가 있는 것입니다.

두려워한들 키가 한 자나 자랍니까? 그런데 이상하게도 사람들은 열심히 두려워합니다. 불안해하지 않으면 못 사는 사람도 있습니다. 편안하면 그게 이상합니다. 불안해야 되는데 편안한 것 그 자체가 또 불안합니다. 사람이 불안해하고 두려워하는 것은, 순간적으로 하나님을 잃어버린 상태입니다. 정말 하나님이 나와 함께 계시다고 믿으면 두려움이 사라집니다. 근심과 걱정이 사라지는 것입니다. "두려워하지 말라. 아무리 핍박이 있다 할지라도, 아무리 고통스럽다 할지라도, 너는 두려워하지 말고 믿음을 가지고 나아가라." 이것이 하나님의 첫 번째 메시지였습니다. 이 메시지가 당신에게도 적용되기를 바랍니다. 두렵습니까? 두려워하지 마십시오. 죽을 것 같습니까? 두려워하지 마십시오. 아무것도 아닙니다.

## 침묵하지 말고 말하라

두 번째 메시지는, '침묵하지 말고 복음을 선포하라'는 것입니다. 복음을 전하면서 손해 볼 것 같을 때는 큰 두려움에 사로잡히게 됩니다. 그러나 성령님은 "두려워하지 말고 할 말을 하라"고 말씀하십니다. 어떤 사람은 너무나 조심스럽고 지혜로워서 꼭 말해야 할 때 침묵합니다. 반대로 어떤 사람들은 너무 푼수기가 넘쳐서 말하지 말아야 할 때도 말을 합니다. 그러나 성령님은 바울에게 이렇게 말씀하셨습니다. "복음을 외칠 때 두려워하지 말라. 입을 열어 말하라."

## 내가 너와 함께 있겠다

세 번째 메시지는 무엇입니까? '내가 너와 함께 있겠다'는 것입니다. 이처럼 좋은 말씀이 어디 있겠습니까? 하나님의 약속은 확실합니다. 민수기 23장 19절은, "하나님은 사람이 아니시니 거짓말을 하지 않으시고 인생이 아니시니 후회가 없으시도다 어찌 그 말씀하신 바를 행하지 않으시며 하신 말씀을 실행하지 않으시랴"고 말씀합니다. 하나님은 당신이 하신 말씀을 반드시 이루십니다. 우리와 항상 함께 있겠다고 말씀하셨다면, 그것은 반드시 그대로 이루어지는 것입니다. 주 안에 있는 나에게 딴 근심이 없고, 주와 맺은 언약은 영원불변하다는 음성을 당신 또한 듣게 되기를 바랍니다.

밤마다 환상을 가지고, 기대감을 가지고 그 음성 듣기를 바라십시오. 아무리 해도 안 들리면, 그다음에는 실망하지 말고 성경을 보십시오. 거기에 아주 틀림없는 말씀이 기록되어 있습니다. "내가 네게 명령한 것이 아니냐 강하고 담대하라 두려워하지 말며 놀라지 말라 네가 어디로 가든지 네 하나님 여호와가 너와 함께하느니라"(수 1:9). 꼭 음성만 들으려 하지 말고 성경을 보십시오. 거기에 아주 놀랍고 확실한 말씀이 있습니다. 환상을 보면 혹 헷갈릴 수도 있습니다. 그러나 성경 말씀은 절대 그렇지 않습니다. 말씀은 분명합니다. 얼마나 좋은지 모릅니다. 기억이 희미해질 만하면 또 보십시오. "두려워하지 말며 놀라지 말라. 나는 네 하나님이라." 얼마나 좋습니까? 분명하지 않은 것 가지고 너무 기대하지 말고, 분명한 것을 붙잡고 나아가기를 바랍니다. 말씀은 너무나 신실합니다.

> 두려워하지 말라 내가 너와 함께함이라 놀라지 말라 나는 네 하나님이 됨이라 내가 너를 굳세게 하리라 참으로 너를 도와주리라 참으로 나의 의로운 오른손으로 너를 붙들리라(사 41:10).

> 너희는 마음에 근심하지 말라 하나님을 믿으니 또 나를 믿으라(요 14:1).

> 평안을 너희에게 끼치노니 곧 나의 평안을 너희에게 주노라 내가 너희에게 주는 것은 세상이 주는 것과 같지 아니하니라(요 14:27a).

## 너를 대적하여 해롭게 할 자가 없을 것이다

네 번째 메시지는, '너를 대적할 자가 없을 것이다, 너를 훼방할 자가 없을 것이다'라는 것입니다. 요한복음 16장 33절을 보십시오. "세상에서는 너희가 환난을 당하나 담대하라 내가 세상을 이기었노라"라고 말씀합니다. 로마서 8장 31-35절에서도, "만일 하나님이 우리를 위하시면 누가 우리를 대적하리요 … 누가 능히 하나님께서 택하신 자들을 고발하리요 … 누가 정죄하리요 … 누가 우리를 그리스도의 사랑에서 끊으리요"라고 말씀합니다.

"안심하라. 나니 두려워 말라. 나는 네 하나님이라. 나는 너와 함께 있을 것이다. 너희 대적이 너를 어떻게 하지 못할 것이다. 네가 사망의 음침한 골짜기를 다닐지라도 해를 받지 않을 것은, 내가 너와 항상 함께 있기 때문이다." 이 믿음 안에 거하기를 바랍니다.

## 이 성중에 내 백성이 많음이라

다섯 번째 메시지는 참 중요합니다. 하나님은 '이 성중에 내 백성이 많다'고 말씀하셨습니다. 하나님은 왜 사도 바울을 고린도에 1년 6개월 동안 머물게 하셨습니까? 하나님의 이유는 간단합니다. "내 백성이 거기 있기 때문이다. 내 백성을 위로하라. 내 백성을 찾으라. 내 백성이 지금 패역한 도시 속에서 우상 숭배와 부패와 말할 수 없는 죄악 가운데 허우적거리며 살고 있다."

"고린도 안에 내 백성이 있다"는 음성이 당신에게도 들릴 수 있게 되기를 바랍니다. 하나님은 지금도 말씀하십니다. "북한 땅에 내가 택한 백성이 있다. 너는 가서 그 사람을 건져 와라. 중국의 수십억 사람들 가운데 내 백성이 있다. 그들은 공산주의와 가난과 잘못된 종교 속에서 하나님도 모르고 방탕하게 살고 있다." 이들은 마치 탕자와 같습니다. 탕자가 있는 한 아버지는 잠을 이루지 못합니다. 탕자가 돌아오기 전까지 아버지는 좋은 음식도 먹지 않고, 좋은 옷도 입지 않습니다. 그것이 아버지의 마음입니다.

> 일 년 육 개월을 머물며 그들 가운데서 하나님의 말씀을 가르치니라(행 18:11).

1년 6개월을 그들 가운데 머물면서 바울은 하나님의 말씀을 가르쳤습니다. 햇수를 위해 복음이 있는 것이 아니라, 복음을 위해 햇수가 있습니다. 왜 바울은 고린도에서 1년 6개월을 있어야 했습니까? 복음을 전해야 할 사람이 있었기 때문입니다.

미국에 살다가 파견 근무 차 서울에 2, 3년 동안 머물러야 하는 사람이 1년 반 전에 몇몇 사람의 양육을 시작했다고 합시다. 만약 그가 하나님의 사람이라면, 양육 받은 사람들이 잘 자라고 열매를 맺어 갈 때, 그들을 위해 직업을 포기하거나 체류 기간을 연장할 수도 있을 것입니다. 또 '내가 이 아이들을 잘 키워야겠다'는 마음으로 어느 지방 학교에서 학생들을 가르치는 선생님이 있다고 합시다. 그리고 어느 날 서울의 한 학교에서 더 많은 월급과 더 좋은 직책을 주겠다는 좋은 조건으로 초빙 제의가 들어왔다고 합시다. 만약 그가 떠난다면, 잘 자라고 있는 학생들이 모두 흩어질 수 있습니다. 이 경우에 선생님은 갈 것인가, 말 것인가를 놓고 고민하게 될 것입니다.

이것이 이 장의 결론입니다. 당신이라면 어떻게 하겠습니까? 거기에 더 머물겠습니까, 아니면 학생들을 두고 가겠습니까? 우리는 이런 도전들을 계속 받습니다. 어쩌면 1년 6개월이 아니라 10년을 있으라고 해도 그곳에 있어야 합니다. 우리는 우리 거주지를 너무나도 쉽게, 마음대로 옮깁니다. 내 편리한 대로, 내 이익이 생기는 대로 직장을 옮깁니다. 그러나 이런 일들을 한 번이라도 복음 중심으로 생각해 본 적이 있습니까? 주님이 원하시기 때문에, 주의 복음이 여기 있기 때문에 내가 더 좋은 직장과 좋은 월급을 받을 수 있을지라도 안 가겠다고 말입니다.

주님은 바울이 1년 6개월 동안 고린도에 머물기를 원하셨습니다. 그래서 그는 거기에 있었습니다. 주님이 '가라' 하시면 가는 것입니다. '있으라' 하시면 있는 것입니다. '하라' 하시면 하고, '하지 말라' 하시면 안 하는 것입니다. 물론 이 모든 것은 우리가 정확하게 판단하기 어려운 일입니다. 그러나 당신에게 도전하고 싶은 것은, 당신의 중심에 무엇이 있는가 하는 것입니다. 당신의 이익입니까? 편안함입니까? 아니면 불편하다 할지라도 하나님의 영광을 위함입니까? 하나님의 축복이 당신에게 함께하시길 바랍니다.

# 2부

# 고난 속에서 피어나는 복음의 꽃

사도행전 18:9-21:16

영광스러운 미래를 보는 사람에게는 현실의 고난이 문제가 되지 않습니다.
오히려 용기가 생기고, 기쁨이 있고, 그 눈이 반짝거리는 것입니다.
밖은 차가운 현실이지만, 마음속에는 불이 있습니다.
이것이 꿈이 있는 사람입니다.
이것이 미래가 있는 사람입니다.
환상과 비전이 있는 사람입니다.

# 9

# 3차 전도 여행의 시작

사도행전 18:9-28

사도 바울이 고린도에 도착하여 전도하던 어느 날 밤, 주님이 환상 가운데서 말씀하셨습니다. 하나님은 우리를 일상 가운데서 매일 만나 주십니다. 그리고 어떤 때는 특별하게 만나 주시기도 합니다. 하나님은 사도 바울에게 여러 번 환상 중에 나타나서 직접 말씀해 주셨습니다. 이것은 굉장히 놀라운 충격입니다.

## 하나님의 마음

밤에 주께서 환상 가운데 바울에게 말씀하시되 두려워하지 말며 침 묵하지 말고 말하라 내가 너와 함께 있으매 어떤 사람도 너를 대적 하여 해롭게 할 자가 없을 것이니 이는 이 성중에 내 백성이 많음이 라 하시더라(행 18:9-10).

주님은 어떤 특별한 위기가 있을 때, 어떤 사건이나 생의 큰 전 환기에 있을 때 이렇게 나타나시곤 합니다. 사도 바울에게는 두려 움 때문에 고린도를 떠나고 싶은 마음이 있었던 것 같습니다. 이것 을 아신 주님은, "이 음란하고 패역한 도시에서 사는 것이 네게 고

통일 수 있겠지만, 두려워하지 말라. 침묵하지 말고 말하라. 내가 너와 함께 있을 것이다"라고 말씀하셨습니다. 얼마나 위로가 되는 말씀입니까? 고난 중에 있을 때 우리는 보통, 하나님이 우리와 함께 계시지 않는 것처럼 느낄 때가 많습니다. '하나님, 어디 계십니까? 하나님, 주무십니까? 하나님, 당신은 어디 계십니까?' 이렇게 절규하고 싶을 때가 있습니다. 그러나 그때도 하나님은 함께 계셨습니다. 우리의 고난이 깊을 때, 외로울 때, 우리가 사면초가(四面楚歌)의 상황에 빠졌을 때, 하나님은 더 가까이 계시는 것입니다.

사도 바울의 경우도 마찬가지였습니다. "두려워하지 말라. 침묵하지 말고 말하라. 내가 너와 함께 있을 것이다. 아무도 너를 대적하고 해할 자가 없을 것이다." 잠을 설치게 하면서까지 하나님은 사도 바울에게 이런 격려와 위로와 축복을 주셨습니다.

하나님이 하신 말씀 중에 가장 중요한 말은 마지막 부분에 있습니다. '이 성중에 내 백성이 많다'는 말씀입니다. 이 음란하고 패역한 도시, 살고 싶지 않은 이 무서운 도시에 하나님은 '잃어버린 당신의 백성이 있다'고 말씀하십니다. "어떤 사람은 음란에 빠져서, 우상에 빠져서, 마약에 빠져서 나를 모른 채 이런저런 모양으로 패역한 자식처럼 살고 있지만, 그들은 마귀의 자식이 아니라 내 자식이다"라고 말씀하시는 것입니다. 이 말씀의 뜻은 무엇입니까? "너는 패역하고 음란하게 나를 떠나 살고 있지만, 너는 내 자식이기 때문에 결코 너를 잃을 수 없다. 빼앗길 수 없다. 반드시 내 자녀인 너를 찾을 것이다." 이것이 하나님의 열심이요, 하나님의 마음입니다.

이는 마치 양 백 마리를 가진 한 목자가 양 한 마리를 잃어버렸을 때, 아흔아홉 마리의 양은 우리에 남겨 두고 고생고생하며 잃어버린 한 마리의 양을 찾는 것과 같습니다. 잃어버린 한 마리의 양은 그렇게 시간을 내어 고생하며 찾을 만한 가치가 없습니다. 양은 돈만 주면 얼마든지 살 수 있습니다. 그러나 목자는 그 양을 물질적인 가치로 보지 않고 양 자체로 보았기에 자신을 희생하면서까지 찾았던 것입니다. 이것이 곧 하나님의 마음입니다.

이런 하나님의 심정을 사도 바울이 전달받았습니다. 사도 바울이 하나님과 똑같은 마음을 갖게 된 것입니다. 당신은 하나님의 사람입니까? 그렇다면 하나님의 마음을 가져야 합니다. 당신이 하나님의 사람이라고 생각한다면, 하나님의 생각을 가져야 합니다. 그러한 자가 진정한 하나님의 사람입니다.


## 그리스도인의 거주 원리와 정신

사도 바울은 고린도에 무려 1년 6개월 동안을 머물면서 전도를 합니다.

일 년 육 개월을 머물며 그들 가운데서 하나님의 말씀을 가르치니라(행 18:11).

    그가 1년 6개월 동안 한 장소에 머물렀던 이유는 무엇입니까? 이 성에 주님의 백성이 많다는 주님의 음성 때문이었습니다. 우리는 여기서 그리스도인의 거주 원리와 정신을 배우게 됩니다.

    제가 영국에 있을 때 남부의 커번이란 곳에서 직접 겪은 일입니다. 새로운 마을이 하나 생기면 예수 믿는 사람들이 그 마을의 아파트나 집으로 이사를 합니다. 이사하는 이유는 그 동네를 전도하기 위해서입니다. 그 사람들은 조직적으로 그 마을로 들어옵니다. 들어와서는 '예수 믿으십시오' 하지 않고 청소부터 합니다. 또 옆집 아이들을 돌봐 줍니다.

    당시 고려대학교 교수 부부가 우리와 함께 그곳에 살았는데, 그 부인이 아이를 낳게 되었습니다. 우리가 자동차도 없고 병원도 잘 몰라 어려워할 때, 그 부인을 병원에 데려다 주고 열심히 도와준 사람들이 바로 그들이었습니다. 그들은 그렇게 해서 한 사람, 한 가정씩 전도합니다. 전도가 끝나면 또다시 새로운 동네로 들어갑니다.

    당신은 어떻습니까? 왜 그 지역에 삽니까? 왜 그 도시에 갑니까? 더 좋은 직장, 더 많은 월급을 위해서입니까? 기억하십시오. 우리는 그렇게 시시한 인생을 살 사람들이 아닙니다. 대부분의 사람들은 스카우트 제의를 받으면 더 좋은 직장, 더 많은 월급을 위해 다른 데로 옮겨갑니다. 그러나 진정한 그리스도인이라면 그렇게 좋은 조건의 제의를 받았음에도 불구하고 "여기에 하나님이 찾으시는 사람이 있기 때문에 나는 이곳에 머물겠다"라고 말할 수 있어야 합니다.

사도 바울은 1년 6개월 동안 고린도에서 살았습니다. 그 도시가 좋아서 산 것이 아니었습니다. 거기에는 숨겨져서 타락하고 버림받은 채 죽어 가는 하나님의 백성이 있었기 때문에, 그들을 구원하기 위해 그들과 함께 그곳에 있었던 것입니다. 이것이 바로 그리스도인의 거주 정신이요, 그리스도인들이 집과 직장을 옮겨야 하는 영적 이유입니다.

## 유대인에게 박해를 받다

갈리오가 아가야 총독 되었을 때에 유대인이 일제히 일어나 바울을 대적하여 법정으로 데리고 가서 말하되 이 사람이 율법을 어기면서 하나님을 경외하라고 사람들을 권한다 하거늘(행 18:12-13).

바울이 고린도에 머물 때 있었던 몇 가지 일들을 소개하려 합니다. 본문에서 우리는 사도 바울이 유대인에 의해 또 공격받는 모습을 볼 수 있습니다. 저는 이것을 보면서, '이 세상 어디를 가도 공격하는 사람이 있구나'라는 생각을 했습니다. 우리를 환영하는 사람만 있는 곳은 어디에도 없습니다. 어디를 가든 우리를 반대하고, 싫어하고, 공격하는 사람이 있기 마련입니다. 그러니 반대와 공격이 무섭다고 피하지 마십시오. 당신이 해야 하는 일이 있다면 그대로 하십시오.

사도 바울을 보면 참 불쌍합니다. 그는 가는 곳마다 박해를 받고 매질을 당했으며, 많은 어려움을 겪었습니다. 본문에서 사도 바울은 이러한 사람들의 박해에 대해 자신을 변호하기 위해 이야기하려 합니다. 그때 총독 갈리오가 다음과 같이 말합니다.

바울이 입을 열고자 할 때에 갈리오가 유대인들에게 이르되 너희 유대인들아 만일 이것이 무슨 부정한 일이나 불량한 행동이었으면 내가 너희 말을 들어 주는 것이 옳거니와 만일 문제가 언어와 명칭과 너희 법에 관한 것이면 너희가 스스로 처리하라 나는 이러한 일에 재판장 되기를 원하지 아니하노라 하고 그들을 법정에서 쫓아내니 모든 사람이 회당장 소스데네를 잡아 법정 앞에서 때리되 갈리오가 이 일을 상관하지 아니하니라(행 18:14-17).

총독 갈리오는 흥분한 유대인들을 조용히 시킨 후 정치적인 법과 종교적인 법을 구분해 주었습니다. 여기서 굉장히 재미있는 사실을 하나 배우게 됩니다. 우리는 자칫 잘못하면 정치적인 법과 종교적인 법을 혼동해서 사용할 수 있습니다. 이때 큰 어려움을 겪습니다. 종교법이 이 세상의 법 위에 있을 때는 교황이 정치를 했습니다. 한때는 정치의 법이 교회의 법을 지배하려 한 때도 있었습니다. 정치와 종교는 어떤 관계에 있어야 합니까? 종교는 종교고, 정치는 정치여야 합니다. 그때 종교는 진정으로 정치에 좋은 영향력을 미칠 수 있습니다. 종교가 정치화되면 그 종교 자체는 썩게 됩니다. 정치가 종교를 이용하려 해도 그 정치는 썩기 마련입니다.

총독이 재미있는 말을 합니다. "만일 무슨 부정한 일이나 불량한 행동이 있다면 내가 재판을 하겠다. 그러나 너희가 지금 문제삼고 있는 것이 언어와 명칭과 너희 종교 문제에 관한 것이라면 여기로 가져오지 말고 너희끼리 가서 해결해라." 이것은 당시 로마법 아래서는 유대교뿐 아니라 기독교도 인정한다는 신호탄이었습니다.

또 한 가지 재미있는 것은 소스데네에 관한 사건입니다. 회당장인 소스데네를 붙잡아서 구타한 사건이 일어났습니다. 소스데네는 앞에서 소개했던 그리스보 회당장의 후임이 아니었나 생각됩니다. 그가 예수를 믿게 되었습니다. 유대인들은 자기들을 배신하고 예수를 믿은 유대인들을 아주 싫어했습니다. 그래서 사람들 앞에서 이렇게 구타를 한 것입니다. 이 소스데네는 고린도전서 1장 1절에서 바울이 고린도교회에 문안할 때 함께 언급됩니다.

## 계속되는 전도 여행과 교회의 후원

사도 바울은 이제 1년 6개월 동안의 고린도 여행을 마치고 브리스 길라와 아굴라와 함께 그들의 선교 파송지였던 수리아의 안디옥으로 다시 돌아갑니다. 유럽이 있고 그 옆에 아시아가 있으면, 그다음에 바로 이스라엘이 위치해 있습니다. 지금 그들은 이스라엘로 돌아가려는 것입니다.

바울은 더 여러 날 머물다가 형제들과 작별하고 배 타고 수리아로 떠나갈새 브리스길라와 아굴라도 함께하더라 바울이 일찍이 서원이 있었으므로 겐그레아에서 머리를 깎았더라(행 18:18).

이쯤 되면 브리스길라와 아굴라는 정상적인 직업 활동을 하지 못하는 형편에 있었으리라 생각됩니다. 1년 6개월 동안 직업을 가지고 바울과 같이 지내다가, 이제 바울과 함께 전도 여행을 시작하게 됩니다. 그들의 관심은 직업이 아니라 전도였습니다. 직업은 전도하기 위한 부수적인 수단에 불과했던 것입니다. 그러나 우리는 우리의 직업이 목표가 되곤 합니다. 돈 버는 것이 목표고 자기 전공이 목표이며, 예수님은 그 목표를 이루도록 축복해 주는 도구 내지 부수적인 수단으로 생각하는 태도가 있습니다.

이제 바울은 에베소를 거쳐 수리아의 안디옥으로 가게 되는데, 가기 전에 겐그레아라는 아주 작은 항구에 머물게 됩니다. 거기서 바울이 머리를 깎습니다. 아마 바울이 나실인의 서원을 했는데, 그 기한이 끝나 머리를 깎은 것이 아닌가 하는 추측을 해 봅니다. 아니면 바울이 다른 무슨 서원을 했던 것 같습니다. 이제 안디옥으로 가기 위해서는 그 겐그레아에서 조금 내려오는 에베소라는 큰 도시의 항구에서 배를 타야만 했습니다.

> 에베소에 와서 그들을 거기 머물게 하고 자기는 회당에 들어가서 유대인들과 변론하니 여러 사람이 더 오래 있기를 청하되 허락하지 아니하고 작별하여 이르되 만일 하나님의 뜻이면 너희에게 돌아오리라 하고 배를 타고 에베소를 떠나 가이사랴에 상륙하여 올라가 교회의 안부를 물은 후에 안디옥으로 내려가서(행 18:19-22).

바울 일행은 에베소에서 가이사랴를 거쳐 안디옥으로 내려가게 됩니다. 그런데 여기에 또 한 가지 놀라운 사실이 있습니다. 이때쯤 되면 바울은 지쳤을 것 같습니다. 생각해 보십시오. 해외에서 사는 것이 얼마나 힘듭니까? 비행기를 자주 타야 하는 사람들은 비행기만 보면 지긋지긋해하고, 공항 음식이나 기내 음식이라면 쳐다보기도 싫어합니다. 여행 끝은 또 얼마나 피곤합니까? 바울은 이제 2차 전도 여행을 마쳤습니다. 그 과정에서 많은 일들을 겪었습니다. 이제 에베소에서 배를 타고 다시 고향으로 가고 싶어 합니다. 그런데 성경을 보면, 바울은 에베소에 가서도 사람들과 복음을 가지고 토론하며 전도했습니다. 어디를 가든, 어떤 상황에 있든, 전도할 기회만 있으면 열심히 전도했던 사도 바울이었습니다.

이제 그는 에베소에서 배를 타고 드디어 그 먼 여행을 끝내기 위해 가이사랴를 거쳐 안디옥으로 돌아오게 됩니다. 이것이 2차 전도 여행의 마감입니다.

얼마 있다가 떠나 갈라디아와 브루기아 땅을 차례로 다니며 모든 제자를 굳건하게 하니라(행 18:23).

생각해 보면 바울은 좀 쉬고 싶을 것 같습니다. 그런데 그는 잠깐 쉬다가 또 짐을 챙겨서 떠납니다. 3차 전도 여행을 시작한 것입니다. 3차 전도 여행을 떠나는 바울의 모습이 바로 선교사의 모습입니다.

해외에 사는 선교사들에게는 한국도 고향이 아니고 선교지도 고향이 아닙니다. 그게 모든 선교사들의 고백입니다. 한국에 오면 선교지에 가고 싶고, 선교지에 가면 한국에 오고 싶습니다. 미국에서 오래 살면 영어도 못하고 한국말도 못하게 됩니다. 처음에는 영어를 잘합니다. 그러나 10년쯤 살면 영어도 못하고 한국말도 못하게 됩니다. 자녀 교육은 또 어떻습니까? 그것도 물론 힘이 듭니다. 그때 정도면 누구든지 본능적으로 쉬고 싶어 합니다. 그런데 바울은 조금 쉬었다가 또 떠납니다.

여기서 한 가지 더 생각해 보고 싶은 것이 있습니다. 그것은 안디옥교회입니다. 세 번씩이나 사도 바울을 선교지로 파송한 안디옥교회는 어떤 교회였습니까? 우리는 이 안디옥교회에서 교회의 비밀과 진정한 교회의 모습을 보게 됩니다. 안디옥교회는 1차, 2차, 3차 전도 여행의 거점이자 선교 센터였습니다. 1차 전도 여행을 위해 금식하며 하나님 앞에 기도하던 중, "바울과 바나바를 따로 세워 내가 시키는 일을 위해 보내라"는 성령의 음성을 듣고 바나바와 바울을 보냈습니다. 생각해 보십시오. 부목사를 내보내는 일은 쉽습니다. 그러나 담임 목사를 내보내는 일은 어렵습니다. 그런데 그들은 바나바와 바울을 보내 주었습니다. 그냥 보냈겠습니까? 아닙니다. 아마 헌금을 많이 해서 보냈을 것입니다. 그리고 떠난 후에 그들을 위해 정말 헌신적인 기도를 했을 것입니다. 이것이 바로 바울이 1차 전도 여행을 성공적으로 마치게 된 이유입니다.

이것이 교회입니다. 아무리 건물을 잘 지었어도 거기서 훈련해서 사람을 보내지 않는다면, 그것은 교회가 아니라 건물에 불과합니다. 교회는 금식하고 기도하며 하나님의 음성을 듣고 사람을 파송하는 곳입니다. 또한 이를 위해 헌금하고 격려하고 권하며, 또위로하고 쓰다듬어 주는 곳입니다. 이런 의미에서 교회 주변에는 교인들의 집이 많아야 합니다. 선교사들이 선교지에서 돌아와 교회 주변에 머물다가, 지치고 피곤하고 탈진하면 새벽 기도 시간에 나와 은혜 받고 성도들과 교제하기 위해서입니다. 그런데 대개의 경우 선교사들이 돌아오면 그냥 쉽게 식당에 가서 밥 한 끼 같이 먹고 끝냅니다. 그러면 안 됩니다. 서로 함께 교제해야 진정한 교회입니다. 이것이 사랑을 나누는 것입니다.

기억하십시오. 헌금하고 끝내는 것이 선교가 아닙니다. 편지도 하고 찾아가기도 하며 함께 울어 주는 것이 선교입니다. 함께 사랑을 나누는 것입니다. 선교사는 그 사랑의 힘으로 현지에서 사역하는 것입니다. 우리 주위에는 예수 믿는 사람도 많고, 주일마다 예배를 드리기 때문에 지치고 힘들면 교회에 와서 위로받고 돌아갈 수 있습니다. 그러나 선교사들은 1년이 지나도 은혜 받기가 힘듭니다. 그저 쏟아 내야만 하기 때문입니다. 사도 바울은 2차 전도 여행을 끝내고 돌아와서 쉬고, 먹고, 교제하고 간증하며 용기를 얻었습니다. 그리고 다시 전열을 가다듬어 3차 전도 여행을 떠났습니다. 저는 이 땅의 교회가 이런 교회, 우리 모두가 바로 이런 성도가 되기를 바랍니다.

바울의 3차 전도 여행은 양육 여행이었습니다. 23절을 보면, 바울은 얼마 있다가 떠나 갈라디아와 브루기아 땅을 차례로 다니면서 모든 제자들을 굳건하게 했습니다. 왜 전도 여행을 다시 시작해야만 했습니까? 바울은 자신이 전도했던 한 영혼을 향한 안타까움 때문에, 새로운 곳을 전도하기보다는 자기가 전도한 사람들을 잘 돌보고 그들을 격려해 주며 그들의 믿음을 굳건하게 하기 위해 또다시 전도 여행을 떠날 수밖에 없었습니다. 그런 의미에서 3차 전

도 여행은 양육 여행이었습니다. 3차 전도 여행에서 바울은 갈라
디아와 브루기아 땅을 거쳐서 바로 에베소로 들어옵니다.


## 성령의 능력과 역사

에베소에서는 아주 중요한 사건들이 기다리고 있었습니다. 그것
은 두란노 서원에서의 사역이었습니다.

> 알렉산드리아에서 난 아볼로라 하는 유대인이 에베소에 이르니 이
> 사람은 언변이 좋고 성경에 능통한 자라(행 18:24).

사도 바울 일행은 알렉산드리아에서 온 아볼로라는 한 유대인
을 만났습니다. 알렉산드리아 학파가 있던 바로 그 지역에서 온 이
사람은 학문에 능한 자였던 것 같습니다. 또 성경에 능한 자라 했
는데, 그는 분명 구약성경에 굉장히 정통한 사람이었을 것입니다.
그리고 한 가지가 더 있습니다.

> 그가 일찍이 주의 도를 배워 열심으로 예수에 관한 것을 자세히 말
> 하며 가르치나 요한의 세례만 알 따름이라(행 18:25).

그가 예수님에 관한 많은 지식을 가지고 있었다고 말합니다. 일

찍이 주의 도를 배워 열심으로 예수에 관한 것을 자세히 말할 뿐 아니라 가르치는 사람이었습니다. 그런데 한 가지 문제가 있었습니다. '자세히 말하며 가르치나'에서의 이 '-나'가 문제입니다. 성경을 잘 압니다. 예수님도 압니다. 성경을 말할 뿐만 아니라 가르치는 위치에 있습니다. 그런데 '요한의 세례만 알 따름'이라고 말합니다. 이것은 무슨 말입니까? 그는 불세례, 곧 성령 세례에 대해서는 무지한 사람이었다는 말입니다.

이런 사람들이 너무나 많습니다. 예수님을 잘 압니다. 교회에서 신앙생활도 잘합니다. 성경도 잘 알고 학문도 높습니다. 성경도 가르칩니다. 그런데 한 가지가 **빠져** 있습니다. 성령의 깊은 진리에 대해 무지하다는 것입니다. 이런 사람들이 성경을 가르칩니다. 이런 이들이 설교를 합니다. 교회를 이끌어 갑니다. 교회는 커졌습니다. 그런데 열매는 없습니다. 아무 기적도 일어나지 않습니다. 아무 역사가 일어나지 않습니다. 말만 있을 뿐입니다. 바로 아볼로가 그런 사람이었다는 것입니다.

그가 회당에서 담대히 말하기 시작하거늘 브리스길라와 아굴라가 듣고 데려다가 하나님의 도를 더 정확하게 풀어 이르더라(행 18:26).

아볼로가 회당에서 담대히 말하기 시작했습니다. 또 곳곳에 돌아다니면서 말씀을 전했습니다. 이 사람에게는 용기도 있었던 모양입니다. 그 말하는 내용을 브리스길라와 아굴라가 들었습니다.

그런데 브리스길라와 아굴라는 지혜로운 사람입니다. 그의 말을 듣고 그 자리에서 '잘못됐다'라고 얘기하지 않았습니다. 그들은 아마 이렇게 말했을 것 같습니다. "은혜 받았습니다. 말씀이 참 감명 깊었습니다. 저희하고 식사 한번 하시겠습니까?" 그러면서 이 사람이 성령을 모르니 성령에 대해서 자세히 가르쳐 주었습니다. 더 깊은 말씀의 진리로 이끌고 싶었던 것입니다. 본문 26절은 바로 19장 1-7절에 나오는 내용과 연관되어 있습니다. 그래서 사도 바울이 에베소에 가서 "너희들이 예수를 믿을 때에 성령을 받았느냐?"라고 물었던 것입니다.

그리스도인들 가운데 보면 성경 공부도 열심히 하고 예수님이나 회개에 대해서도 잘 아는 사람들이 있습니다. 이렇게 회개의 세례를 받은 사람들은 다니면서 회개만 하라고 말합니다. 정의감이 너무 넘칩니다. 그러나 더 깊은 하나님의 사랑에 대해서는 무지합니다. 세례 요한의 세례는 알지만 불세례에 대해서는 모릅니다. 경험이 없는 것입니다. 사람을 설득시킬 수는 있지만, 변화시키지는 못합니다. 들어 보면 말은 다 맞습니다. 그런데 영적 능력이 없습니다. 바로 이런 사람이었던 아볼로가 브리스길라와 아굴라를 만나게 된 것입니다.


아볼로가 아가야로 건너가고자 함으로 형제들이 그를 격려하며 제자들에게 편지를 써 영접하라 하였더니 그가 가매 은혜로 말미암아 믿은 자들에게 많은 유익을 주니 이는 성경으로써 예수는 그리스도라고 증언하여 공중 앞에서 힘 있게 유대인의 말을 이김이러라 (행 18:27-28).

26절과 27-28절 사이에 무슨 일이 어떻게 이루어졌는지는 모르겠지만, 이제 아볼로가 사도 바울의 교제권 안으로 들어오게 되었습니다. 사도 바울이 전도했던 사람들과 연결이 된 것입니다. 이 말은, 그들이 영적으로 벌써 하나가 되었다는 기본적인 전제를 의미합니다. 유대교적인 배경이나 구약의 배경 그리고 세례 요한의 세례와 예수 그리스도의 도에 대해서는 잘 알지만 성경의 깊은 진리에 대해서는 몰랐던 그가 이제는 반대쪽으로 넘어온 것입니다. 그래서 그가 예수가 그리스도라고 증언할 때 공중 앞에서 힘 있게 유대인의 말을 이긴 것입니다. 이러한 것을 두고 성령의 능력과 역사가 있었다고 말하는 것입니다.

그러므로 성령의 능력이 있는 사람과 그 능력이 없는 사람은 다르다고 할 수 있습니다. 이론을 알려 주거나 사람을 설득까지는 할 수 있습니다. 그러나 변화시키는 것은 성령님의 역사입니다. 겉으로 보면 별 차이가 없는 것 같습니다. 그러나 성령의 능력에 사로잡힌 사람과 그렇지 않은 사람, 이성이나 율법에 사로잡힌 사람과 은혜에 사로잡힌 사람, 성령을 경험한 사람과 경험하지 않은 사람은 다릅니다. 우리는 여기서 이러한 것들을 보게 됩니다.

고린도전서 3장 4-9절에 보면 바울과 아볼로에 관한 이야기가 있습니다. "나는 심었고 아볼로는 물을 주었으되"(고전 3:6). 이것을 볼 때 아볼로는 잘 거두는 사람이었던 것 같습니다. 바울은 씨를 뿌리고 다녔고 아볼로는 열매를 맺고 다닌 것을 보면, 아마도 그가 고린도로 다시 가서 성령 충만하여 맺은 영적인 열매들이 풍성하지 않았나 생각됩니다. 바울파와 아볼로파가 생길 정도로 영적인 영향력을 많이 미치게 되었다는 것입니다.

우리는 예수님을 모르지 않습니다. 회개의 세례를 모르지 않습니다. 그러나 아직 불세례를 받지 않았다면 사모하십시오. 성령의 능력에 한 번도 붙잡혀 본 경험이 없다면 그런 경험과 능력을 사모하십시오. 그때 우리는 더욱 능력 있는 그리스도의 성도들이 될 것입니다.

# 10

# 성령의 중요성을 가르치다

사도행전 19:1-7

사도 바울의 3차 전도 여행이 안디옥에서부터 다시 시작됩니다. 안디옥은 참 특이한 곳입니다. 1차 전도 여행도 그곳에서 시작되었고, 2차 전도 여행도 그곳에서 시작되었습니다. 그리고 3차 전도 여행도 그 도시에서 시작되었습니다.

이 안디옥은 사람들을 영적으로 재생시키는 곳입니다. 피곤하고 지쳐서 돌아온 선교사들을 다시 한 번 위로하고 용기를 주어 재무장시키는 곳입니다. 우리에게는 이런 안디옥이 필요합니다. 이 땅의 교회들이 이런 안디옥교회와 같은 교회가 되기를 바랍니다. 많은 선교사들이 와서 위로와 용기를 얻고 재충전을 한 후 다시 힘을 얻어 떠나는 것입니다.

그럴 만한 장소가 또 하나 있습니다. 바로 가정입니다. 당신의 가정이 그런 곳이 되기를 바랍니다. 세상에 나가서 예수 이름으로 열심히 살다가 집에 돌아오면 위로를 받을 수 있어야 합니다. 이런 안디옥이 여러 곳에 많이 필요합니다.

## 성령 체험의 중요성

에베소에 도착한 바울은 몇몇 그리스도인들을 만나게 됩니다.

> 아볼로가 고린도에 있을 때에 바울이 윗 지방으로 다녀 에베소에
> 와서 어떤 제자들을 만나 이르되 너희가 믿을 때에 성령을 받았느
> 냐 이르되 아니라 우리는 성령이 계심도 듣지 못하였노라(행 19:1-2).

아볼로가 고린도에 있을 때, 바울이 위쪽 지방으로 다녀 에베소
에 와서 어떤 제자들을 만나게 됩니다. 7절에 보면 열두 사람쯤 되
었다고 했습니다. 에베소에서 예수 믿는 사람들을 보면서 바울은,
그들이 예수 믿는 것은 좋은데 뭔가 하나 빠진 것 같다고 생각했습
니다. 그래서 이렇게 묻습니다. "예수 믿을 때 너희들이 성령을 받
았느냐?" 그러자 그들은, "아니다. 우리는 성령이 있음을 듣지도
못했다"라고 대답합니다.

이 질문은 오늘 우리에게도 굉장히 중요합니다. 성령을 받았다
는 사실이 왜 그리도 중요합니까? 그 대답은 아주 간단합니다. 성
령의 세례와 성령의 충만함과 성령의 능력을 얻지 못하면, 기독교
는 하나의 이론에 불과하기 때문입니다. 아무것도 아니라는 것입
니다.

먼저 생각하고 싶은 것은, '성령을 받았느냐'라는 말입니다. 이
말 앞에는 '너희가 믿을 때'라는 말이 나옵니다. 이 성령의 능력과

성령의 세례와 성령의 충만함은 아무나 받을 수 있는 게 아닙니다. 예수 그리스도를 믿는 사람에게 성령이 임합니다. 하지만 이 말은 또 다르게도 볼 수 있습니다. 예수는 믿지만 성령의 체험이 없을 수도 있다는 말을 포함합니다.

"너희가 믿을 때에 성령을 받았느냐" 하는 말은 두 가지 해석이 가능합니다. 언어적으로 보면 '너희가 예수를 믿은 바로 그때 성령을 체험했느냐'라는 말이 되고, '너희가 예수를 믿고 나서 성령을 체험했느냐'라는 말로도 해석이 가능합니다. 이 두 가지 해석은 실제로 공존하는 것입니다. 어떤 사람은 예수 믿고 나서 성령을 체험합니다. 또 어떤 사람은 예수를 믿을 때 동시에 성령을 체험하기도 합니다. 또 어떤 사람에게는 성령 세례가 먼저 오고 그다음에 물세례가 올 수 있습니다. 사도행전 10장에서 살펴본 고넬료와 같은 경우가 여기에 해당합니다. 베드로는 이때 "이 사람들이 우리와 같이 성령을 받았으니 누가 능히 물로 세례 베풂을 금하리요"(행 10:47)라고 말하며 그곳에 모인 자들에게 세례를 주었습니다.

예수님의 제자들의 경우를 생각해 보십시오. 예수님의 제자들은 예수님과 함께 먹고 마시며 살았습니다. 3년 동안 설교를 직접 들었습니다. 기적을 목격한 자들입니다. 그리고 사람들 앞에서만 본 게 아니라, 사람들이 보지 못하는 자기들만의 생활 속에서도 예수님을 경험했습니다. 그뿐만이 아닙니다. 그들은 십자가를 목격한 증인들입니다. 그들은 부활도 목격했습니다. 부활하신 예수님과 식사도 했습니다. 그리고 그분의 얘기도 들었습니다. 부활 후 40일 동안 같이 사시던 예수님이 구름 속으로 사라지는 승천의 광경도 목격했습니다.

이런 제자들에게 복음이 없다고 말할 수 있겠습니까? "예수 믿지 않는다, 예수를 모른다"고 말할 수 있겠습니까? 제자들처럼 예수님을 잘 아는 사람들이 도대체 어디 있겠습니까? 그런데 예수님이 그들에게 뭐라고 말씀하셨습니까? "예루살렘을 떠나지 말고 내게서 들은 바 아버지께서 약속하신 것을 기다리라"(행 1:4). 나가지 말라고 말씀하셨습니다. 아직은 때가 아니라고 말씀하셨습니다. 너희가 먼저 받고 경험하고 체험할 게 있다는 것입니다. 그것을 받기 전까지는 떠나지 말라는 것입니다. 그렇습니다. 우리는 예수님의 이 말씀을 잘 들어야 합니다.

당신이 예수를 안 믿는다는 게 아닙니다. 부활을 안 믿는다는 것도 아니고, 십자가를 안 믿는다는 것도 아닙니다. 십자가의 믿음도, 부활 신앙도 다 믿습니다. 재림도 믿을 것입니다. 그러나 과연 '성령으로 옷 입었느냐' 하는 것이 문제입니다. 당신의 이성과 지성과 노력과 의지로 교회에 나와서 선을 행하며 예수 믿고 전도하고 있는가, 아니면 성령님의 은혜를 옷 입고 그분을 힘입어서 그리고 능력을 받아서 신앙생활하고 있는가 하는 것입니다. 아주 결정적인 차이가 여기에 있습니다.

예수님은 그들을 당장 세상에 내보내지 않으셨습니다. 먼저 그들로 하여금 기도하게 하셨습니다. 우리가 한 해를 잘 보내는 것도, 졸업을 하는 것도, 논문을 쓰는 것도 중요하지 않습니다. 교회를 건축하는 것도 그다음 얘기입니다. 먼저 성령을 받아야 합니다. 체험을 해야 합니다. 능력을 받아야 합니다. 그다음에 무엇이든지 할 수 있는 것입니다. 그래야 기도를 하건 찬양을 하건 전도를 하건 선행을 하건, 예수를 힘 있고 능력 있게 믿을 수 있는 것입니다. 그래서 주님은 제자들에게 예루살렘을 떠나지 말라고 하신 것입니다. 그리고 그렇게 예루살렘에 머물며 기도할 때, 그들에게 성령이 임한 것입니다.

저는 당신에게 이런 특별한 축복과 경험이 있게 되기를 바랍니다. 예수 믿는 것 자체가 성령의 역사입니다.


## 성령 받은 사람의 변화된 삶

그렇다면 예수님을 영접했다는 것이 무엇인지를 먼저 생각해 볼 필요가 있습니다. 예수를 영접해서 구원을 받았다는 것은, 예수 그리스도가 하나님의 아들이며, 그가 하나님인데 육체로 세상에 오셔서 우리 죄를 위해 십자가에 못 박혀 죽으셨다는 사실을 이해하고, 믿고, 그를 받아들이는 것입니다. 이를 요한복음 1장 12절은, "영접하는 자 곧 그 이름을 믿는 자들에게는 하나님의 자녀가 되는 권세를 주셨으니"라고 표현했습니다.

그러면 구원받았다는 것은 무엇입니까? 첫째, 신분의 변화입니다. 마귀의 자녀에서 하나님의 자녀로, 세상 사람에서 하나님 백성으로 신분이 변한 것입니다. 우리가 천국 시민권을 소유한 것입니다. 누가 천국에 갑니까? 천국 시민권을 가진 사람이 갑니다. 천국에 소속된 사람이 갑니다. 구원을 통해서 이 소속의 변화, 신분의 변화가 있는 것입니다.

둘째, 위치의 변화입니다. 종의 위치에서 아들의 위치로 바뀌는 것입니다. 종의 위치에서 그분의 친구의 위치로 나를 바꿔 주시는 것입니다.

셋째, 본질의 변화입니다. 우리는 본질상 진노의 자식이었는데, 이제는 의의 자녀가 되었습니다. 의롭다 함을 받은 것입니다. 이것이 구원입니다.

또 한 가지가 있습니다. 넷째, 법적 지위의 변화입니다. 우리는 상속자가 되었습니다. 예수님과 함께 유업을 받을 자가 된 것입니다. 우리는 양자의 영을 받아서 양자가 되었습니다. 이게 구원입니다.

그렇지만 이렇게 구원을 받았다고 해서 다 능력을 얻은 것입니까? 그건 아닙니다. 우리가 예수 믿고 구원받았다고 해서 능력을 받았다고 말할 수는 없습니다. "기쁘다, 구원받았다, 내가 남에게 전도 받았다"는 말은 누구나 할 수 있지만, 예수 믿고 구원받았기 때문에 기적이 일어나고 능력이 일어났느냐 하면 그건 아닙니다. 성령의 인치심이 있어야 합니다.

성경을 보면 바울이 이런 질문을 합니다. "너희가 믿을 때 성령을 체험했느냐? 성령이 함께했느냐? 임했느냐?" 왜냐하면 성령님이 임할 때 사도행전 1장 8절에 기록된 말씀대로 능력이 함께 임하기 때문입니다. 예수님은 '예수를 믿으면 너희가 능력을 받고'라고 말씀하신 것이 아니라, "성령이 너희에게 임하시면 너희가 권능을 받고 예루살렘과 온 유대와 사마리아와 땅 끝까지 이르러 내 증인이 되리라"라고 말씀하셨습니다. 이렇게 생각하면 됩니다. 구원받은 자들은 성령의 능력이 임할 수 있는 모든 가능성을 다 가지고 있습니다. 이제 성령의 능력과 기름 부으심만 임하면 폭발하고 터지는 것입니다. 기적이 일어나는 것입니다.

예수님의 제자들은 성령 충만함을 받고 난 이후에 180도 달라졌습니다. 우선, 제일 중요한 것은 그 자리에 있을 수 없었다는 것입니다. 그들은 기도하던 그 자리를 뛰쳐나왔습니다. 예수 믿고 성령 받은 사람은 자기의 과거에 그냥 머물지 못합니다. 그냥 뛰쳐나가는 것입니다. 깨지는 것입니다. 부서지는 것입니다. 폭발하는 것입니다. 그런 일들이 우리 안에서 일어나기를 바랍니다.

바울은 이 문제에 굉장히 관심이 많았습니다. 사람은 자기가 경험한 것에 대해 관심이 많은 것 같습니다. 저는 북한에서 예수 믿는 부모님 밑에서 태어났고 피난을 나와 자랐습니다. 성인이 될 때까지 살면서 교회에 아주 익숙해 있었습니다. 그러나 제가 예수님을 정말로 만났을 때, 예수님을 경험하니 그게 아니었습니다. 말로다 설명할 순 없지만, 지금까지 믿어 왔던 그런 분이 아니었습니다. 너무나 놀라운 분이었습니다. 성령을 체험했을 때, 그것은 제가 지금까지 한 번도 경험해 보지 못했던 놀랍고 새로운 세계였습니다. 그냥 교회에 왔다 갔다 하고 헌금하고 봉사하며 일하는 그 정도가 아니었습니다.

가끔 저는 그런 생각을 합니다. '선교사가 오죽했으면 뛰어나갔을까?' 그렇습니다. 그냥 있을 수가 없는 것입니다. 너무나 감격스럽고 가슴 벅찬 일이기 때문에 뛰어나간 것입니다. 배에서 생수가 터지듯 뒤집어지고 부서지고 깨어지고 녹고 변화되는 경험들을 하는 것입니다.

어떤 사람이 예수를 믿습니다. 〈사영리〉를 가지고 다니며 전도를 하고, 하나님의 자녀 된 것을 인정합니다. 여기까지는 논리적으로 공부를 해서 의지적으로 결심할 수 있습니다. 그러나 그 사람이 깨졌는가 하면 그것은 아닙니다. 성령님이 임하면 부서지는 경험을 하게 됩니다. 자신의 자아가 깨지는 경험을 하는 것입니다.

지금은 고인이 되신 한얼산기도원의 이천석 목사님은 불도저로 밀어 버리듯 복음을 전하시는 걸로 유명합니다. 욕 좀 먹어도 됩니다. 인격적으로 대접할 필요 없이 부숴야 합니다. 불도저로 미는 것처럼 밀어야 하는 사람들이 있습니다. 그렇게 깨지고 부서지고 녹아야 됩니다. 이게 안 되니까 왔다 갔다 하고 믿을까 말까 하며 평생 그렇게 사는 것입니다. 이런 사람들은 다 꺼져 가는 촛불 같습니다. 바람을 막아 주면 좀 살다가도 보호막을 벗겨 놓으면 간들간들 죽어 가는 촛불, 다 죽어 가다가도 훅하고 불면 살아나는 불쏘시개 같습니다. 자기 혼자 예수 믿기도 힘들고 버거운 사람입니다.

자기가 성령 받았는지 안 받았는지는 기도해 보면 압니다. 성령 받지 않은 사람은 5분도 채 기도하지 못합니다. 그러나 성령 받은 사람은 가만히 앉아서 기도할 수 없습니다. 춤이 막 추어집니다. 그게 맞습니다. 하나님이 내 안에 들어오셨는데 어떻게 흥분하지 않고 점잖게 예수를 믿을 수 있겠습니까? 이것은 하나님으로부터 선물을 받은 것입니다. 사람들은 새 차를 사고도 흥분합니다. 그러나 예수를 믿고서는 흥분하지 않습니다. 이것이 문제입니다. 병들었기 때문입니다. 성령 받았는지 안 받았는지는 찬송 부르는 것을 통해서도 알 수 있습니다. 성령 받은 사람은 찬송을 부르며 춤을 춥니다. 감격이 있기 때문입니다. 기쁨이 있기 때문입니다. 능력이 있기 때문입니다.

성령 받은 사람은 시간 가는 줄 모르고 기도합니다. 성령 받은 사람에게서는 찬송이 나옵니다. 성령 충만한 사람은 사람들을 너무 좋아하기 때문에 그 주변으로 사람들이 모입니다. 또한 성령 받은 사람들은 기도하면 응답이 빠르고 분명합니다. 그리고 기적과 능력들을 생활 곳곳에서 보게 됩니다. 반면, 성령 충만하지 않은 사람들은 사람을 다 내쫓습니다. 봉사하면서도 신경질을 내고 원망과 불평이 가득합니다.

모든 그리스도인이 다 그렇다는 것은 아닙니다. 성령을 받았는가가 문제입니다. 바울은 "너희가 믿을 때에 성령을 받았느냐"라고 물었습니다. 사람들은 "우리는 예수도 알고 세례 요한도 알지만, 당신이 말하는 건 잘 모르겠다"고 대답했습니다. 한 번도 들어보지 못했다는 얘기는 아닐 것입니다. 알기는 알지만 경험이 없는 것입니다. 모든 것을 자기의 이성과 의지와 지식으로만 판단하는 것입니다.

성령의 음성을 들었다는 사람이 있고, 하나님의 뜻을 깨달았다는 사람이 있습니다. 한편에서는 하나님의 뜻을 알았다고 표현하지만, 다른 한편에서는 하나님의 음성을 들었다고 표현합니다. 당신은 어느 편에 속합니까?


## 성령의 임재는 신앙생활의 에너지

바울이 이르되 그러면 너희가 무슨 세례를 받았느냐 대답하되 요한의 세례니라 바울이 이르되 요한이 회개의 세례를 베풀며 백성에게 말하되 내 뒤에 오시는 이를 믿으라 하였으니 이는 곧 예수라 하거늘(행 19:3-4).

요한은 백성에게 어떻게 말했습니까? "내 뒤에 오시는 분이 있는데 그분을 믿어라. 그분은 곧 예수다"라고 말했습니다. 지금까지는 예수 믿고 교회에 다니면서 세례 받고 봉사하는 등 할 것은 다 했습니다. 그러나 변화나 기적이나 능력을 체험해 본 적은 없습니다. 체험 얘기를 들으면, 안 믿는 것은 아니지만 믿는 것도 아니었던 자들은 자기 혼자 예수 믿는 것이 버겁습니다. 비전도 확신도 열정도 없습니다. 아주 상식적이고 일상적인 것뿐입니다. 그리고 그 상식적이고 일상적인 것이 정상이라고 자꾸 우깁니다. 그러면서 모든 사람을 자기처럼 만들려고 합니다.

이것은 정상적인 교회가 아닙니다. 사도행전을 보십시오. 사도행전의 교회가 정상입니다. 오늘날 현대 교회와 사도행전 교회 사이에는 차이가 많습니다. 사람들은 바울의 말을 듣고 움직이기 시작했습니다. "오, 저런 세계가 있구나. 저런 경험이 있을 수 있구나." 그들은 간절히 사모했습니다.

그들이 듣고 주 예수의 이름으로 세례를 받으니(행 19:5).

그들이 사도 바울의 말을 듣고 예수님의 이름으로 오는 불세례를, 성령의 임재와 인치심을 사모했습니다. 이 말씀에서 저는 굉장히 중요한 메시지를 하나 발견합니다. 바울이 "너희가 믿을 때에 성령을 받았느냐"라고 물었을 때, 그들은 그런 말은 들어 본 적도 없다고 했습니다. 바울은 다시 무슨 세례를 받았느냐고 물었고, 그들은 요한의 세례를 받았다고 대답했습니다. 그러자 바울이 예수 그리스도와 성령에 대해 가르치며 "그분을 너희가 믿고 받으라"라고 말했습니다. 그 말을 듣고 그들은 주 예수의 이름으로 이 세례 받기를 사모했습니다.

이는 굉장히 중요한 사실입니다. 누구든지 예수 그리스도를 믿고 영접하면, 그는 그 자리에서 그리스도인이 됩니다. 내가 마음의 문을 열고 예수님을 영접하겠다고 말하는 순간 성령이, 영으로 오신 예수님이 내 안에 들어와 내 주인이 되고 내 죄를 사하여 주십니다. 이 일은 지금도 일어날 수 있습니다. 지금 이 시간, 마음의 문을 열고 '아 그렇구나, 정말 그렇구나' 하며 깨닫고 사모할 때, 이런 일이 일어날 수 있는 것입니다.

교회를 얼마나 오래 다녔느냐는 중요하지 않습니다. 믿을 때 성령을 경험했느냐, 성령의 옷을 입었느냐, 성령의 기름 부으심을 받았느냐, 이것이 중요합니다. 당신에게 진리가 없다는 것이 아닙니다. 능력이 없는 게 문제입니다. 영적인 능력이 없다는 것입니다. 우리가 어떻게 전도할 수 있겠습니까? 돈으로 전도합니까? 학문으로 전도합니까? 기술로 전도합니까? 아닙니다. 능력으로 전도하는 것입니다. 마귀를 제압해야 됩니다.


바울이 그들에게 안수하매 성령이 그들에게 임하시므로 방언도 하고 예언도 하니 모두 열두 사람쯤 되니라(행 19:6-7).

그때 바울이 안수하매 성령이 임했습니다. 물론 성령의 세례가 오순절같이 갑자기 임할 수도 있습니다. 또 반면에 사람마다, 집집마다 나타나는 양식들이 다를 수 있습니다. 그런 것은 자기 스스로 압니다. 변화가 일어나기 때문입니다. 이상하게 담배가 뚝 끊어집니다. 그렇게 좋아하던 것들을 안 하게 됩니다. 싫어졌기 때문입니다. 그렇게 재미있던 게 다 재미가 없습니다. 그리고 이제는 사람의 영혼에 관심을 가지게 됩니다. 성령이 임하면 성령에 눈을 뜨기 때문입니다. 옛날에는 보지 못했고 불쌍하다는 생각이 안 들었는데, 성령이 임하면 사람들이 불쌍해집니다.

이렇게 변해야 사람을 구원으로 이끌 수 있는 것입니다. 바울이 그 사람들에게 안수했습니다. 성령이 임했습니다. 그리고 터졌습니다. 그게 방언이고 예언입니다. 기도를 하는데 이상한 말이 막 터져 나옵니다. 바울이 안수했다는 것은 무엇입니까? 성령 받은 사람을 통해서 성령이 역사하는 것입니다. 성령 받지 않은 사람을 통해서는 성령이 역사하지 않습니다.

물론 어떤 사람이 성령 받았다고 해서 그가 도덕적으로, 인격적으로 완전하게 성숙했다는 얘기는 아닙니다. 그것은 다른 문제입니다. 성령 받은 사람이 인격적으로 조금 부족할 수도 있습니다. 개중에는 성숙하지 않은 사람들도 있습니다. 사고를 내는 사람들도 많아 다른 이들이 시험에 들기도 합니다. 저도 그것 때문에 고민이 많았습니다. 왜 성령 받은 교회에서 자꾸 헌금을 강조하는지 모르겠습니다. 왜 성령 받은 교회에서 자꾸 물질적 축복만을 강조하는지 모르겠습니다. 그것만 강조하니 사람들이 갈등을 겪고 시험에 들게 되는 것입니다.

어쨌든 성령의 역사는 성령 받은 사람을 통해서 일어납니다. 저는 당신이 정말 믿음으로 하나님의 성령을 만날 수 있게 되기를 바랍니다. 하나님이 만지실 때 기적이 일어나고, 능력이 나타나고, 방언이 터지고, 은사가 드러납니다. 이러한 이유로 예수 믿는 것과 성령 받는 것은 다르다고 말하는 것입니다. 이 두 가지는 동시에 올 수도 있고, 차례차례 올 수도 있습니다.

베드로의 경우는 오순절 이전과 이후가 분명히 다릅니다. 오순절 이전에는 얼마나 큰소리를 많이 치고 다녔습니까? 죽기까지 주님을 따르리라고 큰소리쳤습니다. 그러나 그 약속을 하나도 지키지 못했습니다. 십자가 앞에서 도망친 사람이 베드로였습니다. 그러나 오순절 이후에 베드로는 주님이 없어도, 누가 보지 않아도 영광스런 삶을 살았습니다. 감옥에 들어가도 문제가 없었습니다. 당신은 어떻습니까? 저는 당신에게 이와 같은 성령님의 임재가 경험되기를 원합니다.

방언이란 새 언어입니다. 통역이 있는 언어가 있고 통역이 없는 언어가 있습니다. 음악 같은 방언이 있고 거친 방언이 있습니다.

이상하게 성령이 임하면 갑자기 영적 통찰력이 생깁니다. 그냥 이해가 됩니다. 성령이 임하면 그렇게 깨닫지 못했던 말씀들이 쉽게 가슴에 와닿습니다. 해석이 따로 필요 없을 만큼 성경이 쉬워집니다. 모든 것이 하나가 됩니다. 앞으로 될 일이 느껴집니다. 그런 일이 있을 수 있습니다. 그리고 주님에 대한 관심과 사랑이 많아집니다. 사람들이 욕하고 비판하는 것에 대해 옛날에는 신경을 많이 썼지만, 성령을 체험하고 나면 별로 신경이 쓰이지 않고 마음이 부드러워집니다. 당신에게 이런 축복이 있기를 바랍니다.

# 11

## 두란노 서원에서 강론하다

사도행전 19:8-20

바울의 3차 전도 여행은 1, 2차 전도 여행과는 다릅니다. 성경은 서론은 생략하고 우리를 바로 아볼로 사건으로 인도합니다. 아볼로는 어떤 사람이었습니까? 성경에 능통한 사람이었습니다. 예수에 관해서 자세하게 잘 아는 사람이었습니다. 성경을 가르치는 사람이었습니다. 그러나 깊은 진리에 대해서는 잘 모르고 있었습니다. 브리스길라와 아굴라가 성경의 깊은 진리에 대해 얘기해 주자, 그때부터 그는 변하기 시작했습니다.

한편 바울은 에베소에 있는 그리스도인들을 만났습니다. 모두 열두 명쯤 되었는데, 그들은 요한의 세례만 알 뿐 성령의 세례는 알지 못했습니다. 바울은 이들에게 안수한 후 성령을 받게 했습니다. 그리고 성령을 받은 그들에게서 방언도 하고 예언도 하는 등 능력이 나타나기 시작했습니다. 에베소 교인들에게는 이런 축복이 있었습니다.


## 두란노 서원 사역의 시작
그 후로 어떤 일이 일어났습니까?

바울이 회당에 들어가 석 달 동안 담대히 하나님 나라에 관하여 강론하며 권면하되 어떤 사람들은 마음이 굳어 순종하지 않고 무리 앞에서 이 도를 비방하거늘 바울이 그들을 떠나 제자들을 따로 세우고 두란노 서원에서 날마다 강론하니라(행 19:8-9).

이 열두 명은 성령 받은 사람들이며, 방언과 예언과 능력을 체험하고, 어떤 임재가 자기를 감싸고 있는 것을 경험한 사람들입니다. 이런 사람들은 잠을 자든 깨어 있든, 항상 새 술에 취한 듯 취해 있습니다.

바울은 석 달 동안 담대히 하나님의 말씀을 증거했습니다. 그러나 이 3개월 동안 또 한 가지 독특한 일이 있었습니다. 마음이 굳어 순종하지 않는 사람들, 성령의 역사가 있지만 인정하지 않으려는 사람들, 즉 방해하는 사람들이 있었다는 것입니다. 빛이 오면 어둠이 드러나듯, 하나님의 성령이 임하시면 악령이 드러납니다. 반대하는 세력들, 거친 세력들, 순종하지 않는 세력들이 드러나서 비판하고 소동을 피웁니다. 사도 바울은 3개월 동안 성령의 역사와 악령의 역사, 복음의 역사와 복음을 반대하는 역사 등 두 가지 일을 경험하면서 마음에 새로운 구상을 하게 됩니다. 새로운 전도 전략을 세운 것입니다. 그것은 1차 전도 여행과 2차 전도 여행에서 말했던 새로운 구상이었습니다. 바로 두란노 서원 사역이었습니다. 그는 생각을 바꾸었습니다.

## 비방하는 무리를 떠나다

> 어떤 사람들은 마음이 굳어 순종하지 않고 무리 앞에서 이 도를 비방하거늘 바울이 그들을 떠나 제자들을 따로 세우고 두란노 서원에서 날마다 강론하니라(행 19:9).

"바울이 그들을 떠나." 이것이 중요합니다. 사도 바울은 3개월 동안 전도하다가 새로운 생각을 가지게 되었습니다. '아, 떠나야겠다.' 바울은 반대를 일삼는 사람들과 싸우고 있을 시간이 없었습니다. 어떤 사람들은 투쟁하고 반대하느라 자기 생애를 다 바칩니다. 반대하고 투쟁하는 일보다 새 일을 시작하는 편이 더 쉽습니다. 당신은 투쟁하고 반대하기 위해서 일생을 보내지 않기를 바랍니다. 물론 그런 일도 중요합니다. 어떤 때는 항의해야 하고, 투쟁해야 합니다. 그러나 그것보다 더 중요한 것은, 새 일을 하는 것입니다. 하나님이 우리에게 맡겨 주신 그런 일을 하는 것입니다. 내가 반대하거나 투쟁하지 않으면 이 사회가 썩어 버릴 것이라고 걱정하지 마십시오. 하나님이 맡겨 주신 일을 하면 그런 것은 다 없어져 버립니다. 하나님은 우리에게 일을 맡겨 주셨습니다. 미래를 주셨습니다. 그 일을 하라는 것입니다. 바울은 그들과 논쟁하고 토론하고 싸우기보다는 조용히 그들을 떠나기로 결정했습니다.

여기에서 우리는 떠남의 원칙을 보게 됩니다. 참된 제자, 참된 하나님의 사람이 되기 위해서는 세상과 죄와 탐욕과 거짓 세력 및 우리를 반대하는 세력들로부터 일단 떠나야 합니다. 거기에 머물며 낭비할 시간이 없습니다. 한 발은 세상에, 한 발은 교회에 두면 두 발 다 세상에 빠져 버리고 맙니다. 이것도 하고 저것도 하면 아무것도 안 되는 법입니다. 그리스도인들은 외길을 가는 사람들입니다. 그리스도인들은 한 방향을 향해 가는 사람들입니다. 그리스도인의 길은 돌아갈 길이 없는 오직 한 길입니다. 예수 그리스도를 향하여 무식하게, 단세포처럼 그냥 가는 것입니다. 몰라서가 아닙니다. 사도 바울이 몰라서, 그가 지식이 없어서 그 길을 간 것입니까? 아닙니다. 그는 성경을 쓸 정도로 지성인이었습니다. 그러나 그는 외길을 갔습니다. 세상 학문을 배설물처럼 여긴다고 했습니다. 자신을 위하여 십자가에 못 박힌 예수 그리스도 외에는 아무것도 알지 않기로 결정했다고 했습니다.

당신에게도 이런 결심이 있기를 바랍니다. 우리의 인생은 두 번 주어지지 않습니다. 청년의 때는 두 번 다시 돌아오지 않습니다. 하나님의 일을 하고 싶습니까? 당신의 생애를 결단해야 합니다. 이것도 하고 저것도 해서는 안 됩니다. 하나만 해야 합니다. 기회는 두 번 주어지지 않습니다. 당신의 젊음을 하나님에게도 드리고 세상에도 주고는 아무것도 할 수 없습니다.

김지철 목사님은 서울 상대를 졸업했는데, 대학교 때 은혜를 받았습니다. 그의 어머니는 예수를 잘 믿는 분이었습니다. 그런데 그가 목사 되는 것을 원하지 않았습니다. 장로가 돼서 교회를 섬기라며 강요하는 어머니와 목사가 되겠다는 아들 사이에 싸움이 붙었습니다. 아들은 신학교에 가고 싶은 것입니다. 그리고 어머니는 그렇게 하기를 원치 않는 것입니다. 마지막 결전의 시간이 왔습니다. 아들이 어머니께, "어머니, 기도합시다"라고 말했답니다. 그러나 어머니는 기도를 안 했답니다. 기도하면 질 게 뻔했기 때문입니다. 이때 김지철 목사님이 유명한 말을 했습니다. "어머니! 어머니를 사랑합니다. 제 생애가 두 번 있다면 예수님 말씀 한 번, 어머니 말씀 한 번 들어 드리고 싶은데, 제 생애는 한 번밖에 없습니다." 그러자 어머니는, "하나님은 너무하신다. 남편도 빼앗아 가시더니 아들도 빼앗아 가신다"고 대성통곡을 하시면서 아들의 신학교 진학을 허락했습니다. 그래서 모든 것을 다 버리고 그가 신학교에 들어갔습니다.

## 따로 세우다

두 번째 단계는, 그들을 떠나 따로 세우는 것입니다. 두란노 서원 사역이란 무엇입니까? 떠나는 사역입니다. 그리고 따로 세우는 사역입니다. 사도행전 13장에 보면 안디옥교회가 성령의 음성을 들었습니다. "내가 불러 시키는 일을 위하여 바나바와 사울을 따로 세우라"(행 13:2). 바나바와 바울을 빼면 안디옥교회에는 아무도 없습니다. 그러나 하나님은 바울과 바나바를 따로 세우라고 말씀하셨습니다. "이들은 내가 시킬 일을 위하여 구별된 사람들이다."
보통 사람이 아니라 구별된 사람이 세상을 변화시킵니다. 그럭저
럭 사는 사람은 세상을 변화시키지 못합니다. 이것도 하고 저것도
하는 사람이 세상을 변화시키는 게 아니라 구별된 사람, 헌신된 사
람, 한 가지를 위해서 결심한 사람이 세상을 변화시키는 것입니다.
사도 바울은 많은 사람이 아닌 소수, 곧 열두 명을 택했습니다. 예
수님도 열두 제자를 택하셨습니다.

바울은 한 가지만 충성할 수 있는 사람을 택한 후 두란노 서원이
라는 장소에서 그들을 훈련시키기 시작했습니다. 세상은 우리 모
두가 변화시키는 게 아니라, 우리 중에서 '떠나고 따로 세움을 받
은' 사람들이 변화시키는 것입니다. 열두 명은 결코 적은 수가 아
닙니다. 세상을 변화시키고도 남는 수입니다. 저는 당신이 그 열두
명의 일원이 되기를 바랍니다.

9절 마지막 부분에 보면, 바울이 두란노 서원에서 날마다 강론
했다고 말씀합니다. 두란노 서원은 무엇을 하는 곳입니까? 에베소
에 있는 일종의 아주 큰 아카데미 같은 곳입니다. 두란노란 사람의
이름입니다. 그는 당시에 존경받는 굉장히 훌륭한 사람이었는데,
그 사람의 이름을 따서 두란노 서원이라는 이름을 붙인 것입니다.
사도 바울이 그 장소를 빌렸습니다. 아침 10부터 오후 4시 정도까
지 그 장소를 사용했는데, 거기에서 따로 부름 받은 사람들을 데리
고 공동체 생활을 시작한 것입니다. 우리는 여기서 기독교의 공동

체 생활과 신학교의 한 효시를 볼 수 있습니다. 두란노 서원 사역은 두 가지입니다. 떠나는 것과 구별되는 것입니다.

그러면 그곳에서 무엇을 했습니까? 두 가지를 했습니다. 첫째는, 날마다 성경을 배웠습니다. 일주일에 한 번이 아닙니다. 일주일에 몇 번 구역 예배 참석하고 성경 공부하는 것으로 끝난 게 아니라, 매일 집중해서 훈련을 받았습니다. 주일날 교회 한 번 나오는 것으로 변화되기를 바라는 사람들이 있습니다. 그렇게 성경 공부도 안 하고 훈련도 안 받고 세상에서 마음대로 살면서, 어떻게 주일에 교회 한 번 오는 것으로 변화되길 바랍니까? 안 변합니다.

변하려면 매일 말씀 안에 있어야 합니다. 훈련을 받아야 합니다. 머리끝부터 발끝까지 완전히 세탁해야 합니다. 좋은 것은 세상에다 갖다 주고, 세상 교육을 위해서는 월요일부터 토요일까지 할 수 있는 일은 다하면서, 신앙 교육을 위해서는 주일학교에서 한두 시간 공부하는 것으로 어떻게 당신의 자녀가 믿음이 있기를 바랍니까? 매일 자녀들을 위해 기도하며 말씀을 가르쳐야 합니다.

여기서 우리가 깨달은 게 바로 큐티(QT)입니다. 날마다 성경을 가르치는 방법으로 무엇이 있겠습니까? 누구나 다 새벽 기도를 할 수 있는 것은 아닙니다. 그러나 집에서 30분 이상씩 매일 말씀으로 사는 훈련은 할 수 있습니다. 그래서 시작한 것이 큐티 사역이었습니다. 매일매일 말씀 안에서 훈련받는 삶을 살자는 것입니다.

## 공동체 생활과 말씀 훈련

두 해 동안 이같이 하니 아시아에 사는 자는 유대인이나 헬라인이
나 다 주의 말씀을 듣더라(행 19:10).

2년 동안 바울은 소수의 사람들을 위해 한 장소에 머물렀습니
다. 당신은 그럴 수 있겠습니까? 몇 사람을 위해서 자신의 다른 일
은 아무것도 하지 않고 2년을 투자할 수 있겠습니까? 예수님이 그
렇게 하셨습니다. 바울이 그렇게 했습니다. 다시 한 번 기억하십시
오. 대중이 세상을 변화시키는 게 아닙니다. 대중은 한 번도 세상
을 변화시켜 본 적이 없습니다. 변화시키는 것은 소수 정예의 사람
들입니다. 거듭난 사람들입니다. 구별된 사람들입니다. 선택된 사
람들입니다. 헌신된 사람들입니다.

교회에 10년을 다녀도 변하지 않습니다. 변화는 자기 생애의 한
부분을 잘라 내야 일어납니다. 헌신자나 사역자들처럼 집중적으
로 헌신하고 훈련을 받아야 합니다. 그래야 하나님의 사람으로 변
하는 것입니다. 거듭나는 것입니다. 10년을 교회에 왔다 갔다 해
도 소용없습니다. 하루를 살아도 10년같이 살아야 합니다. 이것이
훈련입니다. 이것이 하나님의 사람이 되었다는 증표입니다.

두란노 서원에서 그들은 2년 동안 아무 일도 하지 않았습니다.
생각 같아서는 전도도 하고 싶었을 것입니다. 할 일이 많았을 것입

니다. 그러나 그들은 스스로를 절제했습니다. 그러면서 2년 동안 매일 말씀을 훈련받았습니다. 그러자 무슨 일이 생겼습니까? "두 해 동안 이같이 하니 아시아에 사는 자는 유대인이나 헬라인이나 다 주의 말씀을 듣더라"(행 19:10). 선교가 이루어진 것입니다. 아무 일도 안 한 것 같은데 큰일이 이루어진 것입니다. 바울이 일일이 돌아다니면서 전도한 것과는 비교할 수 없는 엄청난 효과가 아닙니까? 우리는 여기서 진정한 그리스도인의 공동체가 보여 주는 새로운 능력을 발견하게 됩니다.

저는 우리 교회 안에서 소수 정예화가 이루어지기를 바랍니다. 정말 생명을 걸 만한 사람, 자기 생애를 바칠 만한 사람, 자신의 젊음을 바칠 만한 사람, 하나만 할 수 있는 사람, 하나님은 그런 사람을 통해서 역사를 변화시키십니다. 그런 사람이 세계를 변화시킬 수 있습니다. 그런 사람은 오래 인내할 줄 압니다. 조급하지 않습니다. 평생을 헌신했기 때문에 조급하게 무언가를 하려고 하지 않습니다. 오래 기다리고 인내하며 한 걸음, 한 걸음 성실하고 충성스럽게 한 방향으로 가는 것입니다.

가장 불쌍한 사람은 상황에 따라 움직이는 사람입니다. 이런 사람은 아무것도 남는 게 없습니다. 가장 좋은 것 같지만 가장 비참합니다. 한 생애를 사는 데 있어서 신앙생활도 마찬가지입니다. 충성하기 바랍니다. 한곳에 헌신하기 바랍니다. 당신의 젊음은 다시 돌아오지 않습니다. 예수님에게 투자하십시오. 100퍼센트 보증할 수 있습니다. 절대 후회하지 않습니다.

아시아에 사는 자는 유대인이나 헬라인이나 다 주의 말씀을 듣더라
(행 19:10).

오늘 당신에게 그리고 이 땅의 교회에 이런 축복이 있기를 바랍
니다.

# 12

# 훈련받은 자들을 통해
# 능력이 나타나다

사도행전 19:8-20

사도 바울은 3차 전도 여행을 시작하면서 두 가지 점을 강조합니다. 첫째는, 성령 세례에 관한 것입니다. 에베소에 도착하자마자 성도들에게, "너희가 믿을 때에 성령을 받았느냐"(행 19:2)고 질문합니다. 이것은 성령 세례가 얼마나 중요한가를 보여 주는 말입니다. 전도 전략의 최우선 과제는 능력을 받는 일입니다. 성령 세례를 통해 능력을 받지 않고서는 아무리 좋은 전략과 능력 있는 사람들이 다 모인다 할지라도 아무 일도 일어나지 않습니다. 선교 역사를 보면 선교 회의나 선교 대회를 하고 나서 선교 선언문을 낭독합니다. 선교 선언문을 낭독한다고 전도가 되는 것은 아닙니다. 여의도에 수십만, 수백만 명이 모인다고 해도 전도가 되지 않습니다. 성령의 능력이 없으면 아무 일도 일어나지 않습니다. 따라서 성령의 능력을 받는 것만큼 중요한 일은 없습니다.

둘째는, 사도 바울의 전략이 새롭게 바뀝니다. 그동안에는 회당에서 가르치고 이곳저곳을 다니며 전도했습니다. 여행을 했습니다. 그것이 1차, 2차 전도 여행이었습니다. 복음을 전파하고 전도하면서 반대도 받았습니다. 돌에 맞기도 했습니다. 죽을 뻔하기도 했습니다. 그렇게 해서 사람들이 예수를 믿고 세례를 받았습니다. 그러나 이러한 전도 방법으로는 한계가 있음을 알게 되었습니다.

그래서 성령 충만하게 전도하다가 3차 전도 여행에 와서는 방법을 바꿉니다. 새로운 전략을 시도합니다. 그것이 바로 두란노 서원 전략입니다. 능력 받고 은혜 받은 열두 명의 사람들과 함께 이 일을 시작합니다. 모함을 하며 방해하는 무리들이 일어날 때, 사도 바울은 그들을 떠납니다. 그리고 제자들을 따로 세웁니다. 두란노 서원이라는 곳에 들러 2년 동안 날마다 말씀을 강론하며 공동체 훈련을 합니다. 이것이 두란노 서원 사역의 전부입니다. 바울과 제자들이 훈련한 방법은 그 동료들이 지금까지 전도해 왔던 방법과는 아주 다른 것이었습니다.

## 투자와 포기

이 두란노 서원 사역에는 두 가지 요점이 있습니다. 첫째는, 제자들을 '따로 세운다'는 것입니다. 자기들을 방해하는 세력으로부터 떠나 제자들을 따로 세워 구별된 삶을 사는 것이 바로 두란노 서원 사역입니다. 또 한 가지가 있습니다. 그것은 2년 동안 날마다 말씀 훈련과 더불어 공동체 생활을 시도한 것입니다. 이것은 아주 독특한 형태입니다. 2년 동안 날마다 헌신한 것은 일종의 시간 투자입니다. 이것도 하고 저것도 하는 것이 아니라, 그들은 어떤 한 가지 일을 이루기 위해 모든 것을 포기합니다. 포기가 없이는 헌신이 없습니다. 이것도 하고 저것도 하면 아무 변화도 일어나지 않습니다.

생각해 보십시오. 지금 살고 있는 방법대로 살 때, 무슨 일이 일어날 수 있다고 생각합니까? 현재 살고 있는 방법을 바꾸지 않는한 어떤 새로운 일이 일어나기를 기대하지 마십시오. 현재 먹고 있는 음식을 바꾸지 않는 한 내 건강은 과거와 똑같을 것입니다. 건강 상태를 바꾸려면 음식을 바꿔야 합니다. 옛날 음식을 그냥 먹고 있으면서, 그 환경 속에 계속 머물러 있으면서 건강해지기를 바라는 것은 잘못입니다. 당신이 지금까지 살아온 방법을 바꾸지 않는한, 당신의 고민과 갈등은 계속될 것입니다. 절대로 벗어나지 못합니다. 만약 당신이 살고 있는 방법에서 탈피하고 싶다면, 그래서 좀 더 다른 삶을 살고 싶다면 생활을 바꿔야 합니다. 10년 전이나 지금이나 똑같다면, 앞으로 10년 후도 별 차이가 없을 것입니다.

변화를 원한다면 포기해야 합니다. 뭔가를 결정해야 합니다. 변화를 위해서는 대가를 치러야 합니다. 바울과 제자들은 2년이라는 세월을 투자했습니다. 그리고 그것을 위해 그들은 헌신했습니다. 결심했습니다. 그래서 변화가 온 것입니다.

두란노 서원 사역은 어떤 열매를 맺습니까?

두 해 동안 이같이 하니 아시아에 사는 자는 유대인이나 헬라인이나 다 주의 말씀을 듣더라(행 19:10).

어떤 모양으로든 변화를 일으키려면 삶을 바꿔야 합니다. 삶의 모든 행동과 방법, 스타일을 바꾸지 않고서는 과거의 삶이 계속 연장될 뿐입니다. 두란노 서원에서 삶을 헌신하고 구별하고 따로 훈련을 받고 난 후의 결과는 첫째, 모든 사람이 복음의 소식을 듣게 되었다는 것입니다. 돌아다니면서 전도해야 복음이 전파될 것 같은데, 한곳에서 2년 동안 집중해서 말씀 앞에 서서 헌신하며 공동체 생활을 하고 나니, 아시아에 있는 헬라인이나 유대인이 다 예수님에 관한 소식을 듣게 되었다는 것입니다. 선교란 말씀 사역의 결과입니다. 선교 일을 하면 선교가 없어집니다. 일을 하면 일이 없어져 버립니다. 그러나 기도하면, 일이 생깁니다. 말씀 앞에 서면 선교의 열매들이 엄청나게 쏟아집니다. 이 땅의 교회에도 이런 역사들이 일어나기를 바랍니다.


## 진짜 능력과 가짜 능력

그렇다면 두란노 서원 사역을 하고 난 후에는 무슨 일이 생겼습니까?

하나님이 바울의 손으로 놀라운 능력을 행하게 하시니 심지어 사람들이 바울의 몸에서 손수건이나 앞치마를 가져다가 병든 사람에게 얹으면 그 병이 떠나고 악귀도 나가더라(행 19:11-12).

능력이 나타났습니다. 포기해 보십시오. 포기하면 다 잃어버리는 것 같지만, 가장 중요한 것을 얻게 됩니다. 그러니 결심하고 결단하십시오. 한 방향으로 가 보십시오. 반드시 축복이 옵니다. 이들이 2년 동안 함께 살면서 하루 종일 집중해서 훈련받고 하나님 앞에 구별된 삶을 살았더니, 자기도 모르는 사이에, 언제부터인지 모르지만 능력이 나타나기 시작했다는 것입니다. 물론 능력은 갑자기 생길 수도 있지만, 우리가 말씀 안에 붙들려 있기만 하면, 하나님께 붙어 있기만 하면 우리도 모르는 사이에 능력이 안에서 채워지는 것입니다.

이 능력이 얼마나 놀랍던지, 성경에도 놀라운 능력이라고 기록되어 있습니다. 희귀하고 참 이해하기 어려운 일들이 막 일어난 것입니다. 한 예로, 사도 바울의 손수건이나 앞치마를 가져다가 병든 사람에게 얹어 놓으면 다 나았습니다. 그러니 사도 바울이 직접 손을 댔을 때는 능력이 얼마나 세게 나타났겠습니까? 말씀 훈련과 공동체 삶의 능력은 이렇게 큰 것입니다. 결심하는 것이 사람을 이렇게 변화시키는 것입니다. 포기하는 것이 사람을 이렇게 변화시키는 것입니다.

본문에서는 놀라운 능력으로 두 가지를 보여 주고 있습니다. 첫째는, 귀신이 나가는 것입니다. 이것은 영적인 능력입니다. 둘째는, 병이 낫는 것입니다. 이것은 육적인 능력입니다. 이런 영적인 능력과 육적인 능력이 동시에 나타난 것입니다. 어떤 사람들은 가만히 쳐다보기만 해도 그에게서 능력이 나옵니다. 그런 사람하고는 이야기만 해도 그 능력이 접촉되는 느낌을 갖습니다. 그와 같이 있기만 해도 마음이 깨끗해지는 것 같습니다. 보고만 있어도 마음이 따뜻해집니다. 그 사람의 이름을 부르거나 생각만 해도 좋습니다. 이것이 놀라운 영적 능력입니다.

본문에는 재미있는 에피소드를 하나 소개하고 있습니다.

이에 돌아다니며 마술하는 어떤 유대인들이 시험 삼아 악귀 들린 자들에게 주 예수의 이름을 불러 말하되 내가 바울이 전파하는 예수를 의지하여 너희에게 명하노라 하더라 유대의 한 제사장 스게와의 일곱 아들도 이 일을 행하더니 악귀가 대답하여 이르되 내가 예수도 알고 바울도 알거니와 너희는 누구냐 하며 악귀 들린 사람이 그들에게 뛰어올라 눌러 이기니 그들이 상하여 벗은 몸으로 그 집에서 도망하는지라(행 19:13-16).

사도 바울에게만 능력이 있었다고 보지는 않습니다. 공동체 삶을 살았던 그 집단 자체가 영적인 능력을 갖게 된 것입니다. 돌아다니며 마술을 하는 어떤 유대인들이 있었습니다. 점도 치는 자들입니다. 점쟁이들에 관한 책을 읽어 보면, 진짜 점쟁이가 나타나면 가짜 점쟁이들은 난리가 난다고 합니다. 본문의 상황은 아마 그런 현상 중 하나였을 것입니다. 마술을 하거나 점치는 사람들이 바울의 모습을 흉내 내어, 귀신 들린 사람에게 주 예수의 이름을 부르며 명령했습니다.

잘 보십시오. "내가 바울이 전파하는 예수를 의지하여 너희에게 명하노라." 우리가 귀신을 쫓을 때는 우리 안에 계신 그리스도와 믿음을 가지고 쫓는 것입니다. 그런데 이 사람들은 "바울이 말하는 그 예수의 이름을 잠깐 빌려서 너희 귀신을 쫓노라" 했으니 귀신이 나가겠습니까? 이때 악귀 들린 사람이 참 재미있는 말을 합니다. "야, 내가 바울도 알고 예수도 아는데, 넌 누구냐?" 그러고는 그 사람들한테 덤벼들어 그들의 옷을 벗기고 때렸습니다. 결국 그들은 옷을 벗은 채 도망을 갔다는 얘기입니다.

여기에서 발견하게 되는 것은 무엇입니까? 진짜와 가짜입니다. 진짜가 나타나면 가짜들은 다 사라지기 마련입니다. 바울이 전하는 예수의 이름을 빙자해서 귀신을 쫓으려고 했던 마술하는 유대인들은 모두 가짜였습니다.

복음은 모방되지 않습니다. 성령의 능력은 모방되지 않습니다. 가짜 꽃은 모양은 같을 수 있지만 향기를 낼 수는 없습니다. 가짜 꽃을 진짜 꽃처럼 보이게 할 수는 있어도 열매를 맺게 할 수는 없습니다. 교회에는 나오지만 가짜 그리스도인들이 많습니다. 가짜 그리스도인이란 무엇입니까? 비슷한 사람입니다. 교회에 나오는 것도 비슷하고, 찬송을 부르는 것도 비슷하고, 헌금을 드리는 것도 비슷하고, 봉사하는 것도 비슷합니다. 그런데 아무것도 없습니다. 그 사람들은 귀신에게 조롱을 받는 것입니다. "내가 바울도 알고 예수도 아는데, 너는 누구냐?" 하며 귀신이 덤벼드는 것입니다. 저는 당신이 이런 조롱을 받지 않게 되기를 바랍니다.

악귀 들린 사람이 그들에게 뛰어올라 눌러 이기니 그들이 상하여 벗은 몸으로 그 집에서 도망하는지라(행 19:16).

가짜는 귀신의 조롱을 받을 뿐만 아니라 귀신을 이기지 못합니다. 오히려 귀신들이 이깁니다. 그리고 그들에게 수치를 당합니다. 현대 교회와 그리스도인의 영적 상태가 이와 비슷합니다. 교회는 많습니다. 예수 믿는 사람들도 많습니다. 목회자도 많습니다. 그러나 영적 능력을 가진 교회는 많지 않습니다.

"은과 금은 내게 없거니와 내게 있는 이것을 네게 주노니 나사렛 예수 그리스도의 이름으로 일어나 걸으라"(행 3:6). 베드로와 요한은 이렇게 말하므로 나면서 못 걷게 된 사람을 일으켰습니다. 현대 교회에는 돈이 있습니다. 은과 금이 있습니다. 건물도 있습니다. 세상적인 힘도 있습니다. 교회는 이제 세상에서 굉장히 중요한 위치를 차지하며 사람들로부터 관심을 받고 있습니다. 그러나 교회가 이렇게 말합니다. "은과 금은 이제 가졌으나 나사렛 예수 그리스도의 이름으로 일어나 걸어라 하는 능력은 잃어버렸다." 오늘날 교회가 다시 찾아야 할 것은 건물이나 제도나 방법이 아닙니다. 사람이 아닙니다. 능력입니다. 하나님 나라는 말에 있지 않고 능력에 있습니다.


## 100퍼센트 헌신한 사람

소수의 사람이 중요합니다. 다수가 큰일을 하는 것이 아닙니다. 민중이 큰일을 하는 것이 아닙니다. 역사를 보면 하나님의 부름을 받은 소수의 사람이 하나님의 일을 합니다. 기드온의 300명이 필요한 것입니다. 존 웨슬리는 이런 말을 했습니다. "마귀의 권세를 흔들 수 있는 기도하는 사람 300명을 나에게 주십시오. 나는 세계를 당신 앞에 드리겠나이다." 세상은 바로 이런 사람들이 변화시키는 것입니다. 99퍼센트 헌신한 사람 100명보다는 100퍼센트 헌신한 한 사람이 더 큰일을 합니다.

오늘날 교회는 적당히 예수 믿고 적당히 헌신한 사람들로 가득차 있기 때문에, 결국 숫자가 아무리 많아도 그 안에서는 아무 일도 일어나지 않습니다. 저는 우리 교회 안에 정말 사도행전과 같은 사건이 일어나기를 바랍니다. 그러기 위해서는 헌신해야 합니다. 그러기 위해서는 포기해야 합니다. 이것도 하고 저것도 하고, 이것도 생각하고 저것도 생각하는 사람에게는 아무 일도 일어나지 않습니다. 그리고 결정해야 합니다. 시간을 바쳐야 합니다.


그러므로 형제들아 내가 하나님의 모든 자비하심으로 너희를 권하노니 너희 몸을 하나님이 기뻐하시는 거룩한 산 제물로 드리라(롬 12:1).

재미있게도 '마음'을 드리라는 말이 없습니다. 우리는 마음을 주는 게 더 중요하다고 생각하지만, 성경은 그렇게 말씀하지 않습니다. '내 몸'을 드리는 게 헌신이라고 말씀합니다. 예수님께서 베드로에게 이런 말씀을 하셨습니다. "마음에는 원이로되 육신이 약하도다"(마 26:41). 마음으로야 섬기면서 몇 번 왔다 갔다 했습니다. 마음으로는 헌금을 했습니다. 마음으로는 건물을 다 지었습니다. 그것은 헌신이 아닙니다. 진짜 헌신은 당신의 몸을 드리는 것입니다. 시간을 드리는 것입니다. 손과 발을 드리는 것입니다. 그게 헌신입니다. 몸을 드리는 사람을 통해서 기적과 능력과 역사들이 나타납니다.

많은 사람들이 입으로 예수를 믿습니다. 생각으로 예수를 믿습니다. 몸으로 예수를 믿으려고 하지는 않습니다. 하지만 몸으로 그 삶을 하나님 앞에 드릴 때 어떤 일이 일어납니까? 산골짜기에 있을지라도, 지방에 있을지라도, 사람들이 알아보지 못한다 할지라도, 그 한 사람 때문에 아시아에 있는 유대인과 헬라인이 다 주의 말씀을 듣는 것입니다. 성령의 역사들이 놀랍게 일어나는 것입니다.

교회를 그저 왔다 갔다만 하는 사람이 되지 않기를 바랍니다. 10년 안에는 뭔가 달라져, 무슨 일이든 이루는 당신의 삶이기를 바랍니다.

## 회개의 역사가 일어나다

> 에베소에 사는 유대인과 헬라인들이 다 이 일을 알고 두려워하며
> 주 예수의 이름을 높이고 믿은 사람들이 많이 와서 자복하여 행한
> 일을 알리며(행 19:17-18).

에베소에 있는 유대인과 헬라인들 사이에 큰 충격이 일어났습니다. 이 사건 때문에 몇 가지 반응이 나타났습니다. 첫째는, 에베소에 사는 유대인과 헬라인들이 다 이 일을 알고 두려워했다고 했습니다. 하나님을 경외하고 두려워하는 영적 분위기가 생긴 것입니다. 그렇습니다. 영적 사건이 일어나면 하나님에 대한 두려움과 경외심이 일어납니다. 영적 사건이 없으면 교회가 방자해집니다. 세상 것과 교회 것이 다 뒤섞여 버립니다. 하나님이 눈에 안 보이기 때문에 사람들이 난리를 칩니다. 이런 교회는 망하게 되어 있습니다. 하나님에 대한 두려움이 있어야 합니다. 하나님에 대한 떨림이 있어야 합니다. 하나님에 대한 경외심이 있어야 합니다. '하나님은 여기 계시다'라는 생각이 있어야 합니다. 교회에 들어오자마자, 아니 교회를 보면서부터 가슴이 떨리는 일이 있어야 합니다. 이런 영적 분위기가 이루어져야 합니다. 오늘 이들 사이에 이런 영적 분위기가 조성되었습니다.

두 번째로 어떤 일이 생겼습니까? 가짜 유대인 신자들의 위선이

드러났습니다. 예수를 잘 믿는 척하는 사람들의 위선이 다 드러났습니다. 능력 앞에는 거짓이 존재할 수 없기 때문에 그렇습니다. 진정한 교회에는 진정한 영적 능력이 있습니다. 단순히 지식만 있는 것이 아닙니다. 그 지식이 능력이 되는 것입니다. 당신이 성경 공부나 공동체 모임을 가질 때 능력 있게 되기를 바랍니다. '살아 있는 하나님이 지금 여기 계시다, 하나님이 지금 역사하신다'고 인정하는 능력이 우리 안에 필요합니다. 그렇게 되면 예수님이 높여집니다. 마술을 행하던 유대인 신자들이 모두 가짜라는 사실이 들통 났습니다. 그러면서 자연히, '아, 예수가 진짜구나' 하는 생각을 하게 되었을 것입니다. 그 순간에 예수님의 이름을 높이기 시작했습니다. 찬양을 시작한 것입니다. 바로 이것이 교회입니다. 예수님에 대한 찬양과 높이며 그 이름을 선포하는 감격과 기쁨이 우리 안에 충만하기를 바랍니다.

세 번째는 무엇입니까? "믿은 사람들이 많이 와서 자복하여 행한 일을 알리며"(행 19:18). 아마 이 사건에 앞서 이미 믿었던 사람도 있었을 것이고, 새롭게 믿게 된 사람도 있었을 것입니다. 복음의 결과는 하나님을 두려워하고 예수님의 이름을 높이게 되는 것입니다. 그리고 그를 영접하게 되는 것입니다. 예수를 영접하면서 통회와 자복이 일어났습니다. 믿는 사람들이 많이 와서 자복하며 행한 일을 고백하기 시작했습니다.

진정한 부흥에는 진정한 회개가 있습니다. 오늘날 한국 교회 부흥의 문제는 회개가 없다는 점입니다. 회개가 없이 교회가 부흥한 것입니다. 이것은 축복이 아닙니다. 회개 없이 축복이 오고, 회개 없이 부자가 되고, 회개 없이 많은 사람이 부흥하는 것은 진정한 의미의 축복이 아닙니다. 진정한 축복은 물질이나 이익이나 좋은 일이 많이 생기는 것이 아니라, 진정으로 하나님 앞에서 자기의 모습을 발견할 수 있는 것입니다. 이것이 마음이 가난한 것입니다.

어떤 사람이 자신을 꽤 괜찮은 사람으로 여기며 살아왔습니다. 예수도 잘 믿고, 이만하면 사회적으로나 개인적으로 다 괜찮다고 생각했습니다. 그런데 어느 날, 자기 자신을 들여다보니 아무것도 없었습니다. 믿음도 없었습니다. 부도를 낸 사람처럼 자기 인생이 부도난 사실을 깨달았습니다. 이때 사람은 기막힌 심정이 됩니다. 이것을 가리켜 '가난한 마음'이라고 하는 것입니다. 내가 세웠던 자존심, 내가 세웠던 이상, 내가 생각했던 모든 근거들이 다 무너지는 것입니다. 아무것도 남아 있지 않습니다. 이런 사실을 발견하면 울고 싶고 통곡하고 싶습니다. 그것이 애통입니다. 그래서 애통하는 것입니다. 마음이 가난한 자는 너무 기가 막히니까 애통할 수밖에 없습니다. 애통하는 사람은 할 말이 없습니다. 그래서 온유하게 됩니다. 온유해지면 그리스도를 바라보게 됩니다. 의를 사모하게 됩니다. 목말라하게 되는 것입니다. 성경은 이 사람을 가리켜 진정한 축복을 받은 사람이라고 소개하고 있습니다.

회개 없는 영적 부흥은 없습니다. 1907년 평양에서 성령 운동이 우리나라 최초로 강렬하게 일어났을 때, 그것은 바로 회개의 운동이었습니다. 평양에 있는 모든 술집이 문을 닫고, 모든 악한 세력들이 사라졌습니다. 이것이 진정한 부흥입니다. 우리 교회에도 이런 부흥이 일어나기를 바랍니다. 이런 부흥이 일어나면 누가 누구에게 충고하고 얘기할 필요가 없습니다. 가만히 있어도 세상이 변합니다. 그들이 훈련을 받고 공동체 생활을 하며 말씀으로 날마다 2년 동안 공부했더니 아시아에 있는 유대인이나 헬라인이 다 주의 말씀을 듣게 된 것처럼, 진정한 영적 능력만 소유하고 있으면 내 주변이 변하게 되는 것입니다.

예수님을 만난 삭개오라는 사람이 있습니다. 그가 돌무화과나무에 올라가서 예수님을 바라보는 순간, 예수님과 눈이 마주쳤습니다. "삭개오야, 내려와라. 내가 오늘 너희 집에 유하여야 하겠다." 이 말을 듣는 순간 삭개오가 뭐라고 했습니까? "주여, 내 소유의 절반을 가난한 자들에게 주겠습니다. 내가 만일 누구의 것을 속여 빼앗은 일이 있으면 그것의 네 배를 갚겠습니다." 이것이 진짜입니다. 은혜 받은 증거도 회개요, 성령 받은 증거도 회개입니다. 거룩하신 하나님을 접촉하는 순간, 우리는 스스로 죄인인 것을 깨닫고 그것을 고백하게 됩니다.

사도행전 2장에서 오순절 날 베드로가 설교하자 사람들이 다 가슴을 쳤습니다. 옷을 찢으면서 "우리가 어찌할꼬" 하며 회개했습니다. 이때 베드로는 그들에게 다음과 같이 말했습니다. "너희가 회개하여 각각 예수 그리스도의 이름으로 세례를 받고 죄 사함을 받으라 그리하면 성령의 선물을 받으리니"(행 2:38). 이런 축복이 당신에게 있게 되기를 바랍니다. 진정한 영적 부흥은 회개를 의미합니다.

그렇다면 그들이 통회하고 자복한 회개의 내용은 무엇이었겠습니까?

> 또 마술을 행하던 많은 사람이 그 책을 모아 가지고 와서 모든 사람 앞에서 불사르니 그 책값을 계산한즉 은 오만이나 되더라(행 19:19).

무엇을 회개했습니까? 점치고 마술을 행하던 모든 미신적인 행위를 회개했습니다. 그것이 잘못되었다는 사실을 깨달은 것입니다. '이게 마귀 짓이구나. 이게 사탄의 역사였구나.' 그 당시에도 오늘날처럼 점치는 사람들과 무당들이 굉장히 많았습니다. 그들이 점을 치고 마술을 하기 위해 사용했던 책들을 전부 가지고 왔습니다. 당시에 은 오만이 어느 정도의 가치가 있었는지는 정확히 알수 없지만, 은 오만에 해당되었다면 굉장히 높은 가치를 의미했을 것입니다. 즉, 값으로 결정할 수 없을 만큼 굉장히 많은 분량의 책들을 불사른 것입니다.

우리가 사는 오늘의 사회는 점치는 사회입니다. 우리 사회의 정신적 기조는 무속입니다. 무당들이 하는 말이 무슨 신령한 말인 줄 알고 따라가는 그런 허무맹랑한 사회가 오늘의 우리 사회입니다. 서점에 가 보십시오. '토정비결'까지 소설로 만들어서 대중화시켜 놓았습니다. 무당에 관한 소설이나 무당이 쓴 책을 만들고, 그런 내용을 넣어 드라마를 만듭니다. 요즘 서점에는 단군에 관한 책이나 천기누설과 같은 이상한 책들 그리고 기(氣)에 관한 책들이 얼마나 많은지 모릅니다. 불교 관련 책들과 뉴에이지 관련 책들이 오늘 우리 독서계를 점령하고 있습니다. 책은 바로 그 시대의 시대정신입니다. 우리는 이런 시대에 살고 있습니다.

또 텔레비전을 보십시오. 요즘 무당이나 점쟁이들이 얼마나 자주 등장하는지 모릅니다. 날카로운 칼 위에 서서 춤추는 장면이나 신령한 도사들이라며 여러 가지 이유를 붙여서 등장시키는 것입니다. 요즘 텔레비전은 미신으로 꽉 차 있습니다. 기독교 얘기를 하면 종교적인 것이기 때문에 안 된다고 하면서, 불교나 무속적인 내용은 토속적이고 민족적인 것이기 때문에 방송하도록 허용합니다. 운동권 사람들의 행위에도 무속적인 데가 있습니다. 고사를 지내거나 살풀이를 먼저 하지 않고서는 행동하지 않습니다.

이것이 바로 우리 시대 젊은이들의 정신세계요, 그것이 우리 국민의 정신세계입니다. 바울 당시 에베소의 정신세계와 별다를 바 없는, 허무맹랑하고 미신적이고 무속화된 세계와 가치관 속에서 우리 자녀들이 자라고 있는 것입니다.

더 무서운 것은 음악입니다. 음악은 어떤 매체보다도 강력한 영향력을 미치고 있습니다. 엄청난 양의 뉴에이지 음악, 헤비메탈과 록, 아니면 사탄적인 음악을 통해 사탄 숭배를 하는 것입니다. 그런 음악일수록 전 세계를 지배합니다. 어떤 책이나 텔레비전보다 더 강력한 매체가 음악입니다. 노래를 계속 부르는 것은 보는 것과 다릅니다. 부르고 있으면 그 노래가 결국 자기화됩니다. 이 사악한 음악이나 뉴에이지 음악과 대결해서 싸울 수 있도록 하나님이 경배와 찬양의 음악을 특별히 이 시대에 주신 것입니다. 우리는 찬송가를 더 힘 있게 불러야 합니다. 우리가 더 주님을 경배하며 찬양하지 않으면, 우리 자녀들은 모두 그런 음악에 빠져 버리고 말 것입니다.

무당이나 단, 기, 단군 등으로 말미암아 한국의 정신세계가 오염되어 있듯이, 외국도 똑같이 오염되어 있습니다. 그중 하나가 뉴에이지입니다. 인도의 영향을 받은 신령주의자들이 기독교의 무기력과 타락을 틈타서 독버섯처럼 세상을 점령해 버리고 말았습니다. 기성세대는 그래도 과거부터 습득해 온 가치관이 있기 때문에 그런대로 견뎌 갑니다만, 젊은 세대들은 무차별로 공격당하고 있습니다. 그들의 가장 큰 문제는, 그들의 영혼이 이미 마귀와 무당과 미신적인 것에 사로잡혔다는 데 있습니다. 어떻게 이런 독버섯들과 사탄의 문화들에 맞서서 진정한 기독교 문화를 다시 회복시킬 수 있겠습니까?

한마디로 말하면 성령의 능력입니다. 다른 방법으로는 되지 않습니다. 성령의 능력을 받아야 합니다. 말이 아니라 능력입니다. 몰라서 죄짓는 게 아닙니다. 알면서도 짓습니다. 그냥 빨려 들어가는 것입니다. 능력이 없어서 그렇습니다. 교회는 능력을 받아야 합니다. 능력 받지 않으면 아무 소용이 없습니다. 온갖 범죄와 폭력과 성적 타락과 퇴폐 문화가 우리 젊은이들을 도둑질해 가서 바로 이런 결말을 낳게 하는 것입니다. 사회적으로 발생하는 여러 사건들이 대개 이런 문화의 영적인 결과들입니다.

유대인들은 성령의 사건 앞에 모여 두려워하며 예수님의 이름을 높였고, 통회 자복하면서 자기들이 점치던 책들을 모두 가지고 와서 불살랐습니다. 당신에게도 이런 일이 있게 되기를 바랍니다. 혹시 지갑이나 집에 부적이 있는 사람들은 가서 불태우십시오. 교회에 나오면서도 어머니가 만들어 준 부적이기 때문에 버리지 못할 수 있을 것입니다. 유명한 영화감독 한 분에게 제가 성경을 가르쳤는데, 성경 공부를 마친 후에 밖에서 뭔가 타는 냄새가 났습니다. 누가 담배를 피우나 하고 내다보니 그 사람이 부적을 태우고 있었습니다. 몇 백만 원짜리 부적인데, 부인이 집어넣어 준 것이라 했습니다. 집에 폭력과 음란을 조장하는 영상물이 있다면 오늘 당장 버리십시오. 집에 이런 것들을 두지 말고 불태우십시오. 하나도 남겨 두지 마십시오. 예수님의 이름으로 부탁합니다. 그것들은 당신의 영혼을 좀먹게 될 것입니다.

순결 서약 운동이라는 것이 있습니다. 청소년들에게 결혼할 때까지 순결을 지키겠다는 서약을 하게 하는 것입니다. 그런데 이 서약을 결혼하지 않은 이들에게만 시킬 게 아니라 결혼한 사람에게도 시켜야겠다는 생각이 듭니다. 결혼한 사람도 순결을 지켜야 합니다. 그렇지 않으면 우리 민족은 망합니다. 가정마다 순결을 지켜야 합니다. 가정마다 거룩하고 깨끗해야 합니다. 그럴 때 하나님은 우리에게 영적인 능력을 주십니다. 은사만이 능력이 아닙니다. 순결이 능력입니다. 거룩이 능력입니다. 무엇을 많이 한 것은 중요하지 않습니다. 하나님은 당신이 거룩하고 깨끗하고 순결하기를 원하십니다.

이와 같이 주의 말씀이 힘이 있어 흥왕하여 세력을 얻으니라(행 19:20).

얼마나 놀라운 말씀인지 모릅니다. 우리에게는 다음 세대에 대한 책임이 있습니다. 우리가 해야 할 일은 다음 세대에게 비전과 말씀과 환상을 주어, 다시 이 민족을 일으키고 세계를 변화시킬 수 있는 사람으로 그들을 키우는 일입니다. 주의 말씀이 힘이 있고 흥왕해서 세력을 얻게 되었다는 이것이 바로 두란노 서원 사역입니다. 사도 바울은 전략을 바꿔, 한곳에서 이렇게 사람들을 훈련시키며 공동체 생활을 통해 하나님의 일을 했던 것입니다.

두란노 서원 사역은 세 가지 열매를 맺었습니다. 첫 번째 열매는, 아시아에 사는 헬라인이나 유대인이 다 예수를 듣게 되었습니다. 선교가 일어난 것입니다. 두 번째 열매는, 바울의 손수건과 앞치마만 가지고 가도 더러운 귀신들이 달아났습니다. 치유가 일어난 것입니다. 세 번째 열매는, 마술하던 책들이 다 불살라졌습니다. 세상의 모든 악한 문화들이 다 사라졌다는 것입니다. 우리가 '두란노서원'을 통해 문서 운동을 하는 이유가 여기 있습니다. 치유 사역을 하는 이유가 여기 있습니다. 선교 사역을 하는 이유가 여기 있습니다. 이것이 바로 3차 전도 여행에서 바울이 행했던 사역입니다.

우리는 지금 어떤 의미에서는 영적인 비상 상태에서 살고 있다는 사실을 기억해야 합니다. 안심할 처지가 못 됩니다. 조금만 잘 못하면 낭떠러지로 떨어지는, 어쩌면 지뢰밭을 걸어가는 그런 상황 속에서 오늘날 우리가 살고 있는 것입니다. 깨어 기도하십시오. 당신 자신을 말씀으로 지키십시오. 겸손하십시오. 그리고 주의 복음을 선포하십시오.

**13**

# 로마도 보아야 하리라

사도행전 19:21-41

사도 바울은 두란노 서원이라는 장소를 빌려 성령 세례를 받은 능력 있는 소수의 무리들을 2년 동안 집중적으로 제자 훈련시켰습니다. 그 결과는 아주 놀라웠습니다. "이와 같이 주의 말씀이 힘이 있어 흥왕하여 세력을 얻으니라"(행 19:20). 말씀에는 힘이 있습니다. 제자 훈련을 하면 힘이 생깁니다. 그리고 말씀으로 힘이 생기면 부흥이 일어납니다. 영적 부흥은 많은 사람들에게 변화와 영향력을 가져다줍니다.

2년이 지난 후 사도 바울의 마음속에는 한 가지 생각이 자리 잡기 시작했습니다. 그의 마음을 사로잡고 있는 환상이 있었습니다. 그것은 그 당시 세계의 중심이라 할 수 있는 로마를 보아야겠다는 생각이었습니다. '로마를 보고 싶다.' 로마에 대한 간절한 생각을 바울이 갖게 된 것입니다.


## 바울, 로마에 눈뜨다

이 일이 있은 후에 바울이 마게도냐와 아가야를 거쳐 예루살렘에 가기로 작정하여 이르되 내가 거기 갔다가 후에 로마도 보아야 하리라 하고 자기를 돕는 사람 중에서 디모데와 에라스도 두 사람을 마게도 냐로 보내고 자기는 아시아에 얼마 동안 더 있으니라(행 19:21-22).

바울은 마게도냐와 아가야를 거쳐서 예루살렘으로 가겠다는 계획을 세웁니다. 예루살렘으로 돌아가는 계획은 바로 로마 때문입니다. '로마를 보고 싶다. 로마로 가고 싶다.' 그는 로마에 대해 눈뜨기 시작한 것입니다. 인생이란 눈뜨는 것입니다. 우리가 어렸을 때는 보는 세계와 깨닫는 세계가 작습니다. 눈이 감겨져 있기 때문입니다. 그러나 어른이 되어 가면서 눈이 떠집니다. 자신에게 눈을 뜨기 시작하고, 사랑에 눈을 뜨기 시작합니다. 어떤 사람은 돈에 눈을 뜨기도 하고, 성공에 눈을 뜨기도 합니다.

그러나 사도 바울은 하나님에 대해 눈을 떴습니다. 그는 영혼에 대해서 눈을 떴던 것입니다. 이런 눈뜨는 작업은 2차 전도 여행 때부터 시작되었습니다. 1차 전도 여행 때는 잘 몰랐습니다. 그는 예루살렘을 떠나 안디옥으로 가게 되었고, 안디옥에서 성령의 음성을 듣고 바나바와 함께 전도 여행을 떠나게 되었습니다. 불이 붙는 것처럼 기적과 능력들이 나타났습니다. 물론 충돌도 있었습니다. 1차 전도 여행을 마치고 2차 전도 여행을 다시 떠나려는 무렵부터 뭔가 삐걱거리기 시작했습니다. 계획대로 되지 않았습니다. 제일 먼저 의견 충돌이 생겼습니다. 바나바와 싸우게 된 것입니다. 그리고 결국 그렇게 훌륭하고 존경스러운 바나바와 헤어지게 됩니다. 둘이 남북으로 갈라져 각각의 장소에서 복음을 전하게 됩니다.

물론 1차 전도 여행에서처럼 똑같은 기적과 능력과 역사들이 나타났습니다. 그러던 어느 날 밤, 하나님의 성령이 환상 가운데 사도 바울에게 나타났습니다. 아시아 전도를 멈추라는 것입니다. 여기에서 계획이 또 뒤집어집니다. 생각지도 못한 일이 생긴 것입니다. 하나님의 성령은 그에게 마게도냐 사람을 보여 주면서 마게도냐 쪽으로 가라고 말씀하십니다. 그는 고민하기 시작합니다. 그러나 고민보다는 순종을 택합니다. 그는 드로아에서 배를 타고 에게해를 건너 유럽 쪽에 위치한 마게도냐로 건너갑니다. 무슨 일이 있는지, 왜 가라고 하시는지 전혀 알 수는 없었지만, 그는 순종합니다. 그때부터 사도 바울은 눈을 뜨게 된 것입니다.

우리의 계획이 어긋나고 있다면, 그것은 일이 잘못되고 있는 것이 아니라, 오히려 하나님에 대해 눈을 뜨게 하시는 하나님의 작업일 수 있습니다. 새로운 것을 보라는, 기존의 틀에서 새로운 틀로 바꿔 보라는 하나님의 사인일 수 있습니다. 하나님은 예루살렘만 보여 주기를 원치 않으셨습니다. 안디옥만 보여 주기를 원치 않으셨습니다. 하나님은 아시아만, 한국만, 북한만 보여 주기를 원치 않으십니다. 하나님은 우리에게 전 세계를 보여 주고자 하십니다. 하나님은 당신이 눈뜨기를 기다리고 계십니다. 눈을 뜨지 않으면, 하나님은 자극을 하십니다. 도전을 하십니다. 당신이 있는 자리를 흔들어 놓으십니다. 그리고 세계를 보도록 만드십니다.

어떤 면에서 세계화의 원조는 바울이라고 할 수 있습니다. 바울은 세계화에 눈을 떴습니다. 아니, 사실은 바울이 아니라 성령이 그렇게 하신 것입니다. 우리는 하나님의 백성입니다. 우리가 하나님의 백성이라면 하나님의 세계를 가져야 합니다. 하나님의 마음은 한곳에 있지 않고 온 우주에 충만합니다. 그래서 그리스도인을 가리켜 'World Christian'이라는 말을 쓰는 것입니다. 우리에게는 물론 민족도 있고 국경도 있습니다. 하지만 그리스도인들은 민족과 국경을 초월한 하나님 나라의 백성이기 때문입니다.

빌립보에 도착한 바울은 새로운 세계와 접촉하게 됩니다. 데살로니가와 베뢰아를 거치면서 그는 드디어 당대의 문화와 종교와 철학의 중심지였던 아덴에 와서 그 문화를 접촉하게 됩니다. 그리고 아덴의 사람들을 만나 그들에게 복음의 변증을 합니다. 여기에서 사도 바울은 문학과 철학과 종교에 대한 그의 눈을 더욱 넓게 뜨게 됩니다.

이후 그는 아덴을 거쳐서 고린도 지역으로 가게 됩니다. 고린도는 소위 상업 지역이요, 무역의 중심지입니다. 그는 이곳에서 상업에 대해 눈을 뜹니다. 그리고 그곳에서도 물론 복음을 증거합니다. 고린도를 거치면서 그는 에베소라는 또 다른 문화의 중심지로 가게 됩니다. 7대 불가사의 중에 하나인 아데미 신전이 있는 에베소에 도착하게 된 것입니다. 그리고 에베소에서 두란노 서원이라는 곳을 중심으로 2년 동안 제자 훈련 사역을 합니다. 그러고 나서 그는 또 다른 생각을 갖게 됩니다. 바로 로마를 보아야겠다는 생각입니다.

그러면 왜 바울이 로마를 보아야겠다고 생각했을까요? 당시 로마는 세계의 중심이었습니다. 복음은 바로 세계 중심을 강타해야만 했습니다. 사도 바울은 꿈을 가지게 되었습니다. 환상을 가지게 되었습니다. 비전을 가지게 된 것입니다.


## 왜 로마인가

### 로마는 성령님의 뜻

그러면 사도 바울의 로마를 보아야겠다는 말속에는 어떤 의미가 있을까요? 두 가지를 생각할 수 있습니다. 첫째, 로마를 봐야겠다는 것은 성령님의 생각이라는 것입니다. 사도행전 1장 8절은, "오직 성령이 너희에게 임하시면 너희가 권능을 받고 예루살렘과 온 유대와 사마리아와 땅 끝까지 이르러 내 증인이 되리라"라고 말씀합니다. 성령 받은 사람에게는 분명한 것이 있습니다. 그것은 비전입니다.

만약 당신이 성령을 체험하고 성령의 능력을 경험했다 하면서도 아직 복음을 갖지 못했다면, 이 세계의 땅 끝을 향한 비전이 없다면, 그것은 가짜 성령일 수 있습니다. 성경에서 말하고 있는 성령인지 의심해 보아야 합니다. 정말 당신이 성령을 받았다면, 성령을 경험했다면, 당신은 성령님의 생각을 하게 될 것입니다. 땅 끝까지 주님의 증인이 되겠다는 그런 생각 말입니다. 예루살렘과 안디옥을 중심으로 움직인 이 복음은 사마리아와 소아시아와 유럽 일대를 휩쓸게 됩니다.

이후 사도 바울은 마음속에 불타는 하나의 비전을 가지게 되는데, 그것은 로마까지 가고 싶다는 것입니다. 이것을 보면서 우리는 이런 생각을 할 수 있습니다. 그리스도인들은 어떤 일을 할 때 그 일의 성취감을 위해서 일하기보다는 관심의 초점을 주님에게 맞추어서 일해야 한다는 것입니다. 많은 사람들은 일 자체에 관심을 갖습니다. 그 자리에 관심을 갖습니다. 그러나 예수님에게는 관심이 없습니다. 교회 자체가 관심의 대상이 되어서는 안 됩니다. 교회를 통해서 교회가 존재하는 것은 아닙니다. 교회는 주님의 명령 때문에 존재하는 것입니다. 그 명령을 이루기 위해 우리가 교회 안에 있는 것입니다.

그러나 많은 사람들이 그 명령에는 관심이 없고, 그 일에만 관심을 갖곤 합니다. 많은 선교사들이 선교 단체에 관심을 갖습니다. 하지만 선교 단체가 중요한 게 아니라 선교가 중요한 것입니다. 우리는 너무나 자주 이런 실수를 합니다. 조직에 얽매이고, 제도에 얽매입니다. 그 일에 빠져 버리는 것입니다. 그리고 그 일에 인생을 겁니다. 어떤 조직이나 제도나 일에 당신의 인생을 걸지 않기를 바랍니다. 그렇게 걸면 걸수록 당신은 불행해지고, 나중에는 상처를 받게 됩니다. 그러나 제도나 방법이나 사람이나 어떤 일에 관심을 갖지 않고 주님에 대해서만, 그분의 명령에 대해서만 관심을 갖게 된다면, 우리는 자유하게 될 것입니다.

## 로마보다 더한 곳에도 가겠다는 바울의 의지

둘째, 로마가 아니라 더한 곳까지도 가겠다는 것입니다. 바울이 "로마도 보아야 하리라"라고 말했을 때, 우리는 로마라는 도시 자체를 중요하게 생각할 수 있습니다. 그러나 사도 바울의 진짜 마음은 그게 아닙니다. 로마라는 장소나 그런 세계가 중요한 것이 아니라, 로마라는 곳까지도 가겠다는 것입니다. 그 말은, 로마에서의 사역이 끝나면 로마보다 더한 곳이라도 갈 수 있다는 것을 뜻합니다. 이는 굉장히 중요한 이야기입니다. 로마서 15장 22-24절을 보면, 사도 바울의 관심은 로마가 아니라는 사실을 알게 됩니다.

> 그러므로 또한 내가 너희에게 가려 하던 것이 여러 번 막혔더니 이제는 이 지방에 일할 곳이 없고 또 여러 해 전부터 언제든지 서바나로 갈 때에 너희에게 가기를 바라고 있었으니 이는 지나가는 길에 너희를 보고 먼저 너희와 사귐으로 얼마간 기쁨을 가진 후에 너희가 그리로 보내 주기를 바람이라(롬 15:22-24).

바울이 로마를 봐야겠다고 말한 것은, 세계의 수도인 로마를 복음으로 점령하는 것만이 궁극적인 목표이기 때문은 아닙니다. 그가 그곳으로 가는 이유는, 그들과 잠깐 교제하고 난 다음에 더 중요한 곳으로 가고 싶었기 때문입니다. 그곳은 바로 서바나였습니다. 당시 로마를 세계의 중심이라 말한다면, 서바나는 세계의 끝이라 할 수 있는 곳입니다. 그는 서바나가 좋은 곳인지 나쁜 곳인지는 알 수 없지만, 그곳이 어떤 곳일지라도, 소위 세상의 끝일지라도 복음을 위해서는 가겠다는 것입니다.

사도 바울에게는 어디로 가느냐가 중요하지 않았습니다. 그는 언제든지 모든 것을 포기하고 훌쩍 떠날 수 있는 사람이었습니다. 그런 사람이 복음을 가진 사람입니다. 미련이 없는 사람입니다. 사람에 대해서도, 장소에 대해서도, 집에 대해서도, 자기의 위치에 대해서도 미련이 없는 사람입니다. 어떤 사람은 사무실에서 의자만 조금 움직여도 난리를 칩니다. 하던 일을 못 하게 해도, 다른 일을 하라고 해도 난리를 칩니다. 왜 그렇습니까? 장소와 일을 중요하게 생각하기 때문입니다.

그러나 우리에게는 일이나 장소가 중요한 것이 아니라, 예수님이 중요합니다. 하라 하면 하고, 가라 하면 가고, 가지 말라 하면 안 가면 되는 것입니다. 이런 사람이 그리스도의 사람입니다. 꿈이나 비전은 하나님이 주신 것을 내가 갖는 것입니다. 자기가 만든 꿈은 그리스도인의 꿈이 아닙니다. 그것은 자기 환상이요, 자기 미련

일 뿐입니다. 일은 될 수도 있고 안 될 수도 있습니다. 하나님이 원하시면 훌쩍 떠날 수 있어야 합니다. 그것이 사도 바울이 한 것입니다.

에베소에서 두란노 서원을 통해 2년간 복음 사역에 심혈을 기울였던 사도 바울이지만, 그는 간단하게 떠날 수 있었습니다. 어떻게 그럴 수 있었습니까? 주님이 중요하기 때문입니다. 또한 하나님이 주신 꿈은 이 땅에서만 가지는 것이 아니기 때문입니다. 그것은 우리가 죽은 후에도 가져갈 수 있는 꿈인 것입니다.

## 현재의 고난과 미래의 영광

> 그날 밤에 주께서 바울 곁에 서서 이르시되 담대하라 네가 예루살렘에서 나의 일을 증언한 것같이 로마에서도 증언하여야 하리라 하시니라(행 23:11).

이와 같이 바울은 갈등되는 꿈을 꾸었습니다. 또 고민에 빠지게 된 것입니다. 여기 '그날 밤에'라는 말이 나오는데, 저는 이 말이 좋습니다. 사도 바울에게는 그날 밤이 참 많았습니다. 즉, 그날 밤이란 주님이 나타나신 밤입니다. 성령님이 나타나신 밤입니다. 그날 밤에 바울의 곁에 주님이 서 계셨다고 말씀합니다. 바울 곁에

서서 주님은, "걱정하지 마라. 담대하라. 죽지 않는다. 망하지 않는다"라고 말씀하셨습니다. 그다음에 주님은 어떻게 하라고 하셨습니까? "네가 예루살렘에서 나의 일을 증언한 것같이 로마에서도 증언하여야 하리라."

사도 바울에게는 로마를 보아야겠다는 강렬한 생각이 있었습니다. 그러나 그것은 바울 자신의 생각이 아니었습니다. 그것은 하나님의 생각이었습니다. "내가 너에게 로마를 보여 주겠다." 즉, 로마로 가는 것은 하나님의 아이디어였습니다. 우리의 현실을 보면 늘 비참합니다. 그러나 미래를 보면 늘 영광스럽습니다. 현재의 고난은 장차 올 영광과 족히 비교할 수 없는 것입니다. 따라서 미래가 없는 사람은 불행합니다. 현재의 고난밖에는 보이는 것이 없기 때문입니다. 앞으로 이루어질 하나님의 영광스러운 세계를 보지 못하니, 이 현실에서 진리를 위해 받는 고난에 회의를 느끼는 것입니다. 불평을 하는 것입니다. 악한 사람들은 잘 살고 성공하는데, 왜 진리를 지키려는 사람들은 이렇게 어려움과 고난을 겪어야 되는 것인가라는 질문에 대한 해답이 없는 것입니다.

그러나 영광스러운 미래를 보는 사람에게는 현실의 고난이 문제가 되지 않습니다. 오히려 용기가 생기고, 기쁨이 있고, 그 눈이 반짝거리는 것입니다. 밖은 차가운 현실이지만, 마음속에는 불이 있습니다. 이것이 꿈이 있는 사람입니다. 이것이 미래가 있는 사람입니다. 환상과 비전이 있는 사람입니다. "걱정하지 마라. 너는 로마를 보게 될 것이다." 사도 바울에게는 분명한 것이 하나 있었습니다. 그것은 바로 로마를 보기까지는 죽지 않는다는 것입니다. 열흘 동안 유라굴로 광풍이 있었어도 그는 죽지 않았습니다. 그 이유가 무엇입니까? 하나님이 그렇게 말씀하셨기 때문입니다. 반드시 로마로 가도록 하겠다고 말씀하셨기 때문입니다.

당신은 무슨 꿈을 가지고 있습니까? 앞으로 몇 년을 더 살 수 있다고 기대합니까? 이 땅에서 숨 쉬고 있는 동안 당신이 가져야 할 꿈은 무엇입니까? 무엇을 위해서 살아야 합니까? 먹고, 입고, 자는 것은 기본입니다. 그럼에도 우리는 너무나 이 문제에 목매달며 살고 있습니다. 월급이 올라가면 할렐루야, 집 한 칸 장만하면 잠을 못 잡니다. 이런 것이 당신의 꿈입니까? 당신의 꿈은 무엇입니까? 당신의 인생을, 젊음을, 청춘을, 또 당신이 가지고 있는 모든 지혜와 지식과 경험을 다 쏟아서 이루고 싶은 야망은 도대체 무엇입니까? 당신은 현실의 고난을 위해 사는 사람입니까, 아니면 미래의 꿈을 위해 사는 사람입니까?

어떤 의미에서는 미래도 없이, 꿈도 없이 그날그날 살아가는 사람이 가장 비참한 것 같습니다. 주님을 위해 꿈을 꾸십시오. 주님이 주신 꿈을 가지십시오. 그 꿈을 위해서 굶어도 보고, 욕도 먹어 보고, 매도 맞아 보고, 손해도 볼 수 있는 영광이 있어야 합니다. 그것이 바로 인간이 하나님의 자녀로서 사는 보람입니다. 세상에서 제일 안된 사람은 한 번도 손해 안 보고 사는 사람, 언제나 자신의 이익을 챙기며 사는 사람이라고 생각합니다. 손해를 봐야 기회가 옵니다. 손해를 보지 않으면 절대 은혜라는 것이 없습니다. 어느 공동체라도 누군가 손해를 봐야 다른 사람이 은혜 받을 수 있습니다. 당신이 손해 보지 않으면 누군가는 은혜를 받을 수 없습니다. 예수님이 십자가에 못 박혀 죽으셨기 때문에 우리가 구원을 받은 것입니다.

## 꿈과 현실의 차이

꿈은 꿈이고, 현실은 현실입니다. 이러한 꿈을 가진 바울에게 항상 현실이 멋지고 좋은 것만은 아니었습니다. 언제나 그 주변은 소용돌이치고 있었고, 갈등과 괴로움뿐이었습니다.

그때쯤 되어 이 도로 말미암아 적지 않은 소동이 있었으니(행 19:23).

바울의 복음 전도로 큰 소동이 일어났습니다. 그 소동은 데메드리오라는 은장색 때문에 일어난 소동이었습니다. 그는 아데미 신상을 만드는 사람이었습니다. 많은 직공들을 데리고 아데미 신상을 만들고 있었습니다. 아데미 신을 위한 축제는 5월에 열리는데, 그 축제가 열리면 많은 사람들이 와서 그 신상을 사기 때문에 그들은 그것을 팔아서 부유한 생활을 하고 있었습니다. 그런데 바울이 전한 복음 때문에 그들이 망하게 되었습니다. 아데미 신상의 위엄이 떨어지게 되었고, 자신들의 직업도 천하게 여김 받게 될 위험에 처해졌습니다.

우리의 이 영업이 천하여질 위험이 있을 뿐 아니라 큰 여신 아데미의 신전도 무시당하게 되고 온 아시아와 천하가 위하는 그의 위엄도 떨어질까 하노라(행 19:27).

그래서 사람들은 분노에 떨게 되었고, 순식간에 온 성이 소동으로 일렁이기 시작했습니다. 그들은 "크다 에베소 사람의 아데미여"(행 19:28)라고 외치며 사람들을 선동했습니다. 그리고 바울을 따라다니는 두 사람을 잡아서 두란노 서원에서 약 1천 미터쯤 떨어져 있는 공연장으로 데리고 갔습니다. 사람들도 몰려갔습니다. 사도 바울은 괴로웠습니다. 자기를 따르며 복음 사역을 같이하던 두 사람이 잡혀갔고, 자기 때문에 많은 사람들이 어려움을 겪게 되었기 때문입니다. 그는 그곳으로 뛰어가서 변론하고 싶었습니다. 그렇지만 다른 그리스도인들과 제자들이 그를 막았습니다.

복음을 전하는 것은 낭만이 아니라는 사실을 볼 수 있습니다. 꿈을 가진 사람에게는 고난이 따른다는 사실을 알게 됩니다. 당신은 하나님이 주신 비전을 선택하겠습니까, 안락한 생활을 선택하겠습니까? 모든 것이 안정되고 편안하고 부족함 없는 삶을 원합니까, 아니면 고난과 배고픔과 속상한 것이 있다 하더라도 예수님 때문에 위대한 꿈을 가지는 삶을 원합니까? 위대한 꿈을 갖고 편안하게 사는 일은 없습니다. 위대한 꿈, 성령의 꿈, 하나님의 꿈을 가진 사람은 반드시 대가를 치러야 합니다. 누구든지 예수님을 따라가려거든 가장 먼저 자기를 어떻게 해야 합니까? 부인해야 됩니다. 자기를 부인하지 않으면 절대로 주님을 따라가지 못합니다. 자기를 부인하고 자기 십자가를 지고 주님을 따라야 합니다. 비전을 가진 사람, 꿈을 가진 사람은 무언가를 잃게 됩니다. 건강을 잃든지, 세상적인 성공을 잃게 됩니다. 즉, 대가를 치르는 것입니다. 그러나 그 대가를 억울하게 치르는 것은 아닙니다. 너무나 기쁘고 영광스럽게 스스로 택하는 것입니다.

사람들이 외쳐 어떤 이는 이런 말을, 어떤 이는 저런 말을 하니 모인 무리가 분란하여 태반이나 어찌하여 모였는지 알지 못하더라 (행 19:32).

대중의 특징이 이것입니다. 사람들이 모이면 흥분하게 되고, 곧 세상을 뒤집어엎을 것 같고, 자신들이 영웅인 것처럼 착각을 합니다. 그런데 성경을 보면 이런 말, 저런 말을 하는데 모인 무리가 분란하여 태반이나 왜 모였는지도 알지 못했다고 합니다. 사도행전의 기자인 누가는 굉장히 센스 있는 사람인 것 같습니다. 대중의 허점을 예리하게 잡았습니다. 시끄럽게 소리는 지르지만 대부분의 사람들이 왜 모였는지도 몰랐다고 합니다. 대중을 움직이는 사람들을 자세히 보십시오. 그들은 대개 이기적입니다. 그들은 대중을 이용하는 것뿐이지, 정말 대중을 위하지는 않습니다. 일을 끝내놓고 나면 그것이 속임수였다는 것이 다 드러납니다.

99퍼센트 헌신된 100사람보다 100퍼센트 헌신된 한 사람이 세상을 변화시킨다는 말이 있습니다. 우리는 기만당해서도 안 되고, 다른 사람을 기만해서도 안 됩니다. 출애굽을 시킨 사람은 모세 한 사람이었습니다. 이스라엘 백성 전체가 출애굽한 것이 아니었습니다. 여호수아 한 사람이었습니다. 의인 한 사람이었습니다. 예레미야 5장에서도 하나님은 말씀하십니다. 의인 한 사람만 있어도 예루살렘을 멸망시키지 않겠다고 하십니다. 소돔과 고모라에도 하나님은 의인 열 사람을 찾으셨습니다.


## 세상을 뒤흔드는 영적 영향력

유대인들이 무리 가운데서 알렉산더를 권하여 앞으로 밀어내니 알렉산더가 손짓하며 백성에게 변명하려 하나 그들은 그가 유대인인 줄 알고 다 한 소리로 외쳐 이르되 크다 에베소 사람의 아데미여 하기를 두 시간이나 하더니(행 19:33-34).

알렉산더라는 사람이 나타나서 대중을 설득하려 했는데, 유대인이라는 이유로 사람들의 야유를 받았습니다. 그들은 "크다 에베소 사람의 아데미여"를 두 시간 동안이나 외쳤습니다. 여기서 우리는 한 가지 중요한 사실을 배울 수 있습니다. 그것은 사도 바울의 2년간의 두란노 서원 사역이 그 도시 전체의 뿌리를 흔들 만큼 영향력을 주었다는 것입니다. 영적 영향력을 준 것입니다. 교회의 크기는 중요하지 않습니다. 성도의 수도 중요하지 않습니다. 과연 우리 교회가 세상의 뿌리를 뒤흔들 만한 영적 영향력을 갖고 있느냐가 중요한 것입니다.

교회를 몇 년 다녔느냐, 집사냐, 권사냐, 장로냐, 목사냐가 중요한 것이 아니라, 당신의 생애가 얼마만큼의 영향력을 줄 수 있느냐가 중요합니다. 당신의 직장을, 당신의 캠퍼스를 얼마만큼 흔들 수 있습니까? 오늘날 교회가 그렇게 많고, 그리스도인이 그렇게 많아도 세상은 조금도 움직이지 않고 있습니다. 얼마나 대조적입니까? 우리는 이 한 사건을 보았습니다. 수많은 사람들이 모여서 두 시간 동안이나 그렇게 흥분하고 난리를 칠 만큼 그 사회를 흔들어 놓은 사건이었습니다. 이것이 영적 영향력입니다. 영적인 힘입니다. 사람을 바꾸고, 세상을 바꾸고, 한 문화를 통째로 바꿀 수 있는 영적 영향력인 것입니다.

서기장이 무리를 진정시키고 이르되 에베소 사람들아 에베소 시가 큰 아데미와 제우스에게서 내려온 우상의 신전지기가 된 줄을 누가 알지 못하겠느냐(행 19:35).

여기에 한 서기장이 나오는데, 그는 상식과 양식이 있는 훌륭한 정치가로 보입니다. 아주 유능한 사람 같습니다. 그 흥분한 사람들을 몇 마디의 말로 잠재워 버립니다. 순식간에 그들을 흩어 버리는 것을 볼 수 있습니다. 그는 대중을 향해 다음과 같이 외쳤습니다. "너희가 말하는 아데미가 위대한 것은 사실이다. 그런데 그것을 그렇게 외칠 필요가 있느냐?" 정말 위대하다면 외치지 않아도 위대하다는 것입니다. 가만히 있어도 그 위대함이 나타난다면, 그렇게 흥분하고 경솔하게 행동할 것이 아니라고 그는 말했습니다.

신전의 물건을 도둑질하지도 아니하였고 우리 여신을 비방하지도 아니한 이 사람들을 너희가 붙잡아 왔으니 만일 데메드리오와 그와 함께 있는 직공들이 누구에게 고발할 것이 있으면 재판 날도 있고 총독들도 있으니 피차 고소할 것이요 만일 그 외에 무엇을 원하면 정식으로 민회에서 결정할지라(행 19:37-39).

"신전의 물건을 도둑질한 것도 아니고 여신을 비방한 것도 아니라면 이렇게 해서는 안 된다. 데메드리오의 고소가 옳다면 그것은 법에 위촉하면 될 것이고, 법적인 문제가 아니면 민사 소송을 내면

될 것이다." 그러므로 이렇게 하지 말라는 것입니다.

오늘 아무 까닭도 없는 이 일에 우리가 소요 사건으로 책망 받을 위
험이 있고 우리는 이 불법 집회에 관하여 보고할 자료가 없다 하고
이에 그 모임을 흩어지게 하니라(행 19:40-41).

"이렇게 집회를 하면 오히려 너희들이 소요죄에 걸리게 된다. 또
나는 이 불법 집회의 명분을 모르기 때문에 보고할 거리가 없다. 그
렇게 되면 그 책임이 다 너희에게로 돌아가니 그렇게 하지 말라."
이렇게 해서 모인 사람들이 거품같이 흩어지게 됩니다. 이 사건은
무엇입니까? 하나의 해프닝입니다. 그냥 해프닝이었습니다.


## 처음 사랑을 잃어버리지 말라

우리는 에베소라는 한 장소를 생각했습니다. 그곳에서 일어났던
일들을 살펴봤습니다. 요한계시록에 보면 에베소에 대한 이야기
가 잠깐 나옵니다. 에베소교회는 칭찬받을 일이 많이 있었습니다.
그들에게는 믿음의 행위가 있었습니다. 사랑의 수고가 있었습니
다. 소망의 인내가 있었습니다. 뿐만 아니라 에베소교회는 이단에
도 잘 대처했습니다. 이단에게 유혹되지도 않았습니다. 그들은 게
으르지 않았습니다. 열심을 품어 주님을 섬겼던 아주 귀한 교회였

습니다.

그러나 요한계시록 2장 4절에 보면 에베소교회에게 책망할 것이 하나 있다고 했습니다. 그것은 처음 사랑을 버린 것입니다. "어디서 떨어졌는지를 생각하고 회개하여 처음 행위를 가지라"(계 2:5). 고난을 겪을 때는 사랑이 있습니다. 어려움과 박해가 있을 때는 하나가 됩니다. 그러나 부요해지고 모든 것이 잘되면 첫사랑을 잃어버리고, 섭섭한 게 많아지고, 여러 가지 불필요한 일들이 많이 생기게 됩니다. 그래서 그동안 받았던 축복들을 다 쏟아 버리게 되는 것입니다. 이것이 에베소교회의 모습이었습니다.

저는 때때로 우리 교회를 생각하면서 그런 위험성을 느낍니다. 우리 교회는 안정권에 들어갔습니다. 헌금도 잘하고, 교회도 건축했고, 이제는 누가 봐도 초창기의 고생하던 모습은 전혀 찾아볼 수 없습니다. 그러나 여기에 우리의 위기가 있을 수 있습니다. 조심해야 합니다. 겸손해야 합니다. 자신을 깨어 각성하고, 시험에 들지 않으며, 처음 사랑을 지켜야 합니다. 만약 처음 사랑을 지키지 못한다면, 이 교회도 지금 터키에 남아 있는 그 황량한 에베소교회처럼 되어 버리고 말 것입니다. 우리가 하나님의 처음 사랑을 잃어버린다면, 이 교회에 주신 사명을 잊어버린다면, 이곳도 언젠가는 클럽으로 바뀔 수 있습니다. 영국에서 이 같은 교회를 본 적이 있습니다. 교인들은 다 떠나가고 세상적인 집단이 될 수도 있습니다. 교회는 처음 사랑을 지켜야 합니다. 순수했던 그 본래의 모습을 가지고 있어야 합니다.

　고난 받는 것이 결코 나쁜 것은 아닙니다. 고난이 있을 때는 모두가 긴장하고, 모든 사람이 열심으로 하나가 됩니다. 그러나 모든 것이 풍요하고 삶이 넉넉해지면, 불필요한 것들이 우리를 지배하게 됩니다. 부디 이 땅의 교회들이 주님 오실 때까지 처음 사랑을 잃지 않는 교회가 되기를 바랍니다.

# 14

# 순회 전도자 바울의 여정

사도행전 20:1-16

## 바울, 돌아보아 믿음을 굳게 하다

이 장의 내용은 앞선 장에서 바울이 보았던 환상, 즉 "네가 로마도 보아야 하리라"는 말씀과 많은 연관이 있습니다.

이 일이 있은 후에 바울이 마게도냐와 아가야를 거쳐 예루살렘에 가기로 작정하여 이르되 내가 거기 갔다가 후에 로마도 보아야 하리라 하고(행 19:21).

바울은 에베소 사역을 마친 후에 예루살렘으로 가기 전에 마게도냐와 아가야를 또 한 번 순방합니다.

소요가 그치매 바울은 제자들을 불러 권한 후에 작별하고 떠나 마게도냐로 가니라(행 20:1).

분명히 그는 에베소에서 드로아로 갔을 것입니다. 항구 도시인 드로아에서 배를 타고 2차 전도 여행처럼 에게 해를 건너 마게도냐 지경으로 갔을 것입니다. 즉, 그가 복음을 전했던 지역을 한 곳, 한 곳 순회한 것입니다.

그 지방으로 다녀가며 여러 말로 제자들에게 권하고 헬라에 이르러
(행 20:2).

헬라는 아가야의 수도였던 고린도를 의미합니다. 그리고 그는 그곳에서 3개월 정도 머물게 됩니다. 2절에서 우리는 중요한 단어 하나를 발견하는데, 그것은 여러 지역을 다니면서 '제자들에게 권했다'는 것입니다. 우리는 여기서 사도 바울의 순회 목적이 무엇이었는지를 정확하게 이해할 수 있습니다. 왜 사도 바울이 마게도냐로 갔을까요? 왜 아가야 지방을 거쳐서 예루살렘으로 돌아가려 했을까요? 그 답은 간단합니다. 그가 전도했던 사람들을 권면하기 위해서였습니다. 그들을 도와주기 위해서 그렇게 한 것입니다.

아기를 낳는 일보다 더 중요한 것은 아기를 키우는 일입니다. 아기를 낳는 것으로 부모의 임무가 끝나는 게 아닙니다. 아기를 낳고 키우지 않으면 그 아기는 고아가 됩니다. 부모는 자녀가 스스로 성장할 때까지 먹이고 입히고 교육시키는 수고를 해야 합니다.

사도 바울의 전도는 곧 양육이었습니다. 1차, 2차, 3차 전도 여행을 보면 전도하는 것으로 절대 끝나지 않았습니다. 그가 복음을 심어 준 그 사람, 그 교회, 그 지역에 다시 가서 그들이 잘 양육될 수 있도록 권면하고, 위로하고, 축복하고, 가르치는 작업을 계속했습니다. 에베소에서, 특별히 두란노 서원에서 2년 동안 사역하는 것은 쉬운 일이 아니었습니다. 그는 빨리 예루살렘으로 돌아가서 유

월절을 지키고 싶었습니다. 그렇지만 그는 자기가 전도했던 사람들을 잊을 수가 없어, 다시 마게도냐 지방으로 돌아가서 권면하고, 위로하고, 축복하는 시간들을 가졌습니다.

특별히 초대 교회의 성도들은 우리의 입장과 달랐습니다. 예수 믿는 문화나 예수 믿는 사회가 아니었습니다. 예수 믿는 사람들은 극히 소수였습니다. 그들은 쫓겨 다니는 사람들이었고, 박해와 수난 속에 있는 사람들이었습니다. 진리도 중요하지만, 그들에게는 진리를 지키며 살 수 있도록 도와주고, 격려하고, 위로하고, 권면하는 일들이 필요했습니다. 그래서 사도 바울이 마게도냐 지방으로 간 것입니다.

또 사도 바울이 그곳으로 간 이유는, 성경에는 기록되어 있지 않지만, 성경을 쓰기 위해서였습니다. 그는 1차 전도 여행을 마치고 안디옥에서 갈라디아서를 썼습니다. 그리고 2차 전도 여행 때는 1년 반 동안 고린도에 머물며 데살로니가서를 썼습니다. 그리고 3차 전도 여행 때는 에베소에서 3년 동안 머물며 고린도전서를 쓰고, 이제 마게도냐로 가서 고린도후서를 마무리하고자 했던 것입니다. 그리고 특별히 고린도, 즉 헬라라는 곳에 머물면서 그 유명한 로마서를 쓰게 됩니다. 얼마나 놀라운 일입니까?

이렇게 보면 바울은 돌아다니면서도 중요한 일을 했지만, 한곳에 머무를 때는 더 큰일을 했습니다. 하나님이 하시는 일은 객관적으로 평가할 수 없는 오묘한 섭리가 있습니다. 그가 전도했던 교회들과 성도들을 염려하며 그들을 격려하기 위해 쓴 편지가 오늘날 우리가 읽고 있는 이 성경이 된 것입니다. 얼마나 놀라운 일입니까?

## 바울을 해치려는 사람들

그러나 사도 바울은 언제나 그의 사역 속에서 마주쳐야 했던 적들을 또 만나게 됩니다. 그의 주변에는 반대하는 세력이 끊임없이 있었습니다. 사도 바울의 1차, 2차, 3차 전도 여행과 그의 생애를 보면 이런 말이 생각납니다. '반대하는 사람은 항상 있다.' 그렇습니다. 반대하는 사람은 항상 있기 마련입니다. 불편한 사람은 언제든지 있기 마련입니다. 아마 그런 사람들이 없는 곳이 천국이 아닐까 생각합니다. 당신을 불편하게 하고, 반대하고, 괴롭히는 사람은 으레 있다는 점을 전제로 하고 사는 것이 편안합니다. 그러나 그들은 단순히 우리를 괴롭히는 역할만을 하는 것이 아니라, 우리로 하여금 더 성숙하고 하나님의 일을 더 크게 이루도록 하는 하나의 자극제가 된다는 사실을 기억하십시오.

> 거기 석 달 동안 있다가 배 타고 수리아로 가고자 할 그때에 유대인들이 자기를 해하려고 공모하므로 마게도냐를 거쳐 돌아가기로 작정하니(행 20:3).

사실 사도 바울은 고린도에서 석 달 동안 있다가 예루살렘으로 바로 가고 싶었습니다. 그가 얼마나 피곤하고 지쳤겠습니까? 그래서 그는 수리아에서 안디옥으로 바로 배를 타고 가려 했는데, 마침 자기를 죽이려 하는 유대인의 무리가 또 나타난 것입니다. 아마 수리아 쪽으로 바로 떠나지 못한 것은, 배를 타려고 간 항구 도시인 고린도에 바울을 죽이려는 사람들이 진을 치고 있었기 때문인 것 같습니다. 그래서 그는 다른 사람들을 먼저 배로 보내고, 자신은 마게도냐 위쪽으로 다시 올라가서 아주 멀고 힘든 길을 또다시 가게 된 것입니다.

여기에 메시지가 있습니다. 놀라운 교훈이 있습니다. 저는 이 말씀을 보면서 하나님이 참으로 마게도냐를 사랑하신다고 생각했습니다. 사도행전 16장 6절에서 사도 바울이 아시아를 열심히 전도하고 있을 때, 또 그 열매가 맺히고 있을 때 하나님의 성령이 아시아 전도를 막으십니다. 그때 바울은 이상하게 생각했을 것입니다. '하나님이 왜 막으셨을까?' 그리고 그날 밤 환상을 보았습니다. 마게도냐 사람이 나타나 "와서 우리를 도우십시오" 하고 말하는 환상이었습니다. 사도 바울은 거기에서 자기의 생각과 계획을 꺾고 즉시 순종합니다. 드로아에 가서 배를 타고 마게도냐로 갑니다. 그곳은 알지 못하는 곳입니다. 그렇지만 그는 순종하고 떠납니다. 하나님은 마게도냐를 사랑하셨던 것입니다. 하나님은 당신도 이렇게 사랑하십니다.

쉽고 빠른 길도 있는데 먼 길로 돌아가야 할 때가 있습니다. 그때 감사하십시오. 하나님은 잘되는 일을 통해서도 영광을 받으시지만, 안 되는 일을 통해 더 큰 영광을 받으실 때가 더 많습니다. 이것이 하나님의 방법입니다. 이것이 하나님의 놀라운 역사인 것입니다. 따라서 우리는 건강해도, 병들어도, 성공해도, 실패해도, 살아도, 죽어도 감사할 수밖에 없습니다. 어쩌면 역경 속에 있을 때, 우리는 하나님의 더 큰 능력과 기적을 경험할 수 있게 되는 것입니다.

아시아까지 함께 가는 자는 베뢰아 사람 부로의 아들 소바더와 데살로니가 사람 아리스다고와 세군도와 더베 사람 가이오와 및 디모데와 아시아 사람 두기고와 드로비모라 그들은 먼저 가서 드로아에서 우리를 기다리더라(행 20:4-5).

"그들은 먼저 가서 드로아에서 우리를 기다리더라." 즉, 반대하는 사람들의 표적은 이 사람들이 아니라 바울이었습니다. 그래서 다른 사람들이 먼저 드로아에 가게 되었습니다.

우리는 무교절 후에 빌립보에서 배로 떠나 닷새 만에 드로아에 있는 그들에게 가서 이레를 머무니라(행 20:6).

사실은 무교절을 그곳에서 지내고 싶지 않았지만 별수 없이 지내게 되고, 다시 빌립보로 돌아와서 배를 타고 닷새 만에 드로아로 가게 된 것입니다. 앞선 여행에서는 드로아에서 빌립보까지 이틀이 걸렸는데, 이번에는 닷새나 걸렸습니다. 그리고 바울은 일주일 동안 드로아에 머물게 됩니다.

## 초대 교회의 예배 모습

그 주간의 첫날에 우리가 떡을 떼려 하여 모였더니 바울이 이튿날 떠나고자 하여 그들에게 강론할새 말을 밤중까지 계속하매(행 20:7).

바울을 만난 드로아의 초대 교회 성도들은 바울과 함께 예배드리기를 원했습니다. 우리는 초대 교회의 예배 형태를 쉽게 알 수 있습니다. 7절에 보면 '그 주간의 첫날'이라는 말을 썼습니다. 개역한글 성경에는 '안식 후 첫날'이라고 되어 있습니다. 쉽게 말하면, 그들이 모인 날은 지금 우리가 지키는 주일이었습니다. 그때부터 주일을 지키고 있었다는 사실을 알 수 있습니다.

초대 교회의 한 가지 특이한 점이 있습니다. 그것은 떡을 떼었다는 것입니다. 여기서 떡을 뗀다는 것은 성찬과 애찬, 두 가지 모두를 의미합니다. 그들은 모일 때마다 떡을 뗐습니다. 이 점에서 오늘날의 교회는 문제가 있습니다. 성만찬을 1년에 한 번 또는 두 번만 하고 끝내 버리는 경우가 많기 때문입니다. 교회는 만날 때마다 떡을 떼야 합니다. 애찬과 성찬을 나누며, 그리스도의 십자가를 생각하며, 성도의 교제를 나누며 그리스도의 증인으로서 세상에 나갈 힘을 받아야 하는 것입니다.

우리는 여기서 떡을 떼는 교회, 안식 후 첫날에 모이는 교회를 보았습니다. 그다음에 그들은 무엇을 했습니까? 말씀을 들었습니다. 본문에 보면 밤중에 말씀을 들었다고 했는데, 그 당시는 주일이나 교회가 제도화되기 전이기 때문에 낮에 모이지 못하고 밤에 모인 것 같습니다. 아무튼 그들은 밤늦게까지 모여서 성경 공부도 하고 설교도 들었습니다. 그 당시에는 물론 교회도, 교파도 없었을 것입니다. 또한 그들이 모일 수 있는 곳은 어떤 가정집이었을 것입니다. 그것을 가리켜 가정 교회라고 합니다.

이것이 초대 교회의 원형입니다. 떡을 뗌이 있고, 성만찬이 있고, 말씀이 있고, 뜨거운 사랑과 교제가 있는 곳이 바로 교회인 것입니다. 그러나 오늘날은 교회가 제도화되고, 건물과 교파가 생기면서 사람은 많아졌지만, 진정한 그리스도의 사랑과 교제와 성찬과 보혈과 말씀은 점점 메말라 가는 것을 봅니다.

# 죽은 유두고를 살리다

우리가 모인 위 다락에 등불을 많이 켰는데 유두고라 하는 청년이
창에 걸터앉아 있다가 깊이 졸더니 바울이 강론하기를 더 오래하매
졸음을 이기지 못하여 삼 층에서 떨어지거늘 일으켜 보니 죽었는지
라(행 20:8-9).

우리는 여기서 초대 교회의 또 다른 모습을 볼 수 있습니다. 지
금 바울을 모시고 예배드리고 말씀을 나누는 곳은 다락이 있는 한
3층짜리 가정집이었던 것 같습니다. 그곳 3층 창가에 유두고라는
청년이 걸터앉아 있었습니다. 사람이 너무 많으니 3층으로 가야
했고, 그나마 창가에 비집고 앉아 있었을 것입니다.

우리는 이 말씀에서 그 당시의 열기를 느낄 수 있습니다. 얼마나
뜨거웠을까요? 사람이 많으니 집 안은 사람 냄새, 땀 냄새로 가득
하고, 방 안은 더운 데다 통풍조차 제대로 되지 않았을 것입니다.
게다가 당시에는 시계가 없었으니, 얼마만큼 하기로 되어 있었는
지는 모르겠지만, 말씀을 가르치다 보니 밤중까지 계속 가르친 것
입니다.

저는 여기서 진정한 교회의 모습을 봅니다. 교회는 건물이나 사
람의 숫자가 중요한 게 아닙니다. 그리스도의 십자가를 생각하는
성만찬과 말씀으로 인한 열기와 사랑이 교회 안에 진정으로 필요

한 것입니다. 교회를 다니면서 제일 안된 사람은 주일날만 왔다 갔다 하는 사람들입니다. 설교만 듣고 예수 믿는 것으로 착각하는 사람들입니다. 그러나 그리스도의 공동체는 그 이상인 것입니다.

이름이 '다행이다'라는 뜻을 가지고 있는 유두고는 3층 창가에서 말씀을 듣고 있었습니다. 사람은 많고 공기는 탁한 상태에서 그는 피곤에 못 이겨 졸다가 그만 3층에서 떨어져 죽고 말았습니다. 말씀을 듣던 도중에 일어난 사건이니 사람들이 얼마나 놀랐겠습니까?

여기서 유두고가 죽게 된 것을 너무 악의적으로 해석하지 않기 바랍니다. '유두고의 예배드리는 자세가 나쁘다', '예배 시간에 졸다니, 잘된 일이다'라는 식으로 생각하지 마십시오. 왜냐하면 사도 바울도 그를 나무라지 않았기 때문입니다. 그것은 자연스러운 현상입니다. 말씀을 듣다가 졸 수 있습니다. 사람은 많고 말씀은 오래 계속되니 당연히 졸 수 있습니다. 아마 낮에 일을 열심히 했던 것 같습니다. 그래서 집중력이 떨어져서 졸다가 그만 떨어진 것 같습니다. 사도행전을 기록한 누가는 의사인데, 그의 진단에 의하면 그는 죽었습니다.

바울이 내려가서 그 위에 엎드려 그 몸을 안고 말하되 떠들지 말라 생명이 그에게 있다 하고 올라가 떡을 떼어 먹고 오랫동안 곧 날이 새기까지 이야기하고 떠나니라(행 20:10-11).

사람이 떨어져 죽었으니 바울도 설교를 계속할 수 없었을 것입니다. 바울은 설교를 멈추고 그 사람에게로 뛰어갔습니다. 그리고 그 청년의 몸을 껴안았습니다. 특이한 방법으로 접근을 합니다. 이런 방법은 구약에도 있었습니다. 엘리야와 엘리사가 어린아이가 죽었을 때 눈과 코와 입을 맞대고 시체를 껴안았습니다. 그리고 기도해서 살려 낸 일이 있었습니다. 사도 바울도 그 방법을 쓴 것입니다. 안수 기도를 한 것이 아니라, 죽은 사람을 껴안은 것입니다. 그리고 사람들에게 조용히 하라고 한 후 그에게 생명이 있다고 말합니다. 이것을 두 가지로 해석할 수 있습니다. 떨어져 기절했는데 죽은 것처럼 보였다가 살아난 것일 수도 있고, 또 정말 죽었는데 생명이 돌아온 것일 수도 있습니다.

지금 여기에 하나님의 기적이 일어났습니다. 하나님의 능력이 나타난 것입니다. 사람들은 유두고가 살아나자 다시 떡을 떼며 날이 새기까지 은혜를 나누었습니다.

당신은 너무 좋아서 밤새도록 주님의 은혜를 노래해 본 적이 있습니까? 새벽 동이 틀 때까지 성경 읽고 교제하며 뜨거운 사랑을 나눠 본 적이 있습니까?


사람들이 살아난 청년을 데리고 가서 적지 않게 위로를 받았더라
(행 20:12).

사람들은 유두고가 살아나자 큰 위로를 받았습니다. 왜 그랬을까요? 유두고를 보니 하나님이 살아 계시기 때문입니다. 유두고는 가는 곳마다 자신의 삶을 간증했을 것입니다. 당신은 어떻습니까? 당신은 가는 곳마다 하나님과 예수님을 보여 주는 간증을 하며 살고 있습니까? 혹시 당신을 보면서 세상 사람들이, "당신, 예수 믿는 사람 맞아?"라고 말하지는 않습니까? 저는 당신도 유두고와 같이 죽었다가 살아난 흔적을 갖게 되기를 바랍니다. 누구든지 당신을 보면서 예수님을 느끼는, 예수님을 만나는 축복이 있게 되기를 바랍니다.

## 홀로 걸으며 하나님께 집중하다

우리는 앞서 배를 타고 앗소에서 바울을 태우려고 그리로 가니 이는 바울이 걸어서 가고자 하여 그렇게 정하여 준 것이라(행 20:13).

날이 새기까지 이야기하고, 바울은 또다시 드로아를 떠났습니다. 앗소로 가는데, 제자들과 다른 사람들은 배를 타고 가고, 바울은 걸어갔습니다. 앞뒤 설명 없이 도보로 갔다는 말만 기록되어 있습니다. 드로아에서 앗소까지는 약 20마일, 즉 32킬로미터 정도 되는 거리입니다. 그 길을 걸었다는 것입니다. 이것이 아무것도 아닌 말씀일지 모르지만, 저에게는 굉장히 눈에 띄는 사건입니다. 왜 그랬을까요? 아마 고린도에서처럼 자기를 박해하는 유대인들이 또 기다리니 배를 타지 못했을지도 모르겠습니다. 아니면 그곳에 심방해야 할 성도들이 있어서 그렇게 했는지도 모르겠습니다. 제가 이 말에 주목하는 것은, 그가 32킬로미터의 길을 홀로 걸어갔기 때문입니다. 예수님의 모습이 떠올랐습니다.

예수님은 기적과 능력을 베풀고 사람들에게 인기를 끌 때마다 대중을 피해서 홀로 어디론가 가셨습니다. 밤이 새도록 혼자 산에 가서 기도하기도 하시고, 새벽 아직도 밝기 전에 한적한 곳을 찾아가기도 하셨습니다. 예수님은 대중 속에 계셨지만 언제나 대중과 함께 계시지 않았습니다. 그분은 홀로 하나님과 만나는 시간, 제자들을 사랑했지만 제자들마저 떠나서 홀로 있는 시간을 가지셨습니다.

그렇습니다. 사역자는 이런 고독한 시간이 필요합니다. 홀로 하나님과 대면하는 시간이 필요합니다. 자기 자신의 모습을 되돌아보는 시간이 필요한 것입니다. 그때 우리는 우리의 잘못을 깨닫게 되며, 우리의 흐트러졌던 헌신을 가다듬게 됩니다. 가장 중요한 것은, 하나님과 대면하는 일입니다. 많은 사람들과 역사와 기적이 일어나는 곳에만 있는 것이 아니라, 외롭고 고독하지만 그곳을 떠나서 혼자만의 시간을 갖는 일이 사역자에게 있어서 얼마나 중요한지 모릅니다. 사도 바울은 그 길을 걸어가면서 그동안 자기가 했던 일들을 회상해 볼 수도 있었을 것입니다. 그리고 그 일들 중에서 실수한 것들, 여러 가지 부족했던 것들을 다시 생각해 볼 수 있는 기회를 가졌을 것입니다. 그리고 그는 더욱더 하나님에게 집중하면서 그 길을 갔을 것입니다.

우리의 문제는 무엇입니까? 주님의 일을 한다고 하면서 주님을 잊어버리기 쉽다는 데 있습니다. 모든 일들이 잘되고 기적이 일어날 때는 하나님에게 영광도 되지만, 사실은 자기에게 도취하는 경우가 많습니다. 그 영광에 도취되어 주님을 잊어버리기가 쉬운 것입니다. 반대로 어떤 계획된 일이나 목표가 성취되지 않을 때는 하나님을 바라보지 못하고 오히려 하나님을 원망하는 경우가 많습니다. 주님을 바라보지 못하고 자기의 무력함과 비참함 속에서 자꾸 섭섭한 감정만 갖게 되는 것입니다.

설교자의 최대 위기는 무엇일까요? 설교에만 관심이 있고, 주님에게는 관심이 없는 것입니다. 어떻게 하면 설교를 잘할 수 있을까 생각하며 열심히 준비하지만, 이 설교를 통해 그리스도가 어떻게 영광을 받으시며, 예수님을 어떻게 보여 주는가에 대해서는 잊어버리는 수가 있다는 것입니다. 모든 사역자의 위기가 여기에 있습니다. 주님을 위해서 일을 하지만, 그 속에는 주님이 없을 수도 있습니다. 그냥 일에 빠져 버리고 마는 것입니다. 저는 여기서 사도 바울의 지칠 줄 모르는 열정을 봅니다.

## 바울의 주님을 향한 열정

사도 바울이 1차, 2차, 3차 전도 여행을 하면서 여러 지역을 전도한 것보다 더 중요한 것이 있습니다. 그것은 그의 마음속에 있는 주님을 사랑하는 열정입니다. 사역은 할 수도 있고, 안 할 수도 있습니다. 그가 로마도 보아야겠다고 말했을 때도 중요한 것은 로마가 아니었습니다. 로마보다 더 중요한 곳이 있었다면 그는 그곳으로 갔을 것입니다. 그는 제도나 방법이나 일을 중요시하지 않았습니다. 많은 사람들이 선교사로 갑니다. 가서는 선교 센터부터 짓습니다. 그러나 사도 바울은 선교 센터를 짓는 일이 없었습니다. 그 자신이 선교 센터였습니다. 그의 관심은 오로지 복음 전도였습니다. '어떻게 하면 예수 그리스도를 전할 수 있을까? 어떻게 하면 복음이 없는 곳으로 갈 수 있을까?' 그에게 있어 성공과 실패는 중요하지 않았습니다.

우리는 일반적으로 자신의 계획 속에 주님을 집어넣으려고 합니다. 계획이 좀 엉성하면 어떻습니까? 그렇다고 주먹구구식으로 하면 좀 힘들겠지만, 그렇게 해도 일이 될 수 있습니다. 하나님이 영광을 받으시면, 우리가 그렇게 한 일도 쓰시는 것입니다. 그러므로 일보다 중요한 것은 주님입니다. 우리는 사도 바울에게서 그 사실을 볼 수 있습니다. 강도의 위험, 강의 위험, 배고픔을 겪고, 매 맞아 죽을 뻔하고, 멀리 피하거나 도망가야 하는 어려움이 있었지만, 성경 어디를 봐도 사도 바울이 그것 때문에 상처받았다는 말은 없습니다. 그것 때문에 고통을 받거나 좌절감에 빠지지 않았습니다. 그는 오직 사람에게 관심이 있었습니다. "내가 마음에 사형 선고를 받고 살 소망까지 끊어졌지만, 나를 더 고통스럽게 하는 것이 하나 있다. 그것은 주님의 교회를 위한 고통이다."

이제 배를 타고 예루살렘으로 행선을 합니다. 앗소에서 50킬로미터 떨어진 미둘레네라는 섬을 거치고, 그다음 날에는 미둘레네에서 80킬로미터 떨어진 기오 섬을 거치고, 그다음 날에는 사모 섬에 들르고, 그다음 날에는 에베소 남쪽 45킬로미터 지점에 위치한 밀레도라는 항구 도시로 돌아옵니다. 쉽게 말해, 눈뜨면 떠나는 것이 그의 생활이었습니다. 여행을 해 본 사람이라면 알 것입니다. 이렇게 쉬지 않고 여행하는 것은 보통 일이 아닙니다. 그러나 사도 바울은 이러한 생활을 한두 해만 한 것이 아니라, 평생을 그렇게 살았습니다.

저는 여기서 아무도 막을 수 없는 바울의 열정을 봅니다. 그는 일을 사랑하는 것이 아니라, 어떤 성취감을 사랑하는 것이 아니라, 주님을 사랑했고, 주님에게 미쳐 있는 사람이었습니다.

바울이 앗소에서 우리를 만나니 우리가 배에 태우고 미둘레네로 가서 거기서 떠나 이튿날 기오 앞에 오고 그 이튿날 사모에 들르고 또 그다음 날 밀레도에 이르니라 바울이 아시아에서 지체하지 않기 위하여 에베소를 지나 배 타고 가기로 작정하였으니 이는 될 수 있는 대로 오순절 안에 예루살렘에 이르려고 급히 감이러라(행 20:14-16).

사도 바울의 마음이 급한 것을 볼 수 있습니다. 유월절을 지키고 싶었는데 지키지 못해서 이제 오순절만이라도 지키고 싶었던 것입니다. 그는 오순절만 생각하면 가슴이 뛰었을 것입니다. 그는 오순절의 흥분과 역사를 마음속에 가지고 있었습니다. 성령으로 불타고 있는 사도 바울, 육신의 정욕과 안목의 정욕과 이생의 자랑을 다 버리고 주님에게 붙잡힌 바울을 보십시오.

바울은 열심히 일했지만 일에 매이지 않는 사람이었습니다. 모든 이방인들을 그리스도에게 접붙여야 된다는 생각, 모든 죽어 가는 사람들을 살려야 한다는 생각, 예수님을 전함으로 그 사람으로 하여금 하나님의 백성이 되게 해야 된다는 이 한 가지 생각만이 있었을 뿐입니다. 사도 바울은 빌립보서 1장 20절에서 이런 고백을 했습니다. "나의 간절한 기대와 소망을 따라 아무 일에든지 부끄러워하지 아니하고 지금도 전과 같이 온전히 담대하여 살든지 죽든지 내 몸에서 그리스도가 존귀하게 되게 하려 하나니." 당신에게도 이런 고백이 있습니까? 당신도 살든지 죽든지 예수님만 나타나면 좋겠습니까?

그는 이어지는 구절에서 아주 중요한 말을 했습니다. "이는 내게 사는 것이 그리스도니"(빌 1:21). 당신도 그렇습니까? 당신의 삶의 목표 또한 그리스도입니까? 그분 때문에 결혼하며, 그분 때문에 공부합니까?

그리스도의 지배를 받게 된 사도 바울은 그를 둘러싸고 있는 환경을 지배할 수 있었습니다. 그리고 자신의 야망도 지배할 수 있었습니다. 그는 환경을 변화시켰고, 주변의 사람들을 변화시켰습니다. 그리고 그는 세상을 변화시켰습니다. 누구도 바울을 막을 수가 없었습니다. 그의 마음에 있는 기쁨과 평안을 빼앗을 수가 없었습니다. 그는 줄기차게 "다음 나의 목표는 로마다"라고 말했습니다. 그는 사람을 보고 사람과 대화하고 있었지만, 그의 눈은 언제나 저 건너편에 있었습니다.

당신은 무엇을 보며 살고 있습니까? 오늘 하루 수입입니까? 아니면 땅을 쳐다보며 살고 있습니까? 그리스도에게 붙잡힌바 되십시오. 그분을 위해 당신의 생애를 아낌없이 바쳐도 결코 후회함이 없을 것입니다. 사도 바울은 비록 고난 속에 살았지만, 그처럼 행복하게 살았던 사람도 없는 것 같습니다. 그는 자신이 하고 싶은 일을 했습니다. 하나님의 축복이 당신과 함께하기를 바랍니다.

# 15

# 바울의 눈물의 권면

사도행전 20:17-27

사도 바울과 그 일행은 오순절이 되기 전에 예루살렘에 도착하기 위해 바쁘게 일정을 짰습니다. 1차, 2차, 3차 전도 여행을 모두 마무리하고 떠나는 여행이었습니다. 그래서 에베소에 들르지 못하고 바로 항구 도시인 밀레도에 도착하게 됩니다. 밀레도에 도착한 바울은 사람들을 에베소로 보내어 그곳을 섬기는 장로들을 초청합니다. 그리고 그 장로들에게 이제 마지막 고별 설교와 더불어 권면의 설교를 합니다.

> 바울이 밀레도에서 사람을 에베소로 보내어 교회 장로들을 청하니 오매 그들에게 말하되 아시아에 들어온 첫날부터 지금까지 내가 항상 여러분 가운데서 어떻게 행하였는지를 여러분도 아는 바니(행 20:17-18).

사도행전 14장 23절을 보면, 1차 전도 여행 때 사도 바울이 전도를 하고, 교회를 세우고, 또 "장로들을 택하여 금식 기도하며 그들이 믿는 주께 그들을 위탁"하는 것을 볼 수 있습니다. 1차 전도 여행 때부터 그는 교회의 장로들을 세웠습니다. 이제 1차, 2차, 3차 전도 여행을 모두 마친 그는 자기가 세웠던 교회, 특히 두란노 서원에서 약 3년간 머물며 세웠던 에베소교회를 다시 방문해서, 그때 교제하던 장로들에게 말씀을 전합니다.


## 에베소에서의 사역을 회상하다

18절에 보면, 바울은 아시아에서 온 첫날부터 지금까지 항상 그들 가운데서 복음을 가르치며 함께 교제했던 것 그리고 바울이 행했던 모든 것들을 회상하는 말로 먼저 시작합니다. 여기 바울과 장로들과의 만남에서 우리는 그의 선교사로서의 모습보다는 목회자로서의 모습을 더 느끼게 됩니다. 사실 선교사든지 목사든지, 사역자로 일하는 사람들에게 가장 중요한 것은 목자의 심정, 즉 목회자의 심정을 갖는 것입니다. 특별히 이 만남이 최후의 만남이 될지도 모른다는 생각 때문에, 사도 바울은 그들에게 마지막 설교를 하면서 눈물로 권면하는 것을 볼 수 있습니다. 여기에서 우리는 사도 바울과 장로들 사이에서 목자와 양의 관계 같은 특이한 분위기를 느낄 수 있습니다.


## 섬김의 사역

먼저, 사도 바울은 지난 3년 동안 에베소에서 사역했던 것을 세 가지로 회상하고 있습니다. 그중 첫 번째는 섬김의 사역입니다.

곧 모든 겸손과 눈물이며 유대인의 간계로 말미암아 당한 시험을 참고 주를 섬긴 것과(행 20:19).

여기서 중요한 단어는 '주님을 섬긴 것'이라는 말입니다. 그 앞에 있는 모든 내용들은 주님을 어떻게 섬겼는가를 수식하는 표현들입니다. 같이 목회를 하고 교회를 섬기면서 그들이 어떻게 주님을 섬겼는가를 회상하고 있습니다. 사실 목회란 사람을 섬기는 것이지만, 그 사람들을 통해서 주님을 섬기는 것입니다. 주님의 교회, 주님의 백성을 돌보고 섬기는 것입니다. 이것이 목회입니다.

모든 것을 목회적 관점에서 보면 일들이 다 쉽게 풀려 나갑니다. 교수가 학생을 보는 것, 아버지가 자녀를 보는 것, 또 정부의 지도자들이 국민을 보는 것을 전부 이런 각도에서 보면 쉽게 해결이 됩니다. 바로 이것이 섬기는 것입니다. 사도 바울은 교인들을 섬겼습니다. 사도 바울은 교회를 섬겼습니다. 주님을 섬기듯이 그렇게 섬겼습니다.

사도 바울이 주님을 어떻게 섬겼습니까? 세 가지 태도로 섬긴 것을 볼 수 있습니다.

## 겸손의 목회

첫째, 모든 겸손으로 섬겼다고 했습니다. 사도 바울은 겸손히 목회했습니다. 아무리 좋은 일도 겸손하게 하지 않으면 사람들을 실망하게 합니다. 왜 사람들이 구제하고도 뺨을 맞습니까? 겸손하지 않았기 때문입니다. 돈은 필요하지만 상대의 교만은 싫다는 것입니다. 왜 열매가 없습니까? 겸손하지 않았기 때문입니다. 주님의 교회는 인간적인 힘과 지식과 방법으로 섬겨지지 않습니다. 아무리 지식이 많고 능력이 있어도, 하나님의 교회에서는 별 효과가 없습니다.

어떻게 교회를 섬겨야 합니까? 어떻게 주님을 섬겨야 합니까? 겸손으로 해야 합니다. 한두 가지 겸손이 아니라, 모든 겸손으로 섬겨야 하는 것입니다. 겸손이란 무엇입니까? 그것은 자신을 생각하지 않는 것입니다. 자기가 드러나는 것은 겸손이 아닙니다. 자기가 죽어야 합니다. 예수님은, "누구든지 나를 따라오려거든 자기를 부인하고 자기 십자가를 지고 나를 따를 것이니라"(마 16:24)라고 말씀하셨습니다. 내 생각, 내 주장, 내 방법으로 밀고 가면 겸손할 수가 없습니다. 우리가 주님을 사랑하지 않는 것도 아니고, 주님을 위해서 일하지 않는 것도 아닙니다. 그러나 일하면서 자신도 갈등이 있고 다른 사람들에게도 갈등을 주는 것은, 겸손하지 않기 때문입니다. 내 것을 자꾸 주장하기 때문에, 내 방법을 자꾸 설득하려 하기 때문에 문제가 생기는 것입니다. 겸손은 주님을 생각하는 것입니다. '주님은 이런 경우에 어떻게 생각하셨을까? 주님은 이런 경우에 어떻게 행동하셨을까?' 주님의 생각과 주님의 방법을 생각하는 것, 그것이 겸손입니다.

예수님은 마태복음 11장 29절에서, "나는 마음이 온유하고 겸손하니 … 내게 배우라"라고 말씀하셨습니다. 겸손을 어디서 배울 수 있습니까? 주님에게서 배울 수 있습니다. 주님만을 바라보고, 주님의 뜻만을 생각하면 그것이 겸손이 되는 것입니다. 사도 바울은 자기 스스로를 가리켜 '예수 그리스도의 종'이라는 표현을 썼습니다. 그렇습니다. 우리는 종입니다. 종이 무슨 할 말이 있습니까? 종이 무슨 감정이 있습니까? 시키는 대로 하는 것이 종입니다. 이런 의미에서 참된 겸손이란 자기를 포기하는 것입니다. 그리고 온전히 그리스도만을 신뢰하는 영적 태도입니다. 사도 바울은 모든 면에서 겸손으로 주님을 섬겼다고 회상합니다.

## 눈물의 목회

둘째, 사도 바울은 눈물로 주님을 섬겼다고 했습니다. 눈물은 언제 납니까? 머리로만 이해하면 눈물이 나오지 않습니다. 눈물은 가슴으로 이해할 때 나오는 것입니다. 대부분의 학자들은 눈물이 없습니다. 왜 그렇습니까? 그들은 머리로만 모든 것을 이해하는 훈련이 되어 있기 때문입니다. 그래서 저는 눈물이 있는 학자를 좋아합니다.

또 언제 눈물이 납니까? 사랑하면 눈물이 납니다. 불쌍히 여기면 눈물이 납니다. 예수님을 생각하면 눈물이 나는 것입니다. 여기서 말하는 눈물은 생리적인 눈물이 아닙니다. 사람이 아파도 눈물이 납니다. 단순한 고통과 억울함과 불편함으로도 올 수 있습니다.

가끔 방송국 스튜디오에 갈 일이 있는데, 가 보면 참 재미있는 것을 발견합니다. 연기자들이 연기하는 모습을 보면 어떻게 그렇게 잘 우는지 모릅니다. 한참 떠들고 놀다가도 "큐 들어갑니다. 감정 잡으세요. 자, 이제 1분 후에 들어갑니다"라고 말하면 연기자들은 금세 눈물을 흘리며 연기를 합니다.

그러나 그것은 사랑 때문에 가슴 속에서 흘러넘치는 눈물이 아닙니다. 주님을 섬기다 보면 어떤 때는 속이 상하고, 자존심이 상하고, 고통스럽고, 분하고, 오해가 있고, 억울하고 견딜 수 없는 일들이 많습니다. 그렇다고 도망도 못 갑니다. 거부할 수도 없습니다. 반항할 수도 없습니다. 눈물만 흘릴 뿐입니다. 바울은 그렇게 목회했다는 것입니다.

한 여자가 어느 집에 시집을 갔습니다. 요즘에는 그런 일이 없겠지만, 옛날에는 남편을 사랑한 죄로 그 집에 들어가서 여러 가지 어려운 일을 당했습니다. 자기 친정으로 돌아갈 수도 없기에 너무 힘들면 부엌 뒤편에 가서 우는 것입니다. 우리가 주님을 섬긴다는 것 또한 그런 것입니다. 시집살이와도 같은 것입니다. 여러 가지 많은 일들이 있지만 그것을 모두 설명할 수도 없고, 변명할 수도 없고, 또 그렇다고 반항할 수도 없어 그냥 눈물을 삼키면서 주님을 사랑하기 때문에, 그 사람을 사랑하기 때문에 참는 것입니다.

## 인내의 목회

셋째, 바울은 인내함으로 주님을 섬겼다고 했습니다. 즉, 인내의 목회였습니다. 사도 바울은 특별히 유대인들로 인해 당하는 핍박과 고통을 겪었습니다. 그들은 수많은 이유를 만들어 사람들을 선동했고, 재판에 회부했고, 어떤 경우에는 돌멩이로 쳐서 거의 죽을 정도로 박해하기도 했습니다.

그러나 이렇게 간교한 유대인들에 대한 사도 바울의 반응은 무엇입니까? 오직 인내였습니다. 참는 것이었습니다. 그래서 사도 바울은 고린도전서 13장에서, '사랑이란 오래 참는 것'이라는 체험적 고백을 했습니다. 또 로마서 5장에서는 "환난은 인내를, 인내는 연단을, 연단은 소망을 이루는 줄 앎이로다"(롬 5:3-4)라는 편지를 쓰기도 했습니다. 그렇습니다. 사도 바울은 그렇게 참고 또 참았습니다.

## 복음 전파와 가르침 사역

두 번째로, 바울은 자기가 복음을 전파하며 가르쳤던 일들을 회상하고 있습니다.

유익한 것은 무엇이든지 공중 앞에서나 각 집에서나 거리낌이 없이 여러분에게 전하여 가르치고(행 20:20).

사도 바울의 관심은 복음을 전하고 가르치는 것에 있었습니다. 그는 에베소에서, 특별히 두란노 서원에서 2년 동안 매일 말씀을 강론했습니다. 위의 말씀에서 우리는 특이한 사실을 하나 발견하게 됩니다. 즉, '유익한 것은 무엇이든지'라는 말씀에서 '유익한 것'은 복음을 의미합니다. '공중 앞에서나 각 집에서나'라는 말은, 어떤 곳에서든지 사람이 있으면 있는 대로, 없으면 없는 대로, 유대인이면 유대인대로, 헬라인이면 헬라인대로 상관없이 예수 그리스도의 복음을 전파하고 가르치는 일을 그가 가장 중요한 사역 목표로 삼았음을 보여 줍니다.

가끔 설교를 부탁받고 가 보면 교인이 20-30명 정도 모여 있는 경우가 있습니다. 그러면 초청한 사람이 아주 미안해합니다. 그러나 그는 진리를 잘 모르는 것입니다. 사람이 많이 모이면 어떻고, 적게 모이면 어떻습니까? 큰 교회면 어떻고, 작은 교회면 어떻습니까? 한 사람이 있으면 또 어떻습니까? 한 사람이 모였기 때문에 제가 손해 보았습니까? 제 가치가 떨어진 것입니까? 한 사람이라도 복음을 들을 수 있다면 감사한 것 아닙니까? 그것은 아무 문제가 되지 않습니다. 그런 사람이 사도 바울이었습니다. 바울의 관심은 오직 예수 그리스도를 전하는 것이었습니다. 한 사람이라도 그리스도의 복음을 들을 수 있다면, 그는 그것으로 기뻐했다는 것입니다.

공중 앞에서나 각 집에서나 거리낌이 없이, 아무 이익이 생기지 않는다 할지라도 전혀 상관하지 않고 예수 그리스도를 전했다는 그 자체가 자기에게 기쁨이 되고 축복이 되는 것입니다. 어떤 사람들은 분위기를 만들어 줘야, 자리를 만들어 줘야 일을 합니다. 분위기가 안 맞고 위치가 마음에 안 들면 좋게 거절합니다. 태도는 굉장히 고상하지만, 그 속을 들여다보면 그에게는 분위기와 위치와 환경이 주님보다 더 중요한 것입니다.

## 회개와 믿음의 증거

세 번째로, 사도 바울은 회개와 믿음을 증거했던 일들을 회상하고 있습니다.

> 유대인과 헬라인들에게 하나님께 대한 회개와 우리 주 예수 그리스도께 대한 믿음을 증언한 것이라(행 20:21).

선택받은 유대인들이나 선택받지 못한 이방인들을 막론하고 필요한 것은 하나님을 향한 회개요, 예수 그리스도에 대한 믿음입니다. 사도 바울은 이 구원을 가르친 것입니다. 구원은 하나님을 향한 회개와 예수 그리스도에 대한 믿음이라는 두 기둥입니다. 참된 구원은 회개로부터 시작됩니다.

헌것을 벗지 않고 새것을 입을 수 있습니까? 더러운 물을 버리지 않고는 맑은 물을 담을 수 없으며, 우리의 인생이 정리되지 않으면 하나님의 구원이 올 수 없습니다. 하나님을 향한 회개와 예수 그리스도로 말미암아 우리가 의로워졌다는 믿음이 필요한 것입니다. 예수님이 나를 위해 십자가에 피 흘려 돌아가심으로 말미암아 그 피가 내 죄를 대속하고, 그리스도의 부활로 말미암아 영원한 삶을 살 것이라는 믿음을 통해 우리의 구원이 완성되는 것입니다. 따라서 사도 바울은 21절에서, "내가 유대인과 헬라인들에게 하나님께 대한 회개와 예수 그리스도의 믿음에 대한 진리를 가르쳤다"고 다시 회상한 것입니다.

## 성령의 매임을 받아 예루살렘으로

이제 사도 바울의 현실의 이야기로 돌아가 보려 합니다.

> 보라 이제 나는 성령에 매여 예루살렘으로 가는데 거기서 무슨 일을 당할는지 알지 못하노라(행 20:22).

우리는 여기서 두 가지를 발견하게 됩니다. 첫째는, 지금 사도 바울이 오순절이 되기 전에 예루살렘으로 급히 가려 하는데, 그렇게 만드신 분이 바로 성령님이셨다는 것입니다. 성령의 매임을 받아 그곳으로 가지 않으면 안 되었습니다. 우리도 가끔 이런 경험을 할 때가 있습니다. 원하지도 않는데 자꾸 나를 어디론가 보내시는 것입니다. 하지만 가고 싶지 않은 곳을 갔을 때, 하나님이 역사하실 수도 있습니다. 참 이해하기 어려운 일입니다. 그런데 분명한 것이 있습니다. 성령님이 가게 하시는 것을 모르고 간다는 것입니다. 성령님은 지금 바울을 예루살렘으로 몰고 가고 계십니다.

둘째는, 예루살렘에 가면 굉장한 고통을 겪을 것이라는 사실입니다. 어떤 일을 당할 거라는 느낌을 주신 것입니다. 한편으로는 예루살렘으로 가라 하시고, 또 한편으로는 고생하고 굉장히 힘들 거라 하시니 사도 바울이 얼마나 고민이 되었겠습니까? 하나님은 그곳으로 가라고 강권하심과 동시에 그곳에서 고난을 겪을 것이라는 사실을 알려 주셨습니다. 예루살렘으로 돌아가면 무슨 일이 있을 것인가에 대해서는 그다음 절에 기록되어 있습니다.

## 바울을 기다리는 결박과 환난

오직 성령이 각 성에서 내게 증언하여 결박과 환난이 나를 기다린다 하시나(행 20:23).

'오직 성령이 각 성에서'라는 말에서 우리는 바울만 그렇게 느낀 것이 아니라, 성령으로 예언하는 모든 사람들도 그 사실을 깨닫고 있었음을 알 수 있습니다. 사람들은, 예루살렘에 가면 굉장히 어려움을 겪게 될 것인데 왜 가려 하느냐며 걱정했을 것입니다. 그러나 성령은 가지 않으면 안 된다고 말씀하십니다.

> 이튿날 떠나 가이사랴에 이르러 일곱 집사 중 하나인 전도자 빌립의 집에 들어가서 머무르니라 그에게 딸 넷이 있으니 처녀로 예언하는 자라 여러 날 머물러 있더니 아가보라 하는 한 선지자가 유대로부터 내려와 우리에게 와서 바울의 띠를 가져다가 자기 수족을 잡아매고 말하기를 성령이 말씀하시되 예루살렘에서 유대인들이 이같이 이 띠 임자를 결박하여 이방인의 손에 넘겨주리라 하거늘(행 21:8-11).

아가보라는 사람은 아예 띠까지 묶어 주면서 이렇게 묶임을 당할 것이라고 했습니다. 우리도 신앙생활을 하다 보면 이런 질문에 부딪히게 됩니다. 예를 들면 이런 것입니다. '선교사로 가는 것이 하나님의 뜻인데, 그렇다면 모든 것을 버리고 가야 하는가? 가라는 음성도 있고 죽을 고생을 한다는 음성도 있는데, 가야 하는가?' 이런 갈등 속에서 사도 바울의 반응은 어땠습니까?

> 내가 달려갈 길과 주 예수께 받은 사명 곧 하나님의 은혜의 복음을 증언하는 일을 마치려 함에는 나의 생명조차 조금도 귀한 것으로 여기지 아니하노라(행 20:24).

## 스스로 결단하다

결정은 내가 하는 것입니다. 예수님도 십자가에 못 박힐 수밖에 없는 막다른 골목에서, "아버지여, 내가 이 잔을 마셔야 합니까? 안 마시는 방법은 없습니까?"라고 물으셨습니다. 얼마나 고민하셨던지, 땀이 피가 되었다고 했습니다. 그렇습니다. 이러한 고민과 갈등의 벽을 넘는 과정을 우리도 겪어야 합니다. 그 기도가 얼마나 힘드셨으면 땀이 핏방울같이 되었겠습니까? 나중에는 "나의 원대로 마시옵고 아버지의 원대로 하옵소서"(막 14:36)라고 하셨지만, 예수님은 그 문제를 놓고 세 번이나 기도하셨습니다. 그러나 마지막에 아버지의 뜻대로 하시기를 기도했을 때 기적이 일어났습니다.

사도 바울도 성령이 주신 갈등되는 두 가지 길에서 결단을 내립니다. 내가 달려갈 길, 그것은 곧 주 예수님으로부터 받은 사명, 하나님의 복음을 증언하는 일인데, 이 일을 마치려 함에는 나의 생명을 조금도 가치 있는 것으로 여기지 않겠다는 결단입니다. 당신의 달려갈 길, 당신의 인생 목적은 어디에 있습니까? 인생 방향은 어디에 있습니까? 우리가 예수를 믿는다는 것은 도대체 무엇을 의미합니까?

우리가 이렇게 살면 세상이 변하겠습니까? 교회에는 유익이 있을 것입니다. 당신의 직장도 유지될 것입니다. 그러나 세상이나 한국은 어떻습니까? 세상에서 많은 문제를 일으키는 사람들 중에는 교인들도 많습니다. 교회에서는 예배드리고 기도하고 찬송하지만, 세상에 가서는 마음대로 사는 것입니다. 우리 자신의 변화와 결단이 없는 한 세상은 변하지 않습니다. 내가 안 변하는데 어찌 세상이 변하겠습니까?

사도 바울은 이러한 갈림길에서 '내가 달려갈 길과 주 예수께 받은 사명, 곧 하나님의 은혜의 복음을 증언하는 일을 마치려 함에는 자신의 생명을 조금도 귀한 것으로 여기지 않겠다'고 스스로 결심했습니다.


## 마음을 드려 헌신하다

보라 내가 여러분 중에 왕래하며 하나님의 나라를 전파하였으나 이제는 여러분이 다 내 얼굴을 다시 보지 못할 줄 아노라(행 20:25).

특별히 이 말씀을 보면 이것이 마지막이라는 점을 바울이 알고 있는 것 같습니다. 맞습니다. 이제 사도 바울은 예루살렘으로 돌아가면 다시는 아시아로 오지 않습니다. 이것이 마지막 이별이었습니다. 이 설교를 마치고 바울과 장로들은 해변에서 배를 앞에 놓고 서로 껴안고 입을 맞추며 웁니다. 그렇게 헤어집니다. 이것이 복음입니다.

여기에 바울의 현주소가 있습니다. 바울이 그동안 무슨 일을 했는지, 또 그가 두란노 서원을 세우고 어떻게 전도했는지는 별로 중요하지 않습니다. 그 마음이 중요한 것입니다. 그 마음이 있으면 어디를 가든지, 그곳에서 무슨 일이든 다 할 수 있습니다. 일을 주어야 일을 하는 사람이 있는가 하면, 일을 만들어서 하는 사람이 있습니다. 무엇이 일을 만들어 냅니까? 마음입니다. 주의 복음을 전하고자 하는 마음, 주님의 복음을 위해서라면 어떤 직장도, 어떤 직업도, 나의 인생도, 청춘도, 결혼도, 재산도 중요하게 여기지 않는 마음, 복음을 위해서라면 죽을 수도 있다는 마음입니다. 일이야 될 수도 있고 안 될 수도 있고, 하다가 못할 수도 있습니다. 일 자체가 목표가 아니라는 말입니다. 예수님이 목표입니다. 예수님의 마음을 갖는 것이 우리의 목표입니다.

어떻게 사도 바울이 2천 년의 기독교 역사상 가장 강렬하고 감동적인 영향력을 줄 수 있었겠습니까? 바로 이런 순교적인 믿음과 종말론적인 결단과 주님을 사랑하는 그 마음이 모든 사람을 변화시킬 수 있었기 때문입니다. 왜 우리의 삶과 신앙이 세상에 그다지 영향력을 주지 못하는가는 각자 생각해 볼 문제입니다. 어떤 사람은 자기 신앙 하나에 목을 맵니다. 다른 사람에게 영향을 주는 것은 고사하고, 그저 자기 신앙 하나 제대로 붙들지 못하고 사는 것입니다. 그런 사람들이 어떻게 이 세상에 영향력을 줄 수 있겠습니까? 죽기로 결심하지 않으면 아무 일도 일어나지 않습니다. 포기할 마음이 없으면 얻는 것도 없습니다.


## 만나는 모든 이에게 복음을 전하다

그러므로 오늘 여러분에게 증언하거니와 모든 사람의 피에 대하여 내가 깨끗하니 이는 내가 꺼리지 않고 하나님의 뜻을 다 여러분에게 전하였음이라(행 20:26-27).

"내가 달려갈 길과 주 예수께 받은 사명 곧 하나님의 은혜의 복음을 증언하는 일을 마치려 함에는 나의 생명조차 조금도 귀한 것으로 여기지 아니하노라"(행 20:24)라는 말씀과 쌍벽을 이루는 또 하나의 선언이 있습니다. "나는 모든 사람의 피에 대하여 깨끗하다"라는 선언입니다. 이는, "오늘 너희에게 증거한다. 나는 하나님의 뜻을 거리끼지 않고 너희에게 모두 전했으니, 나는 모든 사람의 피에 대해 깨끗하다"라는 선언입니다.

　이것은 보통 말이 아닙니다. 당신은 서울 시민의 핏값에 대해서 깨끗합니까? 저는 그렇게 말하지 못합니다. 당신은 자신의 핏값에 대해서 깨끗합니까? 이것도 자신 없습니다. 그러나 사도 바울은 그렇게 말했습니다. 그는 약간 부족한 사람이었든지, 아니면 좀 교만한 사람이었든지, 그도 아니면 진실한 사람이었든지, 그중 하나였을 것입니다.

에스겔 3장 17-21절을 읽으면 사도 바울의 말을 이해할 수 있습니다. "인자야 내가 너를 이스라엘 족속의 파수꾼으로 세웠으니 너는 내 입의 말을 듣고 나를 대신하여 그들을 깨우치라 가령 내가 악인에게 말하기를 너는 꼭 죽으리라 할 때에 네가 깨우치지 아니하거나 말로 악인에게 일러서 그의 악한 길을 떠나 생명을 구원하게 하지 아니하면 그 악인은 그의 죄악 중에서 죽으려니와 내가 그의 핏값을 네 손에서 찾을 것이고"(겔 3:17-18). 다시 말하면, 죄인이 죄를 범하면 그는 당연히 자기 죗값을 치르느라 죽겠지만, 하나님은 그 악인을 깨우치고 전도하지 않은 책임을 우리에게 묻겠다는 말씀입니다. 그리고 19절을 보십시오. "네가 악인을 깨우치되 그가 그의 악한 마음과 악한 행위에서 돌이키지 아니하면 그는 그의 죄악 중에서 죽으려니와 너는 네 생명을 보존하리라." 또 20절을 보십시오. 의인에게는 이렇게 말씀하십니다. "또 의인이 그의 공의에서 돌이켜 악을 행할 때에는 이미 행한 그의 공의는 기억할 바 아니라 내가 그 앞에 거치는 것을 두면 그가 죽을지니 이는 네가 그를 깨우치지 않음이니라 그는 그의 죄 중에서 죽으려니와 그의 핏값은 내가 네 손에서 찾으리라."

자, 어떤 의인이 있습니다. 그 의인이 실수를 해서 죄를 범했습니다. 죄를 범한 것을 알고도 경고하지 않는다면, 그것은 나의 잘못입니다. 그러나 내가 경고하고 이야기했는데도 그 사람이 고치지 않는다면, 그것은 그 사람의 문제입니다. 내가 전도를 했다면, 그 사람이 예수를 믿건 안 믿건 그것은 그 사람의 문제입니다. 그러니까 내가 전도를 했는데도 안 믿었다면 그것은 괜찮다는 것입니다. 그러나 내가 전도하지 않아서 그 사람이 지옥에 갔다면, 그 책임을 우리에게 물으시겠다는 것입니다.

그러므로 우리는 전도하지 않으면 안 됩니다. 내가 만난 사람은 나에게서 복음을 들어야 합니다. 믿고 안 믿고는 그 사람의 문제입니다. 내가 만나지 않은 사람에 대해서는 그 문제를 나에게 묻지 않겠다고 하십니다. 그러나 내가 만난 사람에게 복음을 전하지 않으면, 그 핏값을 내 손에서 찾겠다는 것입니다. 그런데 사도 바울은, "나는 모든 사람의 피에 대해서 깨끗하다"고 했습니다. 굉장한 고백입니다. 이것을 보면, 사도 바울은 자기가 만났던 모든 사람에게 복음을 전한 것 같습니다. 자기가 만난 사람들 중에 예수 이야기를 듣지 않은 사람이 없을 정도로 예수를 전했다는 것입니다.

당신은 가정의 핏값에 대해서 깨끗합니까? 북한의 핏값에 대해서 깨끗합니까? 당신도 바울과 같은 심정을 가질 수 있기를 바랍니다.

# 16

# 마지막 인사를 나누다

사도행전 20:28-38

## 장로들에게 양 떼를 맡기다

우리는 지금 사도 바울이 3차 전도 여행을 마치면서 밀레도라는 곳에서 사랑하는 제자들과 에베소에서 사역했던 장로들을 만나, 마지막 고별 설교와 권면의 말씀을 나누는 장면을 살펴보고 있습니다. 이제 마지막으로, 바울은 아시아를 떠나면서 장로들과 제자들에게 사랑하는 교회와 성도들을 위탁하는 메시지를 전합니다.

> 여러분은 자기를 위하여 또는 온 양 떼를 위하여 삼가라 성령이 그들 가운데 여러분을 감독자로 삼고 하나님이 자기 피로 사신 교회를 보살피게 하셨느니라(행 20:28).

사도 바울의 첫 번째 권면은, 양 떼를 잘 섬기라는 것입니다. 그렇습니다. 오늘 우리의 목표도 똑같습니다. 교회가 해야 하는 일이 무엇입니까? 제일 중요한 기본적인 일은, 물론 하나님에게 예배를 드리는 것입니다. 그러나 하나님께서 보내 주신 양들을 잘 돌보는 일 또한 교회가 해야 할 중요한 일 중의 하나입니다.

예수님은 자신을 가리켜 이렇게 말씀하셨습니다. "나는 선한 목자라"(요 10:11). 예수님은 세상을 향해서는 빛으로 오셨다고 말씀하셨지만, 양들을 향해서는 "나는 선한 목자다. 목자는 양의 음성을 듣고, 또 양을 위해서 생명을 아끼지 않는다"고 말씀하셨습니다. 성경은 예수님이 세상에 오신 목적을 다음과 같이 말씀합니다. "내가 온 것은 양으로 생명을 얻게 하고 더 풍성히 얻게 하려는 것이라"(요 10:10).

교회에 대해서 잘 설명해 주는 시편 말씀 가운데 하나가 시편 23편입니다. "여호와는 나의 목자시니 내게 부족함이 없으리로다 그가 나를 푸른 풀밭에 누이시며 쉴 만한 물가로 인도하시는도다"(시 23:1-2). 이것이 바로 교회입니다. 이것이 바로 하나님의 양 떼들이 모인 공동체인 것입니다. 양 떼는 목자가 없으면 아무 의미가 없습니다. 양 떼는 스스로 존재하지 못합니다. 그러면 양 떼를 잘 돌보는 비결은 무엇입니까? 사도 바울은 어떻게 해야 양 떼를 잘 돌볼 수 있는지에 대해 두 가지를 이야기합니다.

## 스스로를 성찰하라

첫째는, 지도자의 자기 성찰입니다. 목자의 역할이 얼마나 중요합니까? 영적 지도자의 역할이 얼마나 중요합니까? 양 떼를 잘 돌보기 위해서는 먼저 자신을 절제하고 관리하며, 자신을 훈련시키는 일이 절대적으로 중요합니다. 오늘날 교회의 문제는 교인들의 문제가 아니라 지도자들의 문제입니다. 장로들이나 목회자들이 제 위치와 역할을 제대로 하지 못하기 때문에 생기는 문제가 오늘날 한국 교회의 문제입니다.

　자기에게 구원의 확신이 없는 사람이 어떻게 남에게 구원을 말할 수 있겠습니까? 성령을 체험해 보지 못한 사람이 어떻게 남에게 성령의 능력을 말할 수 있겠습니까? 그러므로 무엇보다 먼저 지도자의 자질과 그의 영적인 위치가 중요합니다. 특별히 고린도전서 10장 12절에서 사도 바울은, "그런즉 선 줄로 생각하는 자는 넘어질까 조심하라"고 말씀합니다. 목자 한 사람이 넘어지면 모든 양 떼들은 넘어지고 맙니다. 또 에베소서 4장 27절에서 사도 바울은 이렇게 전하고 있습니다. "마귀에게 틈을 주지 말라." 그렇습니다. 마귀는 틈만 보이면 다가와 우리를 공격합니다. 영적 지도자의 위치가 얼마나 중요한지, 여기서 우리는 그 중요성을 볼 수 있습니다.

## 질서 가운데 행하라

둘째는, 하나님은 양 떼를 잘 돌보도록 감독자라는 질서를 주셨다는 것입니다. 그냥 아무렇게나 살도록 내버려두지 않고, 양들이 따라갈 수 있는 교회의 영적 지도 체계를 만들어 주셨다는 것입니다. 따라서 교회는 이 영적 지도 체계를 존중하며, 권위를 살려 줘야 합니다. 이 감독자는 누가 세웠습니까? 하나님이 직접 세우셨습니다. 사람이 투표하고 뽑는 것 같지만, 사실은 그렇지 않습니다. 하나님이 친히 임명해 주시는 것입니다.

　그렇다면 왜 하나님은 이렇게 사람을 임명하시는 것일까요? 하나님이 감독자를 세워 주신 이유는, 당신의 피로 사신 교회를 관리하고 돌보게 하기 위함입니다. 부활하신 후에 갈릴리 해변에서 베드로를 만나셨을 때, 예수님은 새벽에 생선을 구워 주면서 베드로에게 다음과 같은 말씀을 하셨습니다. "요한의 아들 시몬아, 네가 나를 사랑하느냐?" 베드로가 말합니다. "주여, 내가 주님을 사랑하는 줄을 주께서 아시나이다." 그 말을 들은 예수님은 "내 양을 먹이라"고 말씀하셨습니다. 잠시 후에 주님이 또다시 질문을 하십니다. "요한의 아들 시몬아, 네가 나를 사랑하느냐?" 베드로가 말합니다. "주여, 내가 주님을 사랑하는 줄을 주께서 아시나이다." 그의 대답을 들은 주님은 "내 양을 치라"고 말씀하신 후에 세 번째 질문을 하십니다. "요한의 아들 시몬아, 네가 나를 사랑하느냐?" 또다시 베드로가 말합니다. "내가 주님 사랑하는 것을 아시지 않습니까?" 그때 주님은 "그래, 내 양을 먹이라"고 말씀하셨습니다.

예수님은 지금도 말씀하고 계십니다. 예수님을 모르거나, 아니면 예수님을 처음 믿는 사람들에게 예수님은 이렇게 말씀하십니다. "수고하고 무거운 짐 진 자들아 다 내게로 오라 내가 너희를 쉬게 하리라"(마 11:28). "너희의 죄가 주홍 같을지라도 눈과 같이 희어질 것이요"(사 1:18). "목마른 자들아 물로 나아오라 돈 없는 자도 오라 너희는 와서 사 먹되 돈 없이, 값없이 와서 포도주와 젖을 사라"(사 55:1).

그러나 그 단계가 지나, "내가 주님을 사랑합니다. 이제는 정말 주님 없이는 살 수 없습니다"라고 고백하는 사람들에게 주님은 또 다른 말씀을 하실 것입니다. "네가 정말 나를 사랑하느냐? 네가 정 말 나를 믿고 신뢰하느냐? 그러면 나를 대신해서 내 양들을 돌보 아라. 내 양들을 쳐라. 내 양들을 먹여라." 이것이 바로 우리를 목 자로 부르신 이유요, 감독자로 부르신 이유요, 장로나 목사나 집사 나 권사로 특별히 세워 주신 이유인 것입니다.

그런데 본문 28절을 보면 굉장히 중요한 표현이 하나 있습니다. "성령이 그들 가운데 여러분을 감독자로 삼고 하나님이 자기 피로 사신 교회를 보살피게 하셨느니라." 여기서 하나님이 자기 피로 사신 교회를 가리켜 양 떼라고 하신다는 사실을 알게 됩니다. 어떻 게 하나님이 피를 흘리셨을까요? 그것은 당신의 아들, 독생자 예 수 그리스도가 우리를 위해 십자가에 달려 돌아가시면서 흘리신 그 피라는 것입니다. 예수님이 흘리신 피는 곧 하나님이 흘리신 피 와 같습니다. 하나님이 당신의 피를 흘려서 만들어 주신 교회가 바 로 우리인 것입니다.

교회는 건물이 아닙니다. 제도도, 교파도 아닙니다. 성도가 곧 교회입니다. 여기에 언급된 성도는 어떤 성도입니까? 주님이 피 흘려 값 주고 사신, 대가를 치르고 사신 하나님의 백성입니다.

오늘날 교회가 왜 위기를 맞습니까? 세상 사람들은 왜 교회를 박해합니까? 왜 교회가 세상에서 제 역할을 감당하지 못합니까? 교회가 오해받고 있기 때문입니다. 교회를 하나의 집단, 세속적인 집단과 비슷하게 생각하기 때문입니다. 사람들의 만남과 모임에는 문화적인 의미가 있습니다. 인종적이고 민족적인, 그 혈통적인 특징을 가지고 사람들이 이합집산을 이룹니다. 또 어떤 지방색을 띠고 모이기도 합니다. 대부분의 만남들은 어떤 목적이나 이익을 추구하기 위해서 그 모임이 유지되는 것입니다. 교회도 그렇습니까? 교회가 이처럼 어떤 목적이나 이익을 추구하기 위한 세속적인 집단 중의 하나입니까? 성도들의 모임이 예수님이나 하나님을 믿는 조직입니까? 물론 아닙니다. 그러나 사람들이 교회를 그렇게 보고 있기 때문에 교회가 위기에 처하게 되는 것입니다. 물론 우리 자신도 그렇게 생각할 때가 많습니다. 심지어 어떤 사람들은 장로나 목사를 어떤 회사의 주주쯤으로 생각하기도 합니다. 헌금을 많이 하는 사람에게 발언권이 있다는 식으로 생각하는 것입니다. 이것이 교회입니까? 오늘날의 교회가 이런 식으로 운영되기 때문에 영적인 능력이 없는 것입니다. 그렇다면 교회는 무엇입니까? 하나님이 피로 사신 교회는 누구입니까? 바로 구원받은 하나님의 백성입니다.


## 사나운 이리를 조심하라

이제 사도 바울은 이렇게 교회의 본질과 양육의 여러 가지 사명을 이야기한 후에, 앞으로 교회가 당면해야 될 문제들을 제시합니다.

내가 떠난 후에 사나운 이리가 여러분에게 들어와서 그 양 떼를 아끼지 아니하며 또한 여러분 중에서도 제자들을 끌어 자기를 따르게 하려고 어그러진 말을 하는 사람들이 일어날 줄을 내가 아노라 (행 20:29-30).

사도 바울은 목회와 양육에 있어서, 양 떼를 돌보는 데 있어서 가장 경계해야 할 것은 사나운 이리라고 했습니다. 바울이 그곳에 있는 동안에는 사나운 이리, 즉 이단들이 들어오지 못했습니다. 그러나 바울이 떠나면 이리 떼들이 호시탐탐 노리고 있다가 들어오게 될 것이라고 경고합니다. 베드로전서 5장 8절은, "너희 대적 마귀가 우는 사자같이 두루 다니며 삼킬 자를 찾나니"라고 말씀합니다.

사나운 이리라는 말의 의미는 무엇입니까? 양의 가죽을 썼다는 것입니다. 사나운 이리는 절대로 자기의 본질을 드러내지 않습니다. 마귀는 처음부터 자기의 본질을 드러내지 않습니다. 아주 그럴듯하게 말씀과 능력을 가지고 찾아옵니다. 천사의 모습을 가장해서 다가오기 때문에 모든 사람이 속는 것입니다.

이 사나운 이리가 들어와서 하는 일이 무엇입니까?

내가 떠난 후에 사나운 이리가 여러분에게 들어와서 그 양 떼를 아끼지 아니하며(행 20:29).

그들의 특징은 양 떼를 돌보지 않는 것입니다. 양 떼를 맡았으나 굶기고, 병들어도 치유해 주지 않는 것입니다. 그들은 삯꾼 목자와 같습니다. 그들은 양 떼를 자신을 위해 이기적인 목적으로 이용합니다. 한 사람, 한 사람을 하나님이 창조하신 백성으로 보지 않고, 하나의 이익의 대상으로 본다는 것입니다. 개개인에게 등 번호를 달아서 물질로 취급하며, 필요하면 이용하고 필요 없으면 버리는 것입니다. 이것은 세상의 이익 집단과 다를 바가 없습니다.

당신이 양 떼를 돌보지 않으면 어떻게 될까요? 양들은 영양실조에 걸려 병들고 말 것입니다. 사람은 말로만 양육되는 존재가 아닙니다. 관심을 가져 주고, 닦아 주고, 어루만져 주고, 돌봐 주어야 합니다. 그렇게 하지 않으면, 양들은 이 험한 세상에서 혼자 살아남기 위해 독해집니다. 자기 혼자 살아야 하고, 자기 혼자 존재해야하기 때문에 독해지는 것입니다.

양 떼를 맡았으면 그들을 돌보십시오. 전화해 주고, 기도해 주고, 심방해 주고, 어루만져 주고, 함께 눈물을 흘려 주십시오. 그것이 참목자로서 양들을 돌보는 것입니다.

또 한 가지가 있습니다. 이 사나운 이리는 사람을 자꾸 분열시키는 일을 합니다. 조직을 하나로 만들기보다는 자꾸 이간질시키고, 분열시키는 일을 하는 것입니다. 이리 떼들은 말만 그럴듯하게 합니다. 성경을 보면, 제자들을 끌어 자기를 따르게 하려 한다고 했습니다. 즉, 그 조직에서 제자들을 이탈시키기 위해 그들은 어그러진 말로, 공교한 말로, 아주 그럴듯한 말로 사람을 현혹시켜 자기를 따라오게 한다는 것입니다. 이것이 바로 사나운 이리의 특징입니다.

누군가와 이야기를 할 때, 아무리 좋은 말이라도 그 사람이 남을 욕하고 있으면 그에 대해서 다시 생각하십시오. 사랑하는 사람에게는 미워할 시간이 없습니다. 물론 비판 기능이 꼭 필요하긴 합니다. 하지만 그 비판 기능이 잘못하면 당신을 비판하는 사람으로 만들어 버립니다. 그리고 당신 자신을 파멸의 구렁텅이로 몰아넣거나, 성격 이상자로 만들어 버릴 수도 있습니다.


## 말씀 앞에 서는 자들이 받는 은혜

그렇다면 어떻게 이런 사나운 이리 떼를 막을 수 있겠습니까? 크게 두 가지 방법이 있습니다.

> 그러므로 여러분이 일깨어 내가 삼 년이나 밤낮 쉬지 않고 눈물로 각 사람을 훈계하던 것을 기억하라(행 20:31).

먼저, 사도 바울은 눈물로 양들을 가르쳤습니다. 이것이 참으로 중요합니다. 지식으로 양육한 게 아닙니다. 학교에서 배우는 단순한 지식 전달이 아니라, 삶으로 가르쳤습니다. 그리고 그는 언제나 그 가르침을 기억하며, 무엇이 옳고 그른지에 대해 이 잣대를 놓고 바라보라고 했습니다.

또 한 가지가 있습니다.

> 지금 내가 여러분을 주와 및 그 은혜의 말씀에 부탁하노니(행 20:32).

하나는 바울 자신이 가르쳤던 교훈이요, 또 하나는 하나님의 은혜의 말씀에 의탁하는 것입니다. 아무리 고통스럽고 어렵고 사탄의 궤계와 유혹이 크다 할지라도, 하나님의 은혜의 말씀을 이길 수는 없습니다. 하나님의 은혜의 말씀이 있는 한 두려워할 것이 없습니다. 하나님의 은혜의 말씀을 깨닫고 은혜의 보좌 앞으로 나아가는 사람은 하나님이 그 인생의 주인이 되십니다. 또한 하나님을 위해 살려는 사람에게 하나님은 두 가지의 은혜를 주십니다.

> 지금 내가 여러분을 주와 및 그 은혜의 말씀에 부탁하노니 그 말씀이 여러분을 능히 든든히 세우사 거룩하게 하심을 입은 모든 자 가운데 기업이 있게 하시리라(행 20:32).

첫째, 그 말씀이 우리를 든든히 세운다고 했습니다. 우리의 믿음은 굳건해야 합니다. 왔다 갔다 해서는 안 됩니다. 교회에 오면 교회가 맞는 것 같고, 세상으로 나가면 세상이 맞는 것 같고, 이 사람 얘기를 들으면 이 사람 말이 맞는 것 같고, 저 사람 얘기를 들으면 저 사람 말이 맞는 것 같아서는 안 됩니다. 만약 당신이 이와 같은 상태에 있다면, 그 믿음이 흔들리고 있는 것입니다. 예수님은 우리의 믿음이 든든해야 한다고 말씀하셨습니다. 말씀에 기초해서 믿음의 뿌리를 내리고 든든히 서 있으면, 어떤 폭풍이나 비바람이 몰아쳐도 이겨 낼 수 있습니다. 믿음은, 주님과 그 은혜의 말씀 앞에 있으면 든든히 세워지는 것입니다.

시편 18편 2절에 보면 이런 말씀이 있습니다. "여호와는 나의 반석이시요 나의 요새시요 나를 건지시는 이시요 나의 하나님이시요 내가 그 안에 피할 나의 바위시요 나의 방패시요 나의 구원의 뿔이시요 나의 산성이시로다." 당신이 이런 고백을 할 수 있기를 바랍니다. 비록 사망의 줄이 당신을 얽고 불의의 창수가 두렵게 하며 스올의 줄과 사망의 올무가 당신을 두른다 할지라도, 환난 중에 여호와에게 아뢰며 하나님을 향해 부르짖으면 그가 들으시고, 응답하시고, 기적을 베풀어 주신다는 믿음이 당신에게 있기를 바랍니다.

둘째, 거룩하게 하심을 입은 모든 자 가운데 기업이 있게 하시리라고 했습니다. 즉, 기업을 주신다는 것입니다. 하나님 나라에도 기업이 있습니다. 베드로전서 1장 4절은, "썩지 않고 더럽지 않고 쇠하지 아니하는 유업을 잇게 하시나니"라고 말씀합니다. 이 기업은 하늘에 있는 것입니다. 우리를 위하여 예비하신 것이라 했습니다. 얼마나 좋습니까? 우리는 은혜의 말씀 앞에 있으면 흔들리지 않습니다. 그러면 하나님은 우리에게 영원한 기업을 주십니다. 그것은 금이나 은이나 의복 같은 물질적 가치가 아닙니다.

내가 아무의 은이나 금이나 의복을 탐하지 아니하였고(행 20:33).

사도 바울은, 자신이 복음을 전하는 것은 대가를 받기 위한 것이 아니라고 했습니다. 그래서 그는 특별히 다른 사람들에게 신세를 지지 않기 위해서 스스로 돈을 벌었습니다.

여러분이 아는 바와 같이 이 손으로 나와 내 동행들이 쓰는 것을 충당하여 범사에 여러분에게 모본을 보여 준 바와 같이 수고하여 약한 사람들을 돕고 또 주 예수께서 친히 말씀하신 바 주는 것이 받는 것보다 복이 있다 하심을 기억하여야 할지니라(행 20:34-35).

복음을 전하는 사도 바울에게서 제가 감동받는 부분이 하나 있는데, 그것은 그가 사도로서 전도하며 바쁘게 돌아다니면서도 늘 약한 자들, 가난한 자들, 하루 벌어 하루 먹고사는 힘없는 자들을 개인적으로 끊임없이 돌봤다는 것입니다. 대부분 큰일을 하는 사람들은 큰일에 도취되고, 높은 지위에 있는 사람들은 높은 위치에 도취되어서 '이렇게 중요한 일을 하는데 내가 어떻게 시시한 일을 할 수 있는가'라고 생각합니다. 그러나 사도 바울은 그렇지 않았습니다. 끊임없이 자기 주변의 힘없는 자들을 도와주었습니다.

그러면서 그는 굉장히 중요한 말을 합니다. "주는 것이 받는 것보다 복이 있다." 저는 당신이 받는 사람이 아니라 주는 사람이 되기를 바랍니다. 남에게 유익을 끼치고 은혜를 베푸는 사람이 되기를 바랍니다. 받는 사람을 가리켜 뭐라고 합니까? 거지라고 합니다. 꼭 먹을 게 없어야만 거지가 아닙니다. 정신적인 거지가 얼마나 많은지 모릅니다. 성인이 되어 스스로 돈을 벌 수 있는데도 부모의 돈을 의지하고 사는 사람, 주변의 권력을 의지하는 사람, 남의 돈을 뜯어먹고 사는 사람들은 모두 거지입니다. 그들에게는 거지 철학이 있습니다. 거지 철학이 무엇입니까? 얻어먹으며 기생충처럼 사는 것입니다.

당신은 어떻습니까? 혹시 거지와 같은 삶을 살고 있지는 않습니까? 이는 학벌이나 지위와는 상관이 없습니다. 받기만 하는 사람은 감사가 없습니다. 그는 정해진 시간 외에 일하게 되면 분히 여기고 착취당했다고 생각합니다. 그러나 주는 사람은 하루 종일 일해도 불평하지 않습니다. 왜 그렇습니까? 그것이 좋고, 그는 자신의 모든 것을 주고 싶어 하기 때문입니다. 사도 바울은 이런 철학을 가지고 있었습니다. 그는 누구에게 불평할 시간도 없었고, 불평할 대상도 없었습니다.

무엇을 먹을까, 무엇을 입을까, 무엇을 마실까 염려하지 마십시오. 그것은 하나님을 모르는 사람들의 인생철학입니다. 우리는 그의 나라와 그의 의를 구해야 합니다. 당신이 있는 곳에서 사람을 보고 일하지 말고, 하나님을 생각하면서 최선을 다하십시오. 그리하면 이 모든 것을 당신에게 더하실 것입니다. 이런 축복이 당신에게 있게 되기를 바랍니다.

## 마지막 작별 인사를 하다

이 말을 한 후 무릎을 꿇고 그 모든 사람들과 함께 기도하니 다 크게 울며 바울의 목을 안고 입을 맞추고(행 20:36-37).

얼마나 감동적인 장면입니까? 사람에게는 감동과 감격이 있어야 합니다. 우리는 너무나 비판하고 원망하고 불평하며 살아왔습니다. 한이 맺혀 있습니다. 한이 있는 동안에는 은혜가 역사하지 않습니다. 어떤 사람은 바늘로 찔러도 피 한 방울 안 나온다는 말을 듣기도 합니다. 그는 참으로 불행한 사람입니다. 사람은 울고 싶을 때 울어야 합니다. 너무 주책없이 우는 것은 곤란하지만, 성령이 울게 하실 때 울 수 있어야 합니다. 오늘 우리는 너무나 메마른 마음으로 살아갑니다. 흘릴 눈물도 없고, 울어야 할 이유도 없습니다. 그러나 우리에게는 주님이 계십니다.

다시 그 얼굴을 보지 못하리라 한 말로 말미암아 더욱 근심하고 배에까지 그를 전송하니라(행 20:38).

그렇습니다. 이것이 마지막입니다. 바울은 또다시 아시아로 돌아오지 않을 것입니다. 마지막 이별입니다. 그래서 더 슬펐던 것입니다. 그래서 울음이 더 나온 것입니다. 인생이란 이렇게 떠나는 것입니다. 어떤 경우에는 다시 만날 수 있는 헤어짐도 있지만, 어떤 경우에는 그것이 영원한 이별인 헤어짐도 있습니다. 목을 놓고 울어야 하고, 서로 껴안고 섭섭함을 나누어야 할 때도 있습니다. 그것이 인생입니다. 사랑하는 사람을 영원히 떠나보내야 하는 일도 있습니다.

그러나 중요한 것은 무엇입니까? 바울에게 중요한 것은 무엇이었습니까? 바울은 예수님이 계셨기에 그들과 헤어질 수 있었습니다. 우리에게 예수님이 계시다면, 떠나고 만나는 것은 그렇게 중요하지 않습니다. 떠나면 떠나는 것이고, 못 만나면 못 만나는 것입니다. 나중에 천국에서 만나면 되는 것입니다. 당신에게 예수님이 계십니까? 그렇다면 행동하십시오. 신중하십시오. 그리고 현실을 받아들이십시오. 그렇게 당신을 고통스럽게 할 현실은 없습니다. 그렇게 당신을 불행하게 만들 현실도 없습니다. 주님이 계시다면 말입니다.

# 17

# 주 예수의 이름을 위하여

사도행전 21:1-16

사도행전 21-28장까지는 새로운 주제가 전개됩니다. 새롭게 전개되는 주제는, 사도 바울이 겪을 박해와 환난에 관한 이야기입니다. 그는 이제부터 죄수의 몸으로 살게 됩니다. 이것이 28장까지 계속되는 주제입니다.

## 두로에서의 일주일

우리가 그들을 작별하고 배를 타고 바로 고스로 가서 이튿날 로도에 이르러 거기서부터 바다라로 가서 베니게로 건너가는 배를 만나서 타고 가다가 구브로를 바라보고 이를 왼편에 두고 수리아로 항해하여 두로에서 상륙하니 거기서 배의 짐을 풀려 함이러라(행 21:1-3).

앞 장에서 우리는 밀레도에서 성도들과 작별하는 바울의 모습을 보았습니다. 그들은 무릎을 꿇고 기도하며, 울음을 참지 못해 큰 소리로 울었습니다. 그리고 바울을 껴안고 입을 맞추며 마지막 작별 인사를 나누었습니다. 이제 바울은 밀레도에서 배를 탑니다. 그리고 고스라는 곳에 도착해 하룻밤을 지내게 됩니다. 또 그곳을 떠나 로도로 간 뒤 거기서 또 하룻밤을 지냅니다. 로도에서 다시 바다라라는 곳으로 가서 하룻밤을 지내고, 그다음 날 베니게로 향하는 배를 바꿔 타기 위해 다시 출발합니다.

이제 드디어 먼 여행을 시작하게 되었습니다. 바울은 수리아로 행선하는 도중에 구브로라는 섬을 지나갔습니다. 구브로는 1차 전도 여행 때 사도 바울이 처음 가서 전도했던 곳인데, 바로 키프로스라는 섬입니다. 그는 구브로 섬을 옆에 끼고 수리아를 거쳐, 드디어 예루살렘에서 가까운 두로라는 곳에 도착합니다. 두로는 특이한 곳입니다. 예수님도 그곳에 가서 전도하신 적이 있습니다. 고라신과 벳새다의 불신앙을 말할 때도 두로를 비교해서 말씀하셨습니다. "화 있을진저 고라신아 화 있을진저 벳새다야 너희에게 행한 모든 권능을 두로와 시돈에서 행하였더라면 그들이 벌써 베옷을 입고 재에 앉아 회개하였으리라"(마 11:21). 이 말씀에서 우리는, 예수님이 두로를 참 좋게 보셨고, 또 두로의 백성이 하나님을 사랑했음을 알 수 있습니다. 바울이 지금 그곳에 도착했습니다.

제자들을 찾아 거기서 이레를 머물더니 그 제자들이 성령의 감동으로 바울더러 예루살렘에 들어가지 말라 하더라(행 21:4).

두로에서 바울이 가장 먼저 행한 일은, 그곳에 있는 그리스도인들을 찾는 것이었습니다. 그는 그곳에서 일주일 동안 머물렀습니다. 제자들을 찾아 일주일을 머물게 되었다는 것입니다.

어떤 사람은 사도 바울이 예술적인 안목이 전혀 없는 사람이 아닌가 하는 혹평을 하기도 합니다. 그 이유는, 그 당시 헬라 문학과 철학과 예술이 숨 쉬고 있는 아테네와 고린도와 에베소에 그렇게 오래 살았음에도 불구하고 바울 서신에서 한 번도 그것에 대해 언급한 적이 없기 때문입니다. 그러나 사도 바울의 서신을 면밀히 검토해 보면, 그는 다른 사람이 가질 수 없는 예리한 지성을 가지고 있었다는 사실을 알 수 있습니다. 뿐만 아니라 그의 문장과 서신을 보면 정말 탁월한 문장력과 문학적 통찰이 있었다는 것을 쉽게 알 수 있습니다.

그렇다면 사도 바울이 왜 그런 것에 대해서 언급하지 않았을까 하는 의문이 생깁니다. 그것은 한마디로, 예수 그리스도가 너무나도 강렬하게 그를 붙잡고 계셨기 때문입니다. 하나님에게 강렬하게 붙잡힌 사람은 다른 데로 시선을 빼앗길 수 없습니다. 그것이 아무리 좋은 예술과 철학과 문학과 세상적인 것이라 할지라도, 그것에 눈을 돌리거나 마음을 빼앗기지 않는 것입니다.

그렇습니다. 사도 바울의 마음을 사로잡고 있는 것은 예수였습니다. 그의 눈에는 오직 예수만 보였고, 그가 입을 열어 말하는 것은 오직 예수를 전하는 것뿐이었습니다. 그리고 그는 그리스도의 제자들만을 골라서 만났습니다. 그렇기 때문에 그는 다른 것에 관심을 갖고 있지 않았던 것입니다.

두로에 도착했을 때도 마찬가지였습니다. 바울은 두로에 도착하자마자 그리스도인들을 찾았습니다. 그는 그곳에서 아주 신실하고 놀라운, 성령 충만한 성도들을 만나 교제했습니다. 그리고 성령님은 그들과의 교제를 통해, 바울이 예루살렘으로 돌아가면 사로잡히게 될 거라는 사실을 알려 주셨습니다. 바울은 사람들로부터 예루살렘으로 돌아가지 않는 것이 좋겠다는 권면을 받았습니다.

## 축복된 만남, 축복된 헤어짐

이 여러 날을 지낸 후 우리가 떠나갈새 그들이 다 그 처자와 함께 성문 밖까지 전송하거늘 우리가 바닷가에서 무릎을 꿇어 기도하고 서로 작별한 후 우리는 배에 오르고 그들은 집으로 돌아가니라(행 21:5-6).

그들과의 만남은 일주일간의 짧은 교제였습니다. 서로 몰랐던 관계였지만, 헤어질 때의 모습은 밀레도에서의 작별과 같았습니다. 얼마나 헤어지기 싫었던지, 큰 소리로 울며 서로 껴안고 무릎을 꿇고 기도했다고 했습니다.

여기서 우리는 사도행전적인 만남의 특징을 하나 발견하게 됩니다. 사도행전적 기도가 있었다는 것입니다. 예수님의 기도는 골방 기도입니다. 은밀한 기도입니다. 다른 사람이 알지 못하게 하는 기도입니다. 예수님은, "하늘에 계신 내 아버지가 이미 다 갚아 주셨다. 그러므로 사람에게 보이려고 중언부언하지 말라. 정말 기도하고 싶으면, 골방에 들어가서 은밀하게 기도하라"고 말씀하셨습니다. 그러나 이 기도가 사도행전으로 넘어오면 달라집니다. 전심으로 합심하여 두 손을 들고 통성으로 소리를 지르며 기도하는 모습으로 변합니다. 이것이 사도행전적 기도입니다. 방언으로 기도하고, 찬양으로 기도하고, 합심해서 기도했습니다.

만남도 마찬가지입니다. 예수님이 이 땅에 계신 동안에는 제자들과 만나 우셨다는 말이 없습니다. 또 헤어지기 싫어서 껴안으셨다는 말도 없습니다. 다만 사람들이 예수님의 말씀을 들으며 기적을 보고 놀랐을 뿐입니다. 그러나 이러한 만남이 사도행전으로 들어오면 그 형태가 달라집니다.

오늘 우리의 문제는 무엇입니까? 진정한 만남이 없다는 것입니다. 왜 사람들이 외로워합니까? 진정한 만남이 없기 때문입니다. 우리는 너무나 많은 사람들을 만납니다. 그러나 그렇게 많은 사람을 만나면서도 외로움과 고독함을 느낍니다. 언제나 홀로 있는 것처럼 느낍니다. 진실한 만남이 없기 때문입니다. 내 심장을 떼어 주고 나의 삶을 나누어 줄 수 있는, 내 생명을 나누어 줄 수 있는, 내가 손해 볼 수 있는 친구도, 우정도, 관계도 없기 때문입니다.

대부분의 사람들은 서로 어느 정도의 거리를 두고 만남을 이어 갑니다. 더 이상 내 세계에 들어오지 못하게 하는 것입니다. 이것이 현대인들의 생활 구조입니다. 이런 일은 교회 밖에만 있는 것이 아니라 교회 안에도 똑같이 있습니다. 주일날 왔다 갔다 하며 예배만 드리고 돌아갑니다. 성도들과는 어느 정도 선을 긋고 교제합니다. 모임도 어느 정도 손해 보지 않는 범위 안에서, 시간을 빼앗기지 않는 범위에서만 갖습니다. 이런 만남에서 성령의 역사가 일어날 수 있겠습니까? 어떤 변화가 일어날 수 있겠습니까? 아무 변화도 없습니다. 떠나도, 헤어져도 잊을 수 있는 관계라면 무슨 의미가 있겠습니까? 약간 섭섭한 정도라면 무슨 의미가 있겠습니까?

성도들의 만남과 관계는 떠나도 잊을 수 없는 관계요, 부탁하지 않아도 기도할 수밖에 없는 관계가 되어야 합니다. 그것이 진정한 만남입니다. 내 삶의 일부가 되어야 하며, 내 심장을 나누어 줄 수 있는 관계가 되어야 합니다. 그것이 성령의 관계요, 영적인 관계입니다. 지금 우리에게는 이런 관계가 필요합니다.

정말 진실한 관계라면 손해 볼 수 있어야 합니다. 손해 보는 것이 재미있고, 그것이 즐거워야 합니다. 그러나 우리 대부분은 자신의 이익만을 챙기며 살고 있습니다. 시간을 따지고 돈을 따지며 만나기 때문에 아무 일도 일어나지 않습니다. 그런 만남은 오히려 더 공허할 뿐입니다.

긴 만남은 아닐지라도, 저는 당신의 모든 만남이 바울과 같은 축복된 만남이 되기를 바랍니다. 일주일을 교제했지만 눈물을 흘릴 수 있는 관계, 마음과 마음이 통하는 관계, 영과 영이 통하는 관계가 되기를 바랍니다.

우리의 문제는 만남을 통해서 사람을 이용하는 것입니다. 모든 것을 이기적인 동기로 보는 데 문제가 있습니다. 바울을 보면 밀레도에서뿐 아니라 두로에서도 아름다운 관계를 맺었음을 알 수 있습니다.


## 바울과 빌립의 재회

> 두로를 떠나 항해를 다 마치고 돌레마이에 이르러 형제들에게 안부를 묻고 그들과 함께 하루를 있다가 이튿날 떠나 가이사랴에 이르러 일곱 집사 중 하나인 전도자 빌립의 집에 들어가서 머무르니라(행 21:7-8).

바울은 두로를 떠나 돌레마이로 이동합니다. 그곳에서 그는 형제들을 만나 하룻밤을 지냅니다. 사도 바울은 어디를 가든 단순하고 간단하게 행동합니다. 사람들도 쉽게 만나고, 하는 일도 간단합니다. 그다음 날 바울은 다시 가이사랴로 이동합니다. 거기에서 초대 교회의 일곱 집사 중 하나였던 빌립 집사를 만나 그의 집에 머물게 됩니다.

아주 간단한 스토리입니다. 그러나 그 내용을 깊이 묵상해 보면 굉장히 놀라운 사건이 그 안에 숨어 있다는 사실을 발견하게 됩니다. 바울과 빌립은 20년 전에 만났던 사이입니다. 사도행전 8장에 보면 사울이 바울 되기 전, 곧 그가 예수 믿는 사람들을 잡아 옥에 가두고, 심지어 어느 곳에 가든지 예수 믿는 사람을 잡으려 했던 살기등등한 그 시절에 사도 바울은 빌립과 서로 아는 처지였습니다. 빌립은 스데반의 순교 사건 이후 대 핍박이 일어나 예루살렘의 교회가 흩어지게 되었을 때 쫓겨났습니다. 예루살렘에 거할 수 없었던 그는 어쩔 수 없이 사마리아 지방으로 피난을 가게 되었습니다. 그곳에서 그는 전도를 했고, 성령의 역사가 일어났습니다. 기적이 나타나고, 이방인들이 예수를 믿기 시작했습니다. 우리는 여기서 성령이 임하시면 예루살렘과 온 유대와 사마리아까지 복음이 전파될 것이라는 말씀이 이루어진 것을 보았습니다.

그때 빌립에게 성령의 음성이 들려왔습니다. 성령의 음성에 순종한 그는 사마리아에서 전도하던 것을 멈추고 광야로 내려갔습니다. 그리고 그곳에서 에디오피아 내시를 만나 그와 함께 이사야서를 공부했습니다. 그는 에디오피아 내시가 메시아를 발견할 수 있도록 도운 후 그에게 세례를 베풀어 주었습니다.

그리고 20년이 지나, 이제 사도 바울과 빌립이 다시 만났습니다. 그 사이에 바울은 예수님을 만나 변화를 받고 1차, 2차, 3차 전도여행을 마쳤습니다. 수많은 사건들을 겪었고, 이제 그는 정말 놀라운 하나님의 사도로 변했습니다.

두 사람이 만나서 무슨 말을 했을까요? 얼마나 할 말이 많았을까요? 아마도 바울은 그때 자기가 예수 믿는 사람들을 어떻게 박해했었는지부터 이야기했을 것입니다. 그들은 밤이 새도록 간증을 이어 갔을 것입니다. 많은 이야기를 한 후에 그들은, 이 모든 것은 주님이 하셨다고, 성령님이 역사하신 것이라고, 아마도 '내가 했다'는 말보다는 '주님이 하셨다'는 말을 계속했을 것입니다.

## 반복되는 환난에 대한 예언

빌립에게는 아직 시집가지 않은 네 명의 딸이 있었습니다.

> 그에게 딸 넷이 있으니 처녀로 예언하는 자라(행 21:9).

그 딸들은 예언하는 자들이었습니다. 그러다 보니 빌립의 집에는 많은 은혜자들이 방문하곤 했습니다. 그날 아가보라는 선지자가 그의 집을 방문하게 되었습니다.

> 여러 날 머물러 있더니 아가보라 하는 한 선지자가 유대로부터 내려와 우리에게 와서 바울의 띠를 가져다가 자기 수족을 잡아매고 말하기를 성령이 말씀하시되 예루살렘에서 유대인들이 이같이 이 띠 임자를 결박하여 이방인의 손에 넘겨주리라 하거늘 우리가 그

말을 듣고 그곳 사람들과 더불어 바울에게 예루살렘으로 올라가지 말라 권하니(행 21:10-12).

우리는 여기서 사도 바울이 예루살렘에 가면 환난과 결박이 기다리고 있을 것이라는 사실이 여러 차례에 걸쳐 계시되는 것을 봅니다. 밀레도에서 같은 예언을 들었을 때 사도 바울은, "주 예수께 받은 사명 곧 하나님의 은혜의 복음을 증언하는 일을 마치려 함에는 나의 생명조차 조금도 귀한 것으로 여기지 아니하노라"(행 20:24)라고 고백했습니다. 두로와 가이사랴에서도 성령을 받은 사람들이 그와 똑같은 예언을 했습니다. 왜 이렇게 자주 반복적으로 이런 예언이 계속되는 것일까요?

여기서 한 가지 주의 깊게 관찰해야 할 부분이 있습니다. 그가 예루살렘으로 가면 결박과 환난이 기다린다고 성령께서 분명히 말씀하셨지만, 그에게 가지 말라고 말씀하시지는 않았다는 것입니다. 여기에 하나님의 메시지가 있습니다. 사람들은 인간적인 생각으로 바울에게 결박과 환난이 기다리고 있는 예루살렘으로 가지 말 것을 권했지만, 성령님은 그가 예루살렘에서 겪을 일에 대해서만 말씀해 주셨다는 것입니다.

그렇다면 성령님은 왜 반복적으로 똑같은 말씀을 하셨을까요? 그 이유는 간단합니다. 즉, 바울을 준비시키시기 위해 그런 것입니다. "예루살렘으로 돌아가면 너는 환난과 박해를 받게 될 것이다.

네가 준비되었느냐?"라는 것입니다. 예수님도 십자가 앞에 섰을 때, 그 십자가를 피하고 싶으셨습니다. 땀이 피가 되도록 기도하셨습니다. "아버지, 이 잔을 제가 마셔야 합니까?" 그러나 그때 하나님은 침묵하셨습니다. 예수님에게는 오직 십자가만이 남겨져 있을 뿐이었습니다. 우리 역시도 마찬가지입니다. 내가 져야 할 십자가가, 내가 겪어야 할 십자가가 있습니다. 계속해서 우리의 십자가를 보여 주시는 것입니다. 예수님은 어느 순간, "하나님, 결심했습니다. 내 뜻대로 마옵시고 아버지 뜻대로 하옵소서"라고 고백하셨습니다. 그리고 일어서서 십자가를 향해 걸어가셨습니다.

저는 본문 말씀을 묵상하다가 신사 참배를 거부한 주기철 목사님을 생각했습니다. 그 당시 유명했던 많은 목회자들이 변절했습니다. 그러나 주기철 목사님은 변절할 수 없었습니다. 아마 여러 가지 합리적인 이유들이 생각났을 것입니다. 그러나 주기철 목사님은 신사 참배를 할 수 없었습니다.

저는 주기철 목사님이 바울과 같은 심정을 가졌을 거라고 생각합니다. "너는 예루살렘으로 돌아가면 박해를 당하게 될 것이다. 너는 죄수로 살아야 된다. 바울아, 이제부터 네 현주소는 죄인이다. 자유도 제한되며, 활동도 제한될 것이다." 이렇게 사는 것이 얼마나 고통스러운 일입니까? 죄수 말고 다른 데 가서 전도하면 안 되겠느냐고 말할 수도 있을 것입니다. 그러나 하나님의 계획은 그게 아니었습니다. 그가 죄수로 살기 위해 로마로 가는 것이 하나님의 뜻이었습니다. 그가 죄수가 되어야 복음이 전파된다는 것입니다. 그렇기에 바울은 주님을 위하여 죄인으로 살 수밖에 없다는 것입니다. 이것이 바울에게 주어진 숙제였습니다. 그리고 주기철 목사님에게 주어진 숙제 또한 바로 이런 것이었습니다.

주님은 우리에게도 이와 같이 말씀하십니다. 당신은 지금 당신에게 말씀하고 계시는 주님의 음성을 듣고 있습니까? 그렇다면 우리는 어떻게 살아야 합니까?


## 예루살렘으로 떠나다

바울이 대답하되 여러분이 어찌하여 울어 내 마음을 상하게 하느냐 나는 주 예수의 이름을 위하여 결박당할 뿐 아니라 예루살렘에서 죽을 것도 각오하였노라 하니(행 21:13).

바울의 마음은 언제나 변함이 없었습니다. 그의 마음은 이미 결정되어 있었습니다. 그는 죽기로 결심한 것입니다. 죽기로 결심한 사람은 무서울 것이 없습니다. 그러나 많은 사람들은 결심하지 못합니다. 자기 인생을 결정하지 못합니다. 이렇게 살아도 좋을 것 같고, 저렇게 살아도 좋을 것 같습니다. 이것도 해야 될 것 같고, 저것도 해야 될 것 같습니다. 어느 날은 선교사로 가야 될 것 같은데,

또 어느 날은 그게 아니라고 생각합니다. 이러한 것을 가리켜 방황이라고 합니다. 무엇이든지 결정하지 못하면 우리는 방황하게 됩니다. 영원을 결정하지 못하면 현실에서 방황하게 됩니다. 천국이 결정되지 않는 사람은 방황하게 됩니다. 그러나 사도 바울은 이미 결정된 사람이었습니다.

예루살렘으로 올라가지 말라는 사람들의 권유에 사도 바울은 어떻게 대답합니까? 첫째, "여러분이 어찌하여 울어 내 마음을 상하게 하느냐"라고 말합니다. 여기서 상하게 한다는 말은 어째서 내 마음을 약하게 만드느냐, 왜 내 마음을 흔드느냐는 뜻입니다. 사도 바울은 이미 예수님의 마음을 이해하고 있었던 것 같습니다. 예수님은 마음만 먹으면 십자가를 안 질 수도 있으셨습니다. 그러나 예수님은 십자가를 지기로 결정하셨습니다. 사도 바울도 역시 예루살렘으로 안 갈 수도 있었습니다. 그러나 그는 가기로 결심한 후에 그렇게 했습니다. 우리 또한 마찬가지입니다. 그렇게 안 살 수도 있고, 선교사로 가지 않을 수도 있습니다. 좋은 직장에 그냥 머물러 있을 수도 있습니다. 우리에게는 좋은 환경에 그대로 있을 자유가 있습니다. 그러나 사도 바울은 그렇게 하지 않기로 결정했습니다. 그는 십자가를 향해 걸어가는 예수님의 마음을 이해하고 있었습니다.

우리 모두는 예수를 믿는 사람들입니다. 그러나 예수를 아는 정도는 다 다릅니다. 어떤 사람은 천박한 지식만을 가지고 있습니다.

껍데기만 아는 사람이 있습니다. 또 십자가의 예수님 심정까지 아는 사람이 있습니다. 당신은 어느 정도입니까? 어느 정도까지 예수님을 알고 있습니까? 예수님이 나를 위해 십자가에 못 박혀, 피 흘려 돌아가셨다는 사실을 알고 그렇게 말할 수 있다고 해서, 당신이 진정으로 십자가의 참된 의미를 안다고 말할 수 있습니까? 아닙니다. 그것은 객관적인 지식일 수 있습니다. 중요한 것은 그 진리의 능력이 당신의 삶에 있느냐, 없느냐 하는 것입니다.

둘째, "나는 주 예수의 이름을 위하여"라고 말합니다. 바울은 로마서 1장 5절에서도 이와 비슷한 표현을 썼습니다. "그로 말미암아 우리가 은혜와 사도의 직분을 받아 그의 이름을 위하여." 이것이 사도 바울의 전부였습니다. 아무리 아름다운 예술이나 문학이나 철학이나 그 어떤 것도 그의 마음을 빼앗을 수 없었습니다.

셋째, "예루살렘에서 죽을 것도 각오하였노라"라고 말합니다. 이제 그는 예루살렘을 향해 초연히 걸어갈 수 있습니다. 당신은 당신이 가는 길을 알고 있습니까? 당신이 가는 길에 자신이 있습니까? 바울은 자기가 가야 할 길을 알고 있었습니다. 그는 자신이 죄수로서 살아야 된다는 사실도 알고 있었습니다. 그에게도 순간순간 수많은 갈등과 유혹이 있었을 것입니다. 하지만 그는 예수님에게로 자신의 마음을 정했습니다. 죽을 것도 각오했다는 것입니다.

그가 권함을 받지 아니하므로 우리가 주의 뜻대로 이루어지이다 하고 그쳤노라(행 21:14).

예루살렘을 향하는 사도 바울의 발걸음은 무거운 발걸음이 아니었습니다. 자유롭고 가벼운 발걸음이었습니다. 불안하지도 않았습니다. '잡혀서 고문을 받으면 어떡하나? 내가 체포를 당하면 내 주변에 있는 사람들은 어떻게 하나?' 이 모든 것에서 그는 자유로운 사람이 되었습니다.

한번 생각해 보십시오. 당신 주변에 있는 사람들이 많은 것을 가지고 있고 또 자기들이 원하는 것을 다 성취했는데, 당신이 보기에는 어떻습니까? 그들이 정말 행복해 보입니까? 당신 주변에 있는 사람들은 마음 편히 살고 있습니까?

이것은 예수 안 믿는 사람들만을 이야기하는 것이 아닙니다. 예수 믿는 사람들도 마찬가지입니다. 교회에 나오고, 목사가 되고, 장로가 되고, 집사가 됐는데, 그 사람들이 편안합니까, 아니면 쫓기고 있습니까? 저는 목회자들에게서도 쫓기며 사는 모습을 많이 봐 왔습니다. 아직도 인생의 방향을 잡지 못하고 목회하는 사람, 선교지에 갔지만 방황하는 선교사 등, 너무나 많은 사람들이 힘들게 살고 있습니다.

교회에 왔다 갔다 하는 문제보다 더 중요한 문제가 있습니다. 그것은 그의 인생이 결정됐느냐 하는 것입니다. 많은 사람들이 불안해합니다. 교회에 나오면서도 불안해합니다. 찬송을 부르면서도 불안해합니다. 교회에 있을 때는 좀 괜찮다가 교회만 벗어나면 불안해합니다. 마음의 평안이 없습니다. 왜 그럴까요? 대답은 간단합니다. 그 자신이 하나님을 신뢰하지 않기 때문입니다. 입으로만 하나님을 믿는다고 고백할 뿐, 실제로는 신뢰하지 않기 때문입니다. 그 사실은 숨길 수가 없는 것입니다. 하나님을 신뢰하지 않으면 우리는 불안할 수밖에 없는 존재입니다. 예수 믿는 많은 사람들이 불안과 염려에 떠는 이유는, 하나님을 온전히 신뢰하지 않기 때문입니다.

만약 우리가 하나님을 신뢰하지 않는다면 어떤 일이 생깁니까? 자기 자신을 신뢰하게 됩니다. 보이지 않는 것이 믿어지지 않으면 보이는 것만을 믿게 됩니다. 그러니까 현실로 돌아오게 되는 것입니다. 하나님을 믿는다고 하면서, 결국 내 할 일은 내가 하는 것이라고 생각합니다. 그 이유는, 하나님만을 온전히 신뢰하지 못하기 때문입니다.

바벨탑이 무엇입니까? 그것은 하나님을 신뢰하지 않는 증표입니다. 하나님을 잃어버리고 하나님을 신뢰하지 않는 인간이 자신을 보호하고, 자신의 인생을 책임지기 위해 성을 쌓는 것입니다. 우리는 자신의 것을 스스로 지키기 위해 금고를 만들기도 하고, 담을 높이 쌓기도 합니다. 옛날에는 담장 위에 병 조각들을 꽂아 놓거나 철조망을 치기도 했습니다. 그래도 사람들은 불안해합니다. 그래서 사람들은 지위가 높은 사람들을 사귀기도 하고, 자신만의 안전장치를 만들기도 합니다.

당신은 지금 어떻게 살고 있습니까? 어떤 삶을 선택하기 원합니까? 바울처럼 죄수의 삶을 선택하겠습니까? 그에게는 아무것도 없었습니다. 그러나 그의 마음은 이미 결정돼 있었습니다. 그는 예루살렘을 향해서 갈등이나 미련 없이 그 길을 가는 사람이었습니다. 혹시 당신은 모든 것을 가졌으나 불안해하고 쫓기면서 이것도 저것도 할 수 없는 인생을 살아가고 있지는 않습니까? 당신의 인생은 어떻습니까? 당신은 무엇을 선택하겠습니까?

이 여러 날 후에 여장을 꾸려 예루살렘으로 올라갈새 가이사랴의 몇 제자가 함께 가며 한 오랜 제자 구브로 사람 나손을 데리고 가니 이는 우리가 그의 집에 머물려 함이라(행 21:15-16).

사도 바울은 여장을 꾸렸습니다. 박해와 환난이 기다리고 있는 예루살렘을 향해서 그는 아주 자유로운 모습으로 여장을 꾸려 떠나는 것입니다.

우리의 인생에 있어서 우리가 걸어가야 할 길은 오직 하나입니다. 당신이 선택한 길은 어떤 길입니까? 바울처럼 자유로운 길입니까? 어쩌면 우리가 가는 이 길은 우리에게 행복을 약속해 주지 않을지도 모릅니다. 가난하게 살아야 하고, 이름 없이 살아야 하고, 어떤 경우에는 고난도 동반한 삶일지 모릅니다. 또 바울처럼 감옥에서 살아야 하는 삶일지도 모릅니다. 그러나 그럴지라도, 우리는 그 길을 가야 합니다. 하나님의 축복이 당신에게 함께하기를 바랍니다.

# 3부

# 로마와 땅 끝을 향하여

사도행전 21:17-28:31

사도행전의 요점은 성령이 임하여 그들이 능력을 받고
예루살렘과 온 유대와 사마리아와 땅 끝까지 복음이 전파되는 것입니다.
이것이 사도행전적 교회입니다.
사도행전의 중심적 메시지는 땅 끝까지 복음이 전파되는 것입니다.
이것이 교회의 본질입니다.
사도행전적 교회란, 크든 작든 성령의 능력을 받아
땅 끝까지 주의 복음을 전하는 것입니다.

# 18

# 바울이 결박되다

사도행전 21:17-36

## 예루살렘으로 돌아오다

사도 바울이 예루살렘에 도착했을 때, 예루살렘교회의 형제들이 그를 기다리고 있었습니다. 그들은 바울이 온다는 말을 듣고 아주 기쁘게 그를 맞이했습니다. 그리고 그다음 날, 그들은 사도 바울을 예루살렘교회의 지도자인 야고보와 장로들에게 소개했습니다. 바울은 그들을 만나서 3차 전도 여행 중에 하나님이 행하신 모든 일들을 낱낱이 보고했습니다.

> 예루살렘에 이르니 형제들이 우리를 기꺼이 영접하거늘 그 이튿날 바울이 우리와 함께 야고보에게로 들어가니 장로들도 다 있더라 바울이 문안하고 하나님이 자기의 사역으로 말미암아 이방 가운데서 하신 일을 낱낱이 말하니(행 21:17-19).

3차 전도 여행을 생각해 보십시오. 3차 전도 여행은 두 가지 큰 특색이 있었습니다. 하나는, 성령의 세례가 베풀어진 것입니다. 성령의 능력과 세례를 경험하는 일들이 3차 전도 여행에서 시작되었습니다. 또 하나는, 제자 양육입니다. 특별히 에베소에서 두란노 서원이라는 학교를 세우고 그곳에서 제자들을 양육했습니다.

그 당시 고대의 대도시였던 빌립보, 에베소, 고린도, 아덴 등의 지역에서 복음을 전하는 모습을 3차 전도 여행에서 볼 수 있습니다.

3차 전도 여행을 통해서 하나님은 영광을 받으셨습니다. 많은 이방인들이 하나님께로 돌아오고, 놀라운 성령의 역사가 나타났습니다. 이 모든 것은 하나님께 찬양을 올릴 만한 일들이었습니다.

이처럼 예루살렘 밖에서 일어난 일들은 참으로 놀라웠습니다. 대개 안에서는 침체되기 쉽고, 오히려 밖에서 놀라운 일들을 경험하는 경우가 많습니다. 성령이 역사하시는 현장을 목격하고 기적들을 경험하게 되는 것입니다. 바울의 경우도 예외는 아니었습니다. 사도 바울은 정말 성령 충만한 모습으로 돌아왔습니다. 반면에 예루살렘에 있는 교회는 어떻습니까? 그들이 오순절에 보여 주었던 찬란한 모습들은 더 이상 찾아볼 수 없었습니다. 오히려 20년이 지난 지금에는 몹시 위축되어 있고, 겁에 질려 있었습니다.

> 그들이 듣고 하나님께 영광을 돌리고 바울더러 이르되 형제여 그대도 보는 바에 유대인 중에 믿는 자 수만 명이 있으니 다 율법에 열성을 가진 자라(행 21:20).

그들은 하나님께 영광을 돌렸습니다. 바울이 겪었던 일들을 듣고 굉장한 도전을 받았습니다. 그러나 그다음 순간, 그들은 수심으로 가득 찼습니다. 현실로 돌아온 것입니다. 그들은 사실 그동안 박해에 지쳐 있었던 것 같습니다. 여러 가지 어려운 일들이 계속되면서 능력 있는 사도들이 다 떠나고 나니 몹시 지쳐 있었던 것 같습니다. 바울의 승전보를 들으면서 한편으로는 하나님께 영광을 올려 드렸지만, 예루살렘교회를 중심으로 일어나고 있는 현실들을 보았을 때 그들의 마음은 어두워졌습니다.

사도 바울은 유월절이 되기 전에 예루살렘에 도착하고 싶었습니다. 그러나 여행 일정이 여의치 않아서 유월절에 돌아오지 못하고 오순절에 도착하게 되었습니다. 어떤 기록에 의하면 오순절에 약 200만 명이나 되는 사람들이 모였다고 합니다. 그것이 사실인지는 모르겠지만, 성경을 보면 예수 믿는 유대인만 수만 명이 모였다고 기록되어 있습니다. 이러한 사실은 유대 지도자들의 마음을 무겁게 했습니다.

## 두려움에 사로잡힌 예루살렘교회

본문을 가만히 살펴보면 오순절의 성령 임재 당시 있었던 교회 지도자들이나 집사들이 보이지 않는다는 사실을 발견하게 될 것입니다. 베드로나 많은 사도들도 보이지 않습니다. 아마 그들은 여러 곳에 흩어져 있었을 것입니다. 박해로 흩어졌지만, 어떻게 보면 그것은 "오직 성령이 너희에게 임하시면 너희가 권능을 받고 예루살렘과 온 유대와 사마리아와 땅 끝까지 이르러 내 증인이 되리라"(행 1:8)고 하신 말씀이 이루어진 것이었습니다. 이와 같은 상황에서 바울을 만난 예루살렘교회의 지도자들은 기쁨보다는 염려가 더 컸습니다.

> 네가 이방에 있는 모든 유대인을 가르치되 모세를 배반하고 아들들에게 할례를 행하지 말고 또 관습을 지키지 말라 한다 함을 그들이 들었도다 그러면 어찌할꼬 그들이 필연 그대가 온 것을 들으리니(행 21:21-22).

이 말씀을 보면 그들이 얼마나 염려와 근심에 사로잡혀 있었는지 알 수 있습니다. 예루살렘교회 지도자들의 염려는 다음과 같은 점들 때문이었습니다. 첫째, 예수는 믿지만 율법의 행위 역시 같이 따라야 한다고 주장하는 유대인들이 지금 예루살렘에 와 있다는 점입니다. 둘째, 그들이 바울에 대해 나쁜 감정을 가지고 있다는 점입니다. 그들은 모두 외국에서 온 사람들입니다. 바울은 외국에서 유대인들에게 복음을 전하면서 그들과 수없이 부딪혔습니다. 다시 말하면, 그들에게 있어 바울은 모세의 율법을 배반한 자요, 아이들에게 할례를 하지 못하도록 사주한 자요, 율법의 규모를 지키지 못하도록 가르친 자였습니다. 여러 가지 상황들이 예루살렘교회의 지도자들을 우울하게 만들었습니다.

생각해 보십시오. 오순절 날 성령이 역사하시던 당시의 모습과 지금의 모습이 얼마나 다릅니까? 그때 고난이 없었습니까? 박해가 없었습니까? 역경이 없었습니까? 아닙니다. 그때 베드로는 감옥에까지 들어가야 했습니다. 유대인들의 공격 또한 계속되었습니다. 그때와 지금의 상황이 뭐가 다릅니까? 그때는 모든 사람들이 성령의 충만함을 받았지만, 지금은 좌절감과 두려움에 사로잡혀 있습니다.

우리가 열심히 예수를 믿을 때 아무 문제가 없었습니까? 그렇지 않습니다. 그때도 역시 문제가 있었습니다. 불가능한 문제들이 있었습니다. 그러나 예수를 열심히 믿을 때는 그 문제마저도 재미있고 좋습니다. 그런데 오랫동안 신앙생활을 하다 보면 시련과 박해와 고난에 부딪히게 됩니다. 그때 자꾸 좌절하고 절망하다 보면 어려움을 겪게 되는 것입니다.

이 말씀을 보다가 연예인교회에서 일하던 때가 생각났습니다. 저는 연예인과는 아무런 상관도 없는 사람이었습니다. 그런 저를 하나님이 연예계로 인도하셔서 많은 사람들을 만나게 해 주셨습니다. 그분들과 함께 성경 공부도 하고 전도도 하는데, 얼마나 신이 났는지 모릅니다. 제 목회 생활 중에서 그때처럼 많은 기적이 일어난 적도 없었을 것입니다. 귀신이 나가고 병이 고쳐지는 등 많은 일들이 일어났습니다. 연예인들이 그렇게 주님 곁으로 돌아왔습니다. 텔레비전에서만 볼 수 있던 사람들을 눈앞에서 보니까 설교할 때도 신기하고 신이 났습니다. 이게 정말 사실인가 하는 생각도 들었습니다. 코미디언, 가수, 배우, 연극인, 작가 등 수많은 연예인들이 함께 모여 예배드리는 것이 정말 신기하고 놀라웠습니다.

그렇게 성경 공부를 하다가 그 모임이 교회가 되었습니다. 그때는 모든 일을 참 열심히 했습니다. 어려운 일도 많았지만 아주 어렵지 않게, 쉽게 그 일들을 해낼 수 있었습니다.

그런데 3년쯤 지나니까 제 입에서 불평이 나오기 시작했습니다. 처음에는 아무 문제도 되지 않았던 일들이 시간이 지나면서 문제가 되었습니다. 물 한잔 떠다 주는 사람 없고, 청소도 혼자서 해야 하는 등, 너무 고생스럽고 힘드니까 불평이 나왔습니다. 지치고 피곤했습니다. 그래서 도망가자고 생각했습니다. 그때 저는 대학원에서 구약학을 전공하고 있었기 때문에, 공부하기 위해 아무도 모르게 떠나려고 했습니다. 그런데 하나님이 허락하지 않으셨습니다. "하나님, 저 이제 갈 겁니다. 하나님, 허락 좀 해 주십시오" 하고 금식하며 기도했지만, 전혀 응답이 없었습니다.

그러던 어느 날, 하나님이 응답을 주셨습니다. "하나님, 저들은 해도 너무합니다. 저는 갈 겁니다" 하며 기도하자 하나님은, "그들이 언제는 안 그랬느냐? 변한 건 바로 너다"라고 말씀하셨습니다. 그들은 3년 전이나 지금이나 똑같은데, 저의 사랑이 식었다는 것입니다. 제 마음이 변했다는 것입니다. 그래서 모든 계획을 취소하고 다시 교회를 시작했습니다.

우리는 예루살렘교회의 달라진 모습을 봅니다. 처음에는 고난과 박해 속에서도 흔들리지 않았고, 어렵고 불가능해 보이는 일들이 일어나도 아무 문제가 되지 않았습니다. 그러나 세월이 지나다 보니 그때의 담대함과 믿음은 사라지고 이렇게 나약해져서, 이제는 환경뿐만 아니라 사람조차 무서워하게 되었습니다.

그들은 베드로가 생각났습니다. 베드로는 배를 타고 다른 제자들과 함께 갈릴리를 건너갈 때 큰 풍랑이 일어 어려움을 겪게 되었습니다. 배가 뒤집어질 것만 같았습니다. 파도가 넘실댔습니다. 그때 예수님이 파도 위를 걸어오고 계셨습니다. 베드로는 너무 놀라, "주여 만일 주님이시거든 나를 명하사 물 위로 오라 하소서"(마 14:28)라고 말했습니다. 물 위로 걸어오시는 주님을 본 순간, 베드로는 자기의 상식을 다 버렸습니다. 이성을 버렸습니다. 물 위로는 걸을 수 없다는 너무나도 당연한 사실을 잊어버렸습니다. 예수님이 물 위로 걸어오고 계셨기 때문입니다.

주님은 베드로를 향해 "오라"고 말씀하셨습니다. 주님의 말씀을 들은 베드로는 정신없이 뛰어 들어갔습니다. 그는 물 위를 걷고 있었습니다. 이것이 바로 그리스도인의 삶입니다. 우리의 삶은 땅 위를 걸어가는 것이 아니라 물 위를 걸어가는 것입니다. 인간의 상식과 이성으로는 안 될 것 같은 일들이 일어나는 기적 가운데 사는 것이 그리스도인들의 삶인 것입니다.

그런데 베드로가 물 위를 걸어가다가 바람을 보았을 때 자신이 처한 현실을 깨닫게 되었습니다. 제정신이 든 것입니다. 그 순간 베드로는 어떻게 되었습니까? 물에 빠졌습니다. 자신의 이성과 상식으로 환경을 보게 되었을 때, 베드로는 물에 빠질 수밖에 없었습니다.

당신의 신앙이 이성과 상식과 경험의 틀 안에 있습니까? 그렇다면 그것은 더 이상 신앙이 아닙니다. 당신의 이성과 상식과 경험으로 계산할 수 있는 분이라면, 어찌 그분이 하나님이시겠습니까? 그러나 많은 사람들이 그렇게 생각합니다. 사람들은 자신의 경험과 지성으로는 하나님을 깨닫거나 체험할 수 없기 때문에, 하나님이 계시지 않다고 말합니다. 얼마나 어리석은 생각입니까? 하나님은 당신의 이성과 지성뿐 아니라 당신의 경험과 합리성까지도 초월해서 존재하시는 분입니다.

베드로는 물에 빠질 수밖에 없었습니다. 그렇습니다. 우리도 역시 죄 가운데 살 수밖에 없는 사람들입니다. 우리 같은 사람이 무엇을 할 수 있겠습니까? 하나님이 우리를 붙들어 주시지 않는다면, 하나님이 우리와 함께하시지 않는다면 우리가 도대체 무엇을 할 수 있겠습니까? 예수님은 베드로의 손을 붙잡아 주셨습니다. 그리고 그에게 "믿음이 작은 자여 왜 의심하였느냐"(마 14:31)라고 말씀하셨습니다.

저는 당신이 물 위로 걸어가는 것과 같은 초자연적인 기적과 축복의 삶을 살 수 있게 되기를 바랍니다. 우리 주변은 우리를 좌절시키고 절망시키고 우리의 신앙을 빼앗아가는 여러 가지 것들로 가득 차 있습니다. 믿음이 없으면 두려움에 사로잡히게 되고, 두려움에 사로잡히면 아무것도 할 수 없습니다. 또 할 수 있는 것도 못하게 됩니다.


## 복음을 위해서라면

우리가 말하는 이대로 하라 서원한 네 사람이 우리에게 있으니 그들을 데리고 함께 결례를 행하고 그들을 위하여 비용을 내어 머리를 깎게 하라 그러면 모든 사람이 그대에 대하여 들은 것이 사실이 아니고 그대도 율법을 지켜 행하는 줄로 알 것이라(행 21:23-24).

두려움에 사로잡혀 있던 예루살렘교회의 지도자들은 사도 바울에게 한 가지 대안을 제시합니다. 우리가 시키는 대로, 우리가 계획한 대로, 우리가 각본을 짠 대로 이렇게 좀 해 보라는 것입니다. 이것은 보통 믿음이 없는 사람들이나 두려움에 사로잡힌 사람들이 하는 일들입니다. 즉, 이런 말입니다. "우리 가운데 나실인으로서 서원한 사람 넷이 있는데, 그들이 가난해서 머리를 깎는 결례를 행하지 못하고 있다. 그러니 당신이 비용을 내서 그들이 결례를 행할 수 있도록 하라. 그러면 많은 유대인들이 당신에 대한 소문은 헛소문이요, 당신은 율법을 배척하는 사람이 아니라 지키는 사람

이라는 것을 알게 될 것이다." 이렇게 함으로써 이 소요를 피해 가
자는 것입니다.

예루살렘교회의 지도자들이 제시한 것은 전략입니까, 신앙입니
까? 정말 신앙에서 나온 것입니까, 아니면 하나의 상황적 전략입
니까? 이것은 신앙이 아닙니다. 이것은 두려움으로부터 도망가고
싶은, 피해 보고 싶은 인간적인 전략인 것입니다.

이미 예루살렘교회의 지도자들은 두려움에 사로잡혀 있었고,
그들에게서는 믿음을 찾아볼 수 없었습니다.


> 주를 믿는 이방인에게는 우리가 우상의 제물과 피와 목매어 죽인
>
> 것과 음행을 피할 것을 결의하고 편지하였느니라 하니(행 21:25).


예루살렘 1차 모임에서 이것이 결정되었습니다. 그래서 예수를
믿는 이방인들에게 그 결의한 내용을 편지로 쓴 것입니다. 이스라
엘에 가 보면 이 말을 쉽게 이해할 수 있을 것입니다. 예수를 메시
아로 믿는 유대인들과 믿지 않는 유대인들 사이에 얼마나 심각한
갈등이 있는지 알게 될 것입니다. 30퍼센트의 아주 헌신된 종교적
인 유대인들이 있습니다. 우리는 예수를 믿는 사람들 가운데서도
유대의 전통을 따라야 한다고 생각하는 사람들과 그렇지 않은 사
람들과의 갈등이 얼마나 큰지를 이 본문을 통해서도 이해할 수 있
습니다. 그래서 그들은 이방인들에게까지도 편지를 써서 이러한

사실들을 알려 준 것입니다.

사도 바울의 고민은 '왜 그리스도에게로 돌아온 이방인들에게 너희도 지키지 못하는 유대인의 율법을 지키라고 그 목에다가 멍에를 거느냐' 하는 것이었습니다. 그들에게 자유를 주라는 말입니다. 그러나 유대인의 전통을 지키는 사람들은 사도 바울의 말을 이해하고 받아들일 수 없었습니다. 이러한 문제에 대해 사도 바울은 다음과 같은 태도를 보입니다.

바울이 이 사람들을 데리고 이튿날 그들과 함께 결례를 행하고 성전에 들어가서 각 사람을 위하여 제사 드릴 때까지의 결례 기간이 만기된 것을 신고하니라(행 21:26).

바울은 돈을 들여 나실인 서원의 모든 결례를 다 행하게 했고, 또 그 결례의 시간이 끝날 때까지 그들과 함께 있으면서 도와주었습니다. 그렇다면 사도 바울의 경우는 전략입니까, 신앙입니까? 이것은 전략이 아니라 신앙입니다. 사도 바울은 예루살렘에 들어오기 전에 이미 죽음을 각오한 사람입니다. 예루살렘에서 어떤 놀라운 일이 일어날 것이라고 기대하지 않았습니다. 다만 환난과 결박이 자신을 기다리고 있다는 사실을 누구보다도 잘 알고 있었습니다. 그는 죽음이 두렵지 않은 사람입니다. 이미 체포당할 것을 알고 온 사람입니다.

소요 사태가 일어날 것이 두려워 이런 행동을 했을까요? 그렇지 않습니다. 사도 바울의 관심은 오직 유대인들이 예수를 믿게 하는 데 있었습니다. 그렇게 해서라도 그들이 예수를 믿을 수만 있다면, 바울은 그쪽을 택하기를 원했던 것입니다. '이방인에게는 이방인처럼, 유대인에게는 유대인처럼', 이것이 사도 바울의 철학입니다. 그의 삶은 '살아도 주를 위하여, 죽어도 주를 위하여'였습니다. 그들이 예수만 믿을 수 있다면, 그들이 복음을 알 수만 있다면 사도 바울은 무엇이든 하고 싶은 마음이 있었습니다. 로마서 9장 1-5절을 보십시오. 바울의 고백이 절실하게 기록되어 있습니다.

> 내가 그리스도 안에서 참말을 하고 거짓말을 아니하노라 나에게 큰 근심이 있는 것과 마음에 그치지 않는 고통이 있는 것을 내 양심이 성령 안에서 나와 더불어 증언하노니 나의 형제 곧 골육의 친척을 위하여 내 자신이 저주를 받아 그리스도에게서 끊어질지라도 원하는 바로라 그들은 이스라엘 사람이라 그들에게는 양자 됨과 영광과 언약들과 율법을 세우신 것과 예배와 약속들이 있고 조상들도 그들의 것이요 육신으로 하면 그리스도가 그들에게서 나셨으니 그는 만물 위에 계셔서 세세에 찬양을 받으실 하나님이시니라 아멘 (롬 9:1-5).

이렇게까지 말한 사람이 무엇이 무서워서 피했겠습니까? 그렇게 본다면, 사도 바울은 한 영혼이라도 구원할 수만 있다면 머리를 깎는 것뿐 아니라 무엇이든지 할 수 있었던 것입니다. 우리는 여기서 정말로 예수 그리스도의 복음에 사로잡혀 있는 사도 바울을 만나게 됩니다. 우리는 어떻습니까? 우리의 자녀가 너무나 중요합니다. 우리의 직장이 너무나 중요합니다. 그러나 우리가 신앙생활하는 교회는 중요하게 생각하지 않습니다. 사도 바울과 우리 사이의 근본적인 차이가 무엇입니까? 사도 바울은 하나님을 위해 자기가 존재한다고 생각하지만, 우리는 자신을 위해 하나님이 존재하는 것이라고 생각합니다. 여기에 결정적인 차이가 있습니다.

## 하나님의 예언이 응답되다

그런데 그것이 전략이었든 신앙이었든, 그 결과는 실패하고 말았습니다. 즉, 그 소요를 막지 못한 것입니다. 우리는 여기서 또 한 가지 사실을 배우게 됩니다. 예수는 독하게 믿어야 한다는 사실입니다. 당신에게 권면합니다. 이 세상과 타협하며 믿지 마십시오. 세상과 타협하면 편합니다. 타협만 하면 무엇이든 쉽게 할 수 있습니다. 그러나 타협한 사람은 얻는 게 없습니다. 그리고 마지막에는 비참해집니다. 반면에 예수를 독하게 믿는 사람은 다른 사람들로부터 비판받기 쉽습니다. 또 어떤 경우에는 편협하다는 말을 듣기도 합니다. 왜 꼭 그렇게 촌스럽게 믿어야 되느냐는 핀잔을 받기도

합니다. 그러나 마지막에는 평안이 있습니다.

요즘은 주일이 두 시간뿐입니다. 교회에 와서 예배드리는 두 시간만이 안식일이고, 그 시간이 지나면 모두 내 시간입니다. 자기 마음대로 가고 싶은 데 가고, 하고 싶은 일을 하며 안식일을 보냅니다. 그게 무슨 안식일입니까? 주님의 날을 거룩하게 지키십시오. 어떤 일이 있어도 주일 성수를 하십시오. 그렇게 독하게 예수를 믿으십시오. 십일조를 하십시오. 그것이 구약의 율법이라고 말하지 마십시오. 자녀 교육 역시 신앙 중심으로 하십시오. 그렇지 않으면 결국에는 모든 것을 다 빼앗기고 얻는 게 아무것도 없을 것입니다.

> 그 이레가 거의 차매 아시아로부터 온 유대인들이 성전에서 바울을 보고 모든 무리를 충동하여 그를 붙들고 외치되 이스라엘 사람들아 도우라 이 사람은 각처에서 우리 백성과 율법과 이곳을 비방하여 모든 사람을 가르치는 그 자인데 또 헬라인을 데리고 성전에 들어가서 이 거룩한 곳을 더럽혔다 하니 이는 그들이 전에 에베소 사람 드로비모가 바울과 함께 시내에 있음을 보고 바울이 그를 성전에 데리고 들어간 줄로 생각함이러라(행 21:27-29).

그들이 선동한 내용은 두 가지입니다. 하나는, 사도 바울이 모세의 율법과 정면으로 배치된 자라는 것입니다. 또 하나는, 이방인들을 성전에 데려감으로써 하나님의 성전을 더럽게 했다는 것입니다. 특별히 후자는 이스라엘 백성을 감정적으로 몰아넣기에 아주 알맞은 말이었습니다. 그들은 사람들을 이런 식으로 격분하게 만들었습니다. 사실 그것은 잘못된 해석이었습니다. 상황을 잘못 생각해서 오해한 것입니다. 그러나 유대인들은 끝까지 변함이 없었습니다. 그들은 그리스도를 거부하고, 바울을 거부했습니다.

이 말씀을 묵상하면서 저는 이런 생각을 했습니다. '사도 바울이 예수님 때문에 어려운 일을 많이 겪는구나. 그런데 도대체 나는 예수님 때문에 무슨 어려움을 겪었다는 말인가.' 당신은 예수님 때문에 어떤 어려운 일을 겪었습니까? 굶어 보았습니까? 뺨을 맞아 보았습니까? 모욕적인 말을 들어 봤습니까?

누군가 이런 말을 했습니다. "예수 그리스도가 당신을 위해 십자가에 못 박혀 죽으신 것이 사실이라면, 당신의 헌신과 희생은 더 이상 헌신과 희생이 아니다." 예수 그리스도가 나를 위해 십자가에 못 박혀 돌아가신 것이 사실이라면, 그 사실을 정말 믿는다면, 내가 도대체 무슨 희생을 했다는 것입니까? 무슨 헌신을 했다는 것입니까? 사실 내가 한 일은 아무것도 없는 것입니다. 그러나 우리는 우리의 헌신에 도취되어 있습니다. 사도 바울은 가는 곳마다 매를 맞고, 강도의 위험과 강의 위험과 시내의 위험과 배고픔과 사십에서 하나 감한 매를 다섯 번이나 맞아 기절하고 쫓겨 다녔다고 했습니다. 뿐만 아니라, 그는 마음의 사형 선고를 받고 살 소망까지 끊어지는 듯한 고통을 받기도 했습니다. 그렇다면 사도 바울이 행복한 이유가 무엇이 있겠습니까?

사람들은 좋은 음식을 먹고, 큰 집에서 살며 안정된 생활을 누리는 것을 행복이라고 생각합니다. 그렇다면 예수님은 가장 불행한 사람이 아닐까요? 결혼도 못하고, 오래 살지도 못했기 때문입니다. 여우도 굴이 있고 공중의 새도 집이 있지만 인자는 머리 둘 곳조차 없다고 하셨습니다. 뿐만 아니라, 그분은 밤이 새도록 기도하며 피곤하게 사역하셨습니다. 그러나 그에게 남겨진 보상은 십자가뿐이었습니다.

예수 믿고 모든 것이 잘되어 행복하고 부유하게 사는 것이 축복입니까? 그런 기준으로 본다면 우리는 바울과 예수님에 대해서 어떻게 생각해야 합니까? 그들은 한 번도 따뜻한 방에서 자 본 적이 없는 사람들입니다. 제대로 된 옷조차 입고 다녀 보지 못했을 것입니다.

온 성이 소동하여 백성이 달려와 모여 바울을 잡아 성전 밖으로 끌고 나가니 문들이 곧 닫히더라(행 21:30).

사람들은 바울을 잡아다가 성전 밖으로 데려가서 문을 닫고 거기서 돌로 치려 했습니다. 이 소문이 로마 군대에까지 들렸습니다. 저는 이 말씀을 보면서 예루살렘 교인들은 모두들 어디 갔나 하는 생각이 들었습니다. 바울을 도와주거나 변호해 주는 사람이 아무도 없었습니다. 바울은 이렇게 죽을 정도로 맞았습니다. 그에게는 이런 일들이 한두 번이 아니었습니다.

> 이에 천부장이 가까이 가서 바울을 잡아 두 쇠사슬로 결박하라 명하고 그가 누구이며 그가 무슨 일을 하였느냐 물으니 무리 가운데서 어떤 이는 이런 말로, 어떤 이는 저런 말로 소리치거늘 천부장이 소동으로 말미암아 진상을 알 수 없어 그를 영내로 데려가라 명하니라 바울이 층대에 이를 때에 무리의 폭행으로 말미암아 군사들에게 들려가니 이는 백성의 무리가 그를 없이하자고 외치며 따라감이러라(행 21:33-36).

이 결박은 무슨 결박입니까? 로마로 가는 결박입니다. 하나님의 예언이 응답되는 결박인 것입니다. 고난이라고 다 같은 고난이 아닙니다. 어쩌면 당신이 망할 수도 있습니다. 그러나 그것이 도리어 당신의 축복이 될 수도 있습니다. 그것이 하나님의 영광을 위한 인생의 전환점이 될 수 있기 때문입니다. 우리에게도 역시 생각지 못한 고난과 어려움이 올 수 있습니다. 그러나 염려하지 마십시오. 바울과 동행하셨던 하나님이 우리와도 함께하실 것이기 때문입니다. 바울의 생애는 하나님과 함께하는 삶이었습니다. 당신의 생애에도 하나님이 함께하시기를 바랍니다.

# 19

# 바울의 회심

사도행전 21:37-22:16

## 어떤 상황에서도 복음을 전하다

사도 바울은 3차 전도 여행을 마치고 예루살렘으로 돌아왔습니다. 돌아와 보니 두 가지가 기다리고 있었습니다. 하나는, 적대감을 가지고 있는 수만 명의 유대인들입니다. 또 하나는, 초대 교회와는 달리 영적인 영향력과 능력을 잃어버려 무기력해지고 겁에 질린 예루살렘교회입니다.

사도 바울이 예루살렘에 도착했다는 말을 듣고 그에게 적대감을 갖고 있던 수만 명의 유대인들은 성난 폭도로 변했습니다. 이성을 잃은 그들은 바울을 붙잡아 죽이려고 성전 밖으로 데리고 갔습니다. 그런데 바로 그때, 이러한 소문을 들은 로마 군인들이 달려왔습니다. 천부장을 위시한 로마 군인들이 와서 구타당하고 있는 바울을 빼냈습니다. 그리고 그를 체포해서 쇠사슬로 결박했습니다. 천부장이 바울에 대해서 묻자, 성난 군중들은 저마다 여러 말로 대답했지만 소동만 일어났을 뿐, 그 실상을 알 수 없었습니다. 그래서 로마 군인들은 바울을 다시 영문 안으로 데리고 들어가려 했습니다. 그런데 그때, 공포에 떨어야 할 사도 바울이 천부장에게 "잠깐만" 하고 소리를 지릅니다. 그리고 당당하게 말합니다. "나에게 말할 기회를 주십시오."

바울을 데리고 영내로 들어가려 할 그때에 바울이 천부장에게 이르되 내가 당신에게 말할 수 있느냐 이르되 네가 헬라 말을 아느냐 그러면 네가 이전에 소요를 일으켜 자객 사천 명을 거느리고 광야로 가던 애굽인이 아니냐(행 21:37-38).

사도 바울은 지금 매를 실컷 얻어맞고 죽을 뻔했다가 로마 군인에게 잡혀서 영문으로 들어가는 길입니다. 그렇지만 그의 관심은 매를 맞든 안 맞든, 좋은 형편에 있든 아니든 상관없이 오로지 예수 그리스도였습니다. 어떻게 해서든지, 어떤 상황에서든지 예수를 전하는 것에 사도 바울의 관심이 있었습니다. 성공이냐 실패냐에도 관심이 없었고, 건강하냐 건강하지 못하냐, 감옥이냐 안방이냐에도 관심이 없었습니다. 그는 얻어맞더라도 복음만 전하면 기뻐했습니다. 이런 사람이 사도 바울입니다.

그러나 대부분의 사람들은 그렇지 않습니다. 자기가 중요합니다. 월급이 중요합니다. 진급이 중요합니다. 자기 환경이 중요합니다. 자녀가 중요합니다. 그리고 자기 생각이 중요합니다. 그래서 예수를 믿어도 자기 식으로 믿습니다. 예수님 식으로 믿으면 오히려 간단할 텐데, 자기 고집대로, 자기 성격대로, 자기 좋아하는 대로 예수를 믿으려 합니다. 자기를 포기하려 하지 않습니다. 이렇게 대부분의 사람들은 사물을 보는 관점이 언제나 자기 식이고, 자기 일에 관심이 많고, 모든 일을 자기 식으로 해석하는 것이 보통입니다.

무엇에 관심이 있는가가 그 사람을 말해 줍니다. 좀 더 쉽게 말하면, 24시간 동안 무얼 생각하고 있느냐가 그 사람을 말해 준다는 것입니다. 이유야 어떻든지 실연을 당해서 이성을 열심히 생각하고 있다면, 그게 그 사람 인생입니다. 어떤 사람은 계속 결혼을 묵상하고, 어떤 사람은 돈을 묵상합니다. 또 어떤 사람은 계속 고민만 합니다. 고민이 없으면 오히려 불안해합니다. 그러면 그것이 바로 그 사람입니다. 즉, 내가 생각하는 그것이, 시간을 제일 많이 투자하는 그것이 바로 나라는 것입니다. 아무리 관념이나 생각으로 예수를 잘 믿는다 해도 그것은 진짜 그 사람이 아닙니다. 현재 우리가 제일 시간을 많이 보내고 있는 그것이 바로 우리입니다.

천부장의 관심은 무엇이었습니까? 치안 책임자로서 그의 관심은 치안을 방해하는 사람을 체포하는 것에 있었습니다. 본문을 통해서 그의 구체적인 관심을 알 수 있는데, 그는 이전에 소요를 일으켜 사천의 자객을 거느리고 광야로 가던 애굽 사람이 아직 체포되지 않았기 때문에 그를 잡는 데 관심을 가지고 있었습니다. 그는 바울로 인해 일어난 소동을 보고 혹시 이 사람이 그 사람 아닐까 하는 생각을 했습니다. 그 사람 눈에는 그런 것밖에 안 보이는 것입니다.

한편 바울은 무슨 생각을 했습니까? 온통 어디에 관심이 있었습니까? 죽으나 사나 예수였습니다. '어떻게 하면 예수님을 전할 수 있을까?' 그 생각을 제일 많이 했습니다. 누가 때려서 맞으면 감정이 생기지 않습니까? 그러나 사도 바울에게는 그런 감정조차 없는 듯했습니다. 그는 자기가 맞는 것, 욕먹는 것에 대해서는 전혀 관심이 없고, 예수를 전하는 그것에만 관심이 있었습니다. 그래서 성난 유대인들을 피해 로마 군사들에게 끌려가는 중에도 복음 전할 기회를 구해서 말하기 시작했습니다.

> 바울이 이르되 나는 유대인이라 소읍이 아닌 길리기아 다소 시의 시민이니 청컨대 백성에게 말하기를 허락하라 하니 천부장이 허락하거늘 바울이 층대 위에 서서 백성에게 손짓하여 매우 조용히 한 후에 히브리말로 말하니라 부형들아 내가 지금 여러분 앞에서 변명하는 말을 들으라(행 21:39-22:1).

바울은 먼저 자신이 유대인이라고 자기 신분을 밝혔습니다. 그리고 소읍이 아닌 길리기아 다소의 시민이라고 말했습니다. 즉, 자신은 시골 촌사람이 아니라는 것을 드러낸 것입니다. 이는 그가 발언권을 얻기 위함이었습니다. '나는 시민이니 나한테 말하기를 허락하라'는 뜻입니다. 그러자 천부장이 그의 청을 허락했습니다. 허락을 받은 사도 바울의 얼굴을 저는 상상할 수 있습니다. 그렇게 얻어맞았어도 그 순간 그의 눈은 반짝거리고, 입가에는 슬며시 미소가 떠올랐을 것입니다. '이제 됐다!' 속으로 쾌재를 부르며 층대 위로 올라갔을 것입니다.

바울은 손짓하여 백성에게 조용할 것을 부탁했습니다. 사도행전 21장 33절에 비추어 볼 때, 그는 여전히 쇠사슬에 묶여 있었는지도 모릅니다. 만약 그가 말하려고 층대에 올라갔을 때 쇠사슬을 풀어 줬다면 안 묶여 있었을 것이고, 쇠사슬을 안 풀어 줬다면 묶인 채 손짓을 했을 것입니다.

사도 바울은 이방인을 위한 사도로 부름을 받은 사람입니다. 유대인이지만 이방인에게 복음을 전하고 이방인을 위해 살도록 부름 받았습니다. 그러나 바울의 마음속에는 자기 동족에 대한 아픔이 있었습니다. 그는 어떻게 해서든지 시간만 나면, 기회만 있으면 자기 동족에게 예수를 전하고 싶어 했습니다. 그래서 그는 1차, 2차, 3차 전도 여행을 하면서 가는 곳마다 유대인의 회당을 먼저 찾았습니다. 그리고 유대인들에게 복음 전하는 것을 포기하지 않았습니다.

지금도 그런 상황입니다. 조금 전까지도 성난 유대인들이 자기를 죽이려고 때렸습니다. 그렇지만 사도 바울은 그들이 자기를 얼마나 때렸느냐에 관심이 있는 게 아니라, 지금 자신이 성문으로 들어가면 이 청중하고 헤어지게 되는데, 그전에 그 유대인들에게 예수님 이야기를 하고 싶은 것입니다.

우리는 여기서 사도 바울의 간절한 심정을 만나게 됩니다. 연민의 정도, 간절한 심정도 없이 그냥 일만 하는 사람들이 있습니다. 반면에 정말 간절한 심정을 가지고 일하는 사람들이 있습니다. 바울이 그러한 사람입니다. 우리는, 사람에게 전달되는 것은 일이 아니라 마음이라는 사실을 잊지 말아야 합니다.

사도 바울에게 남아 있는 것이 있다면 오직 예수였습니다. 예수를 위할 수만 있다면 감옥에 들어가서 매를 맞아도 좋고, 굶어도 좋고, 죽어도 좋았습니다. 그에게 그런 것은 별로 중요한 게 아니었습니다. 우리는 어떻습니까? 우리 자신이 중요합니까, 예수님이 중요합니까? 우리 자신을 위해서 예수님이 필요한 것입니까, 예수님을 위해 우리가 필요한 것입니까? 여기에 우리 신앙의 딜레마가 있습니다. 예수님을 안 믿는 게 아닙니다. 교회에 안 다니는 게 아닙니다. 교회 다니면서도 언제나 내 상황, 내 입장, 내 환경이 중요한 것이 문제입니다.

바울은 사람들을 조용히 시킨 다음 익숙한 히브리 방언으로 말하기 시작했습니다. 그 순간, 사람들은 찬물을 끼얹은 듯 조용해졌습니다. 왜냐하면 자기들에게 익숙한 히브리 방언으로 말했기 때문입니다. 사도 바울은, "나의 변명을 들어 주십시오"라는 말로 말문을 열었습니다. 이렇게 말하는 사도 바울은, 어찌 보면 자존심도 없는 사나이 같습니다. 그저 예수가 그의 자존심입니다. 그분만 전해질 수 있다면 무슨 일을 당해도 좋은 것입니다. 사도 바울은 바로 이런 사람입니다.

# 바울, 회심을 이야기하다

> 그들이 그가 히브리말로 말함을 듣고 더욱 조용한지라 이어 이르되 나는 유대인으로 길리기아 다소에서 났고 이 성에서 자라 가말리엘의 문하에서 우리 조상들의 율법의 엄한 교훈을 받았고 오늘 너희 모든 사람처럼 하나님께 대하여 열심이 있는 자라(행 22:2-3).

사도 바울은 예수 믿기 전의 자신의 삶을 다음과 같이 요약했습니다. 첫째, 자신의 출생에 대해서 이야기했습니다. "나는 유대인으로 길리기아 다소에서 났고." 자기 집이 얼마나 큰가 작은가, 자기 집에 금송아지가 있는가 없는가 하는 이야기는 하나도 없습니다. "나는 다소 출신이다." 이 자체가 많은 이야기를 내포하고 있습니다.

둘째, 자신의 학문 배경에 대해서 이야기했습니다. 자신은 가말리엘의 문하에서 조상들의 율법을 엄하게 교육받았다고 말합니다. 가말리엘의 문하는 당시 학파 중에서 양대 산맥을 이루는 학파였습니다. 바울은 이러한 가말리엘의 문하에서 전통적인 율법 교육을 받은 것입니다. 요즘 식으로 말하면 그는 학자요, 공부하는 사람이었습니다. 학문과 율법을 연구하는 일종의 지성인 그룹에 속했던 것입니다. 그는 자신을 그렇게 설명했습니다. 뿐만 아니라 바울은 예수 믿기 전의 자기 모습을 설명할 때, 자신이 엄격한 율법 아래서 훈련받았을 뿐만 아니라, 실제로도 다른 누구와 비교할 수 없을 만큼 철저하게 율법을 실천하며 살아왔다는 사실을 이야기합니다.

그러나 그다음에 더 중요한 것을 이야기합니다. 바울은 지금 자신의 이야기를 듣고 있는 사람들처럼 예수 믿는 사람들을 박해하고 죽이려 했었다고 말합니다. 즉, '나도 옛날에는 지금의 당신들처럼 그랬다'는 것입니다.

> 내가 이 도를 박해하여 사람을 죽이기까지 하고 남녀를 결박하여 옥에 넘겼노니 이에 대제사장과 모든 장로들이 내 증인이라 또 내가 그들에게서 다메섹 형제들에게 가는 공문을 받아 가지고 거기 있는 자들도 결박하여 예루살렘으로 끌어다가 형벌 받게 하려고 가더니(행 22:4-5).

"당신들은 지금 나를 박해하고 죽이려고 흥분하고 있지만, 나는 그 정도가 아니었다"는 것입니다. 자신은 예수 믿는 사람을 죽인 적도 있다고 했습니다. 그리고 덧붙이기를, 이것은 대제사장들과 장로들이 다 잘 알고 있는 사실이라고 했습니다.

바울은 계속해서 자신의 과거를 이야기합니다. "또 내가 대제사장과 장로들에게 공문을 받아서 예수 믿는 사람을 잡으려고 다메섹에까지 가는 열심이 있었다." 즉, 자신은 이렇게까지 율법에 열심이 있고 실천적 행동을 하는 지성인이었음을 밝히고 있습니다.

여기까지의 간증을 통해 우리는 그가 가진 특색 한 가지를 발견하게 됩니다. 그것은 그가 예수님을 믿기 전에도 자신이 옳다고 생각한 일에는 목숨을 거는 사람이었다는 사실입니다. 대부분의 지성인이나 학문을 하는 사람들이 가진 약점이 무엇입니까? 그것은 그들이 생각대로 행동하지 못한다는 것입니다. 그들은 실천보다 생각이 너무 큽니다. 그래서 실제적인 고난이 오면 쉽게 휘어져 버립니다. 손해가 오면 슬그머니 빠져 버립니다. 쉽게 끼어들려 하지도 않습니다. 자기 학문을 실천하려면 고통스럽기 때문에, 그냥 학문의 세계 속에만 안주하려 합니다. 어떤 종류의 학문이든 대부분 마찬가지입니다.

그러나 사도 바울은 자신이 배운 만큼 율법대로 살려 했던 아주 행동적인 지성인이었습니다. 하나님은 이런 사람을 좋아하십니다. 그래서 이런 사람을 쓰시는 것입니다. 아무리 많은 것을 알고 있어도 행동하지 않는 사람은 하나님 나라의 일도 할 수 없는 사람입니다.

가끔 이런 사람을 봅니다. 굉장히 유명하고, 가진 것도 많고, 부유하고, 지식도 많습니다. 그런데 신앙생활을 한다면서 평생 하는 일이 그저 주일이면 교회에 왔다 갔다 하는 것뿐입니다. 죽을 때까지 그러다 마는 것입니다. 그에게는 그 이상 아무것도 없습니다. 많은 사람이 그 사람에게서 무슨 일이 일어날까 기대하지만, 아무 일도 일어나지 않습니다. 행동하지 않기 때문입니다. 고난 속에 뛰어들지 않기 때문입니다. 자기가 믿는 대로 행동하지 않기 때문에 그런 것입니다. 하나님은 그런 사람을 쓰지 않으십니다. 하나님은 그리스도로 말미암아 바울을 변화시키신 후, 그의 행동하는 성격을 그대로 사용해서 당신의 일을 하게 하셨습니다.

그러면 이러한 바울이 어떻게 예수님을 만나게 되었을까요? 이제 그 이야기가 시작됩니다.

가는 중 다메섹에 가까이 갔을 때에 오정쯤 되어 홀연히 하늘로부터 큰 빛이 나를 둘러 비치매 내가 땅에 엎드러져 들으니 소리 있어 이르되 사울아 사울아 네가 왜 나를 박해하느냐 하시거늘 내가 대답하되 주님 누구시니이까 하니 이르시되 나는 네가 박해하는 나사렛 예수라 하시더라(행 22:6-8).

바울은 다메섹으로 가다가 갑자기 빛을 만났습니다. 빛을 만나는 순간에 그는 엎드러졌습니다. 그리고 한 음성을 들었습니다. 그 음성은 놀랍게도 자기가 박해하러 가는 사람들이 믿는 예수님의 음성이었습니다. "사울아, 사울아, 네가 왜 나를 박해하느냐?" 그 순간 바울이 얼마나 놀랐겠습니까? 빛을 본 것도 놀라운 일이고, 그분의 음성을 들은 것은 더더욱 놀라운 일이었을 것입니다. 게다가 바울은 그 음성을 듣고 있는데 주변 사람들은 못 듣고 있으니 얼마나 당황했겠습니까?

바울은 너무 놀라서 생각할 틈도 없이 묻습니다. "주님, 누구십니까?" 저는 우리 모두가 이 질문을 하게 되기를 바랍니다. 예수님이 2천 년 전에 십자가에 못 박혀 돌아가신 분이라면, 무덤에 갇히신 분이라면 문제는 간단합니다. 그러나 그분이 지금 살아 계셔서 역사하시는 분이라면, 우리는 질문해야 합니다. "예수님, 예수님은 누구십니까?" 왜 질문해야 합니까? 그분이 살아 계시기 때문에 그렇습니다.

저명한 그리스도인 작가 C. S. 루이스는 그의 책에서 예수님에 대해 이런 말을 한 적이 있습니다. "예수께서 하신 말씀을 보면 그분은 위대한 사기꾼이든지 정말 하나님의 아들이든지 둘 중 하나다. 결코 중간은 있을 수 없다." 그러나 너무나 많은 그리스도인들이 그 중간에 있습니다. 교회에 안 나오는 것도 아닙니다. 예수를 안 믿는 것도 아닙니다. 그러나 그 이상 넘어가지를 않습니다. 그러다 보니 예수 그리스도를 자기 안에서 점점 교리화시키고 종교화시키고 율법화시키는 것입니다. 그랬을 때 예수 그리스도는 더 이상 능력이 되지 않습니다. 기쁨이 되지 않습니다. 힘이 되지 않습니다. 그냥 예수는 예수일 뿐입니다.

"주님은 누구십니까? 정말 예수님은 저의 주님이십니까? 정말 주님은 저를 위해 십자가에 못 박혀 돌아가신 분입니까? 주님, 정말 주님은 살아 계신 분입니까?" 이런 물음과 그에 대한 확실한 답이 있어야 우리는 더 깊은 신앙의 세계로 들어갈 수 있습니다.

바울의 물음에 주님은 이렇게 대답하십니다. "나는 네가 박해하는 예수라." 주님은 당신에게 어떻게 대답하실까요? 혹시 이런 대답을 하시는 것은 아닐까요? "나는 네가 무시하는 예수다. 나는 네가 무관심한 예수다." 도대체 예수님은 당신에게 무슨 의미가 있습니까? 당신의 삶에 어떤 의미가 있습니까? 예수님은 정말 당신의 구주십니까? 주님이십니까? 생명이요, 기쁨이십니까? 당신은 예수님 때문에 한두 시간 동안 정신없이 찬송을 불러 본 적이 있습니까? 예수님 때문에 너무 놀라서 밤새도록 기도해 본 적이 있습니까? "그런 거요? 옛날에 다 해 봤어요." 이렇게 말하는 사람이 있을지도 모르겠습니다. 그런 일들이 옛날에 해 보고 졸업하는 일입니까? 아닙니다. 예수 그리스도는 지금도 우리의 기쁨이 되고 찬송이 되고 복이 되는 분입니다. 사도 바울은 그런 예수님을 만난 것입니다.


## 만남으로 믿는 예수 그리스도

사도 바울이 예수님을 만나는 대목에서 우리가 건져야 할 중요한 사실이 하나 있습니다. 그것은 사도 바울이 예수를 어떻게 만났는가 하는 것입니다. 그는 율법학자였습니다. 그리고 가말리엘의 문하에서 교육을 받은 지성인이었습니다. 신약성경을 쓸 만큼 지성인이었습니다. 그런데 그가 어떻게 예수를 만났습니까? 그는 논리로 해석하거나 지식적으로 예수를 믿지 않았습니다. 이성으로 따지거나 세미나에 참석해서 믿지 않았다는 것입니다. 신학교 가서 믿은 것도 아니고, 공부해서 믿은 것도 아니라는 것입니다. 예수는 지식으로나 공부로나 논리로 믿어지는 분이 아닙니다. 어느 정도는 도움을 받지만, 그런 것을 통해서만 믿으려 하면 결국 마지막에 또 질문이 남습니다. 논리는 논리를 낳기 때문입니다.

그러면 어떻게 예수를 믿습니까? 만나는 것입니다. 간단합니다. 사도 바울은 율법을 연구하거나 논리로 따져서 믿게 된 것이 아니었습니다. 그는 다메섹으로 예수 믿는 사람을 잡으러 가다가 오히려 예수님을 만나 그분에게 잡혔습니다. 이게 예수 믿는 것입니다. 저는 당신도 이렇게 예수님 '만나기'를 원합니다. 예수님은 만나는 것입니다.

그러면 이렇게 반문할 사람이 있을 것입니다. "누구는 안 만나고 싶나요? 안 되는 걸 어떡합니까?" 정말 그분을 만나고 싶습니까? 그러나 사실상 대부분의 사람들에게는 예수님을 만나야겠다는 심각성이 없습니다. 그렇게 예수님을 만나고 싶은 절박함이 없는 것입니다. 정말 절박했다면 그분을 만났을 것입니다. 그분은 이미 우리 안에 계시기 때문입니다. 그분은 2천 년 전부터 우리를 사랑하시고, 우리를 만나기를 우리보다 더 원하셨기 때문입니다. 우리가 만나기를 원한다면 만날 수 있는 것입니다.

바울은 논리나 이성, 또는 율법으로 예수님을 만나지 않았습니다. 그냥 만났습니다. 이런 것이 예수 믿는 것입니다. 예수 믿는 것은 그분이 만나 주시는 것입니다. 어느 날 우리 심령이 상하고, 우리가 병들고 가난하고 어려운 상황에 처했을 때, 이렇게 만나는 것입니다. 그래서 그분의 실재를 보고 인정하게 되는 것입니다. 그다음에야 이성과 해석이 뒤따라오는 것입니다.

## 공동체적 부르심 vs. 개인적 부르심

나와 함께 있는 사람들이 빛은 보면서도 나에게 말씀하시는 이의 소리는 듣지 못하더라(행 22:9).

바울과 함께 있던 사람들이 빛은 보았는데도 바울이 들은 소리는 듣지 못했다고 했습니다. 이것은 무슨 의미일까요? 이것은 사도 바울이 예수님을 극히 개인적으로 만났다는 것을 의미합니다. 극히 개인적으로 부름 받았다는 것입니다.

부르심에는 두 가지가 있습니다. 공동체적 부르심과 개인적 부르심입니다. 하나님은 우리를 한 교회의 성도로서 공동체적으로 불러 주셨습니다. 전 세계에 복음을 들고 함께 나가게 하기 위해 특별히 한 교회의 성도로 묶어 주신 것입니다. 그러므로 교회는 담임 목사 한 개인에게 주어진 것이 아닙니다. 교회는 하나님의 목적을 위해 성도 모두를 포함한 전체 공동체로서 부름 받은 것입니다. 이것이 공동체적 부르심의 한 예입니다. 오순절 날 하나님이 마가의 다락방에 성령을 보내신 것도 그곳에 있던 120명의 성도들을 공동체적으로 부르신 것입니다.

그러나 어떤 경우에는 하나님이 우리를 개인적으로 부르시기도 합니다. 시내 산에서 모세를 개인적으로 만나 주신 것처럼 말입니다. 하나님은 모세를 개인적으로 부르셨습니다. "모세야, 모세야, 네 발에서 신을 벗어라. 너는 가서 네 족속, 네 민족을 해방시켜라." 에스겔도 개인적인 부르심을 받았습니다. 그는 포로로 잡혀 온 자들 중에 있었는데, 그발 강가에서 하늘 문이 열리고 먹구름 속에서 피어나는 하나님의 광채를 보았습니다. 계시를 받은 것입니다. 예레미야도 마찬가지로 개인적인 계시, 개인적인 부르심을 받은 사람입니다.

하나님은 우리를 공동체적으로도 부르시고, 개인적으로도 부르십니다. 개인적인 부르심은 주님과 당사자만의 비밀입니다. 다른 사람은 모릅니다. 나만 아는 것입니다. 이런 비밀이 있는 사람은 어떻습니까? '씨익' 웃습니다. 누구한테 사랑 고백을 받은 사람처럼 싱글싱글 웃습니다. 누가 뭐래도 상관없습니다. 왜 그렇습니까? 약속이 있기 때문입니다. 이것이 하나님과의 비밀, 하나님과의 약속을 가진 사람의 모습입니다. 그런 사람은 어떤 고난도, 어떤 역경도 두려워하지 않습니다. 개인적인 부르심을 받았기 때문입니다.

당신은 어떻습니까? 개인적으로 받은 부르심이 있습니까? 하나님이 "이렇게 해라. 나를 위해 이렇게 살아라" 하신 부르심이 있습니까? 그 부르심이 우리 모두에게 있기를 바랍니다. 그런 부르심이 있는 사람은 보따리 싸서 아프리카도 가고, 러시아도 가고, 어디든지 갑니다. 하나님의 약속, 그분의 부르심이 있기 때문에 그렇게 할 수 있습니다. 그것이 선교입니다.

사도 바울은 지금 이런 개인적 부르심, 하나님이 자신에게만 들려주셨던 개인적인 음성에 대해서 말하고 있습니다. 그것을 다른 사람은 아무도 듣지 못하고 바울만 들었습니다. 이것이 바울의 생애를 결정했습니다. 바울의 평생을 결정했습니다. 그는 이 음성이 있었기 때문에, 강도의 위험과 강의 위험과 산의 위험과 도시의 위험과 시장의 위험과 사십에서 하나 감한 매를 다섯 번이나 맞는 위험과 굶주림과 마음의 사형 선고를 받고 살 소망까지 끊어지는 기막힌 삶의 여정에서도 한 번도 흔들리지 않았습니다. 그 음성 때문에 그는 어디에서든 기꺼이 죽을 수 있었던 것입니다.

당신은 어떻습니까? 이런 개인적인 부르심을 받았습니까? 저에게는 이런 부르심이 있습니다. 주님과 저만의 이야기들이 있습니다. 바울처럼 말입니다. 다시 말하지만, 하나님은 우리를 공동체적으로도 만나 주시고 개인적으로도 만나 주십니다.

"내가 너를 위하여 십자가에서 피 흘려 죽노라. 네 죄가 주홍 같을지라도, 나는 눈과 같이 희게 할 것이다." 이것이 하나님의 고백입니다. 하나님은 이런 약속을 우리 모두에게 개인적으로 주셨습니다. 그러나 이 약속 말고 더 특별한 약속, 즉 우리 각자의 생애를 위한 약속이 있다는 것입니다. 비밀이 있다는 것입니다. 이것을 가리켜 우리는 부르심이라고 합니다. "너는 ○○ 족속을 위해 살아라. 너는 ○○을 위해 살아라. 너는 ○○으로 가서 살아라." 이런 부르심이 있을 수 있다는 것입니다. "갈대아 우르를 떠나라." 이런 말씀을 하실 수 있는 것입니다.

## 부르심이 변화시킨 삶의 목적들

> 내가 이르되 주님 무엇을 하리이까 주께서 이르시되 일어나 다메섹으로 들어가라 네가 해야 할 모든 것을 거기서 누가 이르리라 하시거늘(행 22:10).

바울은 주님의 음성을 듣고 나서 "주님 무엇을 하리이까" 하고 물었습니다. 이것은 굉장히 중요한 질문입니다.

바울은 예수님을 만났습니다. 이는 논리나 이론이나 지식이나 이성으로 된 것이 아니었습니다. 그냥 만난 것입니다. 우리도 마찬가지입니다. 우리가 예수 믿은 것을 아주 쉽게 표현하자면, 골목길을 가다가 그분과 꽝 부딪친 것과 같다고도 할 수 있습니다. 부딪쳐 보니 예수님이었던 것입니다. 제가 너무 단순하게 말하는 것인지 모르겠지만 사실입니다.

우리 모두는 우리가 먼저 예수님을 믿은 것이 아닙니다. 그분이 우리를 찾아오신 것입니다. 우리가 노력해서 예수님을 믿게 된 것이 아니라, 주님이 먼저 우리를 사랑하신 것입니다.

누군가는 이렇게 말합니다. "모세는 시내 산에서 부름 받은 것이 아니라 갈대에서부터 부름 받은 것이다." 즉, 갈대 사이에 버려졌을 때부터 하나님의 부르심은 이미 시작되었다는 것입니다. 그렇습니다. 우리가 알지 못하는 데서부터 하나님은 우리를 부르셨고, 사랑하셨고, 우리를 인도하신 것입니다. 그래서 우리는 논리와 이론으로 주님을 만나는 게 아니라는 말입니다.

이렇게 주님의 부르심을 받으면 당장 나오는 말이, "그러면 주님, 제가 무엇을 해야 합니까?"라는 물음입니다. 이 물음은 우리의 사역과 관련되는 것입니다. 이것이 부르심과 사역의 관계입니다. 누군가를 부른다는 것은 분명 무언가를 묻거나 시키기 위해서, 즉 어떠한 목적이 있기 때문입니다. 그러므로 하나님이 우리를 부르셨다는 것은 우리에게 무언가를 시키시기 위함이라는 것입니다. 그것이 바로 미션(mission), 곧 사역이 되는 것입니다. "네가 이것을 좀 해라." 그러기 위해서 우리를 부르시는 것입니다. 이것이 부르심과 사명, 부르심과 미션의 관계입니다.

사실 우리가 세상에 태어났다는 것 자체가 벌써 사명을 가진 것입니다. 우리는 무의미하게 살다가 그냥 죽거나 자살하라고 태어난 인생이 아닙니다. 우리는 분명한 사명을 가지고 이 세상에 태어난 것입니다. 바울이 예수님을 만나고 나서 던진 질문은 바로 그런 사역과 관련된 질문이었습니다. "주님, 그러면 제가 무엇을 하면 좋겠습니까?"

그런데 주님의 대답이 재미있습니다. "너는 이방인을 위해 택한 나의 그릇이라." 처음부터 이렇게 말씀하셨으면 얼마나 좋았을까요? 그런데 주님은 그렇게 대답하지 않으셨습니다. 그냥 "다메섹으로 들어가라"고 하셨습니다. 지금 바울이 어디로 가고 있었습니까? 다메섹입니다. 그런데 예수님도 바울이 가던 길, 즉 다메섹으로 계속 가라고 하십니다. 뭔가 다른 명령이 있어야 할 것 같은데 어찌된 일일까요?

장소는 변하지 않았습니다. 그러나 변한 것이 있습니다. 무엇입니까? 그것은 의미입니다. 목적입니다. 즉, 다메섹으로 가는 의미와 목적이 변한 것입니다. 예수 믿기 전에는 예수 믿는 사람을 잡으러 가는 것이 목적이었습니다. 그러나 예수를 믿고 난 후에는 다메섹으로 가는 목적이 달라졌습니다. 바울에게 있어 다메섹은 이미 다른 장소로 변한 것입니다. 이런 것이 사명이요, 미션입니다.

이와 비슷한 이야기가 요한복음 4장에 나옵니다. 수가 성의 여인은 물동이를 버려두고 어디로 뛰어갑니까? 동네로 들어갑니다. 그런데 예수님을 만난 여인에게 있어 동네는 예전의 그 동네가 아니었습니다. 이제는 그 동네가 그녀에게 다른 의미로 다가온 것입니다. 전에는 정말 돌아다니기 싫었던 동네였습니다. 그러나 이제는 아닙니다. 그가 한걸음에 뛰어 들어간 동네는 "내가 메시아를 만났다"고 외치는 동네가 되었습니다. 이런 의미에서 우리의 직장은 달라져야 합니다. 어제도 간 직장이었지만, 예배드리고 간 다음 날의 직장은 다른 의미가 있어야 합니다.

시집살이가 고통스럽고 힘든 사람이 있다고 합시다. 어느 날 그가 주님을 만났습니다. 그러면 주님은 그에게 뭐라고 말씀하실까요? "그 집에서 탈출해라" 하실까요? 아닙니다. "그 집으로 다시 가라"고 하실 것입니다. 아무리 형편없는 남편이라도 주님은, "그 남자에게서 도망가지 말고 다시 그에게로 가라"고 하실 것입니다. 이런 유의 이야기는 실제로 주위에서 많이 경험하는 것입니다.

예수님을 만난 우리에게 북한은 무슨 의미가 있습니까? 직업은 무슨 의미가 있습니까? 우리는 그 답의 영적인 힌트를 "다메섹으로 들어가라" 하시는 주님의 말씀 속에서 찾을 수 있을 것입니다.


## 오늘의 삶으로 만족하는 신앙

이제 "다메섹으로 들어가라 네가 해야 할 모든 것을 거기서 누가 이르리라"는 말씀을 통해 우리가 배우게 되는 또 하나의 진리를 살펴보겠습니다. '신앙이란 무엇인가?' 하는 것과 관련된 진리입니다.

'신앙이란 무엇인가?' 하나님을 바라보는 것입니다. 하나님이 '주시는 것'을 바라보는 것이 아니라, '하나님'을 바라보는 것입니다. 그래서 그분이 가라 하시는 곳으로 가는 것입니다. 그리고 하나님을 바라봄으로 말미암아 '내일 일은 난 몰라요'가 아니라, "내일 일은 내일이 염려할 것이요 한날의 괴로움은 그날로 족하니라"(마 6:34)는 태도로 살아가는 것입니다. 신앙은 하루분입니다. '우리에게 월(月)용할 양식을 주시옵고'는 신앙이 아닙니다. '일(日)용할 양식을 주시옵고'가 참신앙입니다. 신앙에는 이틀분도 안 됩니다.

예수님은 이와 관련하여 우리에게 이렇게 말씀하셨습니다. "무엇을 먹을까, 무엇을 마실까, 무엇을 입을까 염려하지 말라. 이 모든 것은 하나님 없이 사는 사람들이 구하는 것이요, 하나님을 신뢰하지 않고 사는 인생들이 살아가는 삶의 방법이다. 하나님을 믿고 사는 사람들은 그의 나라와 그의 의를 먼저 구한다." 오늘 하루를 살았다면 감사한 것입니다. 내일 일은 내일 또 하나님이 인도하실 것입니다. 그렇게 믿고 사는 것이 신앙입니다. 따라서 정말 하나님을 신뢰하는 사람이라면 "오늘 죽어도 좋다"고 말할 수 있어야 합니다. "나는 며칠 더 살아야 합니다", "나는 몇 달은 더 살아야 합니다"라고 말하지 않고, "오늘 죽어도 나는 여한이 없습니다"라고 말할 수 있는 것이 신앙인의 삶입니다. 이것이 신앙의 본질입니다.

참된 신앙인은 오늘 사는 것으로 만족합니다. 그리고 무엇이 있어서 만족하는 것이 아니라, 하나님이 계시다는 것 자체만으로 만족합니다. 이렇게 생각하는 사람은 세상이 감당하지 못합니다.

주님은 바울에게 "다메섹으로 들어가라" 하시면서 한 가지 말씀을 덧붙이십니다. "네가 다메섹에 가면 어떤 사람을 만날 것이다." 우리는 여기서 하나님은 예비해 주시는 분이라는 것을 알 수 있습니다. 선교사가 선교를 위해 한 지역으로 갑니다. 전혀 알지 못하는 곳인데도 가 보면 준비된 사람을 만나게 됩니다. 예비된 사람이 있는 것입니다. 하나님이 그렇게 하신 것입니다. 그러므로 우리는 무슨 일을 만나든지 걱정하지 말아야 합니다. 우리는 하나님의 은혜로 다 살게 되어 있습니다.

사도 바울이 아나니아라는 사람을 어떻게 알겠습니까? 그렇지만 그는 주님의 말씀을 믿고 다메섹으로 가서 기다렸습니다. 기도하며 기다리고 있다 보니 아나니아가 자기 발로 찾아왔습니다. 얼마나 놀라운 일입니까?

우리의 삶을 한번 돌아봅시다. 과연 우리가 노력해서 얻은 것이 몇 개나 됩니까? 있다 해도 다 시시한 것 아니었습니까? 소중한 것들은 다 하나님이 주신 것입니다. 하나님이 사도 바울에게 아나니아를 보내셨던 것처럼, 오늘날 기도하는 사람들에게도 아나니아를 준비해 주십니다.

## 세상에 눈멀고 하나님에 대해 눈뜨다

> 나는 그 빛의 광채로 말미암아 볼 수 없게 되었으므로 나와 함께 있
> 는 사람들의 손에 끌려 다메섹에 들어갔노라(행 22:11).

사도 바울은 빛을 본 후에 그 빛의 광채 때문에 순식간에 시력을 잃었다고 했습니다. 너무 강렬한 빛을 보았으니 눈에 무리가 오는 것은 당연합니다. 예수님의 빛이, 그 영광스럽고 거룩한 빛이 바울에게 임했을 때, 그는 순식간에 시력을 잃었습니다. 그는 예수 믿는 사람을 잡으려고 많은 부하들을 데리고 가던 중이었습니다. 그런 그가 갑자기 시력을 잃었습니다. 이제 그는 어떻게 될까요? 그는 자기 부하들의 손에 이끌려 다녀야 하는 신세가 되었습니다.

당신은 그 심정을 이해할 수 있겠습니까? 눈뜨고 살다가 시력을 잃어서 아무것도 보이지 않고 앞이 캄캄한 사람의 심정을 이해할 수 있겠습니까? 하나님이 이렇게 하신 뜻은 무엇일까요? 여기에는 굉장한 뜻이 숨겨져 있습니다. 하나님은 순식간에 바울의 시력을 잃게 하심으로 세상에 대해서 눈을 감게 하신 것입니다. 우리는 세상에 대해서 눈을 너무나 크게 그리고 열심히 뜨고 지냅니다. 하지만 하나님은 그런 우리의 눈을 감게 만드십니다.

오늘 갑자기 우리의 눈이 멀게 된다면 어떡하겠습니까? 그래서 아무것도 안 보이고, 낮인지 밤인지도 구분되지 않고, 잠잘 때가

밤이고 잠이 깨면 낮인 그런 상황이 된다면 무엇을 하겠습니까? 또 무슨 생각을 하겠습니까? 요즘처럼 라디오나 오디오가 없는 시대에 살았던 바울은 하나님만 생각했을 것입니다. 그는 자신이 들었던 그분의 음성을 생각했을 것입니다. 그가 할 수 있는 일은 무엇이었겠습니까? 기도였을 것입니다.

눈이 보이지 않는다는 것은 모든 것에 제한을 받는 상황입니다. 그리고 세상에 대해서 눈을 감았다는 것은 오히려 하나님에 대해서 눈을 떴다는 것을 의미합니다. 바울은 세상에 눈먼 대신 하나님에 대해서 눈을 뜨기 시작했습니다.

바울의 회심 사건이 기록되어 있는 사도행전 9장을 보면, 이즈음 아나니아도 환상 중에 주님의 음성을 듣습니다. 주님은 그에게 이렇게 말씀하셨습니다. "아나니아야 … 일어나 직가라 하는 거리로 가서 유다의 집에서 다소 사람 사울이라 하는 사람을 찾으라 그가 기도하는 중이니라 그가 아나니아라 하는 사람이 들어와서 자기에게 안수하여 다시 보게 하는 것을 보았느니라"(행 9:10-12). 이 말씀을 통해 우리는 바울이 앞을 못 보게 되었을 때 기도하고 있었다는 사실을 알 수 있습니다. 세상에 대해서, 사물에 대해서 시력을 잃어버린 순간에 그는 하나님에 대해서 열심히 눈을 뜨기 시작한 것입니다.

부도난 것을 그렇게 슬프게 생각하지 마십시오. 사업이 안 되고 몸에 병이 든 것도 때로는 나쁜 것이 아닙니다. 이 모든 것이 우리의 욕심과 세상에 눈감는 계기가 될 수도 있기 때문입니다. 이렇게 해서 우리 힘으로는 할 수 없다는 사실을 깨달았을 때, 우리가 무능하다는 사실을 깨달았을 때, 우리 발로는 걸어갈 수 없고 누군가의 손에 의지해서만 걸어 다닐 수 있다는 사실을 깨달았을 때, 그때 하나님이 우리 안에 자리 잡기 시작하시는 것입니다. 또한 하나님을 신뢰하고 의지하고 바라보는 눈이 그때부터 우리에게 생기게 되는 것입니다.

병원에 입원하면 보통 링거 주사부터 꽂아 놓습니다. 그러면 환자는 꼼짝 못하고 침대에 누워 있어야 합니다. 환자들은 대부분 그때 비로소 자신의 참모습을 돌아보게 된다고 합니다. 우리 인간은 이렇게 아프면 자기를 돌아보게 됩니다. 또한 우리는 정지해야 사물을 제대로 볼 수 있습니다. 움직이면 못 봅니다. 그러므로 우리에게는 때로 안식과 정지가 필요합니다. 세상에 대해서 잠깐 눈을 감는 일이 필요합니다. 그래야만 하나님에 대해서 눈을 뜨고 우리 자신의 삶의 현주소를 제대로 볼 수 있기 때문입니다. 그래야만 우리가 어디서 와서 어디로 가고 있으며, 현재 잘 가고 있는지를 파악할 수 있기 때문입니다.


율법에 따라 경건한 사람으로 거기 사는 모든 유대인들에게 칭찬을 듣는 아나니아라 하는 이가 내게 와 곁에 서서 말하되 형제 사울아 다시 보라 하거늘 즉시 그를 쳐다보았노라 그가 또 이르되 우리 조상들의 하나님이 너를 택하여 너로 하여금 자기 뜻을 알게 하시며 그 의인을 보게 하시고 그 입에서 나오는 음성을 듣게 하셨으니 네가 그를 위하여 모든 사람 앞에서 네가 보고 들은 것에 증인이 되리라 이제는 왜 주저하느냐 일어나 주의 이름을 불러 세례를 받고 너의 죄를 씻으라 하더라(행 22:12-16).

우리는 지금까지 사도 바울의 간증을 들었습니다. 사도 바울의 간증이 곧 우리 모두의 간증이 되기를 바랍니다.

# 20

# 공회에 넘겨진 바울

사도행전 22:17-30

예수님을 만난 사람에게는 모든 것의 의미가 이전과는 다릅니다. 조국의 의미도 달라집니다. 예전에는 우리나라가 너무 살기 어려워 이민을 가는 사람들이 많았습니다. 또한 사상적으로 오해를 받아서 이 나라를 떠난 사람도 많습니다. 그러나 그런 사람들도 예수님을 알고 나면 조국을 다시 찾아옵니다. 그들에게 있어서 조국의 의미가 달라졌기 때문입니다. 또 어떤 사람들은 부모가 싫고 가정이 싫어서 가출을 합니다. 부모의 가슴에 못을 박고 떠납니다. 그러나 그런 사람들도 예수님을 만나면 돌아온 탕자처럼 집에 대한 해석이 달라져, 결국 집으로 돌아갑니다. 이것이 예수 믿는 것입니다. 직장도 마찬가지입니다. 우리에게 예수 믿기 전의 직장과 예수 믿고 나서의 직장은 분명 그 의미가 다릅니다. 우리의 삶도 그렇습니다.


## 아나니아와의 만남을 준비하시다

바울은 예수님을 만난 후에도 계속 다메섹으로 갔습니다. 그가 다메섹으로 가는 것은 똑같았지만, 그에게 있어서 예수 믿기 전의 다메섹과 예수 믿고 나서의 다메섹은 의미가 달랐습니다.

예수님을 만난 후 다메섹으로 간 바울은 그곳에서 하나님이 준비하신 한 사람을 만나게 됩니다. 우리는 이미 이 내용을 살펴보았습니다. 기도하는 사람은 기도하는 사람을 만나게 됩니다. 하나님의 사람은 언제나 하나님이 보내 주시는 준비된 사람을 만나게 됩니다. 하나님은 바울을 위해서 사람 아나니아를 준비시켜 두셨습니다. 그리하여 아나니아는 바울을 만나 그에게 안수하여 그의 시력을 회복시켜 주며, 세례를 베풀어 주었습니다.

> 그가 또 이르되 우리 조상들의 하나님이 너를 택하여 너로 하여금 자기 뜻을 알게 하시며 그 의인을 보게 하시고 그 입에서 나오는 음성을 듣게 하셨으니 네가 그를 위하여 모든 사람 앞에서 네가 보고 들은 것에 증인이 되리라 이제는 왜 주저하느냐 일어나 주의 이름을 불러 세례를 받고 너의 죄를 씻으라 하더라(행 22:14-16).

바울은 예수님을 만났습니다. 그리고 아나니아를 만나서 세례를 받았습니다. 이제 그는 하나님의 백성으로, 그리스도인으로 다시 태어났습니다.

몇 해 전에 우리 교회의 한 자매가 연쇄 살인범에게 살해당한 일이 있었습니다. 그 자매의 부모님은 믿지 않는 분들이었습니다. 그러나 딸이 죽자, 딸이 그렇게 열심히 믿었던 하나님을 그들도 믿게 되었습니다. 그 어머니는 원래 절에 다니던 분이었지만, 교회에 나오기 시작하면서는 새벽 기도도 빠지지 않고 아주 열심히 신앙생활을 했습니다. 처음에는 딸의 죽음 앞에 견딜 수 없이 괴로웠고, 하나님에 대한 의심과 원망이 있었습니다. 하지만 그 모든 것을 이겨 내고 교회에 나와 드디어 세례를 받게 되었습니다. 저는 그분이 세례 받던 날, 얼마나 기뻤는지 모릅니다. 더욱 놀라운 것은, 그분이 다른 사람을 전도하기까지 했다는 것입니다. 이것이 바로 구원받은 자의 모습입니다.

바울이 변했습니다. 억울하게 죽임을 당한 한 자매의 어머니도 변했습니다. 우리도 그렇게 변할 수 있게 되기를 바랍니다.

아나니아를 만난 후에 바울은 예루살렘으로 돌아왔습니다. 그리고 많은 그리스도인들과 교제하기를 원했습니다. 이제 그는 예수 믿는 사람들을 박해하는 유대인이 아니라 그리스도인이 된 유대인이었기 때문에 그리스도인의 공동체에서 교제하기를 원했습니다. 그러나 바울의 과거 때문에 많은 사람들이 그를 의심했습니다. "정말 이 사람이 예수님을 믿고 구원받은 것일까? 본인은 구원받았다고 하는데, 혹시 위장해서 우리를 체포하려 하는 것은 아닐까?" 다른 그리스도인들은 바울에 대해서 이런 두려움을 가지고 있었습니다.

그때 유일하게 한 사람이 나타나서 바울을 도와줍니다. 그 사람이 바나바입니다. "이 사람은 정말 예수 믿는 사람이다. 오해하거나 의심하지 마라." 바나바는 이렇게 바울의 입장을 변호해 주었

습니다. 그러나 그의 변호에도 불구하고 사도 바울은 많은 그리스
도인들에게 배척당하고 의심을 받았습니다. 그럴 즈음에 바울은
성전에 올라가서 기도하다가 비몽사몽간에 하나님의 음성을 듣
게 됩니다.

## 내 뜻과 다른 하나님의 계획

후에 내가 예루살렘으로 돌아와서 성전에서 기도할 때에 황홀한

중에 보매 주께서 내게 말씀하시되 속히 예루살렘에서 나가라 그

들은 네가 내게 대하여 증언하는 말을 듣지 아니하리라 하시거늘

(행 22:17-18).

바울이 들은 하나님의 음성은 "속히 예루살렘에서 나가라"는 것
이었습니다. 어떻게 찾아온 예루살렘인데, 속히 다시 떠나라는 것
입니다. 그리고 그 이유 중 하나가 '많은 사람들이 너의 증거를, 너
의 간증을 믿지 않을 것'이기 때문이라고 합니다. 아마 바울은 많
은 형제들이 자기를 받아들이지 않는 것 때문에 처음에는 굉장히
섭섭했을 것입니다. 인간적으로 많이 화가 났을 것입니다. 그러나
자신의 과거를 가만히 생각해 보니, 그도 그럴 만하다는 생각을 하
게 되었을 것입니다.

사람들 사이에서는 이런 일이 자주 일어납니다. 특히 예수님을 위해서 일할 때 더 많은 오해와 배척을 받습니다. 그럴 때면 얼마나 속이 상하고 화가 납니까? 그러나 그때 자기 과거나 자기 자신을 가만 생각해 보면, 사람들이 그럴 만도 하다는 생각이 들 때가 있습니다. 바울이 바로 그런 상황이었습니다. 비록 바울이 예수님을 믿고 거듭나기는 했지만, 그래서 정작 그 자신은 자신의 과거를 잊었지만, 과거부터 그를 알고 있던 다른 사람들은 충분히 바울을 의심할 만한 것입니다. 바울도 그 점을 인정했을 것입니다.

> 내가 말하기를 주님 내가 주를 믿는 사람들을 가두고 또 각 회당에서 때리고 또 주의 증인 스데반이 피를 흘릴 때에 내가 곁에 서서 찬성하고 그 죽이는 사람들의 옷을 지킨 줄 그들도 아나이다(행 22:19-20).

예루살렘에 오기 얼마 전까지만 해도 바울은 예수 믿는 사람들을 가두고, 회당에서 때리고 죽이기까지 했습니다. 또한 공문서를 가지고 그들을 잡으러 다니던 사람이었습니다. 그리고 그러한 그의 소문은 사람들 사이에 파다하게 퍼져 있었습니다. 심지어 그는 스데반이 순교할 때 곁에 서서 그의 죽음을 찬성했고, 스데반을 죽이려는 사람들의 옷을 맡아서 보관한 일까지 있었습니다. 바울은 이러한 자신의 과거를 생각하면서 사람들이 자신을 받아들이지 않는 현실은 너무나 당연하다고 고백합니다.

그러나 하나님은 달랐습니다. 주님은 바울의 과거에 상관하지 않고 그로 말미암는 아주 놀라운 계획을 가지고 계셨습니다.

나더러 또 이르시되 떠나가라 내가 너를 멀리 이방인에게로 보내리라 하셨느니라(행 22:21).

언뜻 보면 주님의 생각과 바울의 생각이 비슷한 것 같지만, 더 깊은 속을 보면 이 둘 사이에는 차이가 있습니다. 주님이 바울에게 예루살렘을 떠나라고 말씀하신 동기는 바울이 생각한 동기와 달랐습니다. 바울은 자신이 예루살렘을 떠나야 하는 이유를 주님도 먼저 말씀하셨듯이, 많은 사람들이 자신의 과거를 알고 있어서 자기를 환영하지 않을 것이기 때문이라고만 해석했습니다. 그러나 주님은 단지 그것 때문에 바울에게 예루살렘을 떠나라고 하신 것이 아니었습니다. 그를 이방인에게로 보내시기 위함이었습니다. 즉, 주님은 바울을 향한 놀라운 계획과 섭리를 갖고 계셨기 때문에 그를 부르고 예루살렘을 떠나라 하신 것입니다. 이것이 바울을 향한 하나님의 계획이었습니다.

우리는 여기서 바울과 주님의 생각에 큰 차이가 있는 것을 보게 됩니다. 이러한 차이를 보니 이사야 55장 8절 말씀이 생각납니다.

이는 내 생각이 너희의 생각과 다르며 내 길은 너희의 길과 다름이니라 … 이는 하늘이 땅보다 높음같이 내 길은 너희의 길보다 높으며 내 생각은 너희의 생각보다 높음이니라(사 55:8-9).

그렇습니다. 우리는 예수님을 믿고 하나님을 섬기고 교회를 다니면서도 실제로는 하늘을 보지 못하고 땅을 보고 사는 경우가 많습니다. 또한 성경은 가지고 다니지만 성경이 아닌 내 상황, 내 형편, 내 선입관, 내 가치관 속에서 살아갈 때가 많습니다. 그러면서 내 뜻이 하나님 뜻이기를 바라는 것입니다. 사도 바울도 예외는 아니었습니다. 대부분의 사람들은 언제나 그렇습니다.

이처럼 하나님의 뜻을 이해하지 못했을 때, 섭섭함과 원망과 불평이 생기는 것은 당연합니다. 이런 비슷한 경험을 한 사람이 또 한 사람 있습니다. 바로 아나니아입니다. 아나니아는 거룩한 사람이요, 기도하는 사람이요, 하나님의 음성을 듣는 사람이었습니다. 사도행전 9장 11-14절을 보면, 하나님이 아나니아에게 나타나서 이렇게 말씀하십니다. "직가라 하는 거리에 유다라 하는 사람의 집이 있다. 거기 가면 청년 사울이 기도하고 있을 것이다. 그 사람에게 안수해 주고 그의 눈을 뜨게 하라."

이때 아나니아는 그냥 순종하지 않고 하나님에게 반문했습니다. "하나님, 사울이라는 사람은 저도 들어서 잘 압니다. 그는 성도들을 박해하고 주의 이름을 부르는 사람들을 결박할 권세를 가진 자입니다. 그 사람 때문에 해를 입은 성도들이 얼마나 많은데, 그에게 가서 그 사람을 위해 기도해 주라는 말씀이십니까?" 아나니아로서는 그런 오해를 할 만합니다. 그래서 주님은 이어서 그의 오해를 풀어 주십니다.

주께서 이르시되 가라 이 사람은 내 이름을 이방인과 임금들과 이스라엘 자손들에게 전하기 위하여 택한 나의 그릇이라 그가 내 이름을 위하여 얼마나 고난을 받아야 할 것을 내가 그에게 보이리라 하시니(행 9:15-16).

아나니아는 그제야 하나님의 뜻을 깨닫고 순종했습니다. 아나니아는 기도하는 사람이었습니다. 그는 거룩한 사람이었습니다. 하나님의 사람이었습니다. 그런데도 그는 하나님의 깊은 뜻을 몰랐습니다. 주님의 음성을 듣고 나서야 자기의 선입관과 기존의 자기 생각을 버리고 사울을 찾아가 그에게 말씀을 전하고 안수하며, 기도하고 세례를 베풀어 주었습니다.

이런 사람이 또 한 명 있습니다. 베드로입니다. 어느 날 그가 환상을 보았습니다. 하늘이 열리고 보자기 같은 한 그릇이 내려왔는데, 그 안에는 부정한 짐승들이 있었습니다. 그리고 동시에 그것을 잡아먹으라는 음성이 들렸습니다. 그러나 베드로는 주님이 보여 주시는 환상을 보고 그분의 음성을 들었음에도 그동안 받아 왔던 교육과 종교적인 관념 때문에 그 말씀에 순종할 수 없었습니다. 그래서 "하나님, 이 속되고 깨끗하지 않은 것들을 저는 먹을 수가 없습니다"라고 대답했습니다. 그러나 주님은 "내가 깨끗하다 하는 것을 네가 속되다 하지 말라"고 하셨습니다. 그런 일이 세 번 있은 후에야 그릇이 하늘로 올라갔습니다. 이처럼 베드로도 하나님의 깊은 뜻을 이해하지 못했던 적이 있습니다.

이러한 일은 예수님에게도 있었습니다. 예수님은 겟세마네 동산에서 땀이 핏방울이 되도록 세 번씩이나 기도하셨습니다. "하나님, 제가 이 잔을 마셔야 합니까?" 십자가를 져야 한다는 사실 앞에서 예수님은 혼신의 힘을 다해 기도하며 심각하게 질문하셨습니다. 그런데 놀랍게도, 하나님은 침묵하셨습니다. 하나님은 때로 침묵하실 때가 있습니다. 우리가 울부짖고 기도해도 침묵할 때가 있으십니다.

이때 예수님은 기도를 바꾸십니다. "아버지여, 내 뜻대로 마시옵고 아버지의 뜻대로 하옵소서." 이 기도를 한 후에 예수님은 벌떡 일어나셨습니다. 더 이상 기도하지 않으셨습니다. 왜 그러셨을까요? 하나님의 뜻에 맞는 기도를 하셨기 때문입니다. 그렇습니다. 하나님의 뜻을 발견한 사람은 더 이상 기도할 필요가 없습니다. 일어나면 됩니다. 일어나서 십자가로 가면 되는 것입니다. 그게 기도입니다.

이미 기도의 응답을 받았는데도 계속 기도만 하고 있다는 것은 그 응답을 안 믿는다는 얘기입니다. 기도가 응답됐다면, 일어나서 가면 되는 것입니다. 아나니아는 주님의 큰 뜻을 깨달은 후 사울에게 갔고, 베드로는 이방인인 고넬료를 만났습니다.

## 새 일을 행하시는 하나님

> 나더러 또 이르시되 떠나가라 내가 너를 멀리 이방인에게로 보내리
> 라 하셨느니라(행 22:21).

이 말씀을 통해 우리는, 하나님의 관심은 복음이 모든 민족과 열방에게 전달되는 것이라는 사실을 알 수 있습니다. 하나님은 땅 끝까지 복음이 전달되기를 원하십니다. 이 일을 위해 하나님은 바울이라는 사람을 쓰기 원하셨습니다.

이 말씀에 나오는 '멀리'라는 단어와 '이방인에게로'라는 단어는 사도행전 1장 8절의 말씀을 생각나게 합니다.

> 오직 성령이 너희에게 임하시면 너희가 권능을 받고 예루살렘과 온
> 유대와 사마리아와 땅 끝까지 이르러 내 증인이 되리라 하시니라
> (행 1:8).

하나님은 복음이 예루살렘과 유대와 사마리아에만 머물기를 원

치 않으시고, 땅 끝까지 전달되기를 원하셨습니다. 멀리 이방인에게까지 이 복음이 전달되기를 원하신 것입니다. 복음은 유대인을 통해서 왔지만, 모든 이방인에게까지 전달되어야 하는 것이었습니다. 또한 복음은 오순절 날 예루살렘을 통해서 구체적으로 이 땅에 나타났지만, 땅 끝까지 전파되어야 하는 것이었습니다.

그러나 유대인들의 입장에서는 이 사실을 믿을 수도, 이해할 수도 없었습니다. 요즘에도 보면, 예수를 잘 믿는다는 사람이나 혹은 믿은 사람들이 늘 문제입니다. 그들은 자기 의가 많습니다. 자기 선입관이 많습니다. 유대인과 같은 모습입니다.

이런 모습은 개인뿐만 아니라 교회에도 있습니다. 모든 교회가 처음에는 잘합니다. 그러나 10년, 20년 지나가면 굳어지기 시작합니다. 처음에는 열린 마음으로 예수님을 잘 믿던 사람들이 시간이 지나면서 자기 경험과 자기 선입관과 자기 생각과 믿음으로 하나님과 하나님의 교회를 제한하기 때문입니다. 하나님은 더 큰일과 새 일을 하기 원하시는데, 교회는 그것을 따라가지 못하고 자기 생각으로 그것을 제한하기 때문에 굳어지는 것입니다.

하나님은 언제나 새 일을 행하십니다. 그러므로 우리는 과거에 아무리 큰일을 했다 할지라도 그것들을 벗어 버리고 언제나 주님이 주시는 그때그때의 음성에 예민해야 합니다. 그리고 언제나 성경을 새롭게 읽어야 합니다. 그렇게 해야만 하나님의 뜻을 이룰 수 있습니다.

많은 사람들이, 많은 교회가 자기 본위로 성경을 읽다가 율법을 만들고, 교파와 교리를 만듭니다. 그러고는 그 교리와 율법과 교파 안에 예수님을 가두어 버립니다. 그래서 전통적인 교회에서는 지금도 살아 계신 예수님, 역사하시는 예수님, 전 세계를 향해 복음이 활발하게 전개되기를 원하시는 예수님을 찾아보기 어렵습니다. 이 얼마나 어리석은 모습입니까? 하나님은 이런 것을 원하시지 않습니다. 그러므로 우리는 눈을 뜨고 귀와 마음을 열어야 합니다. 그리고 성경을 통하여, 성령의 역사를 통하여 말씀하시는 하나님의 음성을 들어야 합니다. "떠나가라."

## 바울의 모든 것, 예수 그리스도

유대인들은 바울의 말을 듣다가 '이방인'이라는 말이 나오자 더 이상 참지 못하고 흥분하게 됩니다.

> 이 말하는 것까지 그들이 듣다가 소리 질러 이르되 이러한 자는 세상에서 없애 버리자 살려 둘 자가 아니라 하여 떠들며 옷을 벗어 던지고 티끌을 공중에 날리니(행 22:22-23).

이방인이라는 말이 나오자마자 그들은 떠들며 옷을 벗어 던지고, 티끌을 공중에 날리면서 "이런 놈은 죽여야 한다. 살려 둘 수가 없다" 하며 또다시 소동을 일으킵니다. 이것은 마치 예수님이, "나는 하나님의 아들이요, 내가 곧 하나님이다"라고 말씀하셨을 때 유대인들이 옷을 찢으며 "참람하도다"라고 탄식했던 것과 아주 비슷한 모습입니다. 유대인들은 다른 것은 다 참을 수 있지만, '우리 하나님이 이방인의 하나님도 되신다'는 사실만큼은 견딜 수 없이 싫어했습니다. 그들은 이방인도 하나님의 자녀가 되며 구원받을 수 있다는 사실에 동의할 수 없었습니다. "우리의 메시아가 어찌 이방인의 메시아가 될 수 있느냐?" 그들은 이 사실을 이해할 수 없었습니다. 그들은 하나님의 복음을 자기들 식으로 편협하게 해석한 것입니다.

이런 모습은 우리에게도 있습니다. '우리 교회만, 우리 교파만, 우리끼리만.' 이런 모습처럼 예수님의 마음을 아프게 하는 것도 없습니다. 복음은 어떤 특정한 사람의 것이 아니라, 모든 인류의 것입니다. 하나님의 구원은 모든 족속, 모든 열방, 가고 오는 모든 세대, 모든 백성을 위한 것입니다.

로마 군대의 천부장은 이러한 소동을 이해할 수 없었기 때문에, 이제 바울을 체포해서 그를 심문하여 사건의 전말을 알고자 했습니다. 그래서 바울을 영문 안으로 데리고 가 채찍질하며 심문하라고 명했습니다.

천부장이 바울을 영내로 데려가라 명하고 그들이 무슨 일로 그에 대하여 떠드는지 알고자 하여 채찍질하며 심문하라 한대(행 22:24).

그리하여 바울은 가죽 줄로 결박을 당했습니다.

가죽 줄로 바울을 매니 바울이 곁에 서 있는 백부장더러 이르되 너
희가 로마 시민 된 자를 죄도 정하지 아니하고 채찍질할 수 있느냐
하니 백부장이 듣고 가서 천부장에게 전하여 이르되 어찌하려 하느
냐 이는 로마 시민이라 하니(행 22:25-26).

결박당한 바울이 자신을 심문하려는 백부장에게 이렇게 말했습
니다. "나는 로마 시민권을 가지고 있다." 이 소식을 전해들은 천
부장이 깜짝 놀랍니다. 자기는 로마 시민권을 돈 주고 어렵게 샀는
데, 보잘것없어 보이는 바울이 그 로마 시민권을 가지고 있다니 놀
랄 수밖에 없었을 것입니다. 천부장은 참 솔직한 사람 같습니다.
천부장이 놀란 이유가 또 하나 있습니다. 당시에는 로마 시민의
경우 재판 없이 처벌하면 위법이었습니다. 그런데 지금 자신이 재
판의 과정도 거치지 않고 로마 시민인 바울을 가죽 줄로 묶고 때리
려 했으니 법을 어긴 것이 되기 때문입니다. 천부장은 이에 굉장히
당황하고 두려움까지 가졌습니다.

천부장이 와서 바울에게 말하되 네가 로마 시민이냐 내게 말하라

이르되 그러하다 천부장이 대답하되 나는 돈을 많이 들여 이 시민권을 얻었노라 바울이 이르되 나는 나면서부터라 하니 심문하려던 사람들이 곧 그에게서 물러가고 천부장도 그가 로마 시민인 줄 알고 또 그 결박한 것 때문에 두려워하니라(행 22:27-29).

우리는 여기서 사도 바울의 또 한 모습을 봅니다. 그것은 자신의 신분을 이용해서라도 그리스도의 복음을 증거하려는 모습입니다. 바울의 전체 삶을 조명해 보면 그가 항상 붙들고 있는 것이 하나 있음을 알 수 있습니다. 그것은 바로 예수님입니다. 그는 예수님 한 분 때문에 매를 맞기도 하고, 감옥에 들어가기도 하고, 많은 사람에게 모욕을 당하기도 했습니다. 그러나 그것을 전혀 문제 삼지 않고 그리스도를 위해 오직 한 길을 갔습니다. 우리는 고린도전서 2장에서 바울이 이렇게 고백하는 것을 보게 됩니다.

형제들아 내가 너희에게 나아가 하나님의 증거를 전할 때에 말과 지혜의 아름다운 것으로 아니하였나니 내가 너희 중에서 예수 그리스도와 그가 십자가에 못 박히신 것 외에는 아무것도 알지 아니하기로 작정하였음이라(고전 2:1-2).

이 고백에서도 알 수 있듯이, 사도 바울이 그 마음에 가지고 있던 것은 '오직 예수'였습니다. 다른 것은 아무것도 없었습니다. 그는 제도나 방법이나 교리나 교파 등에는 관심이 없었습니다. 그게 없어도 진정한 복음이 그 안에 있었기 때문에, 그는 가는 곳마다 영향을 주었습니다. 그는 참으로 놀라운 사람입니다.

바울에게는 율법에 대한 많은 지식이 있었습니다. 세상적으로 자랑할 만한 것도 많았습니다. 그러나 그는 복음을 전할 때 철학을 사용하지 않았습니다. 심리학이나 사회학을 사용하지 않았습니다. 학문을 사용하지 않았습니다. 말과 지혜의 아름다운 것으로도 하지 않았습니다. 그가 사용한 것은 오직 십자가에 못 박히신 예수 그리스도였습니다. 그렇습니다. 우리가 십자가에 못 박히신 예수 그리스도 하나만을 가지고 사람을 설득할 수 없다면, 그것은 복음이 아닐 것입니다. 부활을 가지고 예수님을 전할 수 없다면, 그것은 진짜 부활이 아닐 것입니다. 바울은 오직 복음을 가지고, 십자가를 가지고 예수님을 증언했습니다.

로마서 1장 14절에서 바울은, "헬라인이나 야만인이나 지혜 있는 자나 어리석은 자에게 다 내가 빚진 자라"고 말했습니다. 이 말은 상대가 지성인인 헬라인이든 무식한 야만인이든, 부자든 가난한 자든, 학벌이 있는 자든 없는 자든, 말상대가 되든 안 되든 관계없이, 바울 자신이 그들 모두에게 복음의 빚을 진 자라는 뜻입니다. 이처럼 바울 사도는 인종이나 국가나 민족이나 그 어느 것에도 얽매이지 않고 오직 복음 전하는 일에만 얽매였습니다. 그를 얽맬 수 있었던 것은 오직 예수 그리스도뿐이었던 것입니다.

그러나 우리는 어떻게 보면 너무 민족주의적인 성향이 강합니다. 어떤 의미에서는 민족을 사랑하는 사람이 예수님도 더 잘 사랑할 수 있지만, 우리는 도가 지나칠 정도로 너무 배타적이고 국수적이고 자기중심적일 때가 많습니다. 그래서 기도를 해도 꼭 자기 민족을 위해서만 하고, 자기라는 테두리를 벗어나지 못합니다. 그러나 사도 바울은 그렇지 않았습니다. 그는 유대인이고 자기 민족을 너무나 사랑해서, 예수님에게 저주를 받을지라도 자기 동족이 구원 얻기를 원했던 사람이었습니다. 하지만 자기 민족과 자기 지식, 다른 모든 것도 초월할 만큼 예수님에게 붙잡혔던 사람입니다. 우리는 어떻습니까?

형제들아 우리가 아시아에서 당한 환난을 너희가 모르기를 원하지 아니하노니 힘에 겹도록 심한 고난을 당하여 살 소망까지 끊어지고 우리는 우리 자신이 사형 선고를 받은 줄 알았으니(고후 1:8-9).

바울은 실존적인 한 인간으로서 이렇게 깊은 고독과 고통과 소외와 외로움 속에서 살았습니다. 누가 이 사람에게 친구가 되어 줄 수 있으며, 누가 이 사람의 위로자가 되어 줄 수 있었겠습니까? 그렇지만 그는 오직 한 분, 예수 그리스도, 그분을 위해 이 모든 것을 견뎠습니다. 그분을 위해서라면 무식하다는 말을 들어도, 그 어떤 욕을 먹어도, 어떤 환경에 있어도 문제가 되지 않았다는 것입니다.

# 두려움 없이 증언하다

이튿날 천부장은 유대인들이 무슨 일로 그를 고발하는지 진상을 알
고자 하여 그 결박을 풀고 명하여 제사장들과 온 공회를 모으고 바
울을 데리고 내려가서 그들 앞에 세우니라(행 22:30).

이튿날 천부장이 재판을 하기 위해 바울을 유대인의 대제사장
과 공회에 위탁했습니다. 이는 겟세마네 동산에서 기도하시던 예
수님을 로마 군인들이 잡아다가 대제사장에게 이양해서 재판을
받게 했던 경우와 그 모습이 비슷합니다. 지금까지는 바울이 육체
적인 고통을 겪는 소요 속에 있었지만, 이제는 정신적 고통이 있는
재판의 과정으로 옮겨집니다. 사도 바울은 유대인의 소요 속에서
담대했던 것처럼, 대제사장과 공회의 재판에서도 굉장히 담대한
모습을 보입니다. 이에 관해서는 다음 장에서도 살펴보겠지만, 여
기서 잠깐 언급하고 넘어가려 합니다.

바울이 공회를 주목하여 이르되 여러분 형제들아 오늘까지 나는 범
사에 양심을 따라 하나님을 섬겼노라 하거늘(행 23:1).

재판정에 와서도 기세가 등등하고 담대한 바울의 이 고백 앞에
대제사장 아나니아는 화가 났습니다. 그래서 그는 바울의 입을 치

라고 명령합니다. 그러자 사도 바울이 즉시 반격합니다. 그는 율법을 근거로 들며 다음과 같이 말했습니다.

> 바울이 이르되 회칠한 담이여 하나님이 너를 치시리로다 네가 나를 율법대로 심판한다고 앉아서 율법을 어기고 나를 치라 하느냐 하니 (행 23:3).

그는 정말 대단한 사람입니다. 이 부분에서는 예수님과 좀 차이가 있는 것 같습니다. 예수님은 붙잡혔을 때 침묵하셨습니다. 사람들이 치고 때리고 조롱해도 가만히 계셨습니다. 순교를 당했던 스데반도 조용했습니다. 그러나 사도 바울은 반박했습니다. "회칠한 담이여, 하나님이 오히려 네 입을 치시리로다." 그렇지만 우리는 그다음 절을 통해 그가 자신을 치라 명했던 사람이 대제사장인 것을 알고 빨리 회개하는 모습을 보게 됩니다. 바울은 참 인간적이라는 것을 느끼게 됩니다. 이런 성깔 있는 남자, 그 사람을 하나님이 붙잡으셨습니다. 그리고 오직 예수만을 위해 살도록 만드셨습니다.

# 21

## 그날 밤에
## 주가 말씀하시다

사도행전 23:1-11

사도 바울은 어떤 상황에서든 그리스도를 증거하는 일에 담대했습니다. 그가 항상 생각하고 있었던 주제는 예수 그리스도입니다. 유대인들에게 박해를 당하고 매를 맞고 죽을 뻔했을 때도 그는 두려워하지 않았고, 로마의 군인들에게 체포되어 심문을 당할 때도 두려워하지 않았습니다. 그리고 앞 장에서 보았듯이, 대제사장 아나니아의 법정 앞에서도 두려워하지 않았습니다. 사도 바울을 두렵게 할 수 있는 것은 아무것도 없었습니다. 그의 마음을 사로잡고 있었던 것은 예수님뿐이기 때문입니다.

> 바울이 공회를 주목하여 이르되 여러분 형제들아 오늘까지 나는 범사에 양심을 따라 하나님을 섬겼노라 하거늘(행 23:1).

그는, "내가 지금까지 살아오는 동안에 어떤 일을 만나든지, 범사에 양심을 따라 하나님을 섬겼다"고 말했습니다. 이 얼마나 대담하고 대단한 고백입니까? 당신은 어떻습니까? 어떤 때는 예수님을 부끄럽게 생각하지 않았습니까? 이 간편한 성경책 하나 들고 다니는 것도 버겁게 느낀 적은 없습니까? 사도 바울은 자기 양심에 부끄러움이 없다고 말했습니다. 또한 누구를 만나든지, 어떤 상황에 있든지 "나는 예수 그리스도를 증거한다"고 말했습니다. 이 말은 대제사장 아나니아의 자존심을 자극하기에 충분한 말이었습니다. 아나니아는 사람을 시켜서 그의 입을 치라고 말했습니다.

> 대제사장 아나니아가 바울 곁에 서 있는 사람들에게 그 입을 치라 명하니 바울이 이르되 회칠한 담이여 하나님이 너를 치시리로다 네가 나를 율법대로 심판한다고 앉아서 율법을 어기고 나를 치라 하느냐 하니(행 23:2-3).

이 말을 듣는 순간 사도 바울은 한 치도 양보하지 않습니다. "회칠한 담이여, 하나님이 네 입을 치실 것이다" 하며 대들었습니다. 이것을 보면 사도 바울의 성격도 대단합니다. "네가 나를 율법대로 판단한다고 거기 앉아서 재판하고 있지만, 네 자신이 율법을 범하고 있지 않느냐." 이렇게 항의한 것입니다. 우리는 여기서 사도 바울이 법정도 두려워하지 않고, 재판도 두려워하지 않고, 사람과 권력조차 두려워하지 않는 모습을 보게 됩니다. 또 한 가지는, 잘못된 명령과 권위에 대해서 항의하는 모습을 보게 됩니다. 이때 주변 사람들이 사도 바울을 제재합니다.

> 곁에 선 사람들이 말하되 하나님의 대제사장을 네가 욕하느냐(행 23:4).

## 권위에 복종하다

사람들은 대제사장이 한 말과 행동이 옳은가, 그른가에는 관심이 없습니다. 그건 중요하지 않습니다. 문제는, '어떻게 우리가 대제사장의 권위에 도전하느냐, 어떻게 대제사장에게 욕을 할 수 있느냐'는 것입니다. 우리는 가끔 억울한 일을 당하거나 부당한 대우를 받을 때가 있습니다. 말도 안 되는 얘기에 말려들 때도 있습니다. 그때 대부분의 사람들은, 그 일 자체보다는 잘못된 명령을 내리는 그 권위에 대해서 도전하고 항거하려는 태도를 갖습니다. 우리는 주변에서 이런 사람들을 많이 봅니다. 돌을 던지며 데모를 하고, 소리를 지르고, 심지어 분신자살까지 합니다. 체제를 부인하고 그 권위에 도전하는 것입니다. 심지어 교수가 잘못했다고 생각했을 때, 학생들은 교수를 붙잡고 머리를 깎이면서 그것이 정의라고 여깁니다.

그러나 예수님은 그렇게 하지 않으셨습니다. 잘못된 권위, 권위주의의 사람들에 의해서 희생당하셨습니다. 밤이 새도록 심문당하셨고, 불법 재판에 의해 사형을 당하셨습니다. 예수님은 불의한 재판의 내용에 대해서는 동의하지 않으셨지만, 재판 자체를 거부하거나 재판장의 권위에 도전하지 않으셨습니다. 이것이 우리가 배워야 할 점입니다. 많은 사람들은 자기가 싫으면 권위 자체도 부인하려고 합니다.

바울이 이르되 형제들아 나는 그가 대제사장인 줄 알지 못하였노라 기록하였으되 너의 백성의 관리를 비방하지 말라 하였느니라 하더라(행 23:5).

사도 바울은 순식간에 자기 입장을 바꾸고 그 권위에 순종했습니다. 비록 잘못된 권위일지라도 하나님이 주신 권위를 무시하거나 허물어뜨려서는 안 되는 것입니다. 하나님은 부모에게 부모의 권위를 주셨습니다. 권위를 가진 사람들은 그 권위를 잘 사용해야 합니다. 우리는 권위를 잘못 사용하는 것을 가리켜 권위주의라고 말합니다. 권위를 잘못 사용할 때 그 권위 밑에 있는 사람들은 희생당합니다. 아버지라는 이름 때문에 술을 먹어도 되고 방탕해도 되고 아내를 때려도 된다고 하면, 그 밑에 사는 사람들은 다 희생당하게 되는 것입니다. 하나님은 교수에게 권위를 주셨습니다. 그 교수의 권위는 지켜져야 합니다. 또한 하나님은 정부에 권위를 주셨습니다. 정부가 싫어도 그 권위와 체제를 인정해야 합니다. 하나님이 주신 것이기 때문입니다. 그러나 그 권위가 타락하거나 권위주의에 빠졌을 때, 혹은 그 권위가 잘못되었을 때 그리스도인들은 어떻게 해야 할까요? 그때 우리는 참고 있어야만 하는가 하는 문제에 봉착하게 됩니다.

바울이 그중 일부는 사두개인이요 다른 일부는 바리새인인 줄 알고 공회에서 외쳐 이르되 여러분 형제들아 나는 바리새인이요 또 바리새인의 아들이라 죽은 자의 소망 곧 부활로 말미암아 내가 심문을 받노라 그 말을 한즉 바리새인과 사두개인 사이에 다툼이 생겨 무리가 나누어지니 이는 사두개인은 부활도 없고 천사도 없고 영도 없다 하고 바리새인은 다 있다 함이라(행 23:6-8).

사도 바울은 대제사장에게 격렬하게 항의하던 태도를 순식간에 바꿔 버립니다. 그가 대제사장이라는 사실을 알게 되었을 때, 사도 바울은 비록 율법으로 재판한다는 그 사람이 불법으로 율법을 범하고 있지만 그 권위에 도전하지 않았습니다. 대신 다른 말을 합니다. 진리를 선포하는 것입니다.

위의 말씀에 보면, 재판하는 사람들 가운데 두 그룹이 있었습니다. 첫째 그룹은 사두개인입니다. 하나님을 섬긴다 하면서 그들은 부활도, 천사도, 영도 믿지 않습니다. 극히 정치적인 사람들입니다. 인본주의자들이고 현실주의자들입니다. 반대로 또 한 그룹이 있었습니다. 그들은 부활도, 천사도, 영도 믿는 바리새인들입니다. 사두개인들이 극히 정치적이라면, 바리새인들은 극히 종교적입니다. 사두개인들이 인본주의자들이라면, 바리새인들은 신본주의자들입니다. 사두개인들이 현실주의자였다면, 바리새인들은 이상주의자였습니다. 두 그룹의 의견이 서로 달랐습니다.

7절에 보면 그들 사이에 다툼이 일어났다고 했습니다. 왜 다툼이 일어났습니까? 사도 바울이 항의하고 체제에 도전했다면 그리고 재판의 권위에 도전했다면 사두개인 및 바리새인들과 바울 사이에 싸움이 일어났을 것입니다. 그러나 사도 바울은 진리를 선포했습니다. "나는 바리새인으로서 부활을 믿는 사람이다." 그랬더니 자기들끼리 싸움이 붙기 시작한 것입니다.

이것이 하나님의 방법입니다. 우리가 악한 구조와 나쁜 체제 속에 있을지라도 그 체제에 도전하거나 항거하면 큰 문제가 생깁니다. 혁명은 해결 방법이 아닙니다. 그것은 또 다른 혁명을 낳게 됩니다. 물리적 폭력은 물리적 폭력을 낳고, 칼을 쓰는 자는 칼로 망하게 될 것입니다. 하나님은 선인의 손으로 악인을 죽이시지 않습니다. 악인의 손에 악인이 죽게 하십니다. 그래서 로마서에서는 "너희는 악으로 악을 이기지 말고 선으로 악을 이기라"라고 말씀합니다.

하나님은 당신의 입이 더러워지는 것을 원하지 않으십니다. 당신의 입에는 축복과 사랑만 있기를 원하십니다. 어두운 체제, 악한 체제 속에서 진리와 빛을 이야기하면 거짓이 드러나고 악이 드러납니다. 그래서 악과 악이 싸워 스스로 붕괴됩니다. 이것이 하나님의 방법입니다.

## 선으로 악을 이기라

그렇다면 악한 체제, 나쁜 체제, 잘못된 권위 밑에서 권위에 도전하지 않고 진리와 빛을 선포하면 무슨 일이 생길까요? 박해가 옵니다. 그 악한 체제가 그 사람이 말을 못 하도록 입을 막을 것입니다. 빛을 발하지 못하도록 막을 것입니다. 그는 결국 박해를 당하고 순교하게 될 것입니다. 이것이 그리스도인의 길입니다. 그리스도인은 혁명을 일으키는 사람이 아니라 순교하는 사람입니다. 순교하면 어떻게 됩니까? 다음 세대에 기적이 일어납니다.

한국 교회가 어떻게 부흥했습니까? 우리가 잘나서 그렇습니까? 전도를 많이 해서 그렇습니까? 그렇지 않습니다. 우리 믿음의 조상들이 이 땅에 순교의 피를 뿌렸기에 우리 시대에 이런 축복이 온 것입니다. 이것이 하나님의 방법입니다. 순교하는 사람은 사람들에게 환영받지 못합니다. 영웅이 아니기에 박수를 받지 못합니다. 그는 그저 억울하게 소리 없이 죽어 갈 뿐입니다. 그러나 하나님이 보고 계십니다. 이것이 악한 구조, 악한 체제를 무너뜨리는 하나님의 방법입니다.

크게 떠들새 바리새인 편에서 몇 서기관이 일어나 다투어 이르되 우리가 이 사람을 보니 악한 것이 없도다 혹 영이나 혹 천사가 그에게 말하였으면 어찌하겠느냐 하여(행 23:9).

바울은 진리 편에 서서 "나는 부활을 믿는다"라며 한마디를 던졌습니다. 그러자 부활을 믿는 바리새인파와 부활을 믿지 않는 사두개인파가 서로 싸우기 시작했습니다. 기억하십시오. 악인은 악인의 손에 죽습니다. 하나님은 선인의 손에 피를 흘리게 하지 않으십니다. 기도가 이래서 무서운 것입니다. 기도하십시오. 타협하지 말고 당신의 진리와 빛을 선포하십시오. 아무리 어둡고 악한 구조라 할지라도 상관없습니다. 계속 기도하며 사랑을 베풀고 용서하고 도와주면 변하게 되어 있습니다. 어떤 사람은 이렇게 말하기도 합니다. "한 개인이 기도하는 것이 무슨 능력이 있겠느냐. 어떻게 사회나 세상을 변화시킬 수 있겠느냐." 그렇지 않습니다. 하나님은 의인 열 사람이 있으면 소돔과 고모라를 구원해 주겠다고 말씀하셨습니다. 예루살렘이 망한 것은 의인 한 사람이 없었기 때문입니다. 많은 사람이 구원하는 것이 아닙니다. 모세 한 사람이 출애굽을 시켰습니다. 경건한 사람, 기도하는 사람, 빛의 사람, 진리의 사람 한 명이 조용히 기도하고 박해받고 죽으면 세상이 변하는 것입니다. 이분이 예수 그리스도십니다.

예수님은 결코 로마 정부와 대항해서 싸우지 않으셨습니다. 혁명 세력을 만들지 않으셨습니다. 바리새인들과 종교 전쟁을 하지 않으셨습니다. 십자가를 지셨을 뿐입니다. 사람이 듣든지 안 듣든지, 진리와 빛을 선포하셨을 뿐입니다. 그를 따르는 무리들은 가난한 사람들과 병자들이었습니다. 힘이 없는 사람들이었습니다. 그러나 그들이 세상을 변화시켰습니다. 이것이 복음입니다. 이것이 기독교입니다.

> 큰 분쟁이 생기니 천부장은 바울이 그들에게 찢겨질까 하여 군인을 명하여 내려가 무리 가운데서 빼앗아 가지고 영내로 들어가라 하니라(행 23:10).

큰 분쟁이 생겼습니다. 처음 분쟁은 바리새인 및 서기관들과 바울과의 분쟁이었습니다. 그러나 두 번째 분쟁은 자기들끼리의 분쟁이었습니다. 저는 교회가 기도하면 세상이 변한다고 믿습니다. 우리가 빛대로 살기만 하면 세상은 변한다고 믿습니다. 그런데 오늘날 한국 사회가 왜 변하지 않습니까? 교회가 가짜이기 때문입니다. 교회가 그렇게 많고 예수 믿는 사람이 그렇게 많은데 세상이 왜 변하지 않습니까? 그리스도인들이 다 가짜이기 때문입니다. 우리가 참그리스도인으로서 세상의 빛이 되면 변하지 않을 수 없습니다. 그러나 우리가 하는 일이라고는 기껏해야 교회에 왔다 갔다 하는 정도입니다. 교회에 와서 찬송하고 헌금하고 설교 듣는 것 정도로 그리스도인이라는 자부심을 갖고 있기에 세상이 변하지 않는 것입니다.

천부장은 그 소요 속에서 바울이 찢겨질까 봐, 군인을 명하여 무리 가운데 있는 바울을 빼내어 영내로 들어갑니다. 그렇다면 왜 이런 일이 일어났을까요? 이 일이 무슨 의미가 있을까요? 11절에 그 해답이 있습니다.

> 그날 밤에 주께서 바울 곁에 서서 이르시되 담대하라 네가 예루살렘에서 나의 일을 증언한 것같이 로마에서도 증언하여야 하리라 하시니라(행 23:11).

## 예수님을 만난 기쁨이 있는가

소요가 있었던 그날 밤, 주님이 환상 중에 바울에게 나타나서 말씀하셨습니다. 신앙이란 관념이 아니라 바로 이런 영적 실체입니다. 우리 부모님이 믿었기 때문에 내려온 신앙이 아닙니다. 인간의 지식이나 지성이 우리를 예수에게로 이끌어 가는 것도 아닙니다. 많이 배웠다고 예수를 알게 될까요? 그렇지 않습니다. 사도 바울은 자신의 해박한 율법 지식으로 그리스도를 발견한 것이 아닙니다. 한 인간의 도덕적이고 윤리적인 태도나 선행, 진리에 대한 열정이 예수를 만나게 할까요? 그렇지 않습니다. 그러한 열정이 오히려 예수 믿는 사람을 박해하게 했습니다.

그렇다면 예수님은 어떻게 만날 수 있습니까? 그분이 찾아와 주실 때 만날 수 있습니다. 우리가 하나님을 사랑한 것이 아닙니다. 하나님이 우리를 사랑하신 것입니다. 그래서 우리는 예수님을 만났을 때, 하나님을 알게 되었을 때 너무나 감격스러워, "하나님, 어떻게 나 같은 사람을 구원해 주십니까? 어떻게 나 같은 사람을 위해 당신의 아들을 십자가에 못 박혀 죽게 하셨습니까? 이게 웬 사랑입니까?" 하며 감동합니다. 그리고 감격해서 눈물을 흘립니다.

예수님을 만난 사람과 그냥 믿는 사람은 다릅니다. '예수가 있겠지. 성경이 말하니까 있겠지.' 이렇게 지식과 머리로 믿는 예수가 무슨 능력이 있겠습니까? 당신은 예수님을 실제로 만날 수 있게 되기를 바랍니다. 이런 만남이 있어야 합니다. 그분이 죽은 분이 아니라면 만날 수 있습니다. 예수님은 상상이나 개념으로, 철학이나 이론으로 만나는 분이 아니라, 우리 삶에 실제로 들어와 만나 주시는 분입니다.

저는 이 표현이 참 좋습니다. "그날 밤에 주께서 바울 곁에 서서"란 이 말이 얼마나 위로가 되는지 모릅니다. 사형 선고 같은 위기의 순간이나 중병이 들어 어려울 때, 옆에 누가 있으면 참 좋습니다. 내가 약할 때 강한 사람이 와 있으면 참 좋습니다. 병들었을 때 어머니가 옆에 있으면 참 좋습니다. 이렇게 주님이 당신 곁에 계십니다.

주님은 바울 곁에 서서 두 가지를 말씀하셨습니다. 첫째는, "담대하라"는 말씀입니다. 이 말은 "두려워하거나 놀라지 말라. 네가 현재 당하고 있는 이 일, 고난 받고 있는 이 일에 대해 두려워하지 말라. 네가 환난을 당하고 매를 맞고 재판을 받게 되는 그런 상황에 있을지라도 두려워하지 말라"는 것입니다.

둘째는, "네가 예루살렘에서 나의 일을 증언한 것같이 로마에서도 증언하여야 하리라"는 말씀입니다. 두려워하지 않을 이유를 설명해 주시는 것입니다.

사도 바울은 1차, 2차, 3차 전도 여행을 마치고 예루살렘으로 돌아왔습니다. 특별히 2차 전도 여행 때, 그는 중앙아시아와 소아시아에서 전도하고 있었습니다. 그는 예루살렘과 안디옥과 이 중앙아시아 무대를 잘 알고 있었습니다. 그런데 하나님의 성령이 아시아에서 전도하지 못하도록 강권적으로 막으셨습니다. 할 수 없이 그는 성령의 강권에 못 이겨 두로아에서 배를 타고 에게 해를 건너 빌립보로 가게 됩니다. 그리고 그는 새로운 세계를 보게 됩니다. 그는 아시아가 아니라 유럽을 본 것입니다. 그 당시 문화와 철학의 중심지였던 아테네와 상업 도시이자 무역 도시였던 고린도라는 큰 도시를 본 것입니다.

3차 전도 여행 때는 그 당시 가장 화려한 도시였던 에베소에서 3년간 머물게 됩니다. 그는 고린도와 아테네, 에베소를 보면서 예루살렘과 소아시아와 중앙아시아에서는 보지 못한 새로운 세계를 경험하게 됩니다. 그때 그는 마음속에 불타는 열정을 느낍니다. '내가 로마도 봐야겠다. 로마로 가서 복음을 전해야겠다'는 소원을 갖게 됩니다. 그 이야기가 사도행전 19장 21절 이하에 기록되어 있습니다.

당신은 어디로 가려고 합니까? 무엇을 보려고 합니까? 당신의 꿈은 무엇입니까? 당신 안에는 어떤 불, 어떤 사명이 있습니까? 당신은 어디까지 가겠습니까? 어디까지 가서 변화시키길 원합니까? 이 열정과 소망은 사도 바울의 생각이 아니었습니다. 무슨 생각이든지 하나님이 주시지 않으면 그 꿈을 꿀 수 없습니다. 하나님이 비전을 주시지 않으면 그런 기도를 할 수 없습니다. 하나님이 주셨기 때문에 그 기도를 하는 것입니다. 그 비전을 갖는 것입니다. 내가 할 수 있는 것이라면 그게 무슨 믿음이겠습니까? 나도 할 수 있는 것이라면 하나님이 무슨 필요가 있겠습니까? 하나님이 내게 주신 것은 내가 할 수 없는 것입니다. "믿음은 바라는 것들의 실상이요 보이지 않는 것들의 증거니"(히 11:1).

하나님은 마리아에게 나타나서 "네가 임신할 것"이라고 말씀하셨습니다. 남자를 알지 못하는데 어떻게 임신할 수 있겠습니까? 그러나 하나님은 능치 못함이 없으십니다. 당신에게 이런 비전이 있게 되기를 바랍니다. 하나님이 주시는 비전은 노력해서 얻을 수 있는 것이 아닙니다. 저는 그중의 하나가 '통일'이라고 생각합니다. 그것은 하나님이 주셔야 합니다. 저는 중국이 변하고, 아랍이 변할 것을 믿습니다. 저는 이스라엘이 변할 것을 믿습니다. 불가능해 보이는 그 일이 어떻게 가능할 수 있겠습니까? 주님은 환상 중에 이런 말씀을 하셨습니다. "네가 예루살렘에서 환난과 박해를 당하나, 이것은 너로 하여금 로마로 가게 하시는 하나님의 섭리다." 얼마나 놀라운 음성입니까? 이런 음성을 듣는다면 고난 때문에 두려워하지 않게 될 것입니다.

현재 우리가 당하는 고난들이 있습니다. 크고 작을 뿐이지, 우리는 모두 이런 비슷한 일들을 겪으며 살아갑니다. 그렇다면 이런 일은 왜 생기는 것일까요? 그리스도를 만날 때 이 고난은 의미를 갖기 시작합니다. 사도 바울은 그가 당한 고난이 로마로 가기 위한 계획이라는 사실을 알았을 때 감사와 기쁨과 감격의 눈물을 흘렸을 것입니다.

현재 머물고 있는 이곳이 인생의 종착역이 아니라는 사실을 분명히 기억하십시오. 우리는 어디론가 떠나야 합니다. 로마에 가야 합니다. 그것이 우리의 인생입니다. 그것이 하나님의 부르심입니다. 고향이 있는 사람, 돌아갈 곳이 있는 사람의 여행은 즐겁습니다. 그러나 돌아갈 곳이 없는 사람은 방황합니다. 그것은 아주 피곤하고 힘든 것입니다.

당신에게는 돌아갈 곳이 있습니다. 고향이 있습니다. 당신이 고향으로 돌아가기까지, 하나님은 당신을 지키고 보호해 주실 것입니다.

# 22

## 바울을 해하려는 사람들

사도행전 23:12-35

사도 바울을 죽이기 전에는 먹지도 않고 마시지도 않겠다고 서약한 사람이 약 사십 명이나 있었습니다. 이러한 사실을 주님이 아시고, 사도 바울이 두려움에 사로잡히지 않도록 하기 위해 환상 중에 나타나 음성을 들려주셨습니다.

> 그날 밤에 주께서 바울 곁에 서서 이르시되 담대하라 네가 예루살렘에서 나의 일을 증언한 것같이 로마에서도 증언하여야 하리라 하시니라(행 23:11).

잠깐 생각해 보십시오. 우리는 직장에서 우리를 싫어하는 사람이 한 명만 있어도 힘들어합니다. 또 가정에서 마음이 서로 맞지 않는 사람이 한 명만 있어도 가시방석에 앉아 있는 것처럼 불편합니다. 그런데 사십여 명이나 되는 사람이 먹지도, 마시지도 않고 바울을 죽이겠다고 결심하고 있다면 얼마나 무섭고 힘들겠습니까?

지금 이런 일이 북한이나 공산권이나 무슬림권에서 복음을 전하는 사람들에게 똑같이 일어나고 있습니다. 생명의 위협이 매일 뒤따르고 있습니다. 언젠가 우리나라 한 신문에 북한에도 교회가 있다는 기사가 일면에 톱기사로 실린 적이 있습니다. 그 기사를 보고 얼마나 마음이 아팠는지 모릅니다. 북한에서 그 기사에 언급된 교회와 사람들은 조사를 받고 죽을지도 모릅니다. 실제로 공산권이나 무슬림권에서는 정말 생명을 걸고 예수님을 믿고 전도합니다. 이런 일들은 그때만 있었던 것이 아니라, 지금도 그대로 행해지고 있습니다.

> 날이 새매 유대인들이 당을 지어 맹세하되 바울을 죽이기 전에는 먹지도 아니하고 마시지도 아니하겠다 하고 이같이 동맹한 자가 사십여 명이더라(행 23:12-13).

사도 바울을 죽이기 전에는 먹지도 않고 마시지도 않겠다고 서원한 사람이 이렇게 많이 있었습니다. 그러나 주님은 바울에게 말씀하셨습니다. "담대하라. 너는 결코 죽지 않고 로마로 입성하게 될 것이다." 이 사십여 명의 사람들은 대제사장과 장로들을 찾아가서 자기들의 계획을 이야기합니다. 천부장에게 말해서, 자기들이 조사할 것이 있으니 바울을 공회로 보내 줄 것을 요청하라고 합니다. 그때, 사도 바울이 천부장의 손에서 대제사장의 손으로 이동하는 중에, 이들이 숨었다가 죽이겠다는 것입니다.

대제사장들과 장로들에게 가서 말하되 우리가 바울을 죽이기 전에는 아무것도 먹지 않기로 굳게 맹세하였으니 이제 너희는 그의 사실을 더 자세히 물어보려는 척하면서 공회와 함께 천부장에게 청하여 바울을 너희에게로 데리고 내려오게 하라 우리는 그가 가까이 오기 전에 죽이기로 준비하였노라 하더니(행 23:14-15).

대제사장들과 장로들은 살인 음모를 겉으로 나타내진 않았지만 내면적으로 협조하기로 합니다. 사십여 명만 바울을 죽이려 한 것이 아니라, 사실은 대제사장들과 서기관들이 더 죽이고 싶었던 것입니다. 우리는 이러한 패턴이 정치적 부정을 일으키는 한 모델이 된다는 것을 알 수 있습니다.

배후 세력이란 언제나 가까운 데 있습니다. 겉으로는 합법적이고 굉장히 그럴듯하게 나타나지만, 사실 그 내면에는 탈법과 불법 그리고 심지어는 이런 살인 음모들이 숨어 있는 것입니다. 공산 지역이나 무슬림 지역에서는 지금도 이런 일들이 일어나고 있습니다. 불을 지르고, 자동차를 전복시키고, 폭력을 행하고, 심지어는 살인까지 주저하지 않는 일들이 얼마나 많습니까? 지금까지는 이런 일들이 극단적 민족주의자들에 의해서 이루어졌지만, 앞으로는 극단적 사이비 종교들에 의해서 이러한 무자비한 일들이 일어날 것입니다. 겉으로는 굉장히 종교적이고 윤리적이고 도덕적인 것처럼 보이지만, 그 내면에는 이런 일들이 있다는 것입니다.

## 바울의 위기에 개입하시다

예수님은 마태복음 5장에서 이렇게 말씀하셨습니다. "의를 위하여 박해를 받은 자는 복이 있나니 천국이 그들의 것임이라 나로 말미암아 너희를 욕하고 박해하고 거짓으로 너희를 거슬러 모든 악한 말을 할 때에는 너희에게 복이 있나니 기뻐하고 즐거워하라 하늘에서 너희의 상이 큼이라 너희 전에 있던 선지자들도 이같이 박해하였느니라"(마 5:10-12). 예수님 당시부터 지금까지, 의인들은 늘 박해를 받아 왔습니다. 이 의인들이 받는 박해를 통해서 복음이 증거된 것입니다.

의인들이 고난을 받지 않으면, 그리스도인들이 고난을 받지 않으면 세상은 변하지 않습니다. 그리스도인들이 잘 살고, 잘 먹고, 자기 마음대로 쾌락을 누리거나 자기 멋대로 살면, 세상은 변하지 않습니다. 사실 사도 바울은 이런 위기가 있다는 사실을 잘 모르고 있었습니다. 16절에 보면 바울의 생질이 이러한 음모가 있다는 사실을 가르쳐 줍니다.

바울의 생질이 그들이 매복하여 있다 함을 듣고 와서 영내에 들어가 바울에게 알린지라(행 23:16).

바울의 생질이 누구인지는 알 수 없습니다. 그는 아마 유대인 사회에 속해 있던 사람이었을 것입니다. 그 사람이 예수를 잘 믿었는지도 알 수 없습니다. 만약 잘 믿었다면, 이 사람의 이름이 계속 나왔을 것입니다. 여기서 우리는 굉장히 중요한 사실을 하나 발견하게 됩니다. 그것은 하나님이 바울의 위기에 개입하셨다는 것입니다. 그리고 생각지도 못한 방법으로 그 위기에서 건져 주고 계시다는 것입니다.

사실 우리에게도 그럴 때가 많습니다. 주변에서 여러 가지 위기가 발생하고 있지만 우리가 모를 뿐입니다. 우리 몸에 있는 간은 재생력이 강하기 때문에, 자기도 모르게 병에 걸렸다가 자기도 모르게 낫는 경우가 있다고 합니다. 나중에 알고 보면 그런 흔적이 있다는 것입니다. 그런 것처럼, 어떤 사건이 벌어질 때마다 하나님이 미리 막아 주셨기 때문에 우리가 오늘 여기까지 오지 않았나 생각합니다. 하나님이 하고자 하시면 천 명이 넘어지고 만 명이 넘어진다 할지라도, 우리가 사방으로 욱여쌈을 당하고 낙담할 일들을 겪을지라도 결코 위험에 처하지 않는다는 사실을 우리는 이 작은 사건을 통해서 보게 됩니다.

바울이 한 백부장을 청하여 이르되 이 청년을 천부장에게로 인도하라 그에게 무슨 할 말이 있다 하니 천부장에게로 데리고 가서 이르되 죄수 바울이 나를 불러 이 청년이 당신께 할 말이 있다 하여 데리고 가기를 청하더이다 하매 천부장이 그의 손을 잡고 물러가서 조용히 묻되 내게 할 말이 무엇이냐(행 23:17-19).

사도 바울은 이런 음모의 소식을 듣고 백부장을 청하여, 그의 생질이 천부장에게 가서 이러한 사실을 다 고하도록 합니다. 우리는 여기서 지난밤에 나타나 말씀하신 주님의 음성 때문에 흔들리지 않는 사도 바울의 모습을 보게 됩니다. 이것은 마치, 겟세마네 동산에서 예수님이 땀이 피가 되도록 기도하셨기에 체포당하여 십자가에 못 박혀 죽을 때도 당황하지 않으신 것과 같습니다.

당신이 기도하면, 어떤 일을 당해도 흔들리지 않습니다. 당신이 주님과 늘 가까이 동행하면, 어떤 위기가 덮친다 할지라도 전혀 문제가 되지 않습니다.


## 천부장에게서 뜻밖의 도움을 받다

이제 드디어 천부장에게 가서 바울의 생질이 이야기합니다.

대답하되 유대인들이 공모하기를 그들이 바울에 대하여 더 자세한 것을 묻기 위함이라 하고 내일 그를 데리고 공회로 내려오기를 당신께 청하자 하였으니 당신은 그들의 청함을 따르지 마옵소서 그들 중에서 바울을 죽이기 전에는 먹지도 않고 마시지도 않기로 맹세한 자 사십여 명이 그를 죽이려고 숨어서 지금 다 준비하고 당신의 허락만 기다리나이다 하니(행 23:20-21).

천부장은 전혀 알지 못했던 새로운 뉴스를 접하게 됩니다. 그리고 그는 바울의 생질의 말을 듣고 바울을 도와주기 시작합니다. 참 이상한 일입니다. 주님의 일을 하다 보면 예수 믿지 않는 사람들이 나서서 도와주는 경우가 있습니다. 하나님은 불신자까지도 쓰시는 것입니다. '밤 제 삼 시', 지금 시간으로는 저녁 9시에 해당하는 시간인데, 그 시간에 군대를 풀어서 바울을 보호해 줍니다.

이에 천부장이 청년을 보내며 경계하되 이 일을 내게 알렸다고 아무에게도 이르지 말라 하고 백부장 둘을 불러 이르되 밤 제 삼 시에 가이사랴까지 갈 보병 이백 명과 기병 칠십 명과 창병 이백 명을 준비하라 하고 또 바울을 태워 총독 벨릭스에게로 무사히 보내기 위하여 짐승을 준비하라 명하며(행 23:22-24).

밤 제 삼 시, 곧 저녁 9시에 모든 일과가 끝났습니다. 어두운 시간을 틈타 바리새인과 제사장들이 눈치채지 못하도록 바울 한 사람을 이동시키기 위해 보병 200명, 기병 70명, 창병 200명, 도합 470명을 동원합니다.

우리 하나님이 얼마나 멋쟁이신지 모릅니다. 장례식 때 사이드카 하나만 내세우려 해도 돈을 줘야 하는데, 돈 한 푼 주지 않았음에도 500여 명의 사람이, 그것도 바울이 탈 말까지 준비해서 제일 안전한 지역으로 보냅니다. 하나님이 하시면 돈이 들지 않습니다.

하나님이 하시면 모든 일이 쉽습니다. 참 놀라운 일입니다. 또 시키지도 않았는데 천부장이 총독에게 편지까지 써서 사도 바울을 변호해 줍니다. 왜 이런 일이 일어날까요?

하나님을 위해 위대한 꿈을 가진 사람은 죽지 않습니다. 하나님이 그 종을 통해 일하도록 하시기 때문입니다. 당신은 무엇을 위해 살고 있습니까? 당신은 당신이 노력하고 애써서 먹고사는 것입니까? 우리는 사도 바울을 통해 놀라운 사실을 보게 됩니다. 천부장이 쓴 편지의 내용을 보십시오.

> 글라우디오 루시아는 총독 벨릭스 각하께 문안하나이다 이 사람이 유대인들에게 잡혀 죽게 된 것을 내가 로마 사람인 줄 들어 알고 군대를 거느리고 가서 구원하여다가 유대인들이 무슨 일로 그를 고발하는지 알고자 하여 그들의 공회로 데리고 내려갔더니 고발하는 것이 그들의 율법 문제에 관한 것뿐이요 한 가지도 죽이거나 결박할 사유가 없음을 발견하였나이다 그러나 이 사람을 해하려는 간계가 있다고 누가 내게 알려 주기로 곧 당신께로 보내며 또 고발하는 사람들도 당신 앞에서 그에 대하여 말하라 하였나이다 하였더라
> (행 23:26-30).

천부장은 자기가 본 사실 그대로를 총독에게 보고했습니다. 여기서 중요한 것은, 바울을 죽이려고 서원한 사람이 사십여 명이나

있었지만 자기가 보기에는 죽일 이유가 하나도 없다고 말하는 것입니다. 자기는 이 사람을 체포할 이유나 감금할 이유, 죽일 이유를 전혀 발견하지 못했다는 것입니다.

이것은 마치 예수님이 빌라도에게서 재판받던 장면과 똑같습니다. 사람들은 예수님을 잡아다가 십자가에 못 박아 죽여야 한다고 아우성을 쳤습니다. 그때 빌라도는 예수님에게서 십자가형에 처할 이유를 하나도 발견하지 못합니다. 그러자 그가 심각한 고민에 빠집니다. 왜 그렇습니까? 죄가 없기 때문입니다. 그건 그들의 종교적인 문제요, 자기들의 율법에 관한 문제지, 이 사람이 법적으로 죽어야 할 이유가 하나도 없기 때문입니다.

이런 상황이 당신에게도 있기를 바랍니다. 오늘날 그리스도인들과 성직자들은 예수님 때문에 핍박을 받고 감옥에 들어가는 것이 아니라, 사기 사건에 말려들고 윤리·도덕적으로 흠을 잡혀서 세상에서 손가락질 받는 일들이 너무 많습니다. 오늘날 이 사회에 일어나고 있는 모든 부정과 대형 사건에 그리스도인이 관계되지 않은 사건이 어디 있습니까? 목사가 예수를 전하다가 감옥에 들어가는 것이 아니라, 사기 사건으로 감옥에 들어가는 것이 현실입니다. 교인들이 사기를 치고, 성폭행을 하고, 교회를 가르는 것이 오늘 우리의 현실입니다. 어떤 때는 너무 부끄럽다는 생각이 듭니다. 교회 안에서 얼마나 우스운 일들이 많이 일어나는지 모릅니다. 일어나서는 안 되는 일들이 얼마나 우리 안에 많은지 모릅니다.

이런 일이 계속되는 한 세상은 변하지 않습니다. 우리는 고난을 겪어야 합니다. 그러나 도덕적이고 윤리적인 일, 세상적인 일 때문에 핍박받는 것이 아니라, 예수님 때문에 핍박받아야 됩니다.

## 최악을 최선으로 바꾸시는 하나님

> 보병이 명을 받은 대로 밤에 바울을 데리고 안디바드리에 이르러 이튿날 기병으로 바울을 호송하게 하고 영내로 돌아가니라 그들이 가이사랴에 들어가서 편지를 총독에게 드리고 바울을 그 앞에 세우니 총독이 읽고 바울더러 어느 영지 사람이냐 물어 길리기아 사람인 줄 알고 이르되 너를 고발하는 사람들이 오거든 네 말을 들으리라 하고 헤롯 궁에 그를 지키라 명하니라(행 23:31-35).

결국 사도 바울은 최악의 위기에서 가장 안전한 방법으로 보호되었습니다. 이런 예정이 있다는 것을 나중에 알게 되지만, 그 당시 바울은 로마에 죄수로 가게 됩니다. 자기가 스스로 가는 것이 아니라 끌려갑니다. 호송을 받고 갑니다. 이것이 하나님의 방법입니다. 내 노력으로 되었든 다른 사람 노력으로 되었든 간에, 하나님의 뜻은 이루어지는 것입니다.

우리는 예수를 떳떳이 믿고 싶어 합니다. 사업이 망하고 몸에 병이 들면 예수를 믿고 싶어도 자존심이 상해서 못 믿는다는 사람들이 있습니다. 내가 멋질 때 예수 믿으면 얼마나 좋을까요. 그런데 매를 실컷 얻어맞고, "천부여 의지 없어서 손들고 옵니다" 할 때가 많습니다. 이때 자존심을 내세우는 사람들이 있습니다. 매를 맞고 오든 안 맞고 오든, 그것은 중요하지 않습니다. 오죽했으면 매로 때려서 데려오시겠습니까? 주님의 뜻을 이루는 것이 중요합니다.

인생이란 무엇입니까? 내 뜻을 이루기 위해 사는 것이 아니라, 주님의 뜻을 이루기 위해 나의 결혼, 나의 가정, 나의 전공, 나의 직업, 나의 삶이 있는 것입니다. 우리는 종종 하나님이 보호하시는 일들을 신앙생활 가운데 경험합니다. 장신대 이수영 교수님에게서 피난 나올 때 겪은 일을 들었습니다. 가족이 함께 배를 타고 나오는데 갑자기 아이가 막 울기 시작했습니다. 배에 탄 사람들은 아이 좀 울지 못하게 하라고 했지만 아이는 울음을 그치지 않았습니다. 입을 틀어막아도 자꾸 울자, 나중에는 사람들이 이 아이를 죽이라고 했습니다. 그렇지 않으면 모두가 죽게 되기 때문입니다. 그렇지만 어머니가 어떻게 자식을 죽일 수 있겠습니까? 그래서 아이를 품고 하나님에게 간절히 기도했다고 합니다. 그럼에도 아이는 울음을 그치지 않고, 상황은 점점 더 심각해졌습니다. 그러자 그 어머니가, "내가 죽었으면 죽었지, 이 아이는 죽일 수 없다"고 했는데, 마지막 결정적인 순간에 아이가 울음을 딱 그치더랍니다. 그 아이가 바로 이수영 교수님의 형님입니다. 하나님은 결정적인 순간에 우리를 도우며 보호하십니다.

우리는 여기서 세 가지 사실을 배우게 됩니다. 첫째는, 누가 우리를 해하려 할지라도 하나님이 우리와 함께 계시면 아무 문제없다는 사실입니다. "여호와는 나의 목자시니 내게 부족함이 없으리로다. 내가 사망의 음침한 골짜기로 다닐지라도 해를 두려워하지 않는다"(시 23:1, 4 참조). 사람의 살고 죽는 것은 하나님의 손에 달려 있습니다. 어떤 사람은 천진난만한 어린아이 때 하나님이 불러가실 수도 있습니다. 이 어린아이가 무슨 죄가 있어 죽나 싶지만, 그때 데려가는 것이 최선이기 때문에 데려가시는 것입니다.

하나님이 우리를 살려 주실 때는 여러 가지 방법을 쓰십니다. 그중 하나는 상황을 바꾸어서, 또는 천사를 보내서 기적을 일으키시는 것입니다. 사도행전 12장에 보면, 베드로가 감옥에 갇혀 있을 때 천사를 보내십니다. 누가 막 흔들어서 보니 천사였습니다. 천사는 쇠사슬을 풀고 옥문을 열어 주었습니다. 사도행전 16장에도 비슷한 이야기가 나옵니다. 바울과 실라가 매를 실컷 얻어맞고 감옥에 들어가 있을 때, 그들이 기도하고 찬송했더니 갑자기 지진이 일어났습니다.

그런데 본문을 보면, 천사를 보내거나 지진을 일으키시는 방법이 아니라, 사람의 마음을 감동시켜 바울을 빼내 주시는 것을 볼 수 있습니다. 하나님은 바울의 생질의 마음과 천부장의 마음과 총독의 마음을 움직여 주셨습니다. 그렇게 해서 그를 그 살해의 위기에서부터 빼내 주셨습니다. 당신에게도 이런 일들이 많이 일어나기를 바랍니다. 다 되는 것 같은데 안 되는 사람이 있습니다. 99퍼센트까지는 된 것 같은데 안 됩니다. 그런가 하면 안 되는 것 같은데 되는 사람이 있습니다. 다 안 된다고 말하는데 지나고 보면 되어 있습니다. 하나님이 당신의 생애에 간섭하실 수 있게 되기를 바랍니다. 당신 주변에 당신을 힘들게 하고 해하려 하고 파괴하려는 사람이 있다 할지라도 두려워하지 말기 바랍니다.

11절의 말씀을 늘 기억하십시오. "담대하라. 네가 로마에서도 증언하여야 하리라." 위대한 비전을 가지십시오. 하나님을 위한 위대한 꿈을 꾸십시오. "주님, 제 생애를 다 바쳐서 주님을 위해 헌신하겠습니다. 하나님을 위해 살겠습니다." 이런 사람을 하나님이 안 지켜 주시겠습니까? 당신도 바울처럼 이런 비전을 갖게 되기를 바랍니다. 제일 힘든 사람은 아무 생각 없이 그냥 사는 사람입니다. 그런 사람에게는 비전도, 환상도, 꿈도 없습니다. 그러나 당신은 꿈꾸는 사람이 되기를 바랍니다. 로마를 보고 싶었던 바울처럼, 세계가 다 당신의 것이 되기를 바랍니다.

# 23

# 바울의 재판(1):
# 벨릭스 앞에서

사도행전 24:1-27

사도 바울은 예루살렘에서 가이사랴로 후송됩니다. 가이사랴는 헤롯이 만든 도시로서, 가이사랴와 예루살렘은 멀리 떨어져 있었습니다. 벨릭스 총독에게 후송된 후에 사도 바울은 거기에서 세 번의 재판을 받습니다. 첫 번째는 벨릭스 총독에게, 두 번째는 벨릭스의 후임이었던 베스도 총독에게, 세 번째는 아그립바 왕에게 재판을 받습니다. 사도행전 24장은 벨릭스 총독에게 재판받는 기록이고, 25장은 베스도에게 재판받는 기록이며, 26장은 아그립바 왕에게 재판받는 기록입니다. 재판받는다는 것은 좋은 일 때문이든 나쁜 일 때문이든 유쾌한 일은 아닙니다.

바울은 이 재판 과정에서 2년 동안 감옥에 머물러 있어야만 했습니다. 이것을 통해서 사도 바울은 다시 새로운 것을 배웁니다. 그의 생애를 보면 어떤 의미에서는 박해와 고난과 역경의 연속입니다. 정말 견딜 수 없는 많은 일들을 겪습니다. 지금은 이 재판을 받아야 하고, 감옥에 들어가 있는 동안은 아무것도 하지 않고 휴식과 기다림과 인내를 배워야 합니다.

닷새 후에 대제사장 아나니아가 어떤 장로들과 한 변호사 더둘로와 함께 내려와서 총독 앞에서 바울을 고발하니라(행 24:1).

예루살렘에서 가이사랴로 옮겨 가는 동안 바울을 죽이려 했으나 실패하고 만 대제사장과 장로들의 그룹은 가이사랴까지 와서 벨릭스 총독에게 바울을 고소합니다. 이때 더둘로라는 변호사까지 대동합니다. 이 변호사 더둘로가 먼저 벨릭스에게 바울을 세 가지 죄목으로 고소하면서 아첨합니다.

> 바울을 부르매 더둘로가 고발하여 이르되 벨릭스 각하여 우리가 당신을 힘입어 태평을 누리고 또 이 민족이 당신의 선견으로 말미암아 여러 가지로 개선된 것을 우리가 어느 모양으로나 어느 곳에서나 크게 감사하나이다 당신을 더 괴롭게 아니하려 하여 우리가 대강 여짜옵나니 관용하여 들으시기를 원하나이다(행 24:2-4).

## 바울의 세 가지 죄목

더둘로가 고소한 바울의 죄목은 다음과 같습니다. 첫째는, 유대인을 소요하게 했다는 죄목입니다. 둘째는, 바울이 나사렛 이단의 우두머리라고 고소합니다. 셋째는, 바울이 성전을 더럽게 하려 했다는 것입니다.

> 우리가 보니 이 사람은 전염병 같은 자라 천하에 흩어진 유대인을 다 소요하게 하는 자요 나사렛 이단의 우두머리라 그가 또 성전을

더럽게 하려 하므로 우리가 잡았사오니 당신이 친히 그를 심문하시면 우리가 고발하는 이 모든 일을 아실 수 있나이다 하니 유대인들도 이에 참가하여 이 말이 옳다 주장하니라(행 24:5-9).

이 세 가지 죄목 중에서 총독의 신경을 거슬렀던 것은 아마 소요를 일으켰다는 말일 것입니다. 정치적으로 소요가 일어나면 불안하기 때문에, 그들은 소요 죄목을 제일 먼저 집어넣었습니다. 그러나 유대인들에게서 가장 큰 죄목은 성전을 더럽게 하려 했다는 것입니다. 변호사 더둘로는 사도 바울을 가리켜, "이 사람은 전염병 같은 자라. 모든 전염병을 가진 사람처럼 가는 곳마다 세상을 시끄럽게 한다"라고 표현합니다. 사실 그렇습니다. 그리스도인은 사랑의 전염병을 옮기는 사람입니다. 그리스도의 영향력을 주는 사람입니다. 사랑의 영향력을 주고, 생명의 영향력을 주는 사람입니다. 이런 사람이 그리스도인입니다. 만약 어떤 그리스도인이 한 직장에 갔는데 그 직장이 변하지 않았다면, 그것은 직장이 잘못된 것이 아니라 그 사람이 잘못된 것입니다. 껍데기, 거짓, 위선자일 것입니다. 그리스도인은 어느 곳에 가든지 세상을 변화시키는 사람입니다.

이러한 더둘로의 고소에 대해 벨릭스 총독은 바울에게 말할 기회를 줍니다. 10-13절 말씀이 바로 바울이 변론하는 내용입니다.

총독이 바울에게 머리로 표시하여 말하라 하니 그가 대답하되 당신이 여러 해 전부터 이 민족의 재판장 된 것을 내가 알고 내 사건에 대하여 기꺼이 변명하나이다 당신이 아실 수 있는 바와 같이 내가 예루살렘에 예배하러 올라간 지 열이틀밖에 안 되었고 그들은 내가 성전에서 누구와 변론하는 것이나 회당 또는 시중에서 무리를 소동하게 하는 것을 보지 못하였으니 이제 나를 고발하는 모든 일에 대하여 그들이 능히 당신 앞에 내세울 것이 없나이다(행 24:10-13).

우리는 이 부분에서 세 가지를 배울 수 있습니다. 첫째는, 더둘로의 말과 사도 바울의 말이 다르다는 것입니다. 특별히 벨릭스에게 하는 말의 표현이 다른 것을 알 수 있습니다. 법정에서는 재판장에게 쓰는 존경하는 어투들이 있습니다. 예를 들면, '존경하는 재판장님'으로 변론을 시작하는 것입니다. 그러나 더둘로가 고소하기 위해 재판장을 부른 것을 보면, 그는 법정에서 사용하는 의례적인 용어보다는 훨씬 더 아첨하는 말을 많이 쓰고 있습니다. "벨릭스 각하여"(행 24:3). 반면에 사도 바울은 재판장을 부를 때 예의와 정중함을 표시하지만, 더둘로와는 달랐습니다. "당신이 여러 해 전부터 이 민족의 재판장 된 것을 내가 알고 내 사건에 대하여 기꺼이 변명하나이다"(행 24:10). 여기에 아첨이 있다고 느껴지지는 않습니다. 시편 12편 3절은, "여호와께서 모든 아첨하는 입술과 자랑하는 혀를 끊으시리니"라고 말씀합니다. 거짓된 사람은 언제나 언어의 과장과 거짓된 아첨이 있습니다. 그러나 진실한 사람들은 언제나 진실한 언어만을 씁니다.

둘째는, 더둘로가 고소한 내용들이 사실이 아니라는 점을 바울이 아주 논리적으로 조목조목 제시했다는 것입니다. "당신이 아실 수 있는 바와 같이 내가 예루살렘에 예배하러 올라간 지 열이틀밖에 안 되었고 그들은 내가 성전에서 누구와 변론하는 것이나 회당 또는 시중에서 무리를 소동하게 하는 것을 보지 못하였으니"(행 24:11-12). 실제로 그 사람들이 내놓은 증거는 별로 없습니다. 사실이 아니기 때문입니다.

바울은 아닌 것은 아니라고 딱 잘라 말합니다. 반면에 자기가 한 것은 했다고 분명히 말합니다. 그는 세 가지를 인정합니다. "나는 내 조상의 하나님을 믿는다." "나는 율법과 선지자의 글, 다시 말하면 구약의 성경을 믿는다." "나는 의인과 악인이 부활할 것을 믿는다." 그는 이렇게 분명히 선언합니다.

> 그러나 이것을 당신께 고백하리이다 나는 그들이 이단이라 하는 도를 따라 조상의 하나님을 섬기고 율법과 선지자들의 글에 기록된 것을 다 믿으며 그들이 기다리는바 하나님께 향한 소망을 나도 가졌으니 곧 의인과 악인의 부활이 있으리라 함이니이다(행 24:14-15).

사도 바울의 이 고백은 잘못된 것이 하나도 없습니다. 유대인들도 이렇게 믿습니다. 그들은 하나님을 믿고, 말씀을 믿고, 부활을 믿었습니다. 따라서 이것은 죄목이 될 수 없었습니다.

천부장은 아무리 조사해도 사도 바울에게서 체포하거나 구금하고 구타할 만한 죄목을 발견할 수 없었습니다. 그러나 유대인들이 소요를 일으키기 때문에 할 수 없이 그를 가이사랴로 후송시킨 것입니다. 사도 바울은 이 법정에서 'yes'와 'no'를 아주 분명히 했다는 사실을 보게 됩니다.

셋째는, 바울이 그의 말을 바꾸지 않았다는 것입니다.

> 이것으로 말미암아 나도 하나님과 사람에 대하여 항상 양심에 거리낌이 없기를 힘쓰나이다(행 24:16).

사도 바울은 양심에 거리낌이 없었기에 재판관 앞에 섰을 때 거짓말을 하거나 상황을 바꾸지 않았습니다. 대부분의 사람들은 상황에 따라서 적당히 말을 바꿉니다. 없는 것을 있다고 말하고, 아닌 것을 그렇다고 말하며, 그런 것을 아니라고 말합니다. 거짓말을 하면 그 순간은 피할 수 있지만, 다음 순간은 피하지 못하는 법입니다. 사람들은 눈에 보이는 순간을 피하기 위해, 눈에 보이는 이익을 얻기 위해 순간의 거짓말과 아첨과 과장을 합니다. 그러나 그 다음 순간에는 자기가 던진 그물에 자기가 걸립니다.

사도 바울은 자기가 주장하는 것에 대한 최후의 보루, 증거는 양심이라고 말했습니다. 현대인들은 이 양심을 제대로 갖추고 있지 못합니다. 세상에서는 양심을 가지고 사는 것 그리고 정직하게 말하며 사는 것이 어렵기 때문입니다. 대개 가정에서는 양심적이지만, 식구들 앞에서도 양심을 빼먹고 사는 사람들이 있습니다.

우리는 윤동주 시인의 〈서시〉를 좋아합니다. "죽는 날까지 하늘을 우러러 한 점 부끄럼이 없기를, 잎새에 이는 바람에도…." 사실 우리에게는 '내 양심에 부끄럼 없이 살고 싶다'는 마음이 있습니다. 하나님과 사람 앞에서 부끄럼이 없다는 말처럼 부러운 말이 어디 있겠습니까? 이는 우리 모두가 부끄럽게 살고 있기 때문입니다. 큰 거짓말은 하지 않지만 작은 거짓말을 하고, 큰 강도는 아니지만 약간은 사기성 있게 살아가고 있기 때문입니다.

죄는 들킨 죄가 있고, 안 들킨 죄가 있습니다. 교도소에는 들킨 사람들이 가 있고, 바깥에는 안 들킨 사람들이 있는 것입니다. 하나님 앞에서 죄인 아닌 사람이 어디 있습니까? 그렇지만 우리는 그냥 이렇게 사는 것입니다.


## 정직함으로 스스로를 변론하다

사도 바울은, "나는 하나님과 사람 앞에서 부끄러움이 없다. 그렇게 살려고 애쓴다"고 말했습니다. 로마서 9장 1-2절에서도 이와 비슷한 말을 합니다. "내가 그리스도 안에서 참말을 하고 거짓말을 아니하노라 나에게 큰 근심이 있는 것과 마음에 그치지 않는 고통이 있는 것을 내 양심이 성령 안에서 나와 더불어 증언하노니.” 손해를 보고 수치와 고통을 당한다 할지라도, 그는 언제나 떳떳했습니다.

왜 사도 바울이 위대합니까? 그는 고난을 겪고 수모를 당하고 매를 맞아 죽을 뻔한 일을 겪으면서도 정말 열심히 복음을 전했습니다. 그뿐 아니라, 그는 떳떳하고 공명정대했습니다. 여기서 힘이 나옵니다. 왜 우리는 힘이 없습니까? 열심이 없어서입니까? 교회 숫자가 적어서 그렇습니까? 아닙니다. 우리가 떳떳하지 못하기 때문입니다. 복음 전하는 일에는 열심이지만, 양심에 부끄러운 것이 있기 때문입니다. 그래서 세상이 변하지 않는 것입니다.

우리는 교회 부흥이라는 이름으로 적당하게 많은 것을 타협합니다. 떳떳하지 못한 부분이 어느 곳에나 있습니다. 이런 것들이 우리를 부끄럽게 합니다. 우리는 예수 믿는다고 하면서 비즈니스에 문제가 있고, 인간관계에 문제가 있습니다. 교회에는 열심히 나가지만, 어떤 부분에 있어서는 ‘세상 사는 것, 다 그렇고 그런 거니 그렇게 해야 한다’는 논리로 떳떳하지 못한 부분을 합리화합니다.

예수님은 언제나 공명정대하셨습니다. 재판을 받을 때도 떳떳하셨습니다. 숨기거나 감추는 것이 없으셨습니다. 십자가에서 죄인 취급을 당하며 채찍에 맞고 사람들에게 조롱을 받을지라도, 하나님과 사람 앞에서 떳떳하셨다는 것입니다.

바울은 자신이 예루살렘에서 행한 일들을 낱낱이 보고합니다.

여러 해 만에 내가 내 민족을 구제할 것과 제물을 가지고 와서 드리는 중에 내가 결례를 행하였고 모임도 없고 소동도 없이 성전에 있는 것을 그들이 보았나이다 그러나 아시아로부터 온 어떤 유대인들이 있었으니 그들이 만일 나를 반대할 사건이 있으면 마땅히 당신 앞에 와서 고발하였을 것이요 그렇지 않으면 이 사람들이 내가 공회 앞에 섰을 때에 무슨 옳지 않은 것을 보았는가 말하라 하소서(행 24:17-20).

바울은 오랫동안 해외 생활을 했기 때문에, 그가 해외에서 돌아오면서 성도들의 헌금을 모아 구제금을 가지고 온 것과, 자기가 제물을 드리려고 가져온 것과 결례를 행한 것을 다 이야기합니다. 또한, "당신들이 고발한 것처럼 해외에 있는 유대인들이 나에 대해 반대한다고 했는데, 만약 그랬다면 자기들이 직접 고발할 일이지, 왜 간접적으로 당신들이 고발을 하는가? 그렇다면 이 재판에 나와서 떳떳하게 이야기해야 된다"고 이야기합니다. 바울은, "바리새인들이 주장하는 것처럼 내게 문제가 있다고 한다면, 내가 부활을 믿는다고 말했던 것이다"라고 말합니다.

오직 내가 그들 가운데 서서 외치기를 내가 죽은 자의 부활에 대하여 오늘 너희 앞에 심문을 받는다고 한 이 한 소리만 있을 따름이니

이다 하니(행 24:21).

그가 얼마나 공명정대했는지 보십시오. 떳떳한 사람은 잠을 잘 잡니다. 그러나 떳떳하지 못한 사람은 잠을 잘 자지 못합니다. 괴롭기 때문입니다. 떳떳한 사람의 말에는 힘이 있습니다. 양심에 부끄러움이 없는 그리스도인들이 많이 생길 때, 세상은 변합니다. 벨릭스는 그 재판을 맡은 총독이었지만 바울의 진실에 감동을 받은 것 같습니다. 직접 재판하면서 바울이 한 말과 맞아 들어가는 것을 보고 바울에게 굉장히 좋은 감정을 갖기 시작합니다.

언제나 정직이 이긴다는 사실을 믿으십시오. 거짓은 순간적으로 이기는 듯하지만, 결국에는 정직이 이깁니다.


## 합력하여 선을 이루시는 하나님

벨릭스는 마지막에 이런 판결을 내립니다.

> 벨릭스가 이 도에 관한 것을 더 자세히 아는 고로 연기하여 이르되 천부장 루시아가 내려오거든 너희 일을 처결하리라 하고 백부장에게 명하여 바울을 지키되 자유를 주고 그의 친구들이 그를 돌보아 주는 것을 금하지 말라 하니라(행 24:22-23).

바울에 관한 재판은 1심, 2심, 3심까지 진행되는데, 1심의 결론은 유예입니다. 결정을 내리지 않고 천부장이 올 때까지 기다린다면서 재판이 끝납니다.

재미있는 것은, 이 재판이 바울에게 두 가지 축복을 안겨 줍니다. 먼저, 이 재판에서 바울이 무죄인 경우 그가 나오면 살해의 위험이 기다리고 있습니다. 사십여 명이 먹지도 않고 마시지도 않고 바울을 죽이겠다고 기다리는데, 만약 그가 감옥 밖으로 나오면 언제, 어느 때 살해당할지 모릅니다. 따라서 형이 결정되지 않고 감옥에 있는 것은 살해 위험으로부터 보호를 받는 것입니다. 군대가 지켜 주고, 감옥이 지켜 주고, 먹을 것을 갖다 주니 안심할 수 있습니다. 물론 바울이 유죄라고 판결되어도 곤란합니다. 그래서 유죄도 아니고 무죄도 아닌 유예입니다.

또 하나의 축복은, 벨릭스가 재판을 연기하면서 바울이 밖에 나가지 못하게 잘 지키되 자유를 주라고 지시한 것입니다. 다시 말해, 바울은 보호를 받으면서 복음도 증거하는 축복을 받은 것입니다.

우리 교회와 관련 있는 어떤 분이 정치적 사건으로 인해 교도소에 들어갔습니다. 그래서 그분을 찾아가 전도하며 기도하고 온 일이 있는데, 그분이 저한테 재미있는 말을 했습니다. "목사님, 이 사건이 안 일어났다면 저는 아마 고혈압으로 죽었을 거예요. 일이 너무 복잡하고 많다 보니 혈압이 올라가서 안 내려와요. 잠도 못 자고 너무 고통스러운데, 감옥에 들어와 보니 전화도 없고, 찾아오는 사람도 없고, 명령하는 사람도 없어서 좋아요."

바울은 감옥에 들어감으로써 모든 죽음의 위협에서 피신해 쉬면서 안식했습니다. 이렇게 볼 때, 회사가 부도나고 실직한 것이 꼭 나쁜 것만은 아닙니다. 당신이 혹시 직장에서 쫓겨나게 된다면 '할렐루야!'를 외치십시오. 그 시간을 통해 하나님이 당신의 건강도 회복시켜 주시고, 또 공부도 하게 해 주실 것입니다. 그런 시간이 계속되느냐 하면 절대 안 그렇습니다. 1, 2년이 지나면 새 일을 주십니다. 주님을 앙망하는 자에게는 모든 것이 합력하여 선을 이룹니다.

주님 안에서 생각해 보면 축복이 아닌 일이 없습니다. 저는 이 본문을 가만히 보면서 속으로, '바울은 참 신나겠다. 이렇게 2년 동안 잘 쉬니 얼마나 좋을까' 하는 생각을 했습니다.

> 수일 후에 벨릭스가 그 아내 유대 여자 드루실라와 함께 와서 바울을 불러 그리스도 예수 믿는 도를 듣거늘 바울이 의와 절제와 장차 오는 심판을 강론하니 벨릭스가 두려워하여 대답하되 지금은 가라 내가 틈이 있으면 너를 부르리라 하고(행 24:24-25).

재판을 맡았던 벨릭스 총독이 바울에게 굉장히 강렬한 인상을 받았던 것 같습니다. 재판장은 언제나 떳떳하고 죄수는 떳떳하지 못한 입장인데, 어떻게 된 게 이 죄수는 떳떳합니다. 교만한 게 아니라 자유하고, 방자한 게 아니라 굉장히 자신감이 있습니다. 이 모습에 감동을 받은 벨릭스가 바울을 따로 불러 이렇게 말합니다. "네가 믿는 것에 대해서 얘기 좀 해 봐라. 무엇이 너를 그렇게 만들었느냐? 나는 너를 감옥에 넣을 수도 있고 해방시킬 수도 있는데, 너는 어떻게 내 앞에서 그렇게 떳떳하냐?"

저는 이것이 그리스도인이라고 생각합니다. 그리스도인은 이렇게 감동을 줄 수 있어야 합니다. 정직과 태연함, 죽음을 두려워하지 않는 태도, 거짓말로는 이익을 얻지 않겠다는 마음. 이러한 마음은 사람을 감동시킵니다. 바울이 벨릭스를 감동시킨 것입니다. 이런 의미에서 그리스도인은, 세상에서 자기를 미워하는 사람까지도 변화시킬 수 있는 능력을 가진 사람입니다.

바울은 벨릭스 부부 앞에서 세 가지, 즉 의에 대해, 절제에 대해, 심판에 대해 이야기했습니다. 그때 바울의 말을 듣고 벨릭스가 두려워했다고 했습니다. 그가 하나님의 사람이기 때문입니다. 무엇을 많이 가지고 있느냐가 그 사람을 결정하지 않습니다. 그가 누구냐가 그 사람을 결정합니다. 내가 가진 부와 권력과 소유 때문에 사람들이 무릎을 꿇을까요? 그렇지 않습니다. 죽음을 두려워하지 않을 수 있는 예수 그리스도가 우리 안에 계실 때, 모든 사람에게서 사랑과 존경을 받게 됩니다.

## 하나님과 돈은 겸하여 섬길 수 없다

그런데 본문에 참 재미있는 표현이 있습니다.

> 동시에 또 바울에게서 돈을 받을까 바라는 고로 더 자주 불러 같이
> 이야기하더라(행 24:26).

이 총독이 바울의 인격에 감화도 받았지만, '어떻게 하면 돈을 좀 받아 낼 수 있을까' 하는 생각에 자주 불렀다는 것입니다. 오늘날의 상황과 전혀 다를 게 없습니다. 그때나 지금이나 다 비슷한 것 같습니다. 이 총독에게는 두 가지 관심이 있었는데, 하나는 신앙적 관심이고, 다른 하나는 돈에 대한 관심입니다. 당신도 이와 같지 않습니까?

그러나 예수님은 엄격하게 말씀하셨습니다. "하나님과 돈은 겸하여 섬길 수 없다." 둘 중에 하나를 택해야 합니다. 벨릭스는 신앙에 대한 관심도 있고, 돈에 대한 관심도 있었습니다. 이것이 우리의 한계요, 목마름입니다. 하나님을 안 믿겠다는 것도 아니고, 교회에 안 다니겠다는 것도 아닙니다. 다만 돈도 중요하다는 것입니다. 돈과 하나님이 있을 때는 돈 먼저 벌고, 주일날 장사도 하고, 골프도 치고, 시간이 남으면 교회에 오겠다는 것입니다. 이렇게 살아온 것이 1, 2년입니까? 벌써 10년, 20년입니다. 언제까지 이렇게 살아갈 것입니까? 장례식 때 비로소 회개하겠습니까? 그러나 그

때는 이미 너무 늦습니다. 젊음은 세상에서 다 보내고, 쾌락과 정욕은 자신을 위해 다 쓰고 이제 늙음과 병만 가지고 주 앞에 나옵니다. "나를 받아 주시옵소서"라고 합니다. 은퇴하면 일하겠다는 말입니다. 좋은 때는 세상을 위해 쓰고, 이제 쓸모없는 육신은 주 앞에 바치겠다는 것입니다.

이태가 지난 후 보르기오 베스도가 벨릭스의 소임을 이어받으니 벨릭스가 유대인의 마음을 얻고자 하여 바울을 구류하여 두니라 (행 24:27).

벨릭스는 유대인들의 소요가 무서워 그들의 마음을 사기 위해 재판을 계속 보류합니다. 할렐루야! 얼마나 좋은지 모릅니다. 2년 동안이나 보류했습니다. 그래서 벨릭스가 재판을 못 하고 후임인 베스도가 이 재판을 맡게 됩니다.

저는 여기서 몇 가지 사실을 묵상하게 됩니다. "사람은 떠나지만 하나님은 떠나지 않으신다. 사람은 바뀌지만 하나님의 사랑은 바뀌지 않는다." 3공도 지나가고, 4공도 지나가고, 5공도 지나가고, 6공도 지나가고, 7공도 지나가고, 8공도 지나갈 것입니다. 우리는 이 땅에서 여러 명의 대통령을 모시면서 역사의 중요한 교훈을 보았습니다. 모든 것이 지나간다는 사실을 배우고 있습니다. 그들 권력의 영광도 보았고, 동시에 권력의 비참함도 보았습니다. 이런 것들은 다 지나갑니다. 재물이 영원할 것 같습니까? 재벌이 영원할 것 같습니까? 30년 전 재벌은 지금 어디 있습니까? 다 지나갑니다.

그러나 하나님은 신실하고 영원하십니다. 하나님은 당신의 계획을 바꾸지 않으십니다. 우리는 어떻게 살아야 합니까? 무엇을 위해 살아야 합니까? 당신의 죽음은 얼마나 남았습니까? 남은 시간 동안 떳떳하게 사십시오. 양심에 부끄러움 없이 사십시오. 비즈니스나 학문이나 가정에서 떳떳하십시오. 부인 앞에서, 남편 앞에서 떳떳하십시오. 교회에서도 떳떳하게 사십시오. 하나님의 축복이 그런 자들에게 영원히 함께할 것입니다.

# 24

# 바울의 재판(2):
# 베스도 앞에서

사도행전 25:1-27

25장에서는 베스도에게 재판받는 사도 바울의 모습을 볼 수 있습니다. 24장과 25장 사이에는 2년의 세월이 있습니다. 바울은 2년 동안 감옥에 있었는데, 재판의 결론이 나지 않았습니다. 미결 상태로 2년 동안 감옥에 있었습니다. 그 사이 총독이 바뀌었습니다. 그렇지만 상황은 변하지 않았습니다. 단지 2년의 세월이 흘렀을 뿐입니다. 아무것도 결정된 것은 없습니다. 유죄도 아니고 무죄도 아닙니다. 그냥 감옥 안에 2년 동안 있는 것입니다.

그러나 바울에게 있어 이 2년이라는 세월은 무의미한 시간이 아니었습니다. 만약 2년 전에 무죄 선언을 받고 감옥에서 나왔다면 어떻게 되었겠습니까? 그는 죽임을 당했을 것입니다. 왜냐하면 바울을 죽이기까지는 먹지도, 마시지도 않겠다고 결심한 사람들이 버티고 있었기 때문입니다. 그 사람들이 없어진 것이 아닙니다. 25장을 보면, 2년이 지난 지금도 똑같이 사도 바울을 죽이려는 모습을 볼 수 있습니다. 하나님은 바울을 2년 동안 감옥에서 잘 보호하셨습니다. 이것은 하나님의 놀라운 섭리입니다.

또 사도 바울은 예수님을 만난 이후 한 번도 쉬지 못하고 일사천리로 투쟁하듯 여기까지 왔습니다. 물론 1차와 2차 전도 여행 중에 잠깐 쉬기는 했지만, 그것은 충분한 휴식이 아니었습니다. 얼마나 지치고 피곤하고 힘들었겠습니까. 돌에 맞고, 강의 위험과 강도의 위험으로 죽을 뻔하기도 했습니다. 수많은 재판을 받고 어려움을 겪으면서 한 번도 쉬지 못하고 지금까지 왔습니다. 하나님이 이러한 바울에게 안식년을 주신 것입니다. 저는 여기서 하나님이 바울을 위로하시고, 쉬게 하시고, 축복해 주신 사실을 봅니다.

어떤 때는 고난이 곧 축복이기도 합니다. 쉰다는 것은 나쁜 것이 아닙니다. 쉰다는 것은 어떤 의미에서 영적인 재충전과 하나님의 사랑의 시간일 수 있습니다. 벨릭스 총독의 후임으로 베스도 총독이 부임했습니다. 부임한 지 3일 후, 그는 예루살렘으로 올라갑니다. 예루살렘으로 올라간 총독은 당시의 많은 대제사장들과 유대인 지도자들을 만나게 됩니다.

베스도가 부임한 지 삼 일 후에 가이사랴에서 예루살렘으로 올라가니 대제사장들과 유대인 중 높은 사람들이 바울을 고소할새 베스도의 호의로 바울을 예루살렘으로 옮기기를 청하니 이는 길에 매복하였다가 그를 죽이고자 함이더라(행 25:1-3).

바울을 죽이고자 했던 사람들은 2년이 지난 후에도 변하지 않았습니다. 이것은 놀라운 일입니다. 그들은 바울을 꼭 죽여야만 했습니다. 총독이 바뀐 것을 계기로 다시 한 번 바울을 가이사랴에서 예루살렘으로 이송시키려 했습니다.

그들의 목적은 재판이 아니었습니다. 110킬로미터 되는 긴 거리를 여행하는 도중에 매복했다가 바울을 죽이고자 했던 것입니다. 베스도는 정치인입니다. 그는 정치적인 입장에서 유대인들의 환심을 사기 위해 가능하면 유대인들의 의견을 들어주려 했습니다.

> 베스도가 대답하여 바울이 가이사랴에 구류된 것과 자기도 멀지 않아 떠나갈 것을 말하고 또 이르되 너희 중 유력한 자들은 나와 함께 내려가서 그 사람에게 만일 옳지 아니한 일이 있거든 고발하라 하니라(행 25:4-5).

베스도는 유대인들에게 기회를 주었습니다. "그러면 다시 와서 너희들이 고발한 얘기를 하고, 문제가 있으면 그를 즉시 예루살렘으로 이송시키겠다"고 말했습니다. 그러나 문제는, 바울은 죄가 없기 때문에 바울을 고발할 만한 실제적인 증거와 내용이 없다는 것입니다. 아무리 걸고넘어지려고 해도 그럴 수가 없었던 것입니다.

> 베스도가 그들 가운데서 팔 일 혹은 십 일을 지낸 후 가이사랴로 내려가서 이튿날 재판 자리에 앉고 바울을 데려오라 명하니 그가 나오매 예루살렘에서 내려온 유대인들이 둘러서서 여러 가지 중대한 사건으로 고발하되 능히 증거를 대지 못한지라(행 25:6-7).

유대인의 율법적인 관점에서도 바울을 재판정에 세울 수 없었고, 성전이나 로마의 법에 의해서도 가이사에게 잘못한 일이 없기 때문에 바울을 고발할 수 없었습니다. 증거를 실제로 제시할 수가 없었던 것입니다.

바울이 변명하여 이르되 유대인의 율법이나 성전이나 가이사에게나 내가 도무지 죄를 범하지 아니하였노라 하니(행 25:8).

## 가이사에게 재판받기 원하는 바울

바울을 재판하는 베스도는 고민에 빠지게 됩니다. 실제로 증거는 없습니다. 그런데 유대인들은 고발하려고 듭니다. 정치적으로는 유대인들을 도와줘야 합니다. 그래야 자기 자리가 든든히 설 수 있기 때문입니다. 그러나 바울을 재판하려고 보니 고발할 죄목이 전혀 없습니다. 베스도는 이 둘 사이에서 고민하게 됩니다. 결국 베스도는 바울에게, "네가 예루살렘으로 갈 수 없겠느냐"고 요청합니다. 그러나 바울은 단호하게 거절합니다. "나는 예루살렘에서 재판받기를 원치 않습니다. 나는 지금 가이사의 법정에 섰기 때문에 가이사에게 재판받기를 원합니다."

베스도가 유대인의 마음을 얻고자 하여 바울더러 묻되 네가 예루살렘에 올라가서 이 사건에 대하여 내 앞에서 심문을 받으려느냐 바울이 이르되 내가 가이사의 재판 자리 앞에 섰으니 마땅히 거기서 심문을 받을 것이라 당신도 잘 아시는 바와 같이 내가 유대인들에게 불의를 행한 일이 없나이다 만일 내가 불의를 행하여 무슨 죽을 죄를 지었으면 죽기를 사양하지 아니할 것이나 만일 이 사람들이 나를 고발하는 것이 다 사실이 아니면 아무도 나를 그들에게 내줄 수 없나이다 내가 가이사께 상소하노라 한대 베스도가 배석자들과 상의하고 이르되 네가 가이사에게 상소하였으니 가이사에게 갈 것이라 하니라(행 25:9-12).

베스도는 바울이 예루살렘에 가서 재판을 받았으면 좋겠다고 생각했습니다. 그는 유대인의 환심을 사 여론을 얻고자 했기 때문입니다. 사실 모든 정치는 여론에 약하기 마련입니다. 옳은 줄 알지만 행할 수 없는 것이 현실 정치인 것입니다. 베스도 총독도 예외는 아니었습니다. 그러나 사도 바울은 예루살렘에서 재판받지 않겠다며, 로마의 법정에 서게 하라고 정식으로 강력하게 요청합니다. 딜레마에 빠진 베스도는 배석자들과 의논한 결과 다음과 같은 판결을 내립니다. "네가 가이사에게 네 재판을 호소했으니, 너는 가이사에게 가라." 재판은 끝났습니다. 하지만 사실 끝난 것은 아닙니다. 여기에 재판의 묘미가 있습니다.

유죄도 아니요, 무죄도 아닌 결정을 2년이나 끌었습니다. 그리고 지금 베스도에 의해서 재판의 결론이 났는데도 재판의 자리만 옮겨졌을 뿐, 유무죄는 가려지지 않았습니다. 이제 사도 바울을 재판할 사법권은 누구에게도 없습니다. 유대인도 불가능하고, 베스도도 불가능합니다. 사도 바울을 재판할 수 있는 권리는 가이사의 법정에 있을 뿐입니다.

본문에서 우리가 생각할 점은, 왜 베스도가 그런 정치적인 부담을 가지면서까지 이런 결정을 했겠는가 하는 것입니다. 베스도는 분명히 정치적인 부담을 가졌습니다. 그가 그렇게 결정했을 때 유대인들의 환심을 사기는 어려웠을 것이고, 그 결과 여러 가지 복잡한 일들이 많이 생겼을 것입니다. 그런데 그가 왜 이런 결정을 하게 되었는지, 성경을 아무리 찾아보아도 뚜렷한 이유를 발견하기가 어렵습니다. 그것은 하나님의 섭리입니다.

우리는 어떤 결정을 할 때 자신이 원하지 않는 결정을 할 수 있습니다. 이렇게 해야겠다고 마음먹지만 생각지도 않게 엉뚱한 길로 가게 될 때가 있습니다. 하나님이 개입하신 것입니다. 바울은 로마를 봐야 했습니다. 그렇기 때문에 그는 예루살렘으로 돌아가는 길목에서 사십여 명의 사람들에게 죽임을 당할 수 없었습니다. 결국 베스도도 하나님의 일에 협조하는 꼴이 되고 만 것입니다. 유죄도 아니고 무죄도 아닙니다. 바울이 가이사의 법정에 가야 한다는 것이 이 재판의 결론입니다. 하나님이 이 재판을 이렇게 인도하신 것입니다.

하나님이 당신의 생애도 이렇게 인도하실 거라 믿습니다. 내가 내 인생을 이끌어 가는 것 같지만 사실은 그렇지 않습니다. 당신이 당신의 사업을 하는 것 같습니까? 당신이 당신의 학문의 길을 걸어가는 것 같습니까? 그렇지 않습니다. 하나님이 인도하시는 것입니다.

이런 결정이 내려졌을 때, 베스도에게 두 명의 손님이 찾아옵니다. 즉, 아그립바 왕과 그의 여동생인 버니게가 베스도를 찾아온 것입니다.


## 베스도 총독의 고민

수일 후에 아그립바 왕과 버니게가 베스도에게 문안하러 가이사랴에 와서 여러 날을 있더니 베스도가 바울의 일로 왕에게 고하여 이르되 벨릭스가 한 사람을 구류하여 두었는데(행 25:13-14).

위의 말씀을 보면, 베스도가 얼마나 고민했는지를 알 수 있습니다. 이 재판을 가이사의 재판으로 이송한다고 결정하고 나니 불안해진 것입니다. '과연 이 결정이 잘한 것인가? 이 결정 뒤에 어떤 일이 생길 것인가?' 그래서 그는 아그립바 왕이 왔을 때 일종의 재판 상담을 요청합니다. 자신의 전임인 벨릭스가 한 사람을 구속했다고 하며, 지금까지 있었던 일들을 15-21절 사이에 요약해서 이야기합니다. 유대인들이 바울을 고소해서 그를 감옥에 집어넣었는데, 재판해 보니 그에게서는 전혀 잘못을 발견할 수 없었다는 것입니다. 어떤 물증이나 증거도 없었다는 것입니다. 유대인들은 이 바울을 다시 예루살렘으로 송치하기 원했지만, 자기가 볼 때는 죄가 없기 때문에 바울의 소원대로 그가 가이사의 재판을 받도록 결정을 내렸다는 것입니다. 그러면서 그는, "나는 어떻게 하면 좋겠습니까? 내 결정이 잘한 것입니까? 이 결정 후에 후환은 없겠습니까?"라고 아그립바 왕에게 상담했습니다.

> 원고들이 서서 내가 짐작하던 것 같은 악행의 혐의는 하나도 제시하지 아니하고 오직 자기들의 종교와 또는 예수라 하는 이가 죽은 것을 살아 있다고 바울이 주장하는 그 일에 관한 문제로 고발하는 것뿐이라 내가 이 일에 대하여 어떻게 심리할는지 몰라서 바울에게 묻되 예루살렘에 올라가서 이 일에 심문을 받으려느냐 한즉(행 25:18-20).

바울이 자신의 무죄에 대해 주장하는 부분을 베스도가 이렇게 설명합니다. 오늘날 그리스도인들이 법정에 가는 이유는 예수 때문이 아니라, 재산 싸움이나 사기 등 모두 도덕적이고 윤리적인 문제 때문입니다. 예수님이나 부활, 십자가를 이야기하다가 고난 받은 사람이 있습니까?

베스도 총독의 말에 의하면, 지금 이 사람의 문제는 형사 문제가 아니라 종교 문제라는 것입니다. 예수가 부활했다는 사실 때문에 이렇게 유대인들이 흥분해서 그를 잡으려 한다는 것입니다. 여기에 오늘 우리가 깊이 생각해야 할 메시지가 있습니다.


## 예수님의 영광을 위해 고난 받다

우리는 유대인들의 고발을 보았습니다. 벨릭스와 베스도의 재판을 보았습니다. 이 세 사건의 요점은 무엇입니까? 바울이 도덕적, 윤리적, 형법상으로는 문제가 없으나, 예수가 그리스도요, 부활하셨다는 그의 주장은 문제가 된다는 것입니다. 그렇다면 바울은 자신의 입장을 자기를 반대하는 사람들에게 정확하게 전달했다는 것입니다.

우리는 살면서 여러 가지 어려운 문제에 부딪힙니다. 당신이 지금까지 살아오면서 겪었던 인생의 가장 큰 문제는 무엇입니까? 누구 때문에 그런 일들을 당했습니까? 무슨 일 때문에 그렇게 고민했습니까? 다 자기 욕심에서 비롯된 문제요, 영의 문제요, 재물의 문제가 아닙니까? 대통령이 되고 싶고, 국회의원이 되고 싶고, 다른 사람 위에 군림하고 싶은 것 때문이 아닙니까? 시간을 낭비하고, 바삐 돌아다니고, 밤을 새면서 하는 모든 일들이 무엇 때문입니까? 지나친 욕심으로 과분한 생각을 하며 자기 분수껏 살지 못하는 데서 오는 문제들이 우리의 인생을 이렇게 망가뜨려 놓는 것입니다.

그러나 사도 바울을 보십시오. 그는 예수를 믿은 후에 자신의 문제 때문에 고난을 당한 일이 없었습니다. 바울이 사십에서 하나 감한 매를 다섯 번이나 맞고, 강도의 위험과 강의 위험과 배고픔을 겪고, 수없이 돌에 맞고 감옥에 들어가는 그 많은 고난을 기꺼이 감당할 수 있었던 것은 오직 하나의 주제 때문이었습니다. 예수 그리스도를 위하여, 그분의 영광을 위하여, 그분의 복음을 위하여 그는 자신의 생애를 그렇게 선택한 것입니다.

당신은 누구를 위하여 고생합니까? 누구를 위하여 돈을 법니까? 당신이 지금 겪고 있는 고난은 누구 때문입니까? 더 이상 우리 자신 때문에, 욕심 때문에, 분수를 지키지 못했기 때문에 겪는 고난이 없기를 바랍니다. 그런 고생은 남는 것이 없습니다. 피곤하고, 지치고, 고통스럽고, 인간에 대한 실망만 있을 뿐입니다.

우리가 아무리 많은 것을 소유한다 해도 우리 몸을 누일 수 있는 것은 침대 하나뿐입니다. 우리가 아무리 조깅을 하고, 에어로빅을 해서 살을 빼고 기가 막힌 음식들을 골라서 먹는다 하더라도 80-90세가 되면 죽습니다. 그것이 우리의 인생입니다. 문제는, 내가 어려움을 겪고 수모를 당한다 할지라도 얼마나 값지고 보람 있게 사느냐 하는 것입니다. 인간답게 양심대로 사느냐 하는 것입니다. 하나님의 영광을 위하여 감옥 속에 들어갈 수 있겠느냐 하는 것입니다.

당신의 삶의 미래는 어디에 있습니까? 왜 공부합니까? 교수가 되어서 안정된 직업을 갖기 위한 것입니까? 그것이 당신의 인생 목표입니까? 왜 그렇게 피나는 생존 경쟁 속에서 악착같이 남을 죽여 가면서 돈을 법니까? 그 이유와 목적이 무엇입니까? 여기에 대한 해답이 있습니다. 이 해답 없이 돈을 벌고, 공부하고, 성공하는 사람에게는 비참한 무덤만 있을 뿐입니다. 마지막 순간에 그의 인생에는 처절한 허무만 있을 뿐입니다.

비록 사도 바울은 감옥에 갈지라도, 그에게는 영광스러운 삶이 있었습니다. 그 영광스러운 삶은 무엇입니까? 그것은 자신을 위한 삶이 아니라, 예수님의 영광을 위한 삶입니다.


## 아그립바 왕과 버니게의 정체성

베스도의 이야기를 듣는 아그립바 왕은 재판 같은 데는 관심이 없었습니다. 그의 관심은 다른 데 있었습니다.

> 아그립바가 베스도에게 이르되 나도 이 사람의 말을 듣고자 하노라 베스도가 이르되 내일 들으시리이다 하더라(행 25:22).

아그립바 왕은, "당신이 한 재판에는 관심이 없고, 내가 관심 있는 것은 당신이 말한 그 사람이니 그를 좀 만나자"고 말합니다. 사실 아그립바 왕에게는 말 못 할 속사정이 있었습니다. 그의 가문에 문제가 있었던 것입니다. 아그립바 왕은 헤롯 가문의 마지막 왕으로 아그립바 2세입니다. 그의 증조부인 헤롯 왕은 예수님의 탄생 때 유아들을 대학살했던 주인공입니다. 그리고 어린 여자아이의 춤 때문에 세례 요한의 목을 자르게 했던 장본인입니다. 그의 아버지인 아그립바 1세는 야고보를 죽인 사람이요, 베드로를 감옥에 집어넣었던 사람입니다. 그렇기 때문에 예수님과 그의 가문 사이에는 아주 복잡한 문제가 있었습니다. 일종의 스캔들입니다.

그런데 문제는, 자기 증조부나 자신의 선친이 비참하게 죽었다는 것입니다. 특별히 자신의 선친은 벌레에 물려 아주 처절하게 죽었습니다. 그러니 이 아그립바 왕은 도대체 이 예수가 누구인지에 관심이 있었던 것입니다. 그래서 예수 때문에 감옥에 들어온 바울 이야기를 듣고 그 사람을 좀 만나 봐야겠다는 것입니다.

그런데 또 재미있는 것은, 아그립바 왕 옆에 또 한 사람의 이름이 등장합니다. 버니게라는 여자로, 그녀는 아그립바 2세의 여동생입니다. 아그립바 왕(1세)에겐 한 아들과 두 딸이 있었는데, 아들은 아그립바 2세요, 두 딸 중 한 사람이 바로 버니게입니다. 사도행전 24장 24절에는 벨릭스 총독의 부인인 드루실라라는 여자가 나오는데, 이 드루실라와 버니게가 자매입니다. 버니게는 희대의 요부입니다. 친삼촌인 헤롯과 결혼했다가 그를 버리고 길리기야 왕인 폴린과 결혼했다가 헤어진 후, 지금은 자기 오빠와 불륜 관계를 맺고 있는 여자입니다. 이런 두 사람이 대제사장을 임명하는 임명권자요, 성전을 관리하는 책임자입니다. 지금 그들이 사도 바울을 만나고자 하는 것입니다.

죄인들이 정권을 잡으면 그 역사는 비참해집니다. 자기 죄를 숨겨야 하기에 수많은 사람들을 희생시키기 때문입니다. 이런 불륜 관계를 저지르고 있고, 이렇게 추악한 가문에서 자라나 정권을 휘두르고 있지만, 그들의 겉모습은 굉장히 멋진 정치가로 나타납니다.

> 이튿날 아그립바와 버니게가 크게 위엄을 갖추고 와서 천부장들과 시중의 높은 사람들과 함께 접견 장소에 들어오고 베스도의 명으로 바울을 데려오니(행 25:23).

그 이튿날, 아그립바 왕과 버니게는 아주 화려하고 웅장한 왕의 신분을 표시하는 옷을 입고 나타납니다. 그들은 천부장들과 시중의 높은 사람들을 접견 장소로 초대합니다. 그리고 베스도의 명을 따라 초라한 모습의 바울이 나타납니다. 우리는 여기서 재미있는 한 그림을 보게 됩니다. 내면에는 불륜과 죄로 가득 차 있지만, 겉으로는 화려하고 품위 있고 권력 있는 자의 모습으로 나타난 한 사람과, 비록 죄수의 모습으로 초라하게 끌려 나와 있지만, 하늘의 영광과 세계를 변화시킬 수 있는 놀라운 복음의 능력으로 가득 차 있는 한 사람의 모습입니다. 이 모습이 바로 우리가 사는 세상입니다.

## 하나님의 평가를 사모하라

당신은 세상이 어떻게 평가하느냐로 결정되는 것이 아니라, 하나님이 어떻게 평가하시느냐로 결정됩니다. 세상 사람들이 당신에 대해 하는 말들에 너무 신경 쓰지 마십시오. "부자다, 훌륭하다, 성공했다, VIP다." 이런 말에 현혹되지 마십시오. 그것이 당신은 아닙니다. 사람들은 자기가 가지고 있는 것이 자기의 참모습이라고 생각합니다. 그래서 많은 것을 갖길 원하고, 좋은 옷을 입고 치장하며, 멋있게 권력 행사하기를 원합니다. 그리고 그것이 자기라고 생각합니다. 그러나 그렇지 않습니다. 당신의 겉모습을 아무리 화려하게 만들었다 할지라도 당신 안에 불륜이 있고, 부정이 있고, 우상 숭배가 있고, 하나님이 원하시지 않는 것이 있다면, 당신은 아무것도 아닙니다. 하지만 별 볼 일 없는 낮은 자리에 있다 할지라도 천국이 있고 영광스러운 소망이 있는 사람이라면, 당신은 정말 하나님으로부터 인정받는 사람임에 틀림없을 것입니다.

높은 자리에 있는 사람은 나쁜 사람, 낮은 자리에 있는 사람은 좋은 사람이라고 극단적으로 말할 수는 없습니다. 높은 위치에 있으면서도 이런 영광스런 복음과 능력을 가진 사람이 있을 수 있고, 낮은 자리에 있으면서도 더 악한 사람이 있을 수 있습니다. 문제는, 내 안에 무엇이 있느냐 하는 것입니다. 복음을 위해 어떤 고난도, 희생도, 손해도 기뻐하는 축복된 삶이 당신에게 있게 되기를 바랍니다.

# 25

# 바울의 재판(3):
# 아그립바 앞에서

사도행전 26:1-18

## 아그립바 왕 앞에 서다

사도 바울이 가이사랴 감옥에 갇혀 있는 동안 총독은 벨릭스에서 베스도로 바뀌었습니다. 그는 벨릭스 앞에서도 재판을 받았고, 베스도 앞에서도 재판을 받았지만 죄를 발견할 수 없었습니다. 이제 그는 가이사 재판으로 넘어가게 됐는데, 재판권은 없지만 유대인들에게 막강한 권력을 행사하는 아그립바 왕 앞에서 자신을 변호하게 되었습니다.

아그립바가 바울에게 이르되 너를 위하여 말하기를 네게 허락하노라 하니 이에 바울이 손을 들어 변명하되(행 26:1).

사람은 언제든지 자기를 변명하고 싶은 때가 있습니다. 또 변명할 기회가 주어지기도 합니다. 당신은 그런 기회가 주어진다면 어떻게 하겠습니까? 대부분의 사람들은 그런 기회가 주어지면 100퍼센트 활용할 것입니다. 그러나 사도 바울은 예외였습니다. 그럴 기회가 주어졌지만, 그는 자신을 위해 변명하지 않고 주님을 위해 전도하는 기회로 사용했습니다.

아그립바 왕이여 유대인이 고발하는 모든 일을 오늘 당신 앞에서 변명하게 된 것을 다행히 여기나이다 특히 당신이 유대인의 모든 풍속과 문제를 아심이니이다 그러므로 내 말을 너그러이 들으시기를 바라나이다(행 26:2-3).

너그럽게 들어 달라는 말은 끝까지 다 들어 달라는 뜻입니다. 이런 기회가 주어졌을 때 사도 바울의 눈은 번뜩거리고, 그의 마음은 불탔을 것입니다. 자신을 변명할 기회가 생긴 것이 아니라, 또 한 사람에게 예수 그리스도를 증거할 수 있는 기회가 주어졌다고 생각했기 때문입니다. 그는 무죄로 나가야 된다는 심각한 현실이 있음에도 불구하고, 그 기회를 자기의 무죄를 증거하는 쪽보다는 그리스도를 증거하는 쪽으로 택했다는 것입니다. 먼저 그는 자신의 과거를 짧게 요약합니다. 예수 믿기 전에 자기가 어떤 사람이었는지를 소개하는 것입니다. 바울은 그들에게, 그들처럼 자신도 율법과 조상에 충성한 사람이었다는 것을 이야기합니다.

내가 처음부터 내 민족과 더불어 예루살렘에서 젊었을 때 생활한 상황을 유대인이 다 아는 바라 일찍부터 나를 알았으니 그들이 증언하려 하면 내가 우리 종교의 가장 엄한 파를 따라 바리새인의 생활을 하였다고 할 것이라(행 26:4-5).

그는 예수님을 만나기 전 젊었을 때, 모든 유대인들이 그랬던 것처럼 가말리엘의 문하생으로서 엄격한 율법 훈련을 받았습니다. 그 당시에는 두 개의 큰 학파가 있었는데, 그중에 하나가 가말리엘의 학파입니다. 바리새인이란 분리주의자라는 뜻입니다. 지금도 예루살렘에 가면 검정색 옷을 입고 모자를 쓰고 엄격한 종교 생활을 하는 다트라는 사람들을 볼 수 있는데, 그런 훈련을 받았음을 유대인들이 너무나 잘 안다는 것입니다. 그러한 자신이 같은 유대 동족들에게 고소를 당해서 재판을 받게 되었는데, 그는 그 까닭을 무엇이라고 이야기합니까? 그는 율법에 나타난 하나님이 주신 한 소망 때문에 이렇게 어려움을 겪게 되었다고 증언합니다.

## 메시아로 오신 예수

이제도 여기 서서 심문받는 것은 하나님이 우리 조상에게 약속하신 것을 바라는 까닭이니 이 약속은 우리 열두 지파가 밤낮으로 간절히 하나님을 받들어 섬김으로 얻기를 바라는 바인데 아그립바 왕이여 이 소망으로 말미암아 내가 유대인들에게 고소를 당하는 것이니이다(행 26:6-7).

재판을 받는 이유는 한 가지 문제 때문입니다. 이는 유대인들에게도 굉장히 중요한 것으로, 그것은 유대인의 소망 그리고 율법의 모든 소망과도 상관이 되는 문제입니다. 이 소망은 바로 메시아 대망입니다. 그들은 고난과 역경 속에서도, 굶주림 속에서도 메시아를 기다려 왔습니다.

하나님이 우리 조상에게 약속하셨고, 열두 지파가 간절히 밤낮으로 소망했던 것이 무엇입니까? 메시아가 누구냐 하는 문제입니다. 과연 우리가 믿는 예수가 메시아인지, 구약에서 약속하신 그분인지, 유대인들은 그것을 믿을 수가 없었습니다. 예수님이 십자가에 못 박혀 죽으실 때까지도 유대인들은 그분을 믿을 수 없었습니다. 그러나 문제는, 예수가 부활한 것입니다. 부활하고 나니 그분이 메시아라는 사실을 알게 된 것입니다. 그래서 예수의 부활을 목격한 사람들이 "이분이 메시아다. 이분이 부활했다"라고 말하기 시작했습니다. 그러나 그 사실을 믿지 못하는 유대인들에게 이것은 엄청난 사건이었습니다. 이것은 유대교 전체의 뿌리를 흔드는 사건이었습니다. 때문에 걷잡을 수 없이 흥분해서 바울을 죽이려 했던 것입니다.

당신들은 하나님이 죽은 사람을 살리심을 어찌하여 못 믿을 것으로 여기나이까(행 26:8).

지금까지 이야기한 내용이 8절에 한마디로 요약되어 있습니다.

"당신(바리새인)들은 하나님이 죽은 자를 다시 살리신다는 이 사실을 왜 믿지 않습니까? 그분이 누구십니까? 예수 그리스도십니다." 그러나 그들은 그 사실을 믿을 수도 없었고, 믿어지지도 않았던 것입니다. "아니, 우리가 늘 보아 왔던 예수가 어떻게 우리의 구원자란 말인가? 어떻게 그가 우리의 메시아라는 말인가?" 유대인들의 입장에서는 믿을 수가 없었습니다. 사울도 바울 되기 전에 똑같은 입장에 있었던 사람이지만, 그렇게 믿을 수 없었던 메시아 예수가 부활하셔서 자기에게 나타난 것을 직접 경험한 것입니다. 그의 음성을 듣게 된 것입니다. 그 후부터 사울은 자신의 인생을 바꿔 버렸습니다.

우리가 유대인의 입장이 되어 보면 그들이 그렇게 흥분하며 바울을 죽이려 하고, 모함하고, 감옥에 집어넣은 것을 이해할 수 있습니다. 그래서 지금 아그립바 왕에게 이러한 모든 사실들을 다시 한 번 설명하는 것입니다.

나도 나사렛 예수의 이름을 대적하여 많은 일을 행하여야 될 줄 스스로 생각하고 예루살렘에서 이런 일을 행하여 대제사장들에게서 권한을 받아 가지고 많은 성도를 옥에 가두며 또 죽일 때에 내가 찬성투표를 하였고(행 26:9-10).

예수를 만나기 전의 자신도 예수의 이름을 박해했다고 말합니다. 나사렛의 한 청년이 이상한 삶을 살고 떠났는데 그 사람이 우리의 메시아라니, 믿어지지가 않았다는 것입니다. 그래서 바울은 이런 예수 믿는 사람들을, 마치 요즘 우리가 이단을 미워하는 것과 똑같이 여겼습니다. '이런 사람은 죽여야 된다. 잡아서 감옥에 집어넣어야 된다. 이것이 내가 하나님을 사랑하는 방법이다.' 그는 이렇게 생각하면서 이 일에 앞장섰고, 대제사장에게 사람을 체포할 권세를 얻어 성도들을 옥에 가두는 등 박해했습니다. 또 스데반을 죽일 때도, 다른 사람을 죽일 때도 찬성투표를 했던 사람입니다.

> 또 모든 회당에서 여러 번 형벌하여 강제로 모독하는 말을 하게 하고 그들에 대하여 심히 격분하여 외국 성에까지 가서 박해하였고 그 일로 대제사장들의 권한과 위임을 받고 다메섹으로 갔나이다 (행 26:11-12).

바울은 국내에서만 그렇게 한 것이 아니라, 외국에 가서 동족 유대인들 중에 예수 믿는 사람들을 다 잡아 오겠다고 했습니다. 그러니까 바울이나 바울을 죽이려고 먹지도 않고 마시지도 않겠다고 서약한 사십여 명의 사람이나 똑같은 것입니다. 바울은 그 사람들을 보고 사실 웃었을 것 같습니다. '야, 나도 이해한다. 내가 옛날에는 너희 중에 한 사람이었다.' 그렇게 미워하고 격분했던 바울이 예수 믿는 사람들을 잡으러 가는 그때, 예수님이 직접 그에게 나타나셨다는 것입니다.

## 자신의 회심을 이야기하는 바울

> 왕이여 정오가 되어 길에서 보니 하늘로부터 해보다 더 밝은 빛이 나와 내 동행들을 둘러 비추는지라(행 26:13).

그가 다메섹으로 예수 믿는 사람들을 잡으러 갈 때, 정오에 강렬한 한 빛을 보았다고 했습니다. 뜨거운 햇빛이 작열하고 있던 그때, 그는 그것과는 전혀 다른 어떤 한 빛을 경험하게 되었습니다. 자기만 경험한 것이 아니라, 동료들도 그 빛을 목격했다고 했습니다. 그 빛을 맞는 순간, 그들은 쓰러졌습니다. 그 빛이 곧 우리 주님의 빛입니다.

> 우리가 다 땅에 엎드러지매 내가 소리를 들으니 히브리말로 이르되 사울아 사울아 네가 어찌하여 나를 박해하느냐 가시채를 뒷발질하기가 네게 고생이니라(행 26:14).

이 빛은 바울이 상상 속에서 본 것이 아니라, 함께 가던 사람들이 모두 경험한 빛입니다. 그 빛을 본 순간 음성을 들었는데, 그것은 우리가 마음으로 듣는 음성, 성령으로 듣는 음성보다 좀 더 독특한 것이었습니다. 히브리말로 들렸다고 하니 이것은 실제적으로 들린 음성이었습니다. "사울아 사울아 네가 어찌하여 나를 박해하느냐 가시채를 뒷발질하기가 네게 고생이니라." 그가 예수 믿는 자를 박해하고, 잡으러 가고, 감옥에 집어넣으려 하는 이 모든 행위는 마치 가시채를 뒷발질하는 것과 똑같다는 것입니다. 돌을 차면 자기 발만 아프듯이, 바울은 하나님을 위해 하는 일이라고 생각하지만, 이 일은 하면 할수록 발만 아픈 헛수고라는 말입니다.

우리가 잘한다고 하는 일, 우리가 옳다고 생각하는 모든 일들이 사실은 가시채를 뒷발질하는 일인지도 모릅니다. 예수님은 바울에게 그것을 가르쳐 주셨습니다. 이러한 예수님의 음성에 대해 바울은 다음과 같이 반응합니다.

내가 대답하되 주님 누구시니이까 주께서 이르시되 나는 네가 박해하는 예수라(행 26:15).

바울은 주님의 음성을 듣고는 "주여, 당신은 누구십니까?" 하고 묻습니다. 이 질문은 앞에서도 다루었지만 지금 또 다루어야 합니다. 우리는 예수님을 믿고 그분에 대해 안다고 생각하지만, 정말 다 압니까? 어쩌면 우리가 알고 있는 예수님은 극히 일부분일지 모릅니다. "주여, 당신은 누구십니까?" 사울의 질문에 대한 예수님의 대답이 여기에 있습니다. 그리고 여기에 이런 말을 대입할 수 있습니다. "나는 네가 박해하는 예수라. 나는 네가 무시하는 예수라. 나는 네가 망각한 예수라. 나는 네가 두 번째로 놓은 예수라." 첫 번째는 자기 자신이고, 예수님은 두 번째 정도밖에 되지 않는다는 말입니다. 좋은 것, 필요한 것은 다 자기가 갖고 나머지는 주님에게 드리겠다는 말입니다. 그래도 주님은 여전히 우리를 사랑하십니다.

## 종과 증인으로 삼으시다

주님은 쓰러져 있는 바울에게 다음과 같이 말씀하셨습니다.

> 일어나 너의 발로 서라 내가 네게 나타난 것은 곧 네가 나를 본 일과 장차 내가 네게 나타날 일에 너로 종과 증인을 삼으려 함이니 이스라엘과 이방인들에게서 내가 너를 구원하여 그들에게 보내어 그 눈을 뜨게 하여 어둠에서 빛으로, 사탄의 권세에서 하나님께로 돌아오게 하고 죄 사함과 나를 믿어 거룩하게 된 무리 가운데서 기업을 얻게 하리라 하더이다(행 26:16-18).

첫째, "일어나 너의 발로 서라"고 말씀하셨습니다. 주님은 지금도 똑같은 말씀을 하십니다. 이 말씀은 "일어나라. 그리고 너의 발로 서라"는 두 가지 말로 합성돼 있습니다. 뒤돌아서지 말고, 주저하지 말고, 한 목표를 향해 일어나라는 말입니다. 우리는 여러 가지 이유 때문에 주저앉고 뒤돌아서게 됩니다. 그러나 주님은 말씀하십니다. "일어나 너의 발로 서라. 든든히 서라. 흔들리지 마라. 한 목표를 향해 걸어가라."

둘째, 이렇게 말씀하시는 것은 "네가 나를 본 일과 장차 내가 네게 나타날 일에 너로 종과 증인을 삼으려 함"이라는 것입니다. 여기서 종은 일꾼이라는 말로 바꾸어도 좋습니다. 즉, 일꾼과 증인으로 삼기 위해서란 말입니다. 하나님 앞에서 특별한 은혜를 받은 사람은 특별한 일을 하라고 그 은혜를 주신 것입니다. 예수님을 바울처럼 경험한 사람은 거의 없습니다.

셋째, 하나님은 당신이 바울을 부르시는 일의 내용에 대해 말씀하셨습니다. 즉, 이스라엘과 이방인의 손에서 그를 구원하신 것은 그를 다시 이방인들에게 보내시기 위함이라는 것입니다. 그 이유는 세 가지인데, 첫째, 사람들의 눈을 뜨게 해서 어둠에서 빛으로 오게 하는 것이요, 둘째, 이방인들을 사탄의 권세에서 하나님에게로 돌아오게 하기 위함이요, 셋째, 이방인들이 예수 믿고 죄 사함을 얻어, 거룩하게 된 무리 가운데서 기업을 얻게 하기 위한 것입니다.

이제 사도 바울은 모든 것이 분명해졌습니다. 당신은 어떻습니까? 당신의 삶의 목표가 분명해졌습니까? 병든 이유가 분명해졌습니까? 자녀를 키우는 이유가 분명해졌습니까? 살아가는 이유가 분명해졌습니까? 바울은 예수님을 만나는 바로 그 시점에서 자기 존재의 의미를 확인했습니다. 무엇이든지 의미를 알면 쉬워집니다. '왜 이런 일이 일어났는가? 왜 나는 이렇게 살아야 하는가?' 그 의미를 알면 삶이 기쁘고 감사가 넘치게 되는 것입니다.

어둠 속에 살던 사람들에게 빛을 보게 해 주는 일보다 더 좋은 일이 어디 있을까요? 다니엘 12장 3절은, "지혜 있는 자는 궁창의 빛과 같이 빛날 것이요 많은 사람을 옳은 데로 돌아오게 한 자는 별과 같이 영원토록 빛나리라"고 말씀합니다. 사탄의 권세 아래 있는 자들을 자유하게 하는 일, 우상 숭배, 물질, 세상 정욕에 사로잡혀 있는 자들을 구원하는 일보다 더 위대한 일은 없습니다. 주님은 오늘도 우리에게 이렇게 말씀하십니다. "내가 너를 종과 증인으로 삼기 위해 다른 사람이 경험하지 못했던 성령을 경험하게 한 것이다. 너는 그것도 모르고 나를 박해하고 나를 믿는 자를 감옥에 집어넣으려 했지만, 그것은 가시채를 뒷발질하는 일에 불과한 것이다."

우리는 여기서 그리스도인의 참된 신분 두 가지를 발견합니다. 첫째는, 종의 신분입니다. 종은 주인을 위해 사는 사람입니다. 요즘에는 시대가 바뀌어서 이런 종은 없습니다. 그러나 성경적인 개념은 우리가 예수님의 종이라는 것입니다. 종은 자신의 삶이 없습니다. 오직 주인의 명령과 뜻에 따라야 합니다. 무조건 순종하고, 그 일에 대해서 기뻐해야 합니다. 원망하고 불평하면 종의 자격이 없습니다. 종의 또 다른 특징은 일한 만큼 대접을 못 받는다는 것입니다. 이들이 바로 그리스도인입니다. 당신은 종으로 살 수 있겠습니까? 예수님이 당신을 종으로 취급해도 괜찮겠습니까?

둘째는, 증인입니다. 그리스도인의 삶은 예수 그리스도를 증거하는 데 그 본질이 있습니다. 그분을 높이고, 그분을 찬양하고, 그분에게 영광을 돌리는 것입니다.

우리는 두 가지 모습을 보았습니다. 하나는 종으로 사는 것이고, 다른 하나는 증인으로 사는 것입니다. 이 두 가지는 같은 개념입니다. 종으로 시작해서 증인으로 끝나는 것입니다. 당신의 생애가 이렇게 아름다운 생애가 되기를 바랍니다.

# 26

# 바울아 네가 미쳤도다

사도행전 26:19-32

우리가 예수님을 믿는다는 것은 이 세상에서 볼 수 있는 위대하고 훌륭한 다른 성자나 철인이나 영웅이나 종교 창시자들을 믿는 것과는 근본적으로 다른 부분들이 있습니다. 역사상 인류의 빛이 되었던 훌륭하고 위대한 사람들은 인류에게 끼친 공헌이나 영향력이 아무리 크다 할지라도, 그들 역시 한 인간이기 때문입니다. 그러나 예수님은 하나님이십니다. 여기에 본질적인 차이가 있습니다. 예수님은 사람이지만, 그는 본래 하나님으로서 인간의 몸을 입고 세상에 오신 점이 다릅니다.

인간의 선행이나 종교심이나 애국심이나 이데올로기나 철학의 개념 속에는 부활이 없습니다. 그러나 예수님을 만난 사람들은 부활을 체험합니다. 사도 바울은 예수님을 만난 이후에 그의 인생을 180도 회전합니다. 물론 어떤 사람은 한 이데올로기를 만났을 때 역사를 보는 새로운 눈이 생길 수 있습니다. 어떤 새로운 종교를 만났을 때 개안할 수도 있습니다. 어떤 한 영웅을 따라갈 수도 있습니다. 그러나 근본적으로 다른 것은, 그들은 모두 사람이지만, 우리가 믿는 예수님은 하나님이라는 사실입니다. 그래서 예수님을 만난 사람들은 변하지 않을 수 없고, 미치지 않을 수 없습니다.

사도 바울이 만난 예수는 위대한 한 인간이 아니라, 하나님의 아들이신 독생자 예수 그리스도였습니다. 그랬기에 그는 벨릭스와 베스도 총독 앞에서도 담대했습니다. 감옥에 들어갔을지라도 담대했습니다. 다른 사람들과 차이가 있다면, 감옥에 들어가고 돌에 맞고 억울한 일을 당해도 마음속에 한이나 분노가 없었다는 것입니다.

## 아그립바 왕 앞에서 증언하는 바울

사실을 이야기하는 것보다 설득력 있는 것은 없습니다. 사실 속에는 힘이 있고, 능력이 있기 때문입니다.

> 이스라엘과 이방인들에게서 내가 너를 구원하여 그들에게 보내어 그 눈을 뜨게 하여 어둠에서 빛으로, 사탄의 권세에서 하나님께로 돌아오게 하고 죄 사함과 나를 믿어 거룩하게 된 무리 가운데서 기업을 얻게 하리라 하더이다(행 26:17-18).

바울은 아그립바 왕에게 이렇게 이야기합니다. "그분은 나에게 '너는 일어나 너의 발로 서라. 너는 나를 본 것과 앞으로 내가 네게 부탁할 말에 대한 종과 증인이 될 것인데, 너는 이스라엘과 이방인들에게서 나와 이스라엘과 이방인들의 눈을 뜨게 하고, 어둠에서 빛으로, 사탄의 권세에서 하나님에게로 돌아가게 하는 일을 하게 될 것이다'라고 말씀하셨습니다." 바울은 이런 이야기들을 주님으로부터 직접 들었다고 말합니다. 그는 자신이 예수님을 만난 사실과 그분에게서 들은 말씀을 사람들에게 전하자, 그 일로 인해 많은 유대인들이 자기를 죽이려 하고 박해하며 감옥에 집어넣었다고 말합니다.

> 아그립바 왕이여 그러므로 하늘에서 보이신 것을 내가 거스르지 아니하고 먼저 다메섹과 예루살렘에 있는 사람과 유대 온 땅과 이방인에게까지 회개하고 하나님께로 돌아와서 회개에 합당한 일을 하라 전하므로 유대인들이 성전에서 나를 잡아 죽이고자 하였으나(행 26:19-21).

사도 바울은 거짓말하거나 도둑질하거나 사기를 치거나 살인을 한 일로 감옥에 들어오지 않았습니다. 그가 감옥에 들어와서 재판받게 된 동기는, 예수님이 하신 말씀에 순종했기 때문입니다.

그러나 우리가 겪는 고난은 그렇지 않습니다. 우리가 겪고 있는 대부분의 고난은 예수님의 말씀에 순종했기 때문이 아니라, 모두 자기 문제 때문에 겪는 것입니다. 내가 내 몸을 잘못 관리하고, 내 인생을 잘못 관리해서 생긴 것입니다. 대부분 욕심이나 어떤 이기적인 동기 때문이지, 예수님을 전하다가 겪는 고난이 아닙니다.

사람들은 자기 욕심에 미혹되거나 자기가 잘못해서 고난을 겪으면서도 하나님이 고난을 주셨다고 말합니다. 그리고 하나님이 빨리 이 고난을 지나가게 하시지 않는다고 아우성을 칩니다. 정말 그렇습니까? 우리는 바울이 겪는 고난과 우리 자신이 겪는 고난이 다르다는 것을 여기서 발견하게 됩니다.

> 하나님의 도우심을 받아 내가 오늘까지 서서 높고 낮은 사람 앞에서 증언하는 것은 선지자들과 모세가 반드시 되리라고 말한 것밖에 없으니 곧 그리스도가 고난을 받으실 것과 죽은 자 가운데서 먼저 다시 살아나사 이스라엘과 이방인들에게 빛을 전하시리라 함이니이다 하니라(행 26:22-23).

22절에 보면 재미있는 표현이 있습니다. '하나님의 도우심을 받아'라는 표현인데, 이 말을 우리가 쓰는 것과 바울이 쓰는 것이 조금 다릅니다. 우리가 '하나님의 도움을 받았다', '은혜를 받았다' 할 때는 대개 어떤 의미를 갖습니까? 죽을 고비를 겪었는데 살아났다든지, 위기에 부딪혔는데 하나님이 도와주셔서 피하게 되었다든지, 죽을병에 걸렸는데 하나님의 은혜로 살아나게 되었다는 뜻으로 해석합니다. 즉, 하나님의 은혜로 내가 여기 있게 되었다는 뜻입니다.

그런데 바울은 '하나님의 도움'이라는 표현을 다르게 해석합니다. 그는 오늘날까지 높고 낮은 사람 앞에 서서 복음을 증거하게 된 것을 하나님의 은혜라고 생각합니다. 내가 병들거나 위기에 처하거나 편안한 것이 중요한 게 아니라, 어떤 형편에서든지 예수님을 증거할 수 있는 기회를 주신 것이 하나님의 은혜요, 하나님이 도우신 것이라고 해석합니다.

## 나의 위기는 하나님의 기회

하나님은 우리에게 복음을 전할 많은 기회를 주셨습니다. 그것을 하나님의 도움이라고 생각해 본 적이 있습니까? 그것을 하나님이 주신 은혜라고 해석해 본 일이 있습니까? 하나님은 우리의 위치나 지위를 통해서, 또 우리의 여러 가지 상황을 통해서 전도할 수 있는 사람과 영향력을 주셨습니다. 그런데 우리는 할까 말까 고민하다가 '전도하고 나면 불편해지니까 하지 말지' 하면서 쉽게 넘어갑니다. 하나님은 우리에게 많은 기회를 주셨지만, 우리는 그것을 은혜로 보거나 하나님의 기회로 보지 않은 것입니다. 우리는 감옥에 들어가는 것도 기회요, 굶주리는 것도 기회요, 돌에 맞아 죽을 뻔한 것도 기회요, 오해받은 것도 기회라고 해석하지 않는 것입니다.

그러나 바울은 그렇게 해석했습니다. 바울에게 있어 성공과 실패는 별로 중요한 것이 아니었습니다. 살아도 주를 위하여 살고 죽어도 주를 위하여 죽기에, 죽는 것도 그에게는 그렇게 중요하지 않았습니다. 사람들이 나를 칭찬하느냐, 오해하느냐도 별로 중요하지 않았습니다. 오해를 받아서라도 복음을 전할 수 있다면, 병들어서라도 복음을 전할 수 있다면, 그는 그것을 하나님의 은혜라고 해석했습니다.

바울과 우리에게는 이런 차이가 있습니다. 고난의 해석이 다르고, 축복의 해석이 다릅니다. 이렇게 보면 바울은 세상 사람들이 말하는 표현처럼 미친 것입니다. 정상적인 사람의 눈에는 미쳐도 단단히 미친 것처럼 보일 것입니다. 많은 어른들이 자기 자식이 예수를 열심히 믿으면, 처음에는 잘 봐주다가도 정도가 좀 지나치다 싶으면 이런 말을 합니다. "야, 예수는 그렇게 믿는 게 아니다. 정신 차리고 믿어라." 이 말은, '모든 것을 하나님 중심으로 믿지 말고, 사람 중심으로 믿으라'는 것입니다. 인간이 생각하는 어떤 틀 속에서 예수를 믿는 것이 정상이라고 말하는 것입니다.


## 믿음은 상식을 초월한다

이러한 바울의 변증을 듣고 베스도 총독은 굉장한 충격을 받았습니다.

바울이 이같이 변명하매 베스도가 크게 소리 내어 이르되 바울아 네가 미쳤도다 네 많은 학문이 너를 미치게 한다 하니(행 26:24).

"바울아, 네가 미쳤구나." 베스도 총독은 너무 놀라 이렇게 말했습니다. 이 말은 무슨 뜻일까요? 베스도 총독이 흔들리고 있다는 뜻입니다. 받아들이든 받아들이지 못하든, 진리가 선포되면 사람은 흔들리게 되어 있습니다. 무슨 말을 하는데 상대방이 화를 크게 내는 이유는 무엇입니까? 그 말이 사실이기 때문입니다. 사실일수록 상대방의 반응이 거친 것입니다. 사실이 아니면 그렇게 흥분할 이유가 없습니다. 그것이 사실이기 때문에 당황하고 흔들리는 것입니다.

베스도도 마찬가지입니다. 바울은 무식한 사람이 아닙니다. 베스도 총독이 인정했던 것처럼, 그는 율법에 정통한 학자입니다. 베스도처럼 믿음이 없는 사람은 믿음 있는 사람들을 이해하기가 어렵습니다. 그러나 복음은 상식이나 합리성이나 경험 안에서 갖춰지는 것이 아닙니다. 만일 그렇다면, 그것은 믿음이 아닙니다. 믿음은 상식을 초월하는 것입니다. 그런데 어떤 사람은 예수의 이름을 가지고 상식 이하의 행동을 하기도 합니다. 그것을 보고 사람들은 '저건 아닌데' 하며 갈등하지만, 본인은 믿음이라고 계속 주장합니다. 그러나 그것은 복음이 아닙니다. 복음은 상식을 뛰어넘는 것입니다. 누가 바울을 이렇게 만들었습니까? 예수 그리스도입니다.

당신이 믿는 분은 인간이 아니라 하나님이십니다. 하나님의 아들이십니다. 예수님이 십자가에 피 흘려 돌아가시고 그분이 부활하신 것이 사실이라면, 그렇게 사는 것이 마땅하지 않겠습니까?

이재환 선교사님과는 한 10년쯤 교제했는데, 10년 전이나 지금이나 하나도 변한 게 없습니다. 언제나 그 옷차림이요, 신앙적인 태도도 그때나 지금이나 똑같습니다. 한번은 자기의 마지막 소유물인 만년필을 아들이 달라 했을 때, 그것만은 갖고 싶었다는 이야기를 했습니다. 그것이 그의 마지막 소유인데 그것마저 달라고 하니 조금 갈등이 생겼다고 했습니다. 하지만 그 만년필까지 주고 나자 정말 자유로웠다고 합니다. 그의 말을 듣고 저는, '어쩜 저렇게 자유로운 사람이 있을까?' 하는 생각을 했습니다. 어디서 무슨 일을 얼마나 많이 하느냐보다 중요한 것은 마음의 태도와 삶의 자세입니다.

오순절 날 성령이 임했을 때도 사람들은 미쳤다고 했습니다. 사도행전 2장 12-13절에 보면, "다 놀라며 당황하여 서로 이르되 이 어찌된 일이냐 하며 또 어떤 이들은 조롱하여 이르되 그들이 새 술에 취하였다"라고 했습니다. 아침부터 방언하고 찬송하는 사람들의 얼굴에서 빛이 났을 것입니다. 그들에게는 예수님을 만난 감격스러움이 있었을 것입니다. 예수님을 만난 사람들은 하나의 새로운 사상이나 이념이나 종교를 만난 사람과는 다릅니다.

바울이 이르되 베스도 각하여 내가 미친 것이 아니요 참되고 온전한 말을 하나이다 왕께서는 이 일을 아시기로 내가 왕께 담대히 말하노니 이 일에 하나라도 아시지 못함이 없는 줄 믿나이다 이 일은 한쪽 구석에서 행한 것이 아니니이다(행 26:25-26).

바울은 이렇게 말했습니다. "베스도 각하여, 나는 미친 게 아닙니다. 지금 나는 참된 말을 하고 있습니다. 왕께서 이 일을 다 아시지 않습니까? 이것이 어디 구속해서 된 일입니까? 비밀스럽게 된 일입니까? 온 천하가 다 아는 일 아닙니까?" 베스도의 시각에서 보면 바울의 언행은 미쳤다고 말할 수밖에 없습니다. '왜 그는 스스로 손해를 보는가? 왜 그는 스스로 고난을 택하는가? 왜 그는 변명할 기회가 있음에도 변명하지 않는 것인가?' 결국 가장 무서운 싸움은 자신 안에 있습니다. 다른 사람과 싸우는 것이 아니라, 자신과 싸우는 것입니다.

아그립바 왕이여 선지자를 믿으시나이까 믿으시는 줄 아나이다
(행 26:27).

드디어 바울은 아그립바 왕에게 도전합니다. 아그립바 왕은 더이상 들을 힘도, 반격할 힘도 없었습니다. 베스도 총독이 흔들렸던 것처럼, 아그립바 왕도 흔들렸습니다. 사실 그는 자기 누이동생과 동거하는 등 말하기 부끄러운 사람입니다. 그러면서도 왕의 자리에서 권력을 누리는 아주 특이한 사람인데, 그가 당황하기 시작합니다.

아그립바가 바울에게 이르되 네가 적은 말로 나를 권하여 그리스도인이 되게 하려 하는도다(행 26:28).

그가 정신 차렸기에 망정이지, 그냥 예수 믿을 뻔했습니다. "네가 적은 말로 나를 권하여 그리스도인이 되게 하려 하는도다"라는 말은 그리스도인이 될 뻔했다는 말입니다. 이때야말로 베스도 총독이나 아그립바 왕이 그리스도인이 될 수 있는 유일한 기회였습니다. 만약 아그립바 왕이 감옥에 있거나 암에 걸렸거나 파산했다면, 그때는 예수를 믿었을 것입니다. 힘이 없거나 권력이 없거나 재판장이 아니었다면, 그는 예수를 믿었을 것입니다. 그러나 그가 왕이 된 것이, 총독이 된 것이 화근이었습니다. 예수 믿을 기회가 왔음에도 불구하고 그의 주변 환경은 그가 쉽게 예수님을 영접하지 못하도록 만들었던 것입니다.

당신은 어떻습니까? 당신의 성공이, 당신의 유명함이, 당신의 자신만만함이 하나님 앞에 나아가는 것을 막고 있지는 않습니까? 이런 경우도 있습니다. 나 혼자 믿는 건 괜찮은데, 내가 예수 믿으면 주변 사람이 다치기 때문에 못 믿는다고 합니다. 어떤 의미에서 우리의 지위나 부, 환경은 우리를 동아줄로 묶고 있는 그런 것일지도 모릅니다. 자유롭지가 않습니다. 내가 그 위치를 지키려면 어쩔 수 없이 주변 환경을 살려야 되기 때문에 잘못된 줄 알면서도 그냥 그렇게 가는 것입니다. 당신의 주변 환경들이 주님을 섬기는 데 방해가 됩니까, 아니면 도움이 됩니까? 흔들릴 때 믿으십시오.

## "나처럼 되라"고 말할 수 있는가

바울이 이르되 말이 적으나 많으나 당신뿐만 아니라 오늘 내 말을 듣는 모든 사람도 다 이렇게 결박된 것 외에는 나와 같이 되기를 하나님께 원하나이다 하니라(행 26:29).

사도 바울은 다음과 같이 담대하게 말합니다. "말을 많이 했거나 적게 했거나 그것은 중요하지 않습니다. 지금 제가 이렇게 결박당한 것 외에는 다 저처럼 되기를 원합니다." 저는 사도행전을 강해하면서 이 말씀에 굉장한 도전을 받았습니다. 설교를 준비하면 할수록 스스로가 찔립니다. 사도 바울을 보면 거울을 보는 것 같습니다. 바울은 이렇게 말했습니다. "내가 부자거나 성공했거나 유명하기 때문이 아니라, 내가 예수를 가지고 있기 때문에 결박당한 것 외에는 다 나처럼 되기를 원한다." 얼마나 자유롭고 놀라운 말입니까?

이 말씀 속에서 두 가지를 생각해 볼 수 있습니다. 하나는, 예수님은 최악의 상황에서도 삶에 최선의 의미를 주신다는 것입니다. 바울이 이렇게 말했다는 사실보다 더 중요한 것은, 그렇게 말할 수 있도록 해 주신 분이 누구였냐는 것입니다. 당신은 "나처럼 되라"고 자녀에게 말할 수 있겠습니까? "아버지 직업을 계승해라. 다 나처럼 살아라"라고 말할 수 있겠습니까? 대부분의 사람들은 이렇게 말합니다. "나는 이렇게 살았지만, 너는 나처럼 살지 마라." 자기 자식에게만은 그렇게 해 주고 싶은 게 부모의 심정입니다. 바울은 감옥에 갇힌 것이나 이렇게 결박당한 것은 닮지 말고, 다 자기처럼 되라고 말했습니다.

이 말씀 속에서 한 가지 더 생각해 볼 것이 있습니다. 무엇을 가리켜 인생에서 성공했다고 말할 수 있겠습니까? 저는 이 말을 할 수 있으면 인생 마감을 잘했다고 생각합니다. 자기 자식에게 그리고 주변에 있는 많은 사람들에게 "나처럼 살아라"라고 말할 수 있다면, 그는 후회 없는 인생을 마감한 것입니다. 저는 우리가 이렇게 말할 수 있게 되기를 바랍니다. "나는 세상적으로는 그렇게 성공하지 못했다. 그러나 너에게 분명히 말할 수 있는 것이 하나 있다. 내가 믿은 예수, 그분은 나를 속인 일도, 약속을 바꾼 일도 없이 신실하게 나의 삶을 인도해 주셨다." 자녀들에게 이런 간증을 할 수 있다면, 당신은 성공한 것입니다.

이에 아그립바가 베스도에게 이르되 이 사람이 만일 가이사에게 상
소하지 아니하였더라면 석방될 수 있을 뻔하였다 하니라(행 26:32).

아그립바 왕은 바울의 진실함과 그의 믿음을 보았습니다. 저는 이 말씀을 통해서 이런 생각을 합니다. 우리를 박해하고 괴롭히는 사람에게도 우리는 진실을 알게 해야 한다는 것입니다. 바울은 아그립바 왕을 설득시켰습니다. 그래서 아그립바 왕은, "당신이 가이사에게 호소하지 않았더라면 오늘 내가 석방시켜 줄 수 있었을 텐데"라고 말했습니다. 그러나 하나님의 계획은 사람의 손에 있지 않습니다. 석방될 기회가 있었을지라도 바울은 로마로 가야 합니다. 그것이 하나님의 뜻이기 때문입니다.

# 27

# 로마로 향하는 바울

사도행전 27:1-20

## 이달리야로 떠나는 여정

얼마 전, 문화 대혁명을 거친 중국의 한 작가를 만났습니다. 그분이 그린 그림은 사막을 걷고 있는 낙타 세 마리였는데, 그 작품을 저에게 이렇게 해석해 주었습니다. 문화 대혁명을 겪을 때 그들은 맨발로 쫓겨 나갔다고 합니다. 갈 데도 없고, 미래도 없고, 소망도 없던 죽음의 시대에 자기들의 심정을 이 사막을 걷는 낙타로 표현했다고 했습니다. 처절하고 암울했던 그 시절, 모든 것을 박탈당하고 정처 없이 가는 모습이 사막을 걷고 있는 낙타의 모습과 비슷했다는 것입니다.

사도 바울은 이제 예루살렘을 떠납니다. 로마로 향하는 배를 타야 합니다. 그만큼 고생했으면 이제는 보상이 주어져야 할 나이임에도 불구하고 또다시 정처 없이 떠나야 하는 그의 심정을 저는 쇼스라는 한 작가의 이야기에 연결했습니다. 그는 죄인의 모습으로 백부장의 호위를 받으며 쇠사슬에 묶인 채 떠나야 합니다. 그 나이에 얼마나 쉬고 싶었겠습니까? 젊었을 때는 철이 없어 이리저리 뛰었다 하더라도 나이가 들면 좀 안정하고 싶고 편안해지고 싶은 것이 사람의 본능입니다.

우리가 배를 타고 이달리야에 가기로 작정되매 바울과 다른 죄수 몇 사람을 아구스도대의 백부장 율리오란 사람에게 맡기니 아시아 해변 각처로 가려 하는 아드라뭇데노 배에 우리가 올라 항해할새 마게도냐의 데살로니가 사람 아리스다고도 함께하니라(행 27:1-2).

바울 혼자만 호송된 것이 아니라, 그때 그 주변에 있던 여러 죄수들도 함께 팀이 되어 한 배에 올랐습니다. 호송 책임자로는 백부장 율리오라는 사람이 선택되었습니다. 생각해 보십시오. 바울이 그때 소유한 것이 무엇이 있었겠습니까? 감옥에 갔다가 돌아올 집이라도 있으면 얼마나 안심이 되겠습니까? 그러나 그는 집도 없었고, 자기를 뒤에서 돌보며 변호사를 선임할 가족도 없었습니다. 그가 가진 것은 쇠사슬뿐이었습니다. 그는 가고 싶은 곳에 마음대로 가지도 못합니다. 하고 싶은 것을 마음대로 할 수 있는 처지도 아닙니다. 그렇지만 그는 누구보다도 많은 것을 소유한 사람이요, 누구보다도 자유로운 사람이었습니다. 그의 마음에는 기쁨이 충만했습니다.

바울이 탄 배는 죄수들을 호송하는 특수선이 아니라, 아시아 해변의 각 곳에 사람들과 짐을 실어 나르는 운항선이었습니다. 그래서 거기에는 죄수들만 있는 것이 아니라, 장사하는 사람들이나 왕래하는 사람들도 함께 한 배를 탔습니다. 어떤 면에서는 쇠사슬에 매여 있는 죄수의 몸이기 때문에 부끄러운 모습이요, 피곤한 여정

일 것입니다.

그런데 재미있는 것은, 그런 중에서도 아주 작은 위로가 되는 사건 하나를 발견하게 됩니다. 2절에 보면 마게도냐의 데살로니가 사람 아리스다고가 동행했다고 기록되어 있습니다. 아리스다고는 우리가 알듯 말 듯 한 사람입니다. 디모데와 같은 유명한 사람은 아니라는 말입니다. 사도행전 19장 29절에 보면, 에베소에서 대소동이 일어났을 때 바울이 피신해 가는 중에 대신 잡힌 사람이 두기고와 아리스다고입니다. 그러니까 이 아리스다고는 바울이 처음 회심했을 무렵에 전도를 받아 예수를 믿고 따라다녔던 사람인 것 같습니다.

사도행전 20장 4절에 보면, 박해가 왔을 때 이 아리스다고는 두로아에 미리 가서 길을 마련해 줍니다. 바울이 도착하기 전에 미리 가서 준비해 주는 사람, 일종의 수행원이나 비서 같은 역할을 했던 사람입니다. 그러면서도 앞에 나타나지 않았던 사람입니다. 유일하게 이 아리스다고가 바울을 후송해 가는 그 배에 같이 탔습니다. 이 사람이 바울에게 얼마나 큰 위로가 되었을까요? 그는 무엇이든지 이야기할 수 있고, 바울을 뒷바라지해 줄 수 있는 사람이었습니다.

이튿날 시돈에 대니 율리오가 바울을 친절히 대하여 친구들에게 가서 대접받기를 허락하더니(행 27:3).

이러한 바울에게 또 하나의 위로가 되었던 일은, 가이사랴를 떠나 시돈이라는 곳에 잠시 머물렀던 것입니다. 거기서 그는 자기가 전도했던 사람, 안면이 있는 그리스도인들을 만나는데, 아마 바울이 평소에 신임이 있었기 때문에 백부장이 머물도록 허락해 준 것 같습니다. 그는 머물면서 짧은 시간 동안 이런저런 이야기를 나누었을 것입니다. 다시 헤어지면 언제 또 만날지 모르지만, 이런 일들이 바울에게는 큰 위로가 되었을 것입니다.

사실 이번 여행은 굉장히 어려운 여정입니다. 여행하기에는 썩 좋지 않은 기간에 바울이 출발했기 때문입니다.

또 거기서 우리가 떠나가다가 맞바람을 피하여 구브로 해안을 의지하고 항해하여 길리기아와 밤빌리아 바다를 건너 루기아의 무라 시에 이르러 거기서 백부장이 이달리야로 가려 하는 알렉산드리아 배를 만나 우리를 오르게 하니(행 28:4-6).

이 배는 정상적인 항해를 하지 못하고 구브로 해안 쪽으로 항해합니다. 그러다 무라라는 곳에서 배를 바꿔 타게 됩니다. 이제 드디어 로마로 가는 큰 알렉산드리아 배를 타게 된 것입니다.

배가 더디 가 여러 날 만에 간신히 니도 맞은편에 이르러 풍세가 더 허락하지 아니하므로 살모네 앞을 지나 그레데 해안을 바람막이로 항해하여 간신히 그 연안을 지나 미항이라는 곳에 이르니 라새아 시에서 가깝더라(행 27:7-8).

배가 바람 때문에 정상적인 속도로 가지 못해, 여러 날 만에 간신히 니도 맞은편에 이르게 되었습니다. 7-8절에 보면 '간신히'라는 표현이 자주 나오는데, 이것으로 보아 풍랑 때문에 얼마나 고생했는지를 알 수 있습니다.

바울은 비교적 육지의 경험도 많았지만, 바다의 경험도 많았습니다. 3차 전도 여행을 통해서 그는 그 지역을 수없이 들락날락했는데, 고린도후서 11장 25절에 보면 세 번 파선한 경험이 있었다고 말합니다. 그는 바다에서의 경험이 많았기 때문에, 지금 날씨가 굉장히 좋지 않다는 사실을 잘 알고 있었습니다.

## 유라굴로 광풍을 만나다

여러 날이 걸려 금식하는 절기가 이미 지났으므로 항해하기가 위태한지라 바울이 그들을 권하여 말하되 여러분이여 내가 보니 이번 항해가 하물과 배만 아니라 우리 생명에도 타격과 많은 손해를 끼치리라 하되(행 27:9-10).

바울의 경험과 기도와 신앙적인 통찰력으로 볼 때, 이번 여행은 몹시 위태한 느낌이 들었던 것 같습니다. 여러 가지 징조가 썩 좋지 않아서, 그는 여기에 오래 머물다 갔으면 좋겠다는 의견을 제시합니다. 이번 항해는 하물과 배뿐 아니라 생명에도 큰 타격을 줄 만한 위험 요소가 있다고 권면하지만, 그의 신분이 죄인이기에 그의 의견은 묵살당합니다. 바울은 자신의 경험으로 의견을 말하지만, 이 말씀에는 예언적인 성격이 있는 것을 보게 됩니다. 결국 바울이 예감한 대로, 이 배는 나중에 큰 광풍을 만나 배가 깨어지고 모든 사람이 죽을 수밖에 없는 아주 심각한 경험을 하게 됩니다. 바울의 조언을 백부장 율리오가 듣지 않았기 때문입니다.

백부장이 선장과 선주의 말을 바울의 말보다 더 믿더라(행 27:11).

재미있는 표현이 있습니다. "백부장이 선장과 선주의 말을 바울의 말보다 더 믿더라." 아주 그럴듯한 말입니다. 사실 바다와 기후에 대해서 선장과 선주만큼 잘 아는 사람이 어디 있겠습니까? 세상 말로 하면 그들은 전문가입니다. 따라서 바울의 말보다는 바다의 경험이 많은 선장과 선주, 즉 전문가의 말을 듣는 것이 백부장으로서는 올바른 선택이었습니다. 죄수요, 외모도 별 볼 일 없는 바울의 말에 귀 기울이지 않았다는 것은 '당신이 뭘 알겠느냐' 하는 말입니다.

그 항구가 겨울을 지내기에 불편하므로 거기서 떠나 아무쪼록 뵈닉스에 가서 겨울을 지내자 하는 자가 더 많으니 뵈닉스는 그레데 항구라 한쪽은 서남을, 한쪽은 서북을 향하였더라(행 27:12).

그들은 선장과 선주의 충고에 따라 뵈닉스, 즉 그레데 항구에 가서 겨울을 보내기로 결정하게 됩니다. 그것은 한쪽은 서남을, 한쪽은 서북을 향한 곳이었습니다. 그들은 선장과 선주의 말을 듣고 일단 떠납니다. 배는 출발했습니다. 떠나는 날 아침, 남풍이 순하게 불었습니다. "역시 노련한 전문가의 말이 맞구나. 그 사람의 충고를 받아들인 것이 얼마나 다행인가" 하며 그들은 기뻐했습니다. 그리고 그들은 그레데를 향해 돛을 달았습니다.

남풍이 순하게 불매 그들이 뜻을 이룬 줄 알고 닻을 감아 그레데 해변을 끼고 항해하더니 얼마 안 되어 섬 가운데로부터 유라굴로라는 광풍이 크게 일어나니 배가 밀려 바람을 맞추어 갈 수 없어 가는 대로 두고 쫓겨 가다가(행 27:13-15).

그러나 순풍은 영원한 순풍이 아니었습니다. 어떤 사람은 축복받을 때 그것이 영원한 축복인 줄 압니다. 그러나 그렇지 않습니다. 반대로 영원한 고난도 없습니다. 고난이나 축복은 하나님의 손안에 있습니다. 하나님의 손안에 있을 때, 고난도 축복이 되는 것입니다. 그들은 순풍에 돛을 달고 항해하기 시작했습니다. 그러나 이것이 웬일입니까? 얼마 가지 못해 섬 가운데서 유라굴로라는 광풍을 만나게 된 것입니다. 배가 밀리면서 자기 마음대로 갈 수 없게 된 것입니다.

저는 여기서 인생의 정의를 발견합니다. 인생이란 가고 싶은 대로 가는 것이 아니라, 가는 대로 끌려가는 것입니다. 내가 가고 싶은 대로 인생을 끌고 가는 것이 아닙니다. 그렇다면 우리는 안 죽어도 될 텐데, 죽습니다. 병들지 않아도 될 텐데, 병이 듭니다. 모든 사람의 사업이 잘돼야 할 텐데, 사업이 생각대로 잘되지 않습니다. 인간관계가 생각대로 잘되지 않습니다. 내 인생을 내가 끌고 가는 것처럼 보이지만, 그것은 속임수입니다. 어떤 사람은 나이가 들어서까지 여기에 속아 살아갑니다. 내 인생은 내가 끌고 갈 수 있으며, 내가 결정할 수 있다고 생각하는 것입니다. 그런 생각을 오래 할수록 불행은 커집니다. 빨리 자신의 주제를 파악하고 돌아와야 합니다. 어쩌면 이 유라굴로 광풍을 만난 배처럼, 우리는 할 수 없이 끌려가고 있는 것인지도 모릅니다.

## 왜 고난에 빠지는가

우리는 이 장면에서 몇 가지 중요한 영적 교훈을 배우게 됩니다. 왜 그들은 이런 고난에 빠지게 되었을까요?

## 영적 권위자의 충고를 듣지 않음

첫째는, 하나님의 사람의 충고를 듣지 않았기 때문입니다. 물론 그 사람의 말을 따르는 것이 어려웠을지도 모르겠습니다. '비전문가인 죄수가 무엇을 알겠느냐. 선장과 선주의 말보다 더 좋은 충고가 어디 있겠느냐' 하는 것입니다. 왜 그들이 바울의 충고를 듣지 않았을까요? 세상 사람들은 하나님의 사람의 충고를 듣지 않습니다. 믿음이 없는 사람들은 믿음의 사람들을 보는 눈이 없습니다. 이 말은, 그들이 목사나 선교사이기 때문에 다르다는 말이 아닙니다.

믿음의 사람을 보는 눈이 있어야 합니다. 믿음의 사람은 믿음의 사람을 알아봅니다. 하나님의 사람은 하나님의 사람을 발견하는 눈이 있습니다. 바울은 하나님의 사람이었습니다. 그러나 백부장 율리오는 하나님의 사람을 보는 눈이 없었습니다. 그 사람의 충고가 보통 일반적인 충고였다고 생각한 것입니다. 당신은 어떻습니까? 당신은 중요한 결정을 할 때 누구의 충고를 듣습니까? 누구와 의논합니까?

우리는 잘못된 충고를 받아들여 패가망신한 사람들의 이야기를 많이 듣습니다. 어떤 일을 결정할 때, 우리는 전문가를 동원해서 그들의 조언을 듣습니다. 전문가를 동원해서 이야기를 들으면 세상이 다 잘되어 갈까요? 그렇다면 우리나라는 훨씬 좋아졌어야 할 것입니다. 전문가는 꼭 필요하지만, 거기에 하나님이 함께 계셔야 합니다. 정치, 교육, 사회, 경제 등 모든 문제에 대해서 목사가 무엇을 알겠습니까? 그러나 당신이 귀 기울여야 하는 이유는, 전문적 지식 때문이 아니라 하나님의 사람이 하는 충고이기 때문입니다. 그 사람이 뭘 몰라도 괜찮습니다. 그러나 영적 분별을 하기 때문에, 당신이 그 영적 분별에 관심을 가져야 된다는 것입니다. 그 영적 분별은 곧 하나님과의 관계요, 믿음의 선택입니다.

결정해야 할 문제가 있다면 하나님과 의논하십시오. 만약 당신에게 충고해 줄 만한 하나님의 사람이 없다면, 새벽마다 무릎 꿇고 1년만 기도하십시오. 그러면 아무리 미련한 사람이라도 하나님이 모든 것을 가르쳐 주실 것입니다. 자녀를 출가시키는데 1년간 새벽 기도도 안 하고 선택하는 그런 위험한 일이 어디 있겠습니까? 그것처럼 무모한 일이 어디 있겠습니까? 당신의 자녀가 군대를 가도 기도해야 합니다. 하나님의 사람의 충고에 귀 기울이십시오. 전문 지식이 없어도 좋습니다. 영적인 분별을 할 수 있는 것이 중요하다는 말입니다.

## 순풍에 마음을 빼앗김

둘째는, 순풍에 속았기 때문입니다. 그레데 섬으로 방향을 돌리는 순간 남풍이 순하게 불자 사람들은 좋아했습니다. 역시 전문가라 다르다고 생각했을 것입니다. 우리는 일시적인 승리가 곧 영원한 승리는 아니라는 사실을 알아야 합니다. 모든 것이 잘되어 간다고 교만하지 말아야 합니다. 교만은 패망의 선봉입니다. 그것이 잘

되는지 안 되는지보다는, 그것이 하나님의 뜻에 합당한 것인지, 아닌지를 생각해야 합니다. 모든 일이 잘되어 간다 할지라도 하나님이 안 좋아하시거나 그분의 뜻이 아니라고 생각되면, 혹은 성경적인 것이 아니라고 판단되면 다시 생각해야 합니다. 일시적인 현상이 아니라 지속적인 현상이어야 합니다. 모든 것을 살피고 난 후에 결정해도 늦지 않습니다. 너무 조급하게 결정하지 마십시오. 한 번 더 기도하고 결정하십시오. 한 번 더 무릎 꿇고 결정하십시오.

사람들은 어려운 일에 부딪히면 가장 먼저 사람을 찾습니다. 내가 해볼 만할 정도면 내가 다 해 버립니다. 돈으로 해결할 수 있는 것은 하나님을 찾지 않고 돈으로 해결합니다. 사람이 해결할 수 있는 것은 사람을 찾아 해결합니다. 하지만 그러다 심각한 상황이 되면, 그제야 하나님을 찾습니다. 이것저것 다 해보고 안 될 때, 마지막으로 하나님을 찾는 것입니다. 순풍에 속지 마십시오. 처음부터 하나님을 찾아와 축복받는 삶을 사십시오.

## 유라굴로 광풍을 만남

셋째는, 유라굴로 광풍을 만났기 때문입니다. 기억하십시오. 인생이란 순풍에 돛 단 것이 아니라, 그 자체가 유라굴로 광풍을 만나는 일엽편주(一葉片舟)입니다. 유라굴로라는 말에는 동북풍이라는 뜻이 있습니다. 인생은 결코 잔잔한 호수가 아니라는 말입니다. 그런 것을 기대하지 마십시오. 예수 믿는 것이 만병통치약입니까?

그렇지 않습니다. 잘될 수도 있고 안 될 수도 있습니다.

그래서 사도 바울은 '죽어도 주를 위하여, 살아도 주를 위하여' 라고 말했습니다. 부나 성공이나 번영은 우리의 궁극적인 목표가 아닙니다. 궁극적인 목표는 하나님 나라입니다. 하나님을 이용해서 잘되는 것 자체가 우리의 목표가 아니라는 것입니다. 예수 믿으면 복 받고, 건강하게 되는 것은 사실입니다. 그러나 그것이 목표는 아닙니다. 하나님은 우리에게 영광스런 개선가를 부를 수 있는 축복을 주셨습니다. 이것은 곧 십자가의 승리입니다.

어느 날 갑자기 들이닥친 광풍이 있을 수 있습니다. 사람들은 그것을 피하기 위해 미신이나 우상을 갖습니다. 그러나 그리스도인의 신앙은 그런 것이 아닙니다. 영광스런 주님을 위해 스스로 고난을 자초하는 것입니다. 욥이 어느 날 유라굴로 광풍을 만납니다. 열 명의 자식과 가산을 잃어버리고, 양들과 소들이 다 죽습니다. 자기의 사랑하는 부인도 나중에는 '하나님을 저주하고 죽으라'고 말합니다.

못사는 사람이 못사는 건 참을 수 있지만, 잘살던 사람이 못사는 건 정말 어렵습니다. 욥이 하나님의 축복을 받고 잘살다가 하루아침에 자식도 잃고 아내도 떠나고 몸에 병이 들었습니다. 욥은 기왓장으로 자기 피부를 긁었다고 합니다. 얼마나 힘들었을까요? 그래도 가려움이 그치지 않았다고 합니다. 그의 인생에 유라굴로 광풍을 만난 것입니다.

우리는 욥처럼 훌륭하지 않아서 그런 고난까지는 안 주실 것입니다. 무언가가 안 될 때는 이것도 안 되고 저것도 안 됩니다. 손대는 것마다 안 됩니다. 폭풍과 광풍이 몰아쳤을 때, 그 배에 탄 사람들이 할 수 있는 것은 아무것도 없었습니다. 이것이 인생입니다. '이제 우리는 죽게 되었구나' 하는 공포감 외에 그들이 가질 수 있는 것은 아무것도 없었습니다. 광풍을 만난 사람들은 첫째, 무력하다는 것을 깨닫습니다. 노를 열심히 저어 보지만 배가 생각한 대로 가지 않습니다. 돛을 세운 대로 방향을 잡지도 않습니다. 이것이 유라굴로 광풍입니다.

어떤 사람은 이미 유라굴로 광풍을 겪었을 것입니다. 인생의 시련 앞에 인간이 할 수 있는 것은 아무것도 없습니다. 나의 노력, 나의 의지, 나의 성실, 나의 방법이 통하지 않는 무력함을 느끼는 것입니다. 인생은 언제부터 눈을 뜹니까? 내가 할 수 있는 것이 없다는 사실을 깨달을 때부터입니다. 이것이 율법과 은혜의 관계입니다. 내 노력이나 방법대로 예수님이 잘 믿어지지 않습니다. 이것을 깨닫는 것이 은혜에 들어가는 시작입니다.

유라굴로 광풍을 만난 사람은 자신이 무력하다는 사실을 깨닫습니다. 내 노력이 소용이 없구나 하는 것을 깨닫는 것입니다.


가우다라는 작은 섬 아래로 지나 간신히 거루를 잡아 끌어올리고 줄을 가지고 선체를 둘러 감고 스르디스에 걸릴까 두려워하여 연장을 내리고 그냥 쫓겨 가더니(행 27:16-17).

그들은 가우다라는 작은 섬에 소망을 겁니다. 조그만 배를 내리고 이 배가 깨질까 봐 그 거룻배를 이용해서 배에다 동아줄을 묶는 작업부터 합니다. 스르디스는 모래톱입니다. 배가 걸릴 수 있는 일종의 암초 같은 것을 의미합니다. 닻을 내렸는데도 잘 안 되어서 쫓겨 가는 모습을 보게 됩니다. 배에 동아줄을 매고 닻을 내려 봐야 아무런 의미가 없다는 것입니다. 이제는 선장의 기술도, 백부장의 명령도 통하지가 않습니다. 오히려 그런 노력이 더 거추장스러울 뿐입니다. 이것이 유라굴로 광풍을 만났을 때 생기는 한 현상입니다.

## 버리지 못하는 많은 짐

넷째는, 배 안에 너무 많은 짐이 있었기 때문입니다. 그 모든 것을 버려야 합니다.

우리가 풍랑으로 심히 애쓰다가 이튿날 사공들이 짐을 바다에 풀어 버리고 사흘째 되는 날에 배의 기구를 그들의 손으로 내버리니라(행 27:18-19).

제일 먼저 무엇을 버렸습니까? 아까워서 어떻게 버립니까? 그러나 20년 동안 돈을 벌어 산 것이라도 버려야 합니다. 원하든 원치 않든 할 수 없습니다. 우선 살아야 하기에 그렇습니다. 짐만 버립니까? 배에 필요한 도구도 다 버려야 합니다. 우리가 그렇게 소중하게 생각했던 것들을 다 버려야 합니다. 암에 걸린 사람에게 뭐가 중요하겠습니까? 옷도 소용없고, 자동차도 소용없고, 보석도 소용없습니다. 다 소용없는 것입니다.

앞의 말씀에 보면 짐도 버리고, 배에 필요한 기구들도 모두 버렸다고 기록되어 있습니다. 세상의 소유는 우리를 행복하게 하는 것이 아니라 힘들게 합니다. 그리스도의 소유만이 우리를 영원히 행복하게 합니다. 본문 15절은 "배가 밀려 바람을 맞추어 갈 수 없어 가는 대로 두고 쫓겨 가다가"라고 말씀합니다.

## 절망

다섯째는, 절망입니다.

> 여러 날 동안 해도 별도 보이지 아니하고 큰 풍랑이 그대로 있으매 구원의 여망마저 없어졌더라(행 27:20).

해도, 별도 없다는 것은 무엇을 의미합니까? 밤과 낮이 칠흑 같은 시간이었다는 말입니다. 24시간 동안 캄캄하다는 것은 어떤 느낌일까요? 그것도 하루 이틀이 아니라 며칠 동안 칠흑 같은 어둠이 계속됐다면, 그 공포감이 얼마나 짙었을까요? 폭풍은 계속 일어나고, 해도, 별도 없습니다. 어디로 가는지도 모릅니다. 그들은 완전한 절망에 사로잡히고 말았습니다.


## 하나님의 은혜, 나의 소망

당신이 그 배에 탔다면 심정이 어떻겠습니까? 바로 그것이 인생입니다. 그것이 인생의 본질이요, 하나의 실존입니다. 그것을 주장하는 사람들이 실존주의자들입니다. 오지 않는 기차를 시골의 한 역에서 영원히 기다리고 있듯이, 소망도 없고 의미도 없이 살다가 죽어야 하는 것이 실존주의자들이 발견한 인생이었습니다.

여기서 우리는 그런 것들을 보게 됩니다. 모든 것을 다 잃어버리고 모든 노력과 의지가 다 수포로 돌아갔을 때, 사람의 마음은 편안해집니다. 그때 그는 하나님에 대해서 눈을 뜨게 됩니다. "하나님, 저 여기 있습니다. 저는 손끝 하나 움직일 수 없이 무력한 자입니다." 이렇게 고백하는 것이 구원의 시작입니다. 여기서부터 하나님의 군대들이 나타나기 시작합니다.

에스겔은 포로로 잡혀서 소망이 없고 길을 잃어버렸을 때, 하늘 문이 열리고 먹구름의 틈바구니 속에서 한 은빛 광채가 나타난 것을 보았습니다. 하나님의 보좌가 있고, 네 생물이 있고, 하나님의 군대가 360도 회전하면서 움직이는 영광스러운 나라를 본 것입니다. 이것이 구원입니다. 아직도 무엇을 주장하고 이론을 세우고 반항할 기력이 남아 있습니까? 빨리 포기하십시오. 끝까지 가지 말고 대충 이해하고 주님 앞에 엎드리십시오. 무릎을 꿇으십시오. 겸손하고 온유하게 항복하십시오. 그럴 때 당신은 영광스러운 하나님 나라에서 하나님의 은혜로 영광스러운 삶을 살게 될 것입니다.

# 28

# 바울아, 두려워 말라

사도행전 27:21-44

## 죽음의 광풍 속에서 소망을 외치다

사람은 누구든지 한두 번쯤 실수하게 되고, 또 누구든지 두려움에 사로잡혀 절망할 때가 있습니다. 일반적으로 죄를 지은 사람의 마음은 두려움으로 가득 차 있습니다. 우리나라 속담에 "도둑이 제 발 저린다"라는 말이 있는데, 그렇습니다. 죄를 지으면 두렵고 걱정이 생기고 불안해지기 마련입니다. 그러나 선을 행할 때도 이런 일이 있을 수 있습니다. 두려움이란 어떤 기대나 소망이 사라진 상태요, 더 이상 노력해 볼 수 없는 절망적인 상태에 빠졌을 때 생기는 것입니다.

사도 바울이 타고 있던 배에는 276명이 함께 타고 있었는데, 그들은 14일 동안 밤에는 별을 볼 수 없고 낮에는 햇빛을 볼 수 없는 칠흑 같은 시간을 보내야만 했습니다. 유라굴로 대광풍이 일어나 파도가 넘실대는 상황 속에서 두려움에 사로잡혀 있었습니다. 사람들은 며칠 동안 굶주렸습니다. 그때 한 사람이 절망 중에 일어나 소리치기 시작했습니다.

여러 사람이 오래 먹지 못하였으매 바울이 가운데 서서 말하되 여러분이여 내 말을 듣고 그레데에서 떠나지 아니하여 이 타격과 손상을 면하였더라면 좋을 뻔하였느니라(행 27:21).

누가 지도자입니까? 모든 사람이 두려움에 사로잡혀 절망 가운데 갈 길을 잃어버렸을 때, 홀연히 일어나 난관을 헤치고 길을 보여 주며 인도해 주는 사람을 가리켜 지도자라고 말합니다. 사도 바울은 지금, 모든 사람이 좌절하고 있을 때 한가운데 서서 담대하게 그들의 갈 길을 제시하고 있습니다. 그 사람이 죄인인가 아닌가는 중요하지 않습니다. 그 사람이 선장인가 백부장인가도 중요하지 않습니다. 실제로 어렵고 절망적인 상황에서 누가 그들을 건져 내어 소망을 주고 갈 길을 인도해 줄 수 있느냐가 중요한 것입니다.

사도 바울은 그 절망 속에서 일어났습니다. 그는 먼저 자신의 말을 듣지 않고 경솔히 항해하게 된 결과, 재산을 잃어버리고 배도 손상을 입게 된 것에 대해 이야기합니다. 그러나 바울은 이 말을 하려고 일어선 것이 아닙니다. 그가 일어선 이유는 불안과 초조와 절망 속에 있는 수많은 사람들에게, "여러분들이여, 안심하십시오. 당신들은 죽지 않습니다"라는 말을 하기 위해서입니다.

내가 너희를 권하노니 이제는 안심하라 너희 중 아무도 생명에는 아무런 손상이 없겠고 오직 배뿐이리라(행 27:22).

물건을 잃어버렸다든지, 배가 깨졌다든지 하는 것은 별로 중요하지 않습니다. 그것도 중요하고 아깝지만, 그것은 그렇게 중요한 것이 아닙니다. 가장 중요한 것은 사람의 생명입니다.

사도 바울은 지금, "배는 부서진다. 그리고 모든 재산도 다 없어진다. 그러나 걱정하지 말고 안심해라. 너희 생명은 하나님이 지켜주신다. 한 사람도 죽지 않을 것이다"라고 말합니다. 어떻게 이런 말을 할 수 있겠습니까? 지금 별빛이 보이는 것도 아니고, 햇빛이 보이는 것도 아닙니다. 파도의 수위가 낮아진 것도 아닙니다. 어제나 오늘이나 똑같이 고난과 위기는 계속되고 있습니다. 절망도 계속되고 있습니다. 그런데 바울은 이 같은 상황에서 담대하게 말합니다. 놀라운 일이 아닐 수 없습니다.

> 내가 속한바 곧 내가 섬기는 하나님의 사자가 어젯밤에 내 곁에 서서 말하되 바울아 두려워하지 말라 네가 가이사 앞에 서야 하겠고 또 하나님께서 너와 함께 항해하는 자를 다 네게 주셨다 하였으니 (행 27:23-24).

폭풍과 파도가 심한 칠흑 같은 어두움 중에 바울이 이렇게 담대하게 말할 수 있었던 이유는, 어젯밤에 하나님의 천사가 옆에 와서 말씀해 주셨기 때문입니다. 하나님의 말씀을 들은 사람은 칠흑 같은 어둠 속에서도 두려워하지 않습니다. 상황이 변하지 않아도 그것은 전혀 문제가 되지 않습니다. 당신은 천국에 가 봤습니까? 가

보지 않았는데 어떻게 천국에 대해서 확실하게 이야기할 수 있습니까? 또한 영원히 살아 본 적이 없는데 어떻게 영원을 이야기하며 부활을 증거할 수 있습니까? 우리는 십자가를 경험하지 않았지만 십자가의 능력에 대해 이야기합니다. 보는 것보다 더 확실하게 십자가와 부활과 영생과 천국을 이야기할 수 있습니다. 왜 그렇습니까? 주님이 말씀하셨기 때문입니다.

세상이 죽어 가고 병들어 가고 절망하고 좌절해도, 우리는 세상을 향해 "안심하십시오. 누구든지 주 예수 그리스도를 믿으면 구원을 얻을 수 있습니다" 하고 말할 수 있습니다. 어젯밤에 하나님이 사자를 보내시어 내 곁에 서서 말씀하셨다는 사실보다 더 분명한 메시지가 어디 있습니까? 이것보다 더 확실한 근거가 어디 있겠습니까?

바울아 두려워하지 말라 네가 가이사 앞에 서야 하겠고 또 하나님께서 너와 함께 항해하는 자를 다 네게 주셨다 하였으니(행 27:24).

## 천사의 메시지를 통해 발견한 교훈

### 두려움 가운데 만나 주시는 하나님
우리는 이 메시지를 통해서 굉장히 중요한 몇 가지 사실을 발견할 수 있습니다. 첫째는, 바울이 비록 하나님의 사람이었지만, 계속되는 폭풍 속에서 그도 우리처럼 인간적으로 염려하고 있었다는 사실입니다. 만약 바울이 염려하지 않았다면, 하나님이 이 말씀을 하지 않으셨을 것입니다. 그도 처음에는 '이 정도는 괜찮다. 견딜 수 있다' 하며 하나님을 믿고 기도했을 것입니다. 그런데 햇빛도 안 보이고 별빛도 안 보입니다. 배는 어디로 가는지 모릅니다. 짐을 다 버렸지만, 지금 배는 위기 앞에 있습니다. 그때 의심이 오고 신앙이 흔들리기 시작합니다. 바울도 두려움에 사로잡혀 있는 것을 볼 수 있습니다.

우리도 이런 경험을 많이 합니다. 분명히 하나님을 향한 믿음과 기적의 체험과 많은 간증들이 있지만, 어떤 상황에서 실제로 어려운 일을 계속 겪고 있습니다. 한 달이 가고 두 달이 가도 문제가 안 풀리고, 엎친 데 덮친 격으로 자꾸 일이 잘못되어 갑니다. 그럴 때면 누구든지 흔들릴 수 있습니다. 그렇게 굳세게 잡았던 믿음이 흔들리는 것입니다. '과연 하나님은 응답하실까? 망하는 것은 아닐까?' 하는 생각이 들 수 있는 것입니다.

우리가 어떤 비전을 가질 때, 눈을 감고 있으면 될 것 같지만, 눈을 뜨고 있으면 안 될 것 같은 불안이 있습니다. 그것이 인간이요, 우리의 믿음입니다. 아브라함을 보십시오. 아브라함은 하루아침에 믿음의 사람이 된 게 아닙니다. 하나님은 아브라함을 믿음의 사람으로 만들기 위해 무려 25년의 세월을 투자하셨습니다. 아브라함의 믿음이 위대한 것이 아니라, 하나님이 위대하신 것입니다. 아브라함은 실수를 많이 했습니다. 부인을 빼앗길 뻔하기도 했고, 첩을 통해 자식을 낳기도 했습니다. 이것이 아브라함의 현실입니다. 그렇지만 하나님은 아브라함을 포기하지 않으셨습니다. 25년의 세월을 투자하면서 그를 고쳐 믿음의 사람으로 만드신 것입니다.

모세는 홍해가 갈라지는 현장에 있었습니다. 물이 없을 때 바위에서 물을 내시는 하나님의 기적을 목도했습니다. 만나와 메추라기를 먹었으며, 불기둥과 구름 기둥의 인도를 경험했습니다. 그렇지만 40년 동안 반복되는 그 험한 여행에서 모세는 흔들렸습니다. 그는 결국 젖과 꿀이 흐르는 가나안 땅으로 들어가지 못했습니다. 모세에게서도 인간적으로 고민했던 흔적을 많이 찾을 수 있습니다.

성경에 나오는 위대한 예언자들도 마찬가지입니다. 예레미야는, "나는 예언을 그만하고 집으로 돌아가겠다" 하며 다시는 하나님의 일을 하지 않겠다고 한 적이 있었습니다. 그러나 하나님은 그런 사람을 붙들어 쓰십니다. 그런 사람을 포기하지 않으십니다. 그렇게 흔들리고 불안하다가도 어느 날 기도하다가 하나님의 말씀을 받습니다. 그때 이 사람이 변하고 새로워지는 것입니다. 비록 사망의 음침한 골짜기를 다닐지라도 두려워하지 않게 됩니다. 하나님의 음성을 들었기 때문입니다. 마른 뼈들이 있는 곳을 다닐지라도 두려워하지 않습니다. 하나님이 거기 계시기 때문입니다. 포로 생활이 결코 두렵지 않습니다.

우리는 그때 하나님을 만나고 경험합니다. 그분을 경험하게 되면 현재 받고 있는 고난은 장차 올 영광과 족히 비교할 수 없다는 사실을 깨닫게 됩니다. 놀라운 평안과 축복이 오기 시작합니다. 어떤 때 하나님은 숨어 계십니다. 그러나 하나님은 영원히 숨어 계시지 않습니다. 어떤 때는 하나님이 침묵하시는 것처럼 보입니다. 그러나 하나님은 영원히 침묵하시지 않습니다. 하나님은 당신이 나타날 그 시간을 계산하고 계십니다. 그것이 바로 나의 좌절과 맞부딪치는 것입니다.

엘리야는 무릎을 꿇고 기도했습니다. 구름이 하나도 보이지 않았습니다. 그러나 저 끝에서 손바닥만 한 구름이 보이기 시작합니다. 그 손바닥만 한 구름이 보일 때, 엘리야의 마음은 비를 경험합니다. 어떤 때는 하나님의 음성이 들리지 않습니다. 그러나 어떤 때는 하나님의 음성이 들립니다. 어떤 때는 하나님이 보이지 않습니다. 그러나 어떤 때는 하나님이 보이기 시작합니다. 아브라함과 롯 사이에 갈등이 생겼을 때 하나님은 나타나지 않으셨습니다. 롯이 아브라함을 떠나고 나서야 비로소 하나님은 아브라함에게 나타나셨습니다.

하나님은 우리에게도 그렇게 하십니다. 하나님은 결코 침묵하지 않으십니다. 이제 곧 말씀하십니다. 하나님은 영원히 기다리지 않으십니다. 이제 곧 나타나십니다.

이 말씀을 통해서 발견하는 사실은, 바울이 하나님의 음성을 들었을 때 즉시 말하지 않고 하루쯤 뜸을 들였다는 사실입니다. 저 같으면 그런 절망적인 상황에서 하나님의 음성이 들렸다면 30분을 못 참고 하나님이 이렇게 말씀하셨다고, 당장 말할 것입니다. 그런데 바울이 '어젯밤에 내 곁에 서서 말씀하신 하나님'이라는 말을 쓰고 있는 걸 보면 24시간쯤은 지난 것 같습니다.

폭풍이 이는 칠흑 같은 어두움 속에서 절망하고 있을 때, 하나님의 음성이 들렸습니다. 그리스도인은 바로 이런 경험을 합니다. 칠흑같이 어둡고 폭풍우가 계속되는 세상 속에서 하나님의 음성을 들었던 사도 바울은 24시간 동안 기막힌 마음을 가지고 기도하고 있었을 것입니다. '바람아 불어라. 파도야 쳐라. 괜찮다. 하나님이 내게 말씀하셨다' 하면서 묵상하고 있었을 것입니다. 혹시 잘못 들은 것은 아닐까, 어떤 다른 메시지가 있는 건 아닐까 생각했는지도 모릅니다. 그러나 24시간쯤 기다리고 난 후에 바울은 결심하고 일어섭니다. "안심하십시오. 여러분은 죽지 않습니다."

저는 여기서 사도 바울의 여유를 봅니다. 하나님의 말씀을 24시간 정도 가슴에 안고 있는 바울의 모습을 연상합니다. 위기 속에서도 그는 이제 하나님을 만나는 감격과 기쁨을 가지고 기도하며 준비합니다. 여기서 바울의 겸손을 느낄 수 있습니다.

## '나의 섬기는 하나님'을 고백하는 바울의 믿음

둘째는, 바울이 믿는 하나님과 우리가 믿는 하나님과는 좀 차이가 있다는 것입니다. 바울은 하나님을 어떻게 고백합니까?

> 내가 속한바 곧 내가 섬기는 하나님의 사자가 어제 밤에 내 곁에 서
> 서 말하되(행 27:23).

　바울은 '내가 속한 하나님, 내가 섬기는 바로 그 하나님'이라고
말합니다. 바울의 하나님은 멀리 계신 하나님이 아닙니다. 귀신도
믿고 떠는데 하나님을 안 믿는 사람이 어디 있습니까? 그런데 그
하나님이 어디 계시냐는 것입니다. 그분이 '나의 하나님, 나의 아
버지시냐' 하는 문제입니다. 어떤 사람이 돈이 아무리 많다 하더
라도 내 아버지가 아니면 나와 아무 상관이 없는 것입니다.
　한 자매의 이야기를 기억합니다. 어렸을 때 부모에 의해 버려져
서 고아원에서 자란 자매입니다. 그 자매가 하나님을 믿을 때 '하
나님 아버지'라는 말을 선뜻 할 수 없었다고 합니다. 그 자매의 아
버지는 어렸을 때 그를 버리고 고아원에 집어넣었기 때문에 아버
지란 이름을 부르고 싶지 않았던 것입니다. 그런데 왜 하나님이 아
버지냐는 것입니다. 아버지에 대한 나쁜 경험이 그로 하여금 아버
지란 말을 하지 못하게 한 것입니다. 그러나 그것은 비정상적입니
다. 아버지는 기다리시는 분입니다. 마지막 희생을 하시는 분입니
다. 끝까지 용서하시는 분입니다. 그분이 우리 하나님이요, 사랑하
는 나의 아버지십니다. 내가 그분에게 속했고, 그분이 내 안에 계

십니다. 나의 모든 죄를 용서하시며, 나를 위해 당신의 아들을 십자가에 못 박혀 죽게 하시는 그분이 바로 하나님이십니다.

그래서 사도 바울은, "내가 섬기는 하나님, 내가 찬양하고 경배하며 그분을 위해서는 무엇이라도 할 수 있는 존귀하신 하나님"이라고 고백합니다. 이것이 신앙입니다. 신앙은 완성된 것이 아닙니다. 우리는 푯대를 향하여 달려가는 것뿐입니다. 매일 새롭게 변해가고 있습니다. 다 변하고 거룩해졌기 때문에 성도라고 부르는 것이 아닙니다. 조금 실수해도 용서하십시오. 자신에게 완벽한 것을 기대하지 마십시오. 우리는 언젠가 완전히 변할 것입니다. 그러나 지금은 다 불완전한 자요, 불안해하고 염려하는 사람들입니다. 그럼에도 우리는 하나님을 신뢰하며, 마지막 순간에 하나님의 얼굴을 보고 하나님의 음성을 듣게 됩니다.


## 하나님의 사자를 보내어 말씀하신 이유

그렇다면 여기서 궁금한 게 생깁니다. 하나님은 왜 바울에게 이 같은 말씀을 주셨을까 하는 것입니다. 왜 이들을 살려 주셨을까 하는 것입니다.

## 사명의 완수를 위해

바울아 두려워하지 말라 네가 가이사 앞에 서야 하겠고 또 하나님
께서 너와 함께 항해하는 자를 다 네게 주셨다 하였으니(행 27:24).

"바울아 두려워하지 말라 네가 가이사 앞에 서야 하겠고"라는
구절에서 하나님의 의도가 분명히 나타납니다. 하나님이 바울을
살려 주시고 270여 명의 사람들이 그로 인해 생명을 얻게 되는 이
유는, 바로 바울이 가이사 앞에 서야 하기 때문입니다. 기억하십시
오. 사명이 있는 사람은 죽지 않습니다. 병들어도, 망해도 죽지 않
습니다. 자신의 생애를 통해 하나님 앞에 이루어야 할 사명이 있는
사람은 절대로 사라지지 않습니다. 유라굴로 광풍도 그를 죽일 수
없습니다.

당신은 무슨 꿈을 가지고 있습니까? 무슨 야망이 있습니까? 당
신은 세상에 왜 태어났습니까? 세상에 태어난 자마다 사명이 있습
니다. 그냥 동물처럼 살라고 보내신 것이 아닙니다. 먹고 마시고
쾌락을 누리고 아이 낳고 사는 것이 전부라면 동물과 다를 바가 무
엇이겠습니까? 인생은 그것보다 더 영광스러운 존재입니다. 우리
는 하나님의 일을 하기 위해 세상에 태어난 사람들입니다. 세상을
변화시키기 위해 태어난 사람들입니다. 우리는 북한을 변화시키
고, 나아가 세계를 변화시킬 것입니다. 우리는 대한민국을 변화시

킬 것입니다. 이런 위대한 사명을 하나님이 주셨습니다.

"너는 로마를 정복하라. 로마를 정복하는 사람은 세계를 정복할 것이다. 너는 땅 끝까지 이르러 내 증인이 되라." 바울은 이런 위대한 사명을 가졌기에 그가 좋은 집에 사는가, 나쁜 집에 사는가, 매 맞고 사는가, 굶주리고 사는가 하는 것은 그리 중요하지 않았습니다. 비전이 없는 사람들은 항상 '나는 무슨 차를 타는가, 어떤 집에 사는가, 내 직업은 무엇인가' 하는 것을 중요하게 생각합니다. 그러나 비전이 있다면, 그런 것들은 중요하지 않습니다.

당신은 지금까지 어떻게 살아왔습니까? 무엇을 위해 살아왔습니까? 앞으로 어떻게 살아갈 것입니까? 왜 돈을 벌고, 왜 그 직장에 다니며, 왜 결혼했습니까? 앞으로 무엇을 할 것입니까? 하나님의 비전을 가진 사람은 영원히 외롭지 않습니다. 죽음도 그를 어떻게 할 수 없습니다. 그래서 바울은 로마를 보기까지는 절대로 죽을 수 없었습니다. 큰 꿈을 꾸십시오. 그러면 그때까지 하나님이 당신을 지켜 주실 것입니다.

## 모든 사람을 살리기 위해

또 한 가지는, 바울 한 사람 때문에 276명이 살게 되었다는 것입니다. 예레미야 5장을 보십시오. 하나님은 의인 한 사람만 있으면 내가 이 예루살렘을 멸망하지 않겠다고 말씀하십니다. 의인 한 사람의 무게는 예루살렘의 모든 죄악의 무게와 같습니다. 하나님은 아브라함에게 의인 열 명이 있으면 소돔과 고모라를 심판하지 않겠다고 말씀하셨습니다. 의인 열 명의 무게는 소돔과 고모라의 죄악의 무게와 똑같다는 것입니다. 의인 한 사람이 이렇게 귀하고 가치 있는 것입니다.

우리가 정치를 잘해서 여기까지 왔습니까? 사업을 잘하고 경제가 좋아서, 교육을 잘해서 여기까지 왔습니까? 우리 사회의 도덕성이 높아서 우리가 이만큼 잘 사는 것입니까? 아닙니다. 우리는 망해도 몇 번 망해야 할 민족이지만, 하나님이 봐주셔서 이만큼 사는 것입니다. 의인 몇 사람이 이 땅에 숨어 있기 때문입니다. 그들은 가난하고 병들고 소외당했을지 모릅니다. 그러나 무릎 꿇고 기도하는 의인들이 있습니다.

수많은 선교사들이 이 땅에 들어와 순교의 피를 흘렸습니다. 우리나라도 주기철 목사님을 비롯한 여러 믿음의 사람들이 순교해서 피를 흘렸기 때문에 교회가 성장한 것이지, 교인들의 믿음이 좋거나 영적·도덕적 수준이 높아서 한국 교회가 부흥한 게 아닙니다. 우리는 순교자들의 피 때문에 이만큼 사는 것입니다. 당신 때문에 당신의 가정이 구원받게 되기를 바랍니다. 한국 교회의 거룩한 성도들 때문에 북한이 심판받지 않고 구원받기를 바랍니다.

바울은 가이사 앞에 서야 하기에 죽을 수 없었습니다. 바울 한 사람 때문에 276명을 살려 주겠다는 것입니다. 그것이 교회요, 그리스도인인 것입니다.

그러므로 여러분이여 안심하라 나는 내게 말씀하신 그대로 되리라
고 하나님을 믿노라 그런즉 우리가 반드시 한 섬에 걸리리라 하더
라(행 27:25-26).

마틴 루터 킹은 자기 민족인 흑인의 해방을 가리켜 "I Have a
Dream"이라고 말했습니다. "나는 내 동족들이 노예에서 해방되
는 꿈을 가지고 있다"는 것입니다. 사도 바울도 자신의 동족이 구
원받기 원하는 꿈이 있다고 말했습니다. 당신에게도 이렇게 피를
토하면서 말해야 할 꿈이 있습니까?

한 선교사가 눈물을 흘리고 죽음을 각오하며 복음을 전하다가
한 나라에 무릎을 꿇고 죽었다면, 하나님이 그 선교사의 피와 기도
를 무시하시겠습니까? 이것이 바로 누군가 북한을 위해 중보 기도
해야 할 이유입니다. 우리는 내전이 끊이지 않는 아프리카나 중동
땅을 위해서도 기도해야 할 이유가 있습니다. 그렇지 않으면 전쟁
은 끝나지 않고, 민족 간의 감정은 계속 악화될 것입니다. 불을 지
르듯이 더 한을 품게 될 것입니다. 기도해야만 끝납니다. 누군가
대신 중보 기도해야만 끝나는 것입니다. 저는 사도 바울이, "여러
분, 안심하십시오. 나는 어젯밤에 내게 말씀하신 그 하나님의 말씀
이 반드시 이루어질 것을 믿습니다"라고 말한 그 하나님을 믿습니
다. 하나님이 반드시 하시리라는 믿음이 있습니다.

실제로 사도 바울이 이렇게 선언한 이후부터 광풍이 사라지고

변화가 일어나기 시작합니다.

열나흘째 되는 날 밤에 우리가 아드리아 바다에서 이리저리 쫓겨 가다가 자정쯤 되어 사공들이 어느 육지에 가까워지는 줄을 짐작하고 물을 재어 보니 스무 길이 되고 조금 가다가 다시 재니 열다섯 길이라(행 27:27-28).

위의 말씀에 보면 사람들은 어느 육지에 가까웠다는 것을 느꼈습니다. 수심을 재어 보니 20길이요, 좀 더 가 보니 15길이라고 했습니다. 무슨 말입니까? 캄캄한 절망의 늪에서, 사망의 음침한 골짜기에서 지금 빠져 나오고 있다는 것입니다. 할렐루야! 고난은 영원하지 않습니다. 걱정하지 마십시오. 배가 바람에 밀려가는 것 같이 보여도 그 바람을 주관하시는 분은 하나님입니다.


## 고난 없는 영광은 없다

암초에 걸릴까 하여 고물로 닻 넷을 내리고 날이 새기를 고대하니라 사공들이 도망하고자 하여 이물에서 닻을 내리는 체하고 거룻배를 바다에 내려놓거늘 바울이 백부장과 군인들에게 이르되 이 사람들이 배에 있지 아니하면 너희가 구원을 얻지 못하리라 하니 이에 군인들이 거룻줄을 끊어 떼어 버리니라(행 27:29-32).

왜 상황이 변합니까? 바울 때문입니다. 성도, 그리스도인 때문에 다른 사람이 살게 되는 것입니다. 그런데 그들은 왜 잘 살게 되는지 모릅니다. 사공들은 상황이 좋아지자 잔꾀를 부립니다. 지금이야말로 탈출할 시간이라고 생각합니다. 배 앞을 가리켜 이물이라 하고, 뒤를 고물이라 합니다. 그리고 거룻배는 구명보트를 가리킵니다. 사람들은 뒤에 닻을 놓는 척하면서 구명보트를 몰래 빼돌려 도망가려고 시도하고 있습니다. 그러나 바울이 그것을 다 보고 있었습니다. 그때 그는 군인들에게, 저 사람들이 도망가면 다 죽는다고 말합니다. 그래서 그 거룻배, 즉 구명보트를 잘라 버려 떠내려가게 만듭니다. 다시 배 안에 모든 사람이 있게 됩니다.

날이 새어 가매 바울이 여러 사람에게 음식 먹기를 권하여 이르되 너희가 기다리고 기다리며 먹지 못하고 주린 지가 오늘까지 열나흘인즉 음식 먹기를 권하노니 이것이 너희의 구원을 위하는 것이요 너희 중 머리카락 하나도 잃을 자가 없으리라 하고 떡을 가져다가 모든 사람 앞에서 하나님께 축사하고 떼어 먹기를 시작하매 그들도 다 안심하고 받아먹으니 배에 있는 우리의 수는 전부 이백칠십육 명이더라 배부르게 먹고 밀을 바다에 버려 배를 가볍게 하였더니(행 27:33-38).

예수님이 5천 명을 먹이시던 모습과 비슷합니다. 이제 마지막 시간이 왔습니다. 그들은 비축해 두었던 음식들을 나누어 먹었습니다. 그런데 35절을 보면 재미있는 표현이 나옵니다. "떡을 가져다가 모든 사람 앞에서 하나님께 축사하고 떼어 먹기를 시작하매." 유라굴로 광풍이 아니었다면 이 사람들이 감사하고 먹었겠습니까? 그렇지 않았을 것입니다. 그러나 지금 그들은 눈물의 음식을 먹고 있습니다.

눈물의 음식을 먹어 봐야 합니다. 한국전쟁 때 음식을 먹어 본 사람들은 음식이 귀한 줄 압니다. 음식은 하나님이 주시는 것임을 알게 됩니다. 너무 식도락을 좋아하지 마십시오. 그것은 하나님에게 영광이 되지 않습니다. 너무 배불리 먹어도 안 되고, 너무 배가 고파도 안 됩니다. 하루에 세끼를 먹을 수 있으면 감사한 것입니다. 우리는 음식에 대해서 하나님께 감사할 수 있어야 합니다. 이 사람들이 보름 동안 칠흑 같은 시간을 보내고 난 후 지치고 피곤한 채 밥을 먹게 되었을 때, 그들에게 어찌 감사가 없었겠습니까? 그것이 올바른 식사입니다.

날이 새매 어느 땅인지 알지 못하나 경사진 해안으로 된 항만이 눈에 띄거늘 배를 거기에 들여다 댈 수 있는가 의논한 후 닻을 끊어 바다에 버리는 동시에 키를 풀어 늦추고 돛을 달고 바람에 맞추어 해안을 향하여 들어가다가 두 물이 합하여 흐르는 곳을 만나 배를 걸

매 이물은 부딪쳐 움직일 수 없이 붙고 고물은 큰 물결에 깨어져 가
니(행 27:39-41).

인간의 노력에도 불구하고 결국 배는 깨지게 됩니다. 안 깨지게
해 보려고 열심히 노력했지만, 두 물줄기가 만나는 곳에서 결국 배
는 깨져 버리고 맙니다. 하나님의 뜻입니다. 소유는 하나님에게 영
광을 돌리지 못하게 합니다. 내게 의지할 것이 있으면 하나님을 의
지하지 않게 되기 때문입니다. 그것이 사람이든 돈이든, 권력이든
지식이든, 혹은 젊음이든, 우리는 그러한 것들을 의지하려고 합니
다. 우리는 많은 것을 소유하고 있다 할지라도, 그 소유를 의지하
지 말고 하나님만 의지해야 합니다.

배가 깨지면 사람들은 그 배에서 나와야만 합니다. 그런데 여기
에 문제가 생겼습니다. 왜냐하면 죄수들이 탈출할 수 있는 유일한
기회였기 때문입니다. 죄수가 탈출하면 어떤 일이 생깁니까? 간수
가 대신 죽어야 합니다. 그래서 로마 군인들은 이 위기 앞에서 죄
수를 죽이지 않을 수 없었습니다. 만약에 죄수를 죽이지 않는다면
자기가 죽기 때문입니다. 그러나 하나님은 백부장의 마음을 감동
시켜 죽이지 못하게 하십니다.

군인들은 죄수가 헤엄쳐서 도망할까 하여 그들을 죽이는 것이 좋다
하였으나 백부장이 바울을 구원하려 하여 그들의 뜻을 막고 헤엄칠

줄 아는 사람들을 명하여 물에 뛰어내려 먼저 육지에 나가게 하고 그 남은 사람들은 널조각 혹은 배 물건에 의지하여 나가게 하니 마침내 사람들이 다 상륙하여 구조되니라(행 27:42-44).

44절 마지막 부분을 보면, 마침내 사람들이 다 상륙하여 구조되었다고 말씀합니다. 이것이 우리 인생의 결론입니다. 결론은 다 좋게 될 것입니다. 배는 깨지고 짐은 다 없어졌을지라도 구조되었던 것처럼, 지금은 고난과 역경이 있지만 이런 것을 통하여 마침내 사람들을 다 구원해 내실 것입니다. 하나님은 백부장을 이용하십니다. 유라굴로 광풍도 이용하십니다. 그래서 영광스러운 모습으로 우리를 변화시켜 주실 것입니다.

바울 한 사람 때문에 마침내 276명이 구원받았습니다. 당신 때문에 몇 사람이 구원을 받겠습니까?

# 29

# 멜리데 섬에서
# 복음을 전하다

사도행전 28:1-15

유라굴로 광풍을 만나 파선하게 된 이후, 바울과 276명의 사람들은 생각지도 못한 한 섬에 도착하게 됩니다. 그 섬 이름은 멜리데이고, 원주민들이 살고 있는 곳입니다. 그들은 그곳에 도착해서 원주민들로부터 보호를 받았습니다.

> 우리가 구조된 후에 안즉 그 섬은 멜리데라 하더라 비가 오고 날이 차매 원주민들이 우리에게 특별한 동정을 하여 불을 피워 우리를 다 영접하더라(행 28:1-2).

## 사람의 우연과 하나님의 필연

전혀 알 수 없는 섬, 갈 수 없는 섬에 그들이 도착했습니다. 그들은 그 섬에 가고 싶어 간 것이 아니라, 풍랑 때문에 어쩔 수 없이 가게 된 것입니다. 하지만 이처럼 어쩔 수 없이 하게 된 일에 하나님의 뜻이 있습니다. 사람에게는 우연이지만, 하나님에게는 필연입니다. 풍랑을 만나 어쩔 수 없이 그 섬에 도착했지만, 그것이 멜리데 섬에 살고 있는 사람들에게는 구원의 기쁜 소식을 받을 수 있는 기회가 되었습니다.

당신이 원하지 않는 일을 하게 되었을 때, 원하지 않는 길을 가게 되었을 때, 원하지 않는 삶을 살아야 할 때, 그것은 하나님이 주신 기회입니다. 내가 생각하는 기회가 아니라, 하나님이 만들어 주신 기회라는 것입니다. '나는 왜 한국 땅에 태어났는가?' 아무도 대답할 수 없습니다. 그냥 태어난 것입니다.

이런 일은 참 많습니다. 우리의 선택과 의지로만 되지 않는 일들이 인생에는 너무나 많습니다. 내가 결혼하고 싶었던 사람과 결혼하기가 쉽지 않습니다. 생각해 보면 우리는 엉뚱한 사람과 결혼해서 살고 있습니다. 내가 다니고 싶은 직장도, 내가 살고 싶은 집도 내가 원한다고 다니거나 살 수 있는 게 아닙니다. 그럼에도 불구하고 사람은 끊임없이 자기의 선택과 의지가 자기 인생을 만든다고 착각합니다. 그러나 돌이켜 보면, 우리는 원하지 않는 길을 갈 때도 있고, 원하지 않는 삶을 살 때도 있습니다. 이것이 인생의 한 신비입니다. 내가 하고 싶은 것을 다 할 수 있다고 말하는 사람은 좀 더 기다려 봐야 합니다. 아직 인생이 뭔지 잘 모르는 사람들입니다. 그것은 죽지 않고 영원히 살 수 있다고 착각하는 것과 똑같은 것입니다.

멜리데 섬에 도착한 사도 바울과 그 일행은 본의 아니게 원주민들의 도움을 받게 되었습니다. 특별한 동정을 받았다고 했습니다. 비가 오고 날이 찼습니다. 그들에게는 먹을 것도 없고, 추위를 막을 것도 없었습니다. 그때 원주민들이 불을 피워 그들을 도와주었습니다. 우리는 가끔 주위 사람들로부터 알 수 없는 박해를 받을 때가 있습니다. 어떤 사람이 왜 미워하는지 이유를 알지 못한 채 고난을 겪을 때가 있습니다. 눈엣가시처럼 괴롭히는 것입니다. 그러나 정반대로, 우리를 아무 조건 없이 도와주고 사랑해 주는 사람이 있습니다. 은혜를 베풀어 주기도 하고, 먹을 것을 갖다 주기도 합니다. 이것도 알 수 없는 인생의 한 사건입니다. 파선되어 다 죽게 되었을 때, 바울과 그 일행은 원주민들의 따뜻한 영접을 받았습니다.

바울이 나무 한 묶음을 거두어 불에 넣으니 뜨거움으로 말미암아 독사가 나와 그 손을 물고 있는지라 원주민들이 이 짐승이 그 손에 매달려 있음을 보고 서로 말하되 진실로 이 사람은 살인한 자로다 바다에서는 구조를 받았으나 공의가 그를 살지 못하게 함이로다 하더니(행 28:3-4).

우리는 이 말씀 속에서 몇 가지 사실을 볼 수 있습니다. 먼저, 이 섬에 갔던 것 자체가 의도하지 않은 일이었습니다. 그리고 그들은 의도하지 않게 환경의 지배를 받게 됩니다. 그 문화의 지배를 받게 된 것입니다. 사도 바울이 나무 한 묶음을 거두어 불에 넣었는데, 마침 그 나무에 독사가 있었던 것 같습니다. 독사가 튀어나오며 바울의 손을 물었습니다. 그들의 문화에 의하면, 이렇게 불 속에서 나온 독사에게 물린 사람은 살인자입니다. 이것은 신의 심판으로, 그가 살인자이기에 그렇게 물렸다는 것입니다. 그리고 그 독사에 물린 사람은 살 수 없다는 사실을 그들은 잘 알고 있었습니다.

바울이 그 짐승을 불에 떨어 버리매 조금도 상함이 없더라 그들은 그가 붓든지 혹은 갑자기 쓰러져 죽을 줄로 기다렸다가 오래 기다려도 그에게 아무 이상이 없음을 보고 돌이켜 생각하여 말하되 그를 신이라 하더라(행 28:5-6).

바울은 자기 손을 물고 있던 그 뱀을 불 속에 던졌습니다. 사람들은 그가 온몸에 독이 퍼져 죽을 것이라고 생각하며 기다렸습니다. 그러나 아무 일도 일어나지 않았습니다. 한참을 기다려도 아무 이상이 없자 그들은 생각을 바꾸기 시작했습니다. 그를 살인자가 아니라 신이라고 생각하게 된 것입니다. 복음의 능력은 최악의 상황을 최선의 상황으로 바꿉니다. 똑같은 일이지만 복음의 능력이 있으면, 하나님의 축복이 있으면 최악의 조건이 변해서 최선의 축복이 되는 것입니다.

그들은 살인자라고 생각했던 그 사람을 순식간에 하늘에서 보낸 신이라고 생각하게 되었습니다. 우리가 세상에서 천대를 받다가 그리스도의 이름으로 영화롭게 될 수 있는 것과 마찬가지입니다. 우리는 여기서 복음의 능력은 환경이나 종교적인 전통이나 문화의 영향력을 뛰어넘는다는 사실을 보게 됩니다.


## 보블리오의 부친을 낫게 하다

마가복음 16장 17-18절에도 이런 말씀이 있습니다. "믿는 자들에게는 이런 표적이 따르리니 곧 그들이 내 이름으로 귀신을 쫓아내며 새 방언을 말하며 뱀을 집어 올리며 무슨 독을 마실지라도 해를 받지 아니하며 병든 사람에게 손을 얹은즉 나으리라." 이 말씀이 그대로 바울에게 적용된 것입니다. '뱀을 집으며, 무슨 독을 마실지라도 해를 받지 아니한다'는 이 말씀은 의학적으로나 자연 법칙에는 맞지 않는 것입니다. 그러나 믿는 자들에게는 이런 기적과 표적이 있다는 것입니다. 그렇다고 항상 그렇다는 것을 의미하지는 않습니다. 하나님이 꼭 필요할 때, 그런 기적과 축복을 우리에게 주신다는 것입니다.

지금도 기적은 있습니다. 뱀을 집고, 무슨 독을 마시고 어떤 위기 속에 있다 할지라도 하나님이 원한다면 피하게 하십니다. 죽을 자를 살리시는 것입니다. 우리 교회 출신 선교사님 한 분이 불가리아에 가서 놀라운 기적을 실제로 목격했습니다. 열 명도 안 되는 작은 초막 같은 교회에서 집회를 했을 때, 걷지 못하는 사람이 와서 기도해 달라고 말했습니다. 선교사님은 자기도 이런 일을 해보지 않아서 두려웠지만, 너무나 절박한 상황이었기 때문에 나사렛 예수 그리스도의 이름으로 일어나라고 말했습니다. 그러자 그 자리에서 그 사람이 몸을 뒤틀면서 일어나 걸었다는 것입니다. 또 앞못 보는 사람이 찾아와 기도해 달라고 말했을 때, 예수 이름으로 눈을 뜨라고 말하자 그 자리에서 보인다고 소리를 쳤다는 것입니다. 사도행전의 일들이 필요하면 하나님은 지금도 똑같이 일으키고 능력으로 역사하십니다.

이 섬사람들은 감동을 받았습니다. 특별히 이 섬에서 가장 높은 추장인 보블리오가 감동을 받았습니다.

> 이 섬에서 가장 높은 사람 보블리오라 하는 이가 그 근처에 토지가 있는지라 그가 우리를 영접하여 사흘이나 친절히 머물게 하더니 보블리오의 부친이 열병과 이질에 걸려 누워 있거늘 바울이 들어가서 기도하고 그에게 안수하여 낫게 하매(행 28:7-8).

열병과 이질이 나면 병원에 가서 진찰을 받고 약을 먹는 것이 제일 좋습니다. 그러나 그 당시에는 그렇게 할 수 있는 여건이 전혀 안 되어 있었습니다. 하나님밖에는 도와줄 이가 없었습니다. 바울이 열병과 이질에 걸린 그의 부친에게 안수하고 기도했을 때, 그 병이 순식간에 사라져 버렸습니다. 저는 이런 일이 당신에게도 있을 수 있다고 믿습니다. 하나님은 어제나 오늘이나 영원토록 동일한 분이십니다.

그렇다고 사람이 안 죽느냐 하면 그렇지는 않습니다. 그것이 인생입니다. 오래 사는 것만이 인생의 행복은 아닙니다. 건강해야만 행복한 것도 아닙니다. 예수님이 있어야 행복합니다. 병들어도 건강해도, 일찍 죽어도 늦게 죽어도, 주님을 위해 살 수 있고 그분에게 영광을 돌릴 수 있다면 그 인생이 행복한 것입니다.

사람들은 그 부친의 열병과 이질이 고쳐진 것을 보고 놀라며, 기뻐하고 감사했습니다. 그러면서 다른 사람들도 데리고 왔습니다.

> 이러므로 섬 가운데 다른 병든 사람들이 와서 고침을 받고 후한 예로 우리를 대접하고 떠날 때에 우리 쓸 것을 배에 실었더라(행 28:9-10).

병든 사람이 다 와서 고침 받고, 예수를 믿고 축복을 받았습니다. 예수 믿는 것은 우리 스스로 고통을 자처하고 십자가를 지는 것이지만, 고통이라는 한 면이 있는 동시에 기쁨과 축복이라는 또 다른 면이 있습니다. 그리스도인의 삶은 고통만 연속되는 것도 아니고, 기쁨만 연속되는 것도 아닙니다. 주님 안에는 고통도 있고, 축복도 있고, 기적도 있습니다. 이런 것이 바로 그리스도인의 삶입니다.


## 인간의 운명은 하나님의 섭리

7-10절까지의 말씀을 보면서 세 가지 사실을 이야기하고 싶습니

다. 첫째는, 바울과 276명이 원하지 않는 섬에 원하지 않는 방법으로 도착했지만, 그것은 하나님의 특별한 섭리였다는 것입니다. 특별히 멜리데 섬의 사람들을 구원하시고자 하는 하나님의 섭리였습니다. 불신자의 우연은 하나님의 필연일 수 있습니다. 인간의 운명은 하나님의 섭리입니다. 그들이 하나님의 시각인 믿음으로 보지 못했기 때문에 그것이 우연처럼 보이는 것뿐입니다. 하나님은 우리의 건강과 성공과 형통함을 통해서도 일하시지만, 동시에 우리의 질병과 실패와 좌절을 통해서도 일하십니다.

우리는 이런 질문을 합니다. "나는 왜 이 직장에서 일하는가? 나는 왜 이렇게 고통스러운 집에 시집오게 되었는가? 나는 왜 시골로 좌천이 되었는가? 나는 왜 병원에 입원했는가?" 저는 대학 때 폐병을 앓아서 휴학하고 인천에 있는 한 요양소에 격리 수용된 일이 있었습니다. 그 일이 없었다면 저는 목사가 되지 않았을 것입니다. 왜냐하면 그때 하나님이 저에게 목사가 될 것을 말씀해 주셨기 때문입니다. 참으로 알 수 없는 일입니다.

'왜 나는 병들어야 하는가? 왜 나는 억울하게 10년이나 감옥에서 살아야 하는가? 왜 나는 이민을 가야 하는가? 왜 나는 죽어야 하는가?' 이 많은 질문 가운데 공통된 그리스도인의 대답이 있습니다. 하나님이 우리를 그러한 상황 가운데 두신 것은, 우리가 있는 자리에서 그 사람들에게 복음을 전하게 하시기 위함이라는 것입니다. 하나님이 빌립을 광야로 내보내신 것은 에디오피아 내시를 만나게 하시기 위함이었습니다. 당신이 원하지 않는 곳으로 가야 한다면, 또 원하지 않는 상황에 처하게 된다면, 당신이 있는 그 자리에 구원해야 될 사람이 있다는 것을 기억하십시오. 이렇게 해석하면 원망도, 시비도, 분노도, 미움도 없어집니다. 어떤 사람이 내 인생을 망가뜨렸다는 생각을 하지 않게 되는 것입니다.

둘째는, 멜리데 섬에서 있었던 이 기적의 경험들이 지금도 똑같이 전 세계의 선교 현장에서 일어나고 있다는 것입니다. 저는 이 장을 준비하면서 무슨 설명부터 해야 할지 고민이 생겼습니다. 선교지에는 이런 뉴스가 너무나 많기 때문입니다. 필요하면 하나님이 이런 모든 일들을 허락해 주십니다. 귀신이 나가고, 병이 치유되고, 환경이 변하는 기적들입니다.

우리 교회에 출석하시는 모 군부대 대대장 한 분이 최전방에서 책임을 맡아 근무하던 중 화재가 난 적이 있습니다. DMZ에 불이 나 지뢰밭이 터지는 일이 있다는 보고를 들었는데, 사람을 투입해서 불을 끌 수도 없는 심각한 상황이었습니다. 그때 그분이 할 수 있는 방법은 기도밖에 없었습니다. 그래서 날이 아주 청명한데 비가 오도록 기도했다고 합니다. 그러자 갑자기 먹구름이 몰려와 한 시간 동안 비가 온 뒤 구름이 사라져 버렸습니다. 그리고 불이 꺼졌다고 했습니다. 그분은 그날 하루 저를 다섯 번이나 찾아왔습니다. 일기도 쓰고 사진도 찍어 놨다고 합니다. 그분은 저에게 "엘리야의 하나님은 나의 하나님"이라고 말했습니다. 이런 기적이 당신에게도 경험되기를 바랍니다. 죽는 것 같으나 살고, 없는 것 같으나 있고, 안 되는 것 같으나 되는 것입니다. 그분이 예수 그리스도십니다.

## 맥시멈 그리스도인 vs. 미니멈 그리스도인

그리스도인은 크게 두 부류로 나눌 수 있습니다. 미니멈(minimum) 그리스도인과 맥시멈(maximum) 그리스도인입니다. 예수는 믿지만 간신히 구원만 받은 사람이 있습니다. 교회에 갈까 말까 망설이다 겨우 가지만, 그 이상은 없는 믿음입니다. 이런 사람은 예배가 빨리 끝나기만을 기다립니다. 그렇다 보니 하나님이 주시는 그 엄청난 축복을 본 일이 없고, 경험한 일이 없습니다. 미니멈으로 믿는 것입니다. 그런가 하면 어떤 사람은 성경에 약속된 그 모든 축복을 다 누리면서 살아갑니다. 신유의 기적이나 방언, 예언 등의 축복을 자신만 가질 뿐 아니라 다른 사람에게도 나누어 줍니다.

만나자마자 비판하고, 불평하고, 아주 먼지까지 털어 버리는 사람이 있습니다. 그런 사람이 되지 마십시오. 사람들이 당신에게로 몰려야 합니다. 사람들이 왜 당신에게 모일까요? 얻어먹을 게 있기 때문입니다. 사람도, 교회도 마찬가지입니다. 축복을 나눠 주는 사람이 되십시오. 돈도 나눠 주고, 시간도 나눠 주고, 기적도 나눠 주는, 맥시멈으로 사는 그리스도인이 되십시오.

여기서 주목할 사실은, 영적인 은혜와 물질은 상관관계가 있다는 것입니다. 그들은 열병도 나았고 이질도 나았습니다. 모든 사람들이 와서 병 고침을 받기도 했습니다. 그러자 그들은 후하게 대접했다고 했습니다. 물질로 대접할 뿐 아니라, 배를 타고 떠날 때 항해 중에 쓸 것들을 배에 잔뜩 실어 주었습니다. 이런 일들을 인상을 쓰면서 했겠습니까? 모두들 너무 좋아서 신이 났을 것입니다. 돈은 이렇게 써야 합니다. 십일조나 선교 헌금, 감사 헌금, 구제 헌금을 할 때, 받은 은혜가 너무 많아서 기쁘게 하면 얼마나 좋겠습니까?

삭개오는 자기 재산의 절반을 가난한 사람에게 주겠고, 남의 것을 빼앗은 적이 있다면 그들에게 네 배나 갚겠다고 했습니다. 예수님이 자기 집에 심방 한 번 오시니 이렇게 변한 것입니다. 은혜 받은 사람은 주게 되어 있습니다. 그러나 은혜 받지 못한 사람은 착취하게 되어 있습니다. 자기 것도 부족하기 때문에 남의 것을 착취하는 것입니다. 어떤 사람은 사랑도 착취합니다. 다른 사람은 사랑하지 못하게 하고 자신만 사랑하도록 묶어 놓는 것입니다. 불행한 사람입니다.

어떻게 해야 우리가 풍성한 삶을 살 수 있겠습니까? 사람들은 좀 더 많은 물질을 소유하기 원합니다. 좀 더 많은 돈을 벌기 원합니다. 장사가 좀 더 잘되기를 원합니다. 어떻게 할 수 있겠습니까? 은혜 받으면, 물질은 넘치게 되어 있습니다. 은혜가 없는 물질은 일만 악의 뿌리일 뿐입니다. 물질 자체만 주어졌을 땐 시험에 들지만, 그 물질이 하나님의 은혜와 연결되었을 때는 축복과 기쁨이 되는 것입니다. 은혜와 더불어 물질이 풍성하게 되기를 바랍니다. 은혜 없는 물질은 당신의 가정과 인격을 파괴할 뿐입니다.

> 석 달 후에 우리가 그 섬에서 겨울을 난 알렉산드리아 배를 타고 떠나니 그 배의 머리 장식은 디오스구로라 수라구사에 대고 사흘을 있다가 거기서 둘러가서 레기온에 이르러 하루를 지낸 후 남풍이 일어나므로 이튿날 보디올에 이르러 거기서 형제들을 만나 그들의 청함을 받아 이레를 함께 머무니라 그래서 우리는 이와 같이 로마로 가니라(행 28:11-14).

당신은 어디로 가고 있습니까? 바울은 로마로 가고 있습니다. 당신은 왜 결혼합니까? 왜 그 직장에 다닙니까? 왜 공부합니까? 예수 그리스도에게 붙잡혀 푯대를 향해 가는 사람은 바로 로마로 가고 있는 사람입니다. 그런 사람이 되십시오. 무의미하게 살지 마십시오. 목적이 없다는 것은 방황한다는 뜻입니다. 더 이상 방황하지 말고 목표를 설정하십시오. 앞의 말씀에 보면, 바울이 석 달 후에 떠났다는 말과 사흘, 이레 동안 머물다가 떠났다는 말이 있습니다. 얼마나 피곤했을까요? 보헤미안처럼 다녀야 하는 사람은 얼마나 피곤하겠습니까? 바울은 그렇게 살았습니다. 이런 바울을 보면 참으로 부끄러워집니다.

그곳 형제들이 우리 소식을 듣고 압비오 광장과 트레이스 타베르
네까지 맞으러 오니 바울이 그들을 보고 하나님께 감사하고 담대한
마음을 얻으니라(행 28:15).

바울은 팡파르를 울리며 많은 사람의 환대 속에서 로마로 가지
않았습니다. 그는 죄인의 모습으로 갔고, 그를 기다리는 사람들
은 소수에 불과했습니다. 그렇지만 바울은 행복한 사람이었습니
다. 우리보다도 행복한 사람이었습니다. 좋은 집, 좋은 위치, 많은
월급, 많은 사람을 부릴 수 있는 것이 인생의 기준은 아닙니다. 물
론 가질 수 있다면 누리십시오. 그것이 나쁜 것은 아닙니다. 그것
때문에 고민할 필요는 없습니다. 자기 수준에 맞게 기쁘게 사십시
오. 그러나 우리 중심에 무엇이 있느냐가 중요합니다. 지식이 많으
면 뭐합니까? 세상에 많은 영향력이 있으면 뭐합니까? 오래 살면
뭐합니까? 그것이 당신의 인생을 기쁘게 하는 것은 아닙니다. 예
수님이 있어야 합니다. 하나님의 축복이 당신에게 함께하기를 바
랍니다.

# 30

# 드디어 로마에
# 들어가다

사도행전 28:16-31

사도행전의 마지막은 사도 바울이 로마에 입성하는 것으로 끝을 맺습니다. 사도 바울의 로마 입성은 사도행전의 성격을 결정적으로 규정해 주는 의미가 있습니다. 그는 초라한 죄인의 모습으로 입성했지만, 유럽 전체에 큰 영향력을 미쳤습니다. 어떤 사람은 세상에 태어나서 많은 교육을 받고, 좋은 직장에 들어가고, 결혼해서 그저 웬만큼 잘사는 것으로 한 생애를 마치지만, 어떤 사람은 자신의 생애를 통해 한 나라의 운명을 좌우하기도 합니다. 한 시대의 역사를 변화시키는 것입니다. 겉으로 보기에는 아무것도 아닌 것처럼 평범하게 보이지만, 그 속에 하나님이 함께 계실 때 그 사람의 하는 일과 그 생애를 통해서 역사가 변한다는 사실입니다. 바울의 로마 입성은 유럽 전체를 뒤흔들어 놓는, 정신적, 영적 대변화를 일으키는 입성이었습니다.

우리가 로마에 들어가니 바울에게는 자기를 지키는 한 군인과 함께 따로 있게 허락하더라(행 28:16).

로마에 들어갔을 때 바울을 지키는 군인은 계속 따라붙지 않고 바울을 자유롭게 놔뒀다고 말합니다. 이것은 바울이 신용을 얻었다는 뜻도 되고, 로마라는 새로운 나라에서 갖는 자유라고 생각할 수도 있습니다. 바울의 입장에서 생각해 볼 때, 이제는 누구의 간섭도 받지 않고 자유롭게 전도할 수 있다는 것, 예수님을 말할 수 있다는 것이 그에게는 큰 축복이었습니다. 그렇습니다. 그리스도인의 참된 축복과 기쁨이란 감옥에 있느냐, 없느냐가 아닙니다. 부자가 되었느냐, 아니냐가 아닙니다. 건강하냐 병들었느냐, 성공했느냐 실패했느냐 또한 아닙니다. 그리스도인의 가장 큰 기쁨과 보람과 축복은, 예수 그리스도의 복음에 대해 말할 수 있는가 없는가에 있습니다. 만약 우리에게 그리스도를 전하고 찬양하고 경배하고 그분을 위해 모든 것을 할 수 있는 환경이 주어질 수 있다면, 그것이 가장 큰 축복인 것입니다.

## 복음에 대해 타협하지 않는 바울

사도 바울은 3일 후, 로마에 있는 유대인들 중에서 신분이 높은 사람들을 초청해 자신의 입장을 변명하고 설명합니다.

사흘 후에 바울이 유대인 중 높은 사람들을 청하여 그들이 모인 후에 이르되 여러분 형제들아 내가 이스라엘 백성이나 우리 조상의 관습을 배척한 일이 없는데 예루살렘에서 로마인의 손에 죄수로 내준바 되었으니 로마인은 나를 심문하여 죽일 죄목이 없으므로 석방하려 하였으나 유대인들이 반대하기로 내가 마지못하여 가이사에게 상소함이요 내 민족을 고발하려는 것이 아니니라(행 28:17-19).

우리는 여기서 사도 바울의 또 한 가지 모습을 보게 됩니다. 그는 복음에 대해서는 아주 철저했습니다. 타협이 없었습니다. 그러나 인간적으로는 최대한 겸손했습니다. 머리를 깎으라면 깎고, 기르라면 길렀습니다. 유대인에게는 유대인처럼, 헬라인에게는 헬라인처럼, 이방인에게는 이방인처럼 대했습니다. 제사 음식을 먹는 일에 있어서도 마찬가지였습니다. 그는 이런 일들이 별로 중요하지 않았습니다. 그는 자기 자신을 낮추는 문제에 있어서는 전혀 갈등이 없는 사람이었습니다. 그는 복음이 훼방 받지 않기 위하여, 복음이 손해 보지 않기 위하여 자신의 체면 같은 것은 중요하게 생각하지 않았습니다. 그래서 사람들을 모아 놓고 열심히 자기를 변호한 것입니다.

예수 믿는 사람들은 예수를 잘 믿는다는 것 때문에 다른 사람에게 무례히 행할 때가 참 많습니다. 순교의 각오를 한 것 때문에 다른 사람의 입장을 별로 생각하지 않는 경우도 많습니다. 그러나 바울은 그렇지 않았습니다. 그에게 중요한 것은 자기가 아니라 복음이었습니다. 복음이 들어가기 위해서라면 자신의 신분이나 위치나 처지를 별로 중요하게 생각하지 않았습니다.

그는 사람들을 모아서 자신의 입장을 설명합니다. "나는 민족을 배반하거나, 우리 동족이나 우리 조상들의 관습을 배척하려는 것이 아니다. 내가 이렇게 행동하는 것은 한 가지 이유 때문이다."

이러므로 너희를 보고 함께 이야기하려고 청하였으니 이스라엘의 소망으로 말미암아 내가 이 쇠사슬에 매인바 되었노라(행 28:20).

"내가 이렇게 죄인이 되어 로마에 온 이유는 하나다. 그것은 이스라엘의 소망 때문이다." 이스라엘의 소망이란 무엇입니까? 바로 메시아이신 예수 그리스도를 증거하는 일입니다. 그는 그리스도를 아는 것 외에는 모든 것을 배설물처럼 여기겠다고 했습니다. 그가 지식이나 관심이 없어서, 또는 하고 싶은 일이 없어서가 아닙니다. 메시아인 예수님을 만난 이후로 예수님 외에는 모든 것을 버리겠다고 결심했기 때문입니다. 얼마나 놀라운 고백인지 모릅니다. 사도 바울은 영원한 가치, 참된 진리를 붙잡은 것입니다.

그들이 이르되 우리가 유대에서 네게 대한 편지도 받은 일이 없고 또 형제 중 누가 와서 네게 대하여 좋지 못한 것을 전하든지 이야기한 일도 없느니라 이에 우리가 너의 사상이 어떠한가 듣고자 하니 이 파에 대하여는 어디서든지 반대를 받는 줄 알기 때문이라 하더라(행 28:21-22).

그런데 유대인들의 대답이 참 재미있습니다. 그들은 편지를 받은 적도 없고 이스라엘에서 무슨 일이 일어났는지도 잘 모르지만, 도대체 너의 사상이 무엇인지 좀 들어 보자고 반응합니다. 저는 여기서 또 한 가지 위로와 격려를 받습니다. 뭐든지 선입관을 갖지 말고 부딪쳐 보라는 것입니다. '저 사람은 전도가 안 될 것이다. 저 사람은 나를 미워할 것이다. 저 사람은 나를 반대할 것이다'라는 생각들 때문에 우리는 하고 싶은 일들을 주저할 때가 많습니다.

사도 바울이 사실 이 사람들을 초대해 놓고 변명하는 것은 바로 이런 이유 때문입니다. 그런데 막상 부딪쳐 보니 이스라엘에 있는 유대인과 로마에 있는 유대인들이 달랐던 것입니다. 마치 한국 사회와 이민 사회가 다르듯이 말입니다. 거리가 멀기 때문에 아직 이런 뉴스들이 전달되지 않았던 것 같습니다.

기회는 항상 있습니다. 저 사람은 전도되지 않을 거라며 포기하지 말고 두드려 보십시오. 하나님이 그 사람의 마음을 어떻게 변화시켜 놓으셨을지 모릅니다. 과거로 현재를 규정하지 마십시오. 바울은 그렇게 두드렸기 때문에 이 사람들에게 복음을 전할 기회를 갖게 되었습니다. 하나님은 우리에게 얼마나 많은 기회를 주시는지 모릅니다. 안 되면 또 부딪쳐 보십시오.

사람들은 바울에 대해 이런 관심이 있었습니다.

그들이 날짜를 정하고 그가 유숙하는 집에 많이 오니 바울이 아침부터 저녁까지 강론하여 하나님의 나라를 증언하고 모세의 율법과 선지자의 말을 가지고 예수에 대하여 권하더라(행 28:23).

그들이 날짜와 장소를 정해서 바울이 있는 곳으로 왔습니다. 바울은 아침부터 저녁까지 강론했다고 이야기합니다. 바울이 여기서 전한 메시지는 두 가지입니다. 이 두 가지를 잘 기억해야 합니다. 첫째는, 하나님 나라요, 둘째는, 예수 그리스도에 관한 것입니다. 바울은 하나님 나라를 증거하고, 예수 그리스도에 관한 것을 가르쳤습니다.

바울이 온 이태를 자기 셋집에 머물면서 자기에게 오는 사람을 다 영접하고 하나님의 나라를 전파하며 주 예수 그리스도에 관한 모든 것을 담대하게 거침없이 가르치더라(행 28:30-31).

## 하나님 나라와 예수 그리스도를 전하다

저는 십자가와 부활만을 말할 수 있으면 너무나 좋겠다고 생각합니다. 그런데 사실 우리는 너무 다른 데 관심이 많습니다. 다른 데 관심이 많으면 중요한 것에 신경을 덜 쓰게 됩니다. 사도 바울은 이 십자가의 복음, 부활의 복음, 하나님 나라를 전하고 예수 그리스도에 관한 것을 말하기 위해 스스로를 제한시켰습니다.

첫째, 그는 하나님 나라에 대해 말했습니다. 세상 사람들은 하나님 나라가 있다는 걸 모르고 이 세상이 전부인 줄 압니다. 이 세상은 영원하지 않습니다. 하지만 하나님 나라는 영원합니다. 기독교 복음의 핵심은 하나님 나라에 있습니다. "나라가 임하시오며 뜻이 하늘에서 이루어진 것같이 땅에서도 이루어지이다"(마 6:10). 이것이 우리 성도들의 기도입니다. 예수 그리스도께서 세상에 오심으로 이미 하나님 나라가 이 땅에 오게 된 것입니다. 우리는 영원한 하나님 나라를 가지고 있는데, 이것을 사도 바울이 유대인들에게 가르쳐 주고 있는 것입니다. 세상 나라는 사탄이 통치하는 나라요, 인간의 욕심과 죄와 사망이 통치하는 세계입니다. 그러나 하나님 나라는 하나님이 주관하고 통치하시는 나라입니다.

우리가 살고 있는 이 세상에는 하나님 나라와 세상 나라가 공존하고 있습니다. 그리스도인들은 이 세상에 살지만 하나님 나라에 속한 사람들입니다. 우리는 영원을 바라보며 살아갑니다. 썩어질 세상을 위해서 사는 것이 아닙니다.

둘째, 그는 예수 그리스도에 대해 말했습니다. 바울은 예수님을 전할 때 '모세의 율법과 선지자들이 말했던 그 예수 그리스도'라고 표현합니다. 즉, 대선지서, 열두 소선지서, 모든 구약에 나타난 선지자들은 예수 그리스도를 얘기하고 있다는 말입니다.

바울은 기독교를 전하지 않고 예수를 전했습니다. 바울은 교파나 교단, 선교 단체를 전하지 않고 예수를 전했습니다. 그러나 우리는 예수의 이름으로 선교 단체를 전합니다. 예수의 이름으로 교파나 교단을 중요하게 생각합니다. 어떤 때는 기독교 자체가 예수님과 다를 때도 있습니다. 바울의 관심은 조직이나 제도가 아니라, 예수 그리스도였습니다. 우리 교회는 성경에 관심이 있고, 예수님에 대해 관심이 있습니다. 어떻게 하면 주님을 영화롭게 하며 그분의 이름을 온 세상에 널리 퍼지게 할 것인지, 여기에 우리의 관심이 있습니다.

## 믿는 사람과 믿지 않는 사람

> 그 말을 믿는 사람도 있고 믿지 아니하는 사람도 있어 서로 맞지 아니하여 흩어질 때에 바울이 한 말로 이르되 성령이 선지자 이사야를 통하여 너희 조상들에게 말씀하신 것이 옳도다(행 28:24-25).

바울의 설교를 들은 사람들에게서 두 가지 반응이 나타났습니다. 믿는 사람과 믿지 않는 사람으로 나누어진 것입니다. 마가복음 16장 15-16절은, "너희는 온 천하에 다니며 만민에게 복음을 전파하라 믿고 세례를 받는 사람은 구원을 얻을 것이요 믿지 않는 사람은 정죄를 받으리라"고 말씀합니다. 이것이 영적인 현실입니다. 복음이 들어오면 복음을 받는 사람이 있고, 이상하게도 귀를 닫는 사람이 있습니다. 마음을 닫는 사람이 있다는 것입니다. 믿고 안 믿고는 그들이 정할 일이지만, 결과는 하늘과 땅처럼 다릅니다. 믿는 사람은 구원을 얻을 것이고, 믿지 않는 사람은 정죄를 받게 될 것입니다. 믿는 사람은 영생을 얻게 되지만, 믿지 않는 사람은 심판을 받게 될 것입니다. 이러한 내용을 구약의 이사야 선지자가 성령의 감동으로 예언했는데, 그것을 인용해서 사도행전에 쓰고 있는 것입니다.

> 일렀으되 이 백성에게 가서 말하기를 너희가 듣기는 들어도 도무지 깨닫지 못하며 보기는 보아도 도무지 알지 못하는도다 이 백성들의 마음이 우둔하여져서 그 귀로는 둔하게 듣고 그 눈은 감았으니 이는 눈으로 보고 귀로 듣고 마음으로 깨달아 돌아오면 내가 고쳐 줄까 함이라 하였으니(행 28:26-27).

이사야가 오래전에 이 문제에 대해 이런 말을 했습니다. 이스라엘 백성에게 하나님의 말씀을 아무리 전해도 망할 사람들은 안 듣는다고 말입니다. 너무 답답합니다. 자기 백성이 포로로 잡혀가고, 성전을 잃어버리고, 바벨론에게 포위당하고, 드발 강가에서 입천장이 붙어 버리는 그 치욕스러운 일을 겪는 것을 뻔히 보면서도 그들은 회개하지 않습니다. 그것을 보면서 바울이 이렇게 말합니다. "이 백성의 마음이 우둔하여져서, 하나님의 말씀을 아무리 전해도 듣지 않아 깨닫지 못하고, 보지 않아 도무지 알지를 못하는구나. 눈으로 보고 귀로 듣고 마음으로 깨달아 돌아오면 내가 고쳐 줄까 함이라."

저는 이 말씀을 의지해서 권면하고 싶습니다. 믿는 사람이 되십시오. 믿지 않는 사람 쪽에 서지 마십시오. 어떤 때는 두 세계 속에서 왔다 갔다 할 수도 있고, 또 어떤 때는 예수님을 믿고 참으로 주님을 따르려고 할 때 갈등이 생길 수도 있습니다. 성령도 체험하고 말씀도 있는데, 어떤 때는 '하나님, 왜 이런 일들이 일어납니까?' 하고 생각할 때도 있습니다. 우리의 이성과 지식과 경험도 물론 중요하지만, 어떤 경우에도 우리는 하나님 편에 서야 합니다.

그런즉 하나님의 이 구원이 이방인에게로 보내어진 줄 알라 그들은 그것을 들으리라 하더라(행 28:28).

사도 바울은 유대인에게, 이 복음이 이방인에게로 흘러가는 이야기를 하고 있습니다. 28절은 어떤 의미에서 사도행전 전체의 결론이라고도 할 수 있습니다. 하나님이 아무리 말씀하시고 메시아를 보내도, 그들은 메시아를 영접하지 않고 복음을 거절했습니다. 그래서 이 복음이 이스라엘 백성의 불신앙과 거절로 말미암아 이방인에게로 넘어갔다는 것입니다. 이것이 하나님의 신비입니다.

그래서 그 복음이 저와 당신에게까지 왔습니다. 이제 이 복음은 중국과 북한, 몽골, 스리랑카, 인도로 갈 것이고, 전 무슬림권으로 갈 것입니다. 복음을 한 번도 들어 보지 못했던 민족에게 이 복음이 간다는 것입니다. 어느 날 온 산에 단풍이 물들듯이, 주님의 성령의 계절, 복음의 계절이 오면 그 무서운 공산주의, 무슬림, 불교 등에 속한 수십억의 인구들이 순식간에 복음의 자녀로 변하게 될 것입니다. 이것이 성령의 역사요, 하나님의 복음의 역사입니다.

사도행전 전체의 핵심 구절은 무엇입니까? "오직 성령이 너희에게 임하시면 너희가 권능을 받고 예루살렘과 온 유대와 사마리아와 땅 끝까지 이르러 내 증인이 되리라 하시니라"(행 1:8). 이것이 사도행전입니다. 오순절 날 성령이 임하자, 사람들이 방언하고 예언하고 기적과 능력을 체험했습니다. 박해가 오자 교회가 산지 사방으로 흩어졌고, 바울이 가는 곳마다 기적들이 일어났습니다.

사도행전의 요점은 성령이 임하여 그들이 능력을 받고 예루살렘과 온 유대와 사마리아와 땅 끝까지 복음이 전파되는 것입니다. 이것이 사도행전적 교회입니다. 사도행전의 중심적 메시지는 땅 끝까지 복음이 전파되는 것입니다. 이것이 교회의 본질입니다. 사도행전적 교회란, 크든 작든 성령의 능력을 받아 땅 끝까지 주의 복음을 전하는 것입니다. 아무리 교회가 크다 할지라도 이 비전과 메시지를 가지지 못한 교회는 사도행전적 교회가 아닙니다. 어쩌면 우리 교회들은 그 일을 하고 흩어져야 할지도 모릅니다. 우리 모두가 이 생각과 믿음과 비전을 가지고 떠난다면, 그것이 바로 오늘 우리 시대에 사도행전을 만드는 것입니다.

'땅 끝까지'란 말에는 두 가지 의미가 있습니다. 첫째는, 복음을 듣지 못한 나라와 복음을 듣지 못한 모든 사람에게까지 우리의 책임이 있다는 것입니다. 영적 책임이 있습니다. 이것이 교회입니다. 둘째는, 주님이 다시 오시는 날을 의미합니다.


## 셋집에서 시작된 복음 전도

바울이 온 이태를 자기 셋집에 머물면서 자기에게 오는 사람을 다 영접하고 하나님의 나라를 전파하며 주 예수 그리스도에 관한 모든 것을 담대하게 거침없이 가르치더라(행 28:30-31).

제게 있어서 사도행전을 공부할 때 제일 감동적인 부분이 하나 있다면, 그것은 위의 30절과 31절입니다. 이 엄청난 복음이 바울에 의해 세계의 수도인 로마에서 이루어지는데, 어디서 이루어집니까? 셋집입니다. 여기에는 마치 예수님이 제자들의 발을 씻기셨을 때의 감동 같은 것이 있습니다. 많은 사람들이 선교하려면 선교 센터나 선교 단체가 있어야 된다고 말합니다. 조직, 센터, 총회, 교단이 있어야 전도가 된다고 생각하는 것입니다. 그러나 바울은 이러한 우리의 생각에 결정타를 가합니다. 그에게는 선교 센터가 없었지만 엄청난 일을 했습니다.

사도 바울은 예수에게 관심이 있지만, 우리는 하드웨어에 관심이 있습니다. 우리는 자칫 잘못하면 건물의 노예가 되고, 조직의 노예가 되고, 제도의 노예가 되기 쉽습니다. 이것이 오늘날 현대 교회가 가지고 있는 치명적인 약점입니다. 그것으로 모든 것이 된다고 생각하는 것입니다.

큰 교회가 큰일을 하는 것이 아닙니다. 복음을 가진 교회가 큰일을 합니다. 예수 그리스도를 가진 교회가 영향력을 미치는 것입니다. 셋집에서도 큰일을 할 수 있습니다. 감옥에서도 하나님의 일을 할 수 있습니다. 이것은 오늘날 현대 교회가 겸허히 받아야 할 교훈입니다. 바울의 셋집을 찾아온 사람들에게 장로나 목사라는 타이틀이 있었을까요? 권사라는 타이틀이 있었을까요? 그것을 가지고 일한다고 생각합니까? 아닙니다. 그 사람들은 하나님 나라와 예수님에 대해서 훈련을 받았습니다.

셋집이 크면 얼마나 컸겠습니까? 그 사람들은 훈련을 받고 조용히 떠났습니다. 그런 그들이 로마를 뒤집어 버린 것입니다. 그 거대한 로마, 세계의 수도라 불리던 로마가 하루아침에 기독교 국가로 뒤집힌 것입니다. 헨리크 시엔키에비치의 소설 〈쿠오바디스〉를 보십시오. 십자가에서 화형을 당하면서 그리스도의 복음을 부인하지 않았던 사람들이 그들입니다. 로마의 최고 권력층 속에 그리스도인들이 숨어 있었던 것은 바로 그 사람들 때문입니다. 이것이 복음이고, 사도행전입니다.

사람들은 눈에 보이는 것, 가시적인 것들이 큰일을 한다고 생각합니다. 그렇지 않습니다. 교회가 주일마다 모여서 예배드리는 것도 귀한 일이지만, 진짜 기적을 일으킬 수 있는 것은 순입니다. 구역입니다. 바로 바울의 셋집처럼 열 명, 스무 명이 모여서 주님을 사랑하고, 주님을 배우고, 능력을 얻어 누룩처럼 퍼져 나가야 합니다.

기독교는 팡파르를 올리면서 시끄럽게 전도하는 조직이 아닙니다. 본질상 소리 없이 누룩처럼 스며들어서 세상을 뒤집어엎는 것이 기독교입니다. 사도행전은 끝나지 않았습니다. 당신이 사도행전을 쓰고 있고, 제가 사도행전을 쓰고 있고, 우리 교회가 사도행전을 만들어 가고 있습니다. 유명하거나 소문나는 것은 중요하지 않습니다. 그리스도를 사랑하는 것이 중요합니다. 한 사람, 한 사람을 제자화시켜 세상에 내보내는 것이 중요합니다. 그들은 세상을 뒤엎을 것입니다.